北京邮电大学EDP项目

“授人以鱼，不若授人以渔。”北京邮电大学高层管理发展项目（Executive Development Program, EDP），以造就信息时代管理精英为己任，主要面向企业的中高层管理团队开设ICT产业前沿讲座板块、管理通识板块、经典管理板块、ICT行业特色课程板块四大培训板块，采用案例体验式学习模式，帮助学员探索更深层次的自我认知；通过名师短期引领，教会学员如何挑战固有思维模式，迅速完成突破、提升和跨越，从而支撑学员个人和所在企业的可持续发展。

我们的价值是采用咨询诊断的方式发现企业的“症结”所在，开出“药方”融于课程之中；并将企业的最佳实践进行总结、提炼，发掘规律，以此为基础发展出一套普适的理论加以推广；同时我们会结合客户组织的实际情况，邀请业界有实战经验的政商精英与您分享，交流。

同时，北京邮电大学经济管理学院EDP中心依托北京邮电大学在信息通信领域的雄厚师资和科研力量，深入洞察相关技术在信息通信行业的应用趋势与商业前景，开发了系列技术课程，力图为客户提供“技术+管理”的复合型培训方案。

北邮-里昂商学院GEMBA项目

北京邮电大学与法国里昂高等商学院的合作项目是北京邮电大学率先获批的全球高级工商管理中外合作学位项目。两校2010年开始商谈在中国开办高级工商管理硕士学位项目，2011年10月签约，2012年6月合作项目的申报，通过了国家审批，成为中外合作办学项目中为数不多的管理类项目，2013年成功开办首届GEMBA班，项目品质得到广泛好评。

法国里昂高等商学院成立于1872年，是法国著名的四所商学院联盟之一，具有悠久的办学历史和精益求精的办学理念，拥有近50年的EMBA办学经验，是欧洲第一个获得EQUIS、AMBA、AACSB三大国际认证的商学院，2010年起它的管理学硕士项目就连续被英国金融时报评为欧洲前五，在创业创新管理领域持续多年全球领先，是培养全球企业家的摇篮。

项目管理工程硕士（MEng-PM）

通过全球项目管理课程认证 打造国际IT项目管理品牌
跻身国际知名国内高校高质量项目管理教育的领先行列

2004年6月，北京邮电大学被批准为“项目管理工程硕士专业学位授权点”培养单位。2008年7月，全国工程硕士专业学位教育指导委员会、中国（双法）项目管理研究会和国际项目管理协会（IPMA）授权批准我校为“项目管理领域工程硕士与IPMP结合的培养单位”。2011年9月，我校与清华大学同时通过了美国项目管理协会（PMI）全球项目管理认证中心（GAC）的项目管理工程硕士（MEng-PM）课程国际认证。

北京邮电大学项目管理专业立足ICT行业，创新工程硕士培养模式，优化工程硕士教育资源，独具ICT行业项目管理工程硕士研究生教育特色。搭建了项目管理国际交流平台，强调与国际项目管理知识体系和研究水平接轨，打造国际IT项目管理品牌。注重学生工程项目管理实训，建设了1个高水平“工程项目管理和信息系统仿真实验中心”和2个ICT企业学生实习基地。

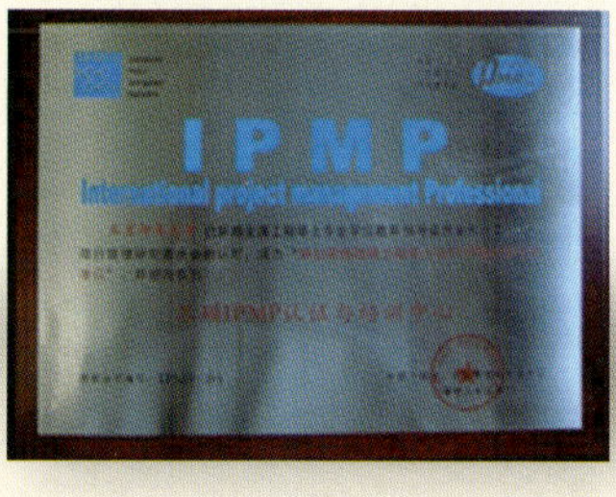

工程管理硕士（MEng-EM）

2010年，北京邮电大学被批准为“工程管理硕士专业学位授权点”培养单位。

工程管理依托北京邮电大学通信工程主干优势学科，形成了培养具有工程技术与管理能力的复合型、高层次高级专业人才为特色的工程硕士教育模式，形成了一支集理论、科研、教学和社会服务为一体的学科队伍。近年来，工程管理学科承担国家自然基金项目、国家科技攻关项目、国家部委科技项目等科技项目多项，取得了一批具有国内先进水平的科技成果。

工程管理专业硕士采取周末上课的学习方式，学制为2.5年。采用学分制，修满学分后，在导师组指导下撰写学位论文，进行论文答辩。答辩通过者，由校学位评定委员会审核批准后，按有关规定授予国家颁发的硕士研究生毕业证书和学位证书。

咨询电话：010-62283413 62282847　　联系人：王老师 裘老师 殷老师
联系地址：北京邮电大学经济管理学院项目管理教育中心

南京郵電大學

坐落于历史文化名城的南京邮电大学肇始于战火中的战邮干训班，是早期系统培养通信人才的学校之一。学校因邮电而生，依通信而长，随信息而强，目前已形成以工学为主体，以信息学科为特色，理、工、经、管、文、教、艺、法等多学科相互交融，博士、硕士、本科等多层次教育协调发展的格局。现有仙林、三牌楼、锁金村、江宁四个校区。

南京邮电大学赵厚麟教授高票当选国际电信联盟中国籍秘书长

学校现有博士后流动站3个，一级学科博士学位授予点3个、二级学科博士学位授予点14个，一级学科硕士学位授予点10个、二级学科硕士学位授予点34个，专业学位授权点（领域）12个，并拥有MBA（工商管理硕士）和工程硕士学位授予权。现有本科专业50个，7个国家特色专业建设点，1个国家专业综合改革试点项目，1个专业通过国家工程教育专业认证，省级品牌特色专业及建设点18个，国家级卓越计划专业8个，省级卓越计划专业5个，省级重点专业（类）9个。全校3万余名师生员工团结一心，在履行高校人才培养、科学研究、社会服务、文化传承创新四大职能上取得了丰硕的成果。

引领军人才 建顶尖团队 创前沿成果

南京邮电大学列《自然》特刊“中国顶级研究机构”第80位。学校瞄准国字头科研奖励、科研项目、科研团队、科研平台的突破，大力引进高层次人才，打造高水平科研团队，构建高标准科研平台，勇抓物联网、5G等科技前沿的机遇。在巩固通信信息等传统优势的同时，更在物联网领域、信息材料等领域成为领军力量。

学校确立了“一体两翼、协调发展”学科发展战略。化学、工程、材料科学学科进入ESI学科排名全球前1%，信息与通信工程、光学工程两个一级学科在全国第三轮学科评估中排名进入前20名；通信工程、电子信息工程、电子信息科学与技术三个专业在《中国大学评价》专业排名率先进入全国前15名。“信息与通信工程”与“有机光电子学”以优秀成绩通过省优势学科一期建设项目验收，并获得二期立项滚动资助；“智能电网与控制技术”新增为省重点序列学科。

2014年，学校作为主要协同单位再次入选国家“协同创新中心”，作为牵头单位再次入选江苏高校协同创新中心。诺贝尔奖得主Peter Grünberg科技创新团队入选江苏省创新团队；黄维院士为负责人的“有机光电子学创新团队”入选国家重点领域创新团队；吴柯（外国院士）团队入选2014年省“双创团队”；叶美兰团队获得省高校优秀社科创新团队。

硬件软件两手抓，其结果必然是高水平科研成果的迸发和学校整体科研实力的提升。“有机半导体的设计原理、高效制备与光电器件”成果获国家自然科学奖二等奖；“面向新一代移动通信的同步多通道宽带信道测量系统”获批国家重大科研仪器研制项目；“高校加强马克思主义意识形态工作和大学生思想教育工作研究”成果获第六届高等学校科学研究优秀成果奖（人文社会科学）一等奖。学校还获2013年度高等学校科学研究优秀成果奖（科学技术）科技进步二等奖1项、2013年度江苏省科学技术奖三等奖3项、2014年自然科学二等奖1项、2014年度江苏省科学技术奖二等奖3项。南邮教师在《自然－通讯》上发表重要学术论文，一篇论文入选2013年度中国百篇最具影响国际学术论文。邹玉龙博士荣获第九届IEEE通信学会亚太区最杰出青年研究学者奖。赖文勇教授荣获 “江苏省十大青年科技之星”称号。2014年获批国家自然科学基金项目78项、国家社会科学基金项目11项。

南京邮电大学在江苏省省属高校中率先引进诺贝尔奖得主

杰出校友中科院院士尹浩教授荣归母校授聘仪式

学校新增光学工程博士后科研流动站

Apollo3D队再次问鼎Robocup机器人足球世界杯冠军

学生在2014年“创青春”全国大学生创业大赛中获得全国银奖3项、铜奖1项，江苏省金奖1项、银奖3项、铜奖2项

让学生成才 让家长放心 让社会满意

自1942年办学以来，南京邮电大学为新中国培养了10万多名通信领域人才，包括国际电信联盟中国籍秘书长赵厚麟、国家科技进步一等奖两次获得者尹浩院士、中国联通董事长常小兵等200多位通信业领袖人物。学校人才培养始终秉持坚持实现自身价值与服务祖国人民相结合的信念，赢得了“华夏IT英才的摇篮”的美誉。

学校在第十一届全国研究生数模竞赛中获一等奖

中国东方交响乐团专场音乐会在南邮举行

学校大力培育具有创新精神的南邮学子。杨震教授领衔的教学成果获国家教学成果二等奖。国家资源共享课成功上线教育部“爱课程网”。5种教材入选第二批“十二五”普通高等教育本科国家级规划教材。拥有国家实验教学示范中心和国家虚拟仿真实验教学中心各2个。在优良的教学条件，学风严谨、师德高尚的老师培养下，学生创新团队荣获首届中国青少年“小平科技创新团队”。2014年获省优秀博士论文2篇、优秀硕士论文6篇、优秀专业学位硕士论文4篇，硕士生就业率多年保持在99%以上。2014年，在校生累计获得国际各类奖励百余项，学生获全国大学生数学建模竞赛一等奖数量居全省高校前列。学校被授予“2012–2014年度国家级大学生创新创业训练计划实施工作先进单位”荣誉称号和“2014年度江苏省高校毕业生就业工作先进集体”。在江苏省32所非“211”公办本科院校中，南京邮电大学2013届毕业生毕业半年后就业竞争力指数排名领先，南京邮电大学毕业生毕业半年后月收入达到4330元。

物联网技术与应用协同创新中心揭
牌签约仪式隆重举行

画南邮蓝图 写江苏篇章 筑中国梦想

南邮物联网国家大学科技园成立四年以来，园区企业年产值4.84亿元，实现税收2230万。入园企业总数超过百家，每年科技成果转化的直接经济效益超过亿元，为国家物联网经济的发展贡献了力量。同时科技园获批国家“高校学生科技创业实习基地”。

南邮还努力发挥自身的科研优势，获批国家工程研究中心，不断拓宽社会服务的领域与空间。如与南京开发区合作共建南京信息产业技术研究院，与中国航天科工集团三院八三五八所共建“3D打印装备及材料研发中心”。

南京邮电大学办学至今已有70多年，形成了“信达天下，自强不息”的南邮精神、“厚德、弘毅、求实、创新”的校训和“勤奋、求实、进取、创新”的校风。本届校领导班子上任以来，更是励精图治，开拓创新，只为实现“到2022年即办学80周年时，学校优势学科进入全国前列，综合实力进入全国百强，建成在信息科学与技术领域特色鲜明的高水平教学研究型大学“的南邮梦！

学校与南京开发区合作共建南
京信息产业技术研究院

学校与总参第六十一所建立战
略合作伙伴关系

3D打印装备及材料研发中心
揭牌仪式

重慶郵電大學

重庆邮电大学简介

重庆邮电大学是国家布点设立并重点建设的几所邮电高校之一，是国家相关部门与重庆市共建的一所以信息科学技术为特色和优势，在邮电通信行业、信息产业领域，在西部乃至全国具有重要地位和影响的教学研究型大学。

学校现有在校学生2.4万余人，其中研究生3000余人。在职教职工 1600 余人，其中教授等正高级职称200余人，副教授等副高职称400余人，500余位博士生导师和硕士生导师，外聘了中国科学院、中国工程院和英国、加拿大、美国、波兰、印度等国25名院士及100余位知名专家学者为我校兼职教授或名誉教授。

学校坚持育人为本，办学60余年来，为国家培养输送了9万余名各类专门人才，被誉为“信息通信人才的摇篮”。现有15个学院，52个本科专业，12个一级学科硕士点、38个二级学科硕士点，2个一级学科博士点；先后有11个一级学科、11个二级学科被遴选为省部级重点学科；有推荐本科生免试攻读研究生资格；建有工程硕士国际项目管理专业认证与培训中心（工程PMP认证与培训中心）。

学校坚持自主创新，是全国信息产业科技创新先进集体和国家高技术产业化示范工程基地，被誉为“中国数字通信发源地”。学校现建有“　　国家3G军民结合终端设备动员中心”、“信息无障碍工程研发中心”等45个国家相关部门及重庆市重点实验室、工程研究中心和人文社科基地。近五年，学校承担了包括国家科技重大专项、973、863项目、国家自然科学基金重点项目在内的国家及省部级科研项目1000余项，获国家及省部级科研成果奖100余项，其中荣获国家技术发明奖、国家科技进步奖7项，获全国教育科研成果奖和教育系统人文社科奖2项，主要科技工作指标进入全国高校百强之列。

学校坚持开放办学，立足信息行业，主动服务地方经济社会发展，不断探索产学研结合新模式，努力构建开放办学大平台。学校成立了董事会，与行业著名企业、科研院所、在渝大型企业、工业园区等建立了紧密的产学研合作关系，与国外和港澳台地区50余所高校开展学术交流、联合办学及共建研发基地。

继往开来，再展宏图。学校将坚持科学发展、突出办学特色、推进改革创新、扩大开放合作、加强内涵提升，努力建设成为中国西部信息科技创新与高层次人才培养的重要基地，建设成为特色鲜明、优势突出，在信息通信领域具有重要影响的高水平教学研究型大学。

重庆邮电大学产学研合作大平台

重庆邮电大学董事会

成立于2010年10月，是支持教育事业发展，促进教育，科技与经济社会发展紧密结合的重要载体；是加强产学研合作，支持学校与董事单位建立长期稳定、全面合作关系的开放平台；是对学校发展战略规划、学科专业建设、人才培养模式、办学质量保障、对外合作交流等重大事项进行指导和咨询的议事机构。董事会主要由相关政府机构、国内外企业、科研院所、学术团体、金融机构、产业园区的60家单位组成。

重庆邮电大学校友联谊会

学校校友联谊会坚持“心系母校，联络感情，服务校友，促进发展”的宗旨，着力发展校友关系，搭建校友与母校之间，校友与校友之间的交流合作平台，以服务学校发展和助推校友成长为己任，已先后在全国组建22个省级地方校友联谊分会。

重庆邮电大学教育基金会

由重庆市教育系统批准，在重庆市注册登记成立的全国性的非公募基金会。基金会秉承“汇八方涓流，襄教育伟业”的宗旨，加强学校与海内外各界合作，为促进改善办学条件，资助优秀师生、扶持科学研究和学术交流等教育事业发展贡献力量。

诚邀产学研合作伙伴

重庆邮电大学产学研合作办公室

负责拓展产学研交流合作渠道。搭建产学研合作交流平台，促成校内外合作资源的对接，开展产学研合作能力建设，优化产学研合作资源配置，以服务求支持，以贡献求发展，以合作共赢为目标，努力为合作单位提供科技服务和人才支持的同时，不断提升学校教育质量和办学水平。

产学研合作大平台介绍：

为积极推进产学研合作，实现开放办学、合作共赢，重庆邮电大学与通信行业优秀企事业单位秉着“优势互补、资源共享、互惠共赢、共同发展”的合作原则，积极开展全方位、深层次的合作与交流，建立并发展长期、稳定的产学研合作关系，具体可实施以下产学研合作：

一、人才培养

1.双方合作可共建国家级工程教育实践中心、实习实训基地等人才培养平台，为学生提供实习实训机会，培养符合企业需求的应用型人才。

2.邀请企业加入“卓越工程师教育培养计划”，联合开办相关学院或专业，聘请企业优秀技术专家、管理专家担任学校兼职教授、名誉教授、硕士生导师，提高学校学科和专业建设水平。

3.邀请企业来校举办大学生科技活动、科技竞赛，宣传、推广企业产品或技术，锻炼学生创新实践能力。

二、科技创新

1.发挥合作双方科研优势，联合申报承担科技重大项目。

2.夯实产学研合作链，共建科技创新基地、产学研用产业联盟。

3.发挥学校原始科研创新优势，嫁接企业市场转化能力，共建重点实验室或工程研究中心。

4.开展学术互动交流，邀请行业专家来校交流、讲学，委派学校教授、学者到企业开展学术技术交流活动。

三、社会服务

1.针对企业优势和发展方向，为企业的规划发展、科技发展、创新管理提供咨询服务。

2.发挥学校研发团队技术优势，整合资源，承接企业委托的各类研发项目。

3.依托学校人才培养平台，为企业员工提供继续教育和业务技能培训服务，提升企业员工职业素养。

四、捐赠助学、助教

1.诚邀企业到校设立教师或学生创新创业基金，资助教师或学生创新创业项目，促进行业科技成果转化。

2.邀请企业参与学校公益活动，设立学生奖/助学金，捐资助学，资助学校优秀或困难学生完成学业。

3.邀请企业设立学校发展基金或捐赠软硬件教学基础/实验设施，支持学校教育教学工作。

五、学生创业、就业

1.与相关企业合作，共建学生创新创业基地，开展各类创新创业活动，推动产教融合创新发展。

2.邀请企业来校做就业宣讲，展示企业风采，为学生提供就业机会，并指导学生就业。

六、联系方式

地址：重庆市南岸区黄桷垭重庆邮电大学产学研合作办公室　　邮编：400065

电话：023-62461278　　传真：023-62471900

联系人：孙老师　　Email：sunhao @cqupt.edu.cn

西安邮电大学

陕西省通信专用集成电路设计工程技术研究中心

陕西省通信专用集成电路设计工程技术研究中心是依托陕西省“13115”科技创新工程支撑项目（项目编号2008ZDGC－20）成立的，以西安邮电大学在通信专用集成电路设计方面长达十多年的科研成果和技术团队的积累为基础建立，在国内通信专用集成电路设计领域具有重要影响力。工程中心学术委员会主任为沈绪榜院士，中心主任韩俊刚教授，总工程师李涛博士。

中心依托单位西安邮电大学专用集成电路设计中心成立于1996年，是国内成立较早的集成电路设计中心之一，陕西省重点学科、国家集成电路设计西安产业化基地。中心与2004年同美国ALTERA公司联合成立西安邮电大学ALTERA公司SOPC联合实验室。2014年同德国“罗德与施瓦茨”公司成立射频集成电路测量联合实验室。

中心多年来一直从事通信专用集成电路、宽带数据网络专用集成电路、视频信号处理IP核、视讯产品片上系统芯片（SOC）等领域的研究及开发。目前通信传输（SDH）设备专用系列芯片是公司的主导产品。目前，中心已经由最初专注于通信专用集成电路设计扩展到了GPU、射频微波系列芯片、北斗定位芯片、传真机系统及芯片设计等领域的设计研究工作。所设计芯片也由数字集成电路芯片为主转向数模混合SOC芯片为主。中心现有研究和开发人员50余名，其中教授9名，已经建成了与国际先进水平同步的设计环境，形成了一支通信专用集成电路设计、产品销售及技术支持团队，多年积累了价值超过2000万元的仪器设备及各类集成电路设计工具软件，获得了多项技术成果及专利成果。已经成为国内有一定影响的集成电路设计研究中心。

中心自成立以来先后获得国防“973”，国家重大科技专项，国家自然科学基金、陕西自然基金等项目10余项，为企业服务项目9项，获得发明专利5项，申请发明专利13项，获得软件登记5项，集成电路布图保护多项。发表论文200多篇。

无线网络安全技术国家工程实验室

无线网络安全技术国家工程实验室（以下简称实验室）于2011年12月成立，同年开始建设，是我国无线网络安全技术研发与应用平台建设的重要基地。在实验室的整体建设规划框架下，西安邮电大学作为实验室的建设单位之一，全面参与实验室建设,重点负责无线通信与无线网络安全领域的基础理论研究与应用平台的建设任务。

实验室目前有研究人员10余名，研究生20余名，主要在无线网络安全基础理论与应用技术方面开展研究，同时致力于培养无线网络安全专业人才。实验室主要研究方向包括：密码学的数学理论与方法、密码算法、安全协议和移动安全技术。近年来，实验室在无线网络与信息安全领域先后承担了国家863项目、国家自然科学基金项目、陕西省自然科学基金等项目十余项。

实验室主任郑东教授，1964 年10月出生，山西翼城人，博士生导师，郑东老师先后参与国家863科技攻关项目“电子商务示范工程”， 担任项目副组长。在香港大学做访问学者，参与了香港行政区科技创新项目“电子政务中的关键技术”，负责公钥密码算法及其在移动设备中的实现技术。曾主持国家自然科学基金项目、国家863科技公关项目、十一五国家密码发展基金项目等10多项科研项目，发表论文60余篇，先后被SCI、EI、ISTP等引用80余次。主要成果：解决了GDH群上的链接环签名问题、后量子密码技术中的基于编码问题的环签名技术等。目前主要研究后量子密码技术及云计算安全技术。

华翼宽带
HUAYI KUANDAI
10M
880元
包年
华翼宽带
歌华有线
BGCTV
中国电信
情巨献：
①无需布线：无需入户穿线用户自助快捷开通
②电信光速：电信高品质宽带网络保障
③免费体验：为期15天免费试用体验
微信扫一扫轻松订购
华翼宽带微信公众号
订购网址：bj.189.cn/hy
服务咨询：96196

中国联合网络通信集团有限公司（简称中国联通）于2009年1月6日在原中国网通和原中国联通的基础上合并而成，在国内31个省（自治区、直辖市）和境外多个国家和地区设有分支机构，是一家同时在纽约、香港、上海三地上市的电信运营企业，连续多年入选“世界500强企业”。

中国联通主要经营固定通信业务，移动通信业务，国内、国际通信设施服务业务，卫星国际专线业务、数据通信业务、网络接入业务和各类电信增值业务，与通信信息业务相关的系统集成业务等。中国联通于2009年4月28日推出全新的全业务品牌“沃”，承载了联通始终如一坚持创新的服务理念，为个人客户、家庭客户、集团客户提供全面支持。

中国联合网络通信有限公司上海市分公司（简称上海联通）是中国联通在上海的重要分支机构，拥有包括移动和固定通信业务在内的全业务经营能力。自融合重组以来，上海联通经营业绩稳步提升，主营收入从融合之时的39.12亿元增长到2014年的87.27亿元，在中国联通集团公司的综合业绩考核中，连续六年名列前茅。

上海联通始终把打造精品网络，实现网络能力升级作为服务上海经济建设与社会发展的基础与保障。截至2014年底，住宅小区光纤覆盖规模近300万户，具备为家庭光纤宽带用户提供最高达100Mbps接入速率的能力。累计新建WCDMA室内室外基站近万个，实现了全网3G覆盖，其中90%的区域采用3.75G的DC技术，其网络接入速率峰值可达42Mbps。2014年全力部署LTE　4G网络，LTE网络面积覆盖率达到60%，人口覆盖率达到80%。同时，完成了上海全网LTE混合网络升级，一举将网络极限速率提升至150Mbps，成为国内4G网速的新标杆。上海联通坚持持续打造3G网络优势，全力部署LTE　4G网络，全面推进城市光网建设，力求为大数据、大流量及移动互联网业务发展提供良好的网络基础。

近年来，上海联通积极参与上海智慧城市建设，依托先进的信息技术和强大的网络能力，开发了涉及多个行业的几千种信息化智能应用。与多家政府和国内外企事业单位开展了大数据合作，成功承办上海智慧园区发展论坛并签约多家战略合作园区；与上海东方广播有限公司联合创建“沃·阿基米德数据实验室”，将对民生大数据、新媒体领域做深入研究，并输出惠及市民的智慧民生服务；与上海医联中心、泰福健康联合推出国内首家O2O健康管理服务平台暨“医联云健康”APP；与东方网联合打造智慧社区线下概念店“智慧屋”，集合购物、医疗、家政、公共事业缴费、理财等21项民生服务；助力上海出入境检疫系统打造“即查即放”现场查验放行系统；推出各种涉及“智慧交通”的行业应用，促进了城市公共交通的现代化进程。

在客户服务工作方面，上海联通始终聚焦服务领先，推动客户感知体验有新提升。强化顶层设计，推动客户感知体系化；细化服务举措，推动基础服务工作标准化、规范化、网络化；秉承“客户至上、真诚服务”的理念，努力做到渠道服务自助便捷，消费提醒清晰透明，网络服务升级体验，信息安全严格保障，投诉建议限时处理。

作为上海市信息化建设的主力军，上海联通在推动国民经济和社会信息化建设进程中发挥着核心和基础的作用。今后，仍将在中国联合网络通信有限公司的领导下，围绕全面建设小康社会的宏伟目标，严格履行对社会的承诺，全力创新通信产品，不断提升服务水平。为中国电信业的改革发展，为上海城市建设和经济发展作出应有的贡献。

套餐月费低至8元，新入网用户获赠48GB大流量

近期，广东联通将推出“沃4G”套餐促销新政，促销期间，按相关政策办理4G全国套餐的新、老用户即可获赠48GB流量，流量可在3G和4G网络下通用。

而此前推出的存费送费全国套餐，更是大幅降低了套餐月租，76元套餐每月返还30元，即每月只需缴纳46元即可。如通过联通网厅、手厅办理，更有惊喜优惠。活动期间还可通过中国联通网厅和手厅办理4G省内流量半年包，更可享受1折10元，1.5GB省内流量半年包优惠。

与此同时，通过中国联通网上营业厅（10010.com）办理4G组合套餐新入网，可享受月租8折优惠，销售价低至50元（含50元话费），套餐月费低至8元，用户每月可享100MB全国流量，更有多档套餐供用户自由组合办理。

在4G终端方面，3月2日到20日活动期间，联通8款8折限量终端扩展到15款8折不限量，常规直降终端由原来5款扩展到11款，其中更包含小米、魅族系列。联通版4G红米2更是低至699元，魅族MX4只需1599元，而中兴V5S更是打出了639元低价。

沃 精彩在沃

卓越沃服务，用户4G体验完美升级

为方便老用户更好的体验“超卓网络、冠军品质”，广东联通将于近日开启“4G超卓网络老用户免费升级”活动。

支持联通4G手机的用户将直接免费打开4G高速网络，开通网络功能后通过短信方式通知用户，用户不需要自行申请。关于老用户较为关注的“升级4G网络是否需要到营业厅更换手机卡”的问题，只要持USIM卡的2G和3G用户可以“不换卡不换号”直接升级4G网速。如果老用户没有4G手机，可参加“老用户越用越优惠——4G手机合约计划折扣购活动”，苹果、三星、红米、华为等热门FDD制式大屏手机最高直降1100元，未参与过合约计划或合约即将到期的用户均可享受。对2013年12月之前入网的用户，联通更精选推出5款特惠4G手机，三星S5、HTC ONE时尚版、中兴V5S最低99元即可领回家。为方便用户更换4G手机，联通还专门打造了两个便捷方式：老用户专属网上商城“老用户特惠区：vip.gd10010.cn”，线上支付或货到付款一站式轻松办理；广大用户也可以到营业厅购买4G手机。另外，用户们还可以自行到各大手机卖场购买支持联通4G的各款手机。

考虑到4G高网速下用户流量需求的上升，建议用户可申请转为4G专用的套餐，与3G套餐相近的价格可享受更多的语音和流量，同时4G套餐具备流量“600元”“15G”双封顶功能。

凭借4G网络在网速、覆盖、语音切换、网络稳定等各个方面的显著优势。广东联通将遵从中国联通集团部署，深化实施“移动宽带领先与一体化创新”战略，按照融合组网、协同发展的原则，加大投入，加快扩大移动宽带网络覆盖，提升网络速率，充分发挥网络优势，大力开展业务与产品创新，持续为广大用户提供“上网更快、覆盖更广、体验更好”的移动互联应用与服务。

选4G 就选沃

www.10010.com

更好的
4G来了
沃…
精彩在沃
主流沃4G 极速沃4G 卓越沃4G
选4G 就选沃
China unicom中国联通
www.10010.com

极速4G
峰值速率高达
150Mbps
不心塞
升级4G 不换卡不换号
沃
精彩在沃
双4G 双百兆
峰值速率150Mbps
China unicom中国联通
选4G 就选沃
www.10010.com

China unicom中国联通

中国联合网络通信有限公司吉林省分公司

上级领导视察吉林联通12316新农村热线

吉林联通温宁瑞总经理在大学迎新现场指导工作

中国联合网络通信有限公司吉林省分公司(简称吉林联通)是中国联合网络通信有限公司在吉林省的分支机构，于2009年1月在原吉林网通和吉林联通的基础上合并组建而成，下设9个市州分公司和40个县（市）分公司。

吉林联通主要经营固定通信业务、移动通信业务、数据通信业务、网络接入业务和各类电信增值业务，与通信信息业务相关的系统集成业务等。吉林联通于2009年4月推出全新的全业务品牌“沃”，承载了联通始终如一坚持创新的服务理念，为个人客户、家庭客户、集团客户提供全面支持。

吉林联通“沃3G”业务采用的是目前技术成熟、应用广泛和产业链完善的WCDMA制式；“移动宽带”业务（4G）采取FDD-LTE和TDD-LTE两种网络制式混合组网，实现了“双4G，双百兆”，继续保持领先优势；同时通过实施“移动宽带领先与一体化创新”战略，积极推进固定网络和移动网络的宽带化，致力于成为“信息生活的创新服务领导者”。

2014年吉林联通呈现了量质并重的良好发展态势，收入预算完成率100.02%，联通集团北十省排名第三，同比增长7.7%；主营收入份额36.83%，北十省排名第三，改善1.33pp，北十省排名第二。收入利润率提高2.24pp，北十省排名第四。移动用户份额33.62%，北十省排名第二，宽带累计净增市场份额65.36%，北十省排名第三。

2014年全省城区、校园、重要交通干线、乡镇的移动网络覆盖能力均得到较大提升，重要高速覆盖率达到95%以上，乡镇镇区的全覆盖率达到100%。

4G网络已完成城市区域含县城的连续覆盖，并在长春地区正式商用，其他地区也已全部具备商用条件；采用的FDD-LTE制式在网络速度（FDD为150M,TDD为100M）、通信质量、终端类型、全球漫游、商用成熟度等方面均处于行业领先。

宽带网全部采用FTTH光纤接入方式建设，城市宽带端口平均接入带宽为20M以上，农村宽带端口平均接入带宽为8M以上。城市住宅、商务楼宇、行政村光纤覆盖率分别达到89%、90%和86%。

吉林联通温宁瑞总经理到基层调研

中国联合网络通信有限公司
吉林省分公司

“科技强警”签字仪式

随着信息产业的不断发展，吉林联通依托移动互联网、云计算、物联网、大数据等新一代信息通信技术，以宽带互联网络和数据中心等设施为基础，按照国务院《关于促进信息消费扩大内需的若干意见》精神，全力推动智慧城市项目落地，配合政府部门及社会各界实现“强政、兴业、惠民”的建设目标。公司先后投入24亿元完善基础网络，建设了云数据中心、行业应用云平台和各类子平台，并筹建了“智慧吉林体验中心”，完成了吉林省政务内、外网全网建设、平安城市天网工程等重大项目，为吉林省信息化的发展奠定了坚实基础。目前，吉林联通已完成600多个智慧城市具体项目，应用手机终端超过45万部，管理车辆超过3.5万辆，管理固定和移动监控设备近3万部。

吉林联通客服中心工作现场

在政府服务信息化方面，吉林联通积极参与各级政府主导的智慧城市建设，协助各级政府和部门完成了办公自动化、移动执法、社会维稳、城市管理等方面的信息化建设工作，共为70余家政府部门提供办公自动化服务，公安、工商等26个执法部门、1万多名执法人员通过移动执法手段大大提高了执法效率。

在社会服务信息化方面，吉林联通面向城市市民服务、农村农民服务、基础教育服务、老年及残疾人服务、金融创新服务等方面提供了42个信息化产品和应用项目，受益群体达300万人。

在企业服务信息化方面，吉林联通积极帮助包括皓月集团、亚泰集团、云天化、华正集团、长客集团等重点企业以及吉林省几百家企业实施信息化建设服务，并投资千万元建设了行业应用云平台，通过云资源、网络资源、能力资源和信息资源的共享扶持省内软件企业达24家。

2015年，吉林联通将进一步深入贯彻党的十八届三中四中全会、全国工业和信息化工作会议、省委十届三次四次全会和全省经济工作会议精神，紧紧抓住新一轮吉林振兴发展的重大机遇，以加快全社会信息化建设为目标，全力推进“智慧城市”建设，深入推进信息技术在城乡居民生活中的广泛应用，为吉林省新一轮振兴发展做出新的更大的贡献。

“村村通”建设中，线务人员在安装电话

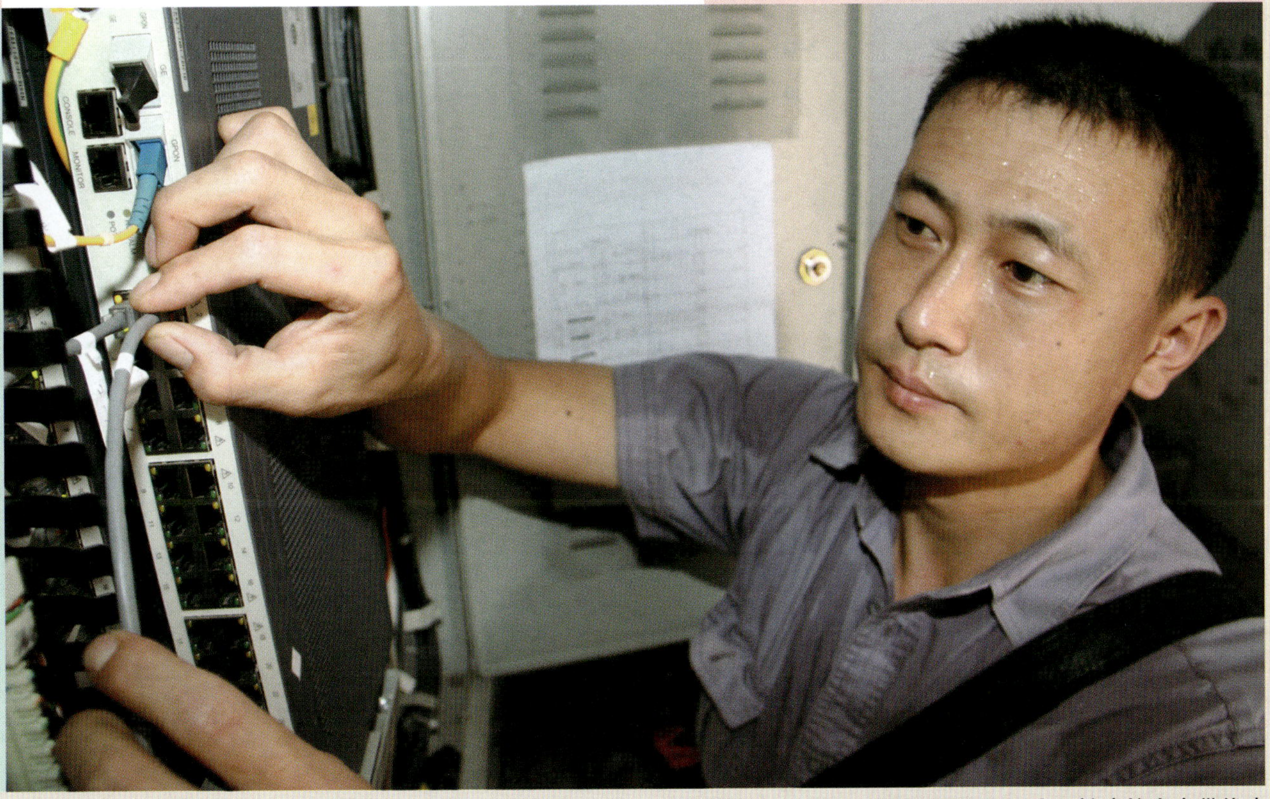

社区经理深入到小区楼宇检查宽带线序

畅达未来
大有效面积G.654单模光纤，
服务于未来的高速网络，
通向远方的路更加宽阔!
YOFC 长飞
长飞光纤光缆股份有限公司
地址：武汉市光谷大道9号
电话：027-6788 7325/400 991 6698
网址:WWW.YOFC.COM

移动4G畅行中原

客户服务中心开设4G专席，让客户贴心享受4G服务

“4G真好用！”河南移动客户经理正在向客户介绍4G时，得到客户连连称赞

4G网络已经覆盖河南郑州地铁

2014，4G商用元年，信息爆炸带动消费转型，网络变革迫在眉睫。2014，也是推进信息消费的重要一年。我国将信息消费提升为国家战略，“宽带中国”建设如火如荼。信息消费将成为产业发展的巨大推动力，一场4G之战已经打响。放眼中原大地，移动4G带来的，不仅是手机“高铁”时代，更是一个因4G而变革的新通信时代。河南移动凭借网络覆盖、终端种类、客户数量等多方优势，在2G、3G的基础上大力发展4G网络，致力于打造“智慧中原”、“宽带中原”。

在网络建设方面，河南移动面对4G建设“经验缺、实践少、要求高”等前所未有的严峻挑战和考验，克服时间紧、任务重、技术难度高等多方面困难。坚定“及早部署、积极创新、攻坚克难、加强把控”十六字原则。大干快上，全力推进4G网络建设。2014年3月河南移动顺利完成4G一期工程，工程进度在全集团并列第3。郑州、洛阳两市更是在3个月内完成5000多个基站建设，月均开站1300个以上，建网速度前所未有。作为农村人口占全省人口70%以上的农业大省，实现4G网络在乡镇的全面覆盖成为4G网络建设中不可忽视的重点。针对这个情况，河南移动抢先布局，超前储备，在4G二期启动后不到一个月的时间，将5000多个3G基站快速升级为4G基站，实现全部乡镇和重要农村热点的4G有效覆盖。同时积极探索农村低成本建网模式，新的建网模式较传统方式覆盖增加20%～40%。逐步实施农村4G网络热点覆盖、热点连续覆盖及全覆盖。目前，河南移动4G网络已经实现全省市、县城区连续覆盖，并延伸到了部分乡镇和农村。预计到2014年年底，4G网络将实现全省所有城市、县城、乡镇、部分行政村全覆盖以及高铁、高速公路和景区的全面覆盖。基站总量将超过4.3万个，整体4G基站规模将位居全国前列。

在客户服务方面，河南移动常年致力于为消费者提供更优质更具人性化的服务。自2003年6月19日正式组建以来，河南移动客户服务中心已从成立之初的不到400名座席发展到今天拥有4000余人的大团队，服务格局也从当初的单一化转变为如今的专业化。除了通信业务方面的贴心服务，客户服务中心12580热线还为用户提供生活方面的专属咨询。自2013年以来，12580服务产品继续拓展客户衣食住行服务空间，推出的服务产品更加贴近客户生活，提供挪车服务、预约挂号、中招成绩查询、高考信息查询等便民业务。在为广大客户带来便利的同时，河南移动客户服务中心紧跟时代步伐，积极探索互联网营销服务新模式，拓展传统服务渠道，筑添便民服务新窗口。在保证传统语音优质服务的基础上，适时拓展服务渠道，从互联网企业中收集优秀服务案例，借鉴成功经验，加强企业建设。随着信息化时代的发展，转型是电信服务发展的必由之路。河南移动第一时间开通“河南移动10086”官方微博和“中国移动河南10086微信营业厅”，随时随地为客户提供专属服务。目前，“河南移动10086”官方微博拥有粉丝137万，月发布微博约240条，博文曝光量日均4.7万。“中国移动河南10086微信营业厅”关注客户达100万，绑定客户约45万，微信群发信息有效到达率100%，全新的服务模式增加了河南移动与客户的互动，也为客户带来了全新服务体验，河南移动正以多样化的新媒体移动互联开启服务更加广阔的天空。

河南移动基站建设人员全力以赴加快4G基站建设

客户使用4G网络观看视频

在市场营销方面，随着智能手机的日渐普及，手机不只只是一个单纯的通话工具。如何进行4G市场营销和推广，推进4G手机的普及，怎样引导用户体验4G业务，进而由2G/3G向4G迁移是市场转型时期运营商不得不思考的关键问题。面对通信行业新形势、产业新生态、市场发展新局面，河南移动确定了以“存量经营、流量经营、集客经营”为核心的新“三新”经营模式，铸造了服务、业务和网络领先的核心竞争能力。河南移动抢抓机遇，坚定不移地加快4G营销推广，不断加大4G前置营销力度，优化渠道配置，丰富4G产品体系和营销体系，使河南省4G市场发展保持良好态势。在河南移动，有4支客户经理队伍，大客户经理、集团客户经理、社区经理和电话经理，他们是前置营销的主力军，他们紧抓2G/3G客户全面加快向4G迁移升级的有限时间窗口，瞄准公司2G/3G高流量客户、高价值客户和集团客户，主动出击，从“坐销”转变为“行销”，针对目标客户群加大4G终端销售，通过4G终端、业务和服务来稳定和保有存量客户，进而提升客户的价值。

自1999年成立以来，河南移动凭借着好网络、优服务获得了社会各界的一致认可和好评。先后获得“全国文明单位”、“全国用户满意服务企业”、“全国五一劳动奖状”等各项荣誉。如今，河南移动将继续秉承着踏实肯干、敬业奉献的精神，加快4G网络建设优化步伐，积极推动河南地区经济发展，为客户带来更快更好的上网体验。

河南移动基站建设人员全力以赴加快4G基站建设

Potevio
中国普天

中国普天信息产业股份有限公司

中国普天信息产业集团公司（以下简称“中国普天”）是以信息通信技术的研发、系统集成、产品制造、产业投资以及相关的商品贸易为主业的中央企业，业务覆盖信息通信网络与信息安全、智慧城市、低碳绿色能源、工业自动化重大装备等领域。

历经百年发展，中国普天认真履行信息通信产业国家队的职责，从邮电工业起步，在不同历史阶段为国家通信事业和信息产业的发展壮大做出了巨大贡献。近年来，中国普天以创新驱动，坚持技术创新、集成创新、商业模式创新和两个“三位一体”管理体系，持续拓展产业空间，全面提升产业可持续发展能力，不断推进企业由传统通信设备制造商向信息化整体解决方案提供商和综合运营服务商转型。

作为国家创新型高新技术骨干企业，中国普天净资产超过100亿元，拥有三十余家全资及控股二级企业，包括5家上市公司，拥有员工23000余名。公司在京津冀经济圈、长江三角洲、珠江三角洲以及中西部地区均建立了重要的技术研发和产业制造基地，产品和服务遍及全球100多个国家和地区，Potevio品牌是国家重点支持出口的知名品牌之一。

面向未来，中国普天将坚持创新和绿色发展理念，发挥信息通信产业国家队的优势，运用信息通信技术丰富的专业经验，积极践行国家“两化融合”战略，带动全产业和全社会的信息化，全方位满足市场与客户持续创新的发展需求，努力实现最佳的社会、经济和环保效益，为国民经济发展与和谐社会建设做出新的贡献！

POTEVIO

中国电信四川公司开创光纤宽带发展新模式

四川宽带中国建设进入“新光网时代”

2013年以来，中国电信四川公司以全光纤、高起点、一步到位、城乡统筹等多种创新举措推动四川光网建设的跨越式发展，实现了四川通信基础网络革命性变化。

2014年，四川建成并开通国家互联网骨干直联点，并成为国家“宽带乡村”工程试点省之一，成都、攀枝花、阿坝也成功率先创建全国“宽带中国”示范城市,均由中国电信四川公司负责承建。国家“宽带乡村”试点工程进展顺利，圆满完成2014年试点工作任务，得到了国家有关部门得高度评价。“宽带乡村”工程进一步加速四川农村光网的普及，推动了全省95%的城区及农村场镇实现全光网覆盖，提前3年完成“2017年达到光纤覆盖家庭1600万户、城市宽带接入能力30M、农村宽带接入能力8M”的我省实施“宽带中国”战略主要目标任务，也让四川走在了“宽带中国”建设的前列。

截至2015年3月，四川全省光网覆盖1850万户家庭，已建成2个全光城市、168个全光县城、2527个全光乡镇。光纤宽带用户突破600万，规模位居全国第二，发展速度位居全国首列。

在2014年的“拥抱新光网时代——2014宽带中国建设推进高峰论坛”上，来自中科院等权威部门的著名专家学者在对四川光网建设发展专题调研后一致认为：四川的宽带发展之路，不同于一般意义上的改良式、渐进式发展模式，而是具有变革意义和时代特征，开创了宽带中国建设推进的一个全新时代——“新光网时代”。四川基于宽带光网建设的经验及成果形成的“四川模式”，对于整个宽带中国战略的实施，具有相当重要的示范意义。

在电信经济专家委员会的四川电信光网建设与应用专家调研分析报告中指出，“新光网时代”包括五方面的内涵：

一是在传输接入方面，全面实施“去铜换光”，颠覆了FTTX技术同ADSL技术相结合的“光+铜”模式，一步到位实现从骨干网到接入网全程光纤连接，彻底突破最后100米的带宽瓶颈，迅速形成50兆、100兆的现实业务支撑能力，并为未来百兆以上乃至千兆以上的持续提速奠定物理基础。

二是在线路交换方面，实现了语音、视频、数据多业务一根光纤提供，关闭传统的电话交换网（PSDN）,彻底摆脱光电混合组网带来的电话交换网和数据通信网两网并行运维局面，简化运维难度、降低运维成本、提升网络质量，解放了大量的人员、设备、机房资源，节能减排成效明显。

三是在网络功能方面，新光网带来的网络全程IP化（分组化）优势，打破了传统的网络壁垒，为电信企业积极拓展网络业务功能，推进面向信息化和互联网、物联网应用的网络和平台创新，提供了大管道、大平台，实现了业务的全方位融合创新。

四是在区域推进方面，新光网抓住技术进步带来的难得机遇，跨越数字鸿沟，实现弯道赶超，积极推进东西、城乡在全光领域的同步协调发展，进而带动了社会经济的东西协调发展和城乡统筹发展。

五是在管理创新方面，新光网推动电信业适应新网络、新业务、新应用发展的需求，加快了电信企业在互联网下的建设、维护、服务和机制体制转型变革，全面提升电信企业服务社会信息消费、行业应用的效率、质量和服务水平，形成创新服务信息社会的新优势。

移动4G
1周年
买移动4G手机
送10G流量、最高5880元话费
最高1200分钟本地网内通话
iPhone6 / 6 Plus
三星N9018V
(NOTE4)
华为MATE7
小米4
中国移动M812
移动4G手机热销榜
全民4G
就选移动
4G信号好
上网快又省
流量放心用
移动4G周年庆，购机豪礼送不停！
活动时间：即日起至2015年3月31日
活动对象：中国移动福建公司客户
买4G手机+换USIM卡+办4G套餐合约=送10G流量+最高5880元话费/20M宽带
买4G手机+换USIM卡=送10G流量
买4G号码+办4G套餐合约=送最高1000元话费
新入网客户办以上活动还享预存话费最高送1200分钟本地网内通话！
扫码关注中国移动福建10086微信了解活动详情，首次绑定手机号还有机会领取100M流量！
登录移动网厅/掌厅办理两节优惠活动,参与抽奖最高送4888元话费。
中国移动福建10086
微信二维码
移动掌上营业厅
*如果您订购了旧版WAP套餐，退订后即可参与活动。
中国移动
China Mobile
www.10086.cn

大唐電信

大唐电信科技产业集团

DATANG TELECOM TECHNOLOGY & INDUSTRY GROUP

自主创新 引领跨越

大唐电信集团

科学发展成就“中国创造”

大唐电信科技产业集团，是一家专门从事电子信息系统装备开发、生产和销售的大型高科技中央企业，总部位于北京，旗下拥有3个上市公司，10个独资、合资和控股公司，8个研究所，承建有：“无线移动通信国家重点实验室”和“新一代移动通信无线网络与芯片技术国家工程实验室”两个国家重点实验室。在北京、上海、成都、西安等主要经济发达城市设有研发与生产基地。多年来，大唐电信集团坚持自主创新，掌握了一批电子信息通信领域内的关键核心技术，拥有一系列具有完全自主知识产权的重大科技创新和突破，在无线移动通信、集成电路设计与制造以及战略性新兴产业等领域处于国内外领先水平。

大唐电信集团主导提出TD-SCDMA（3G）国际标准，使中国一举掌握了全球移动通信国际标准制定话语权。近年来，大唐电信集团推动实现TD-SCDMA产业化和市场化，相关技术创新成果荣获国家科学技术进步一等奖，并带动我国民族移动通信产业实现跨越发展。

大唐电信集团是TD-LTE-Advanced（4G)国际标准主导者，是全球5G国际标准制定的重要参与者，并在推动全球TD-LTE产业化准备过程中发挥着重要作用。2012年1月，由大唐电信集团提出并拥有核心基础专利的TD-LTE-Advanced被国际电联确认为4G国际标准，为未来十年，我国主导全球移动通信产业发展奠定了更加坚实的基础。大唐被评价为民族企业践行国家创新型国家战略的典范。

大唐携手合作伙伴，以开放的胸怀与时代同步共发展，用科技点亮生活，让沟通创造价值。

大唐倡导绿色科技理念，倾力建设绿色移动通信网络，实现环境友好，让人与人更加贴近，让沟通更加美好。

大唐自觉践行社会责任，引领产业前行，积极投身社会公益，争做优秀企业公民，让沟通时刻有爱相伴。

大唐电信集团源自强大自主创新实力，凭借对技术和产业的深刻理解，依托高素质的人才队伍，发挥对市场的敏锐洞察，始终将“创新、市场、诚信、责任”作为企业核心价值观，致力于以先进、高效、节能的产品、解决方案和全方位服务，实现人们的自由沟通，共享信息社会的丰富生活，为您开拓无限自由的通信空间！

大唐电信集团董事长真才基获国家科学技术进步一等奖

真才基董事长荣获中国企业管理最高奖项
“袁宝华企业管理金奖”

大唐电信集团主导提出的TD-LTE-A被ITU确定为4G国际标准

中国通信企业协会

CHINA ASSOCIATION OF COMMUNICATION ENTERPRISES

工业和信息化部副部长刘利华参加通信行业三项活动推进大会

原信息产业部部长吴基传在中国信息通信业发展高层论坛上发表演讲

苗建华副会长参加两岸通讯产业合作及交流会议

中国通信企业协会是经国家核准注册登记，由通信产业相关的企业、事业单位和个人自愿组成的全国性、行业性、非营利的社团组织，成立于1990年12月。协会以服务、维权、自律和协调为基本职能，发挥桥梁纽带作用，为政府服务，为会员服务，为行业服务，促进通信业发展，促进信息化建设，促进工业化和信息化融合。

协会团体会员单位480余家，包括通信运营、通信工程建设、网络运维、增值服务、设备制造及光电缆、网络安全及科研院校媒体等，中小企业占会员总数的90%。协会下设通信工程建设、通信网络运营、信息通信服务、铜线电缆光缆、通信网络安全专业委员会及邮政分会、通信器材分会、通信企业家工作委员会等分支机构，常设办事机构为秘书处。

主要职能：经政府部门授权起草或参与制定行业标准；通信行业、企业咨询服务与行业统计；企业资质认证及年检；举办通信发展论坛，组织通信业发展研究分析；推荐通信行业用户满意企业、企业管理创新、质量管理活动；开展技术业务培训；促进行业自律，维护企业合法权益；维护消费者的合法权益；联系境外国家和地区通信行业组织，开展对外经济技术交流与合作，举办国际国内展览会，为政府、企业和行业搭建沟通交流平台。

协会会长：刘利华

名誉会长：谢高觉 奚国华 刘立清 郭炎炎

副会长单位：中国电信 中国移动 中国联通 中国邮政 中国铁塔 华为 中兴 大唐 联想
上海贝尔 中国普天 中国邮电器材 腾讯 奇虎360 中国信息通信研究院

秘　书　处：副会长兼秘书长苗建华 副会长兼副秘书长钱晋群 副秘书长赵中新 秘书长助理李北林

2014~2015
中国信息通信业发展分析报告

中国通信企业协会　编

人民邮电出版社
北京

图书在版编目（CIP）数据

2014～2015中国信息通信业发展分析报告 / 中国通信企业协会编. -- 北京 : 人民邮电出版社, 2015.4
ISBN 978-7-115-38918-3

Ⅰ. ①2… Ⅱ. ①中… Ⅲ. ①通信工业－研究报告－中国－2014～2015 Ⅳ. ①F632

中国版本图书馆CIP数据核字(2015)第063328号

内容提要

本书是一部综合反映 2014 年中国信息通信业发展的研究分析报告。书中对 2014 年信息通信业和互联网的发展以及新政策、新业务、新技术和由此带来的影响等进行了深度分析，并对 2015 年信息通信业的发展作出了预测和展望，内容涵盖了运营、市场、业务、技术、管理等众多方面，以及信息通信和互联网产业链的各个环节。书中给出了大量详实的数据，同时收录了业内外专家针对备受业界关注的热点问题专门撰写的文章。全书具有较强的分析性、研究性和参考性。

本书可供信息通信业的各级管理人员、相关研究单位工作人员以及关心中国信息通信业发展的各界人士参考。

◆ 编　　　中国通信企业协会
　责任编辑　王建军　刘　婷　李　静
　责任印制　彭志环
◆ 人民邮电出版社出版发行　　北京市丰台区成寿寺路 11 号
　邮编　100164　　电子邮件　315@ptpress.com.cn
　网址　http://www.ptpress.com.cn
　北京隆昌伟业印刷有限公司印刷
◆ 开本：880×1230　1/16　　彩插：25
　印张：19.5　　2015 年 4 月第 1 版
　字数：588 千字　　2015 年 4 月北京第 1 次印刷

定价：360.00 元

读者服务热线：(010)81055488　印装质量热线：(010)81055316
反盗版热线：(010)81055315
广告经营许可证：京崇工商广字第 0021 号

顾　　问：吴基传　中国电子学会理事长

　　　　　朱高峰　中国通信标准化协会名誉理事长、中国工程院院士

　　　　　宋直元　工业和信息化部通信科学技术委员会名誉主任

　　　　　谢高觉　中国通信企业协会名誉会长

主　　编：刘立清　中国通信企业协会名誉会长

副 主 编：苗建华　中国通信企业协会副会长兼秘书长

　　　　　王晓丹　人民邮电出版社副社长兼总编辑

执行主编：钱晋群　中国通信企业协会副会长兼副秘书长

专 家 组

组　　长：郝为民　教授高级工程师，工业和信息化部电信经济专家委员会委员

成　　员：（按姓氏笔画排序）

何　霞　工业和信息化部电信研究院政策与经济研究所副总工程师

杨子真　工业和信息化部电信研究院泰尔管理研究所副所长

杨培芳　中国信息经济学会理事长

陈如明　工业和信息化部通信科学技术委员会专职常委

武锁宁　人民邮电报社总编辑

赵慧玲　中国电信集团北京研究院总工程师

唐雄燕　中国联通网络技术研究院首席专家

章向理　中国移动通信集团设计院有限公司院长

舒华英　北京邮电大学经济管理学院教授、博士生导师

雷震洲　工业和信息化部电信研究院科技委副主任

编 辑 组

组　　长：刘华鲁

副 组 长：易东山　刘少华　李红伟

成　　员：王建军　李　静　刘　婷　李娅绮　刘　洋　杨　凌

　　　　　李　强　张慧芳　赵　娟　徐明静　陆凯芬　刘婉宁

前言

2014年是我国全面深化改革的开局之年，就信息通信业而言，管理层对信息通信业寄予厚望，提出了从“通信大国”向“通信强国”的转型需求。这一年，信息通信业增势平稳，信息消费在经济增长中的拉动作用进一步凸显；宽带中国、智慧城市、大数据、云计算等在2014年的信息通信业发展中总体势头良好，最值得关注的是4G的全面商用，这标志着中国信息通信业进入一个全新时代。同时，随着虚拟运营商多批牌照的连续发放，虚拟运营商正式迈入运营期；铁塔公司的成立，提高了行业的投资效率，进一步提升了电信基础设施的共建共享水平；宽带接入网业务正式向民企开放等等为我国信息通信产业发展带来了更多的活力。相比过去两年信息通信产业发展的艰难期，2014年对于整个产业而言，是全面复苏的一年。

《2014～2015中国信息通信业发展分析报告》（以下简称《报告》）聚焦信息通信、互联网及战略性新兴产业领域，全面梳理了中国信息通信业的发展变化情况，对中国信息通信业的行业发展、宽带及移动通信发展、互联网与信息服务、网络与信息安全、新一代信息技术发展、通信设备制造及建设运维、企业发展、政策法规等过去一年的重大研究成果及问题进行了比较全面的论述、分析和研究，同时，也对2015年信息通信业的发展作出了预测和展望。

针对这一年行业的发展重点，《报告》以专家的视点，从不同角度对云计算、5G发展、“互联网+”、运营商转型、“营改增”、混合所有制改革、网络功能虚拟化、反垄断等热点问题进行了深度阐述。《报告》还收录了2014年新发布的信息通信业的政策法规和各项评奖结果，并且提供了大量信息通信业发展的专业统计数据。

《报告》邀请了近百位行业内知名学者、专业人士、行业观察家、分析师、媒体人撰写相关稿件，并得到了中国信息通信研究院，中国电信、中国移动、中国联通等电信运营企业，北京邮电大学和人民邮电报社以及企协各专业委员会的大力支持。《报告》在成书过程中，也得到了人民邮电出版社的大力支持，其所属的信通传媒公司调动了大量的人力、物力，组织作者编写《报告》，并且进行了认真的编辑加工，使本书能够及时出版。

《报告》还存在需改进之处，真诚希望业内外人士提出宝贵意见，以便我们今后在组织编写的过程中不断改进和提高。

中国通信企业协会

2015年2月

目　　录

行业发展篇

宽带及移动通信发展篇

互联网与信息服务篇

网络与信息安全篇

新一代信息技术发展篇

通信设备制造及建设运维篇

企业发展篇

专家视点与专题研究篇

附录一　政策法规

附录二 资料类

附录三 数据类

2014 年中国信息通信业发展形势分析

中国通信企业协会

2014 年，中国信息通信业全面贯彻十八大三中、四中全会的精神，以深入落实“宽带中国”战略为抓手，以深化体制改革为突破点，推进全行业的转型创新，为促进信息消费和两化深度融合，为经济社会发展做出了积极贡献。

一、2014 年，信息通信业发展转型特色鲜明

（一）带宽跃升带来一系列联动效应

（1）宽带专项行动使中国加速迈进高速宽网时代。2014 年，成都、西安、武汉、沈阳、南京、重庆和郑州 7 个互联网骨干直联点相继建成，互联总带宽增长近 50%。部分有条件的地区开始逐步推广 50Mbit/s、100Mbit/s 等高宽带接入服务，用户体验得到了大幅提升。在 TD-LTE 牌照发放后的第一年，TD-LTE 基站建成 70 多万个，信号覆盖超过 300 个城市，基本实现县级以上城市和发达乡镇覆盖，人口覆盖率达到 75%，建成了全世界规模最大、覆盖最广的 4G 网络。经工业和信息化部批准，中国电信和中国联通先后在 56 个城市和地区开展了 TD-LTE/LTE FDD 混合组网试验。全国新增 FTTH 覆盖家庭 8 859 万户，使用 8Mbit/s 及以上接入速率的宽带用户比例达 40.9%；建成 4G 基站 73.3 万个，4G 用户达 9 700 万户。

（2）网络带宽跃升拉动信息消费大幅提升。宽带网络基础的夯实是信息消费在 2014 年快速发展的重要因素之一。在政府的大力推动和相关产业的积极努力下，信息消费快速发展期。据测算，2014 年全年信息消费规模达到 2.8×10^5 亿元，增长 18%，信息消费带动了相关产业 1.2×10^5 亿元的发展，对 GDP 贡献约 0.8 个百分点。在信息消费的强力拉动下，2014 年第三产业增加值占 GDP 的比重高达 48.2%，最终消费对经济增长的贡献率超过 50%，使整体经济在结构调整中呈现良好的发展势头。

（3）网建投资加大带动通信制造业实现新跨越。宽带跃升拉动了网络建设的投资力度，2014 年全行业固定资产投资规模完成 3 992.6 亿元，达到自 2009 年以来最高值，从而带动了通信设备制造业的高速增长。2014 年，通信设备行业销售产值同比增长 16.6%，增速稳居电子信息制造行业之首，并高出全行业平均水平 6.3 个百分点。

借力移动网络的更新换代和应用的大爆发，智能终端产业大步前行。2014 年，来自我国大陆的手机品牌合计出货量高达 4.53 亿部，占全球出货的近四成。新联想、华为、小米、酷派、中兴和 TCL 等厂商占据了全球前十大手机品牌中的 6 个席位。国内 4G 手机市场国产占 80% 以上。一批 TD-LTE 终端芯片企业也充分释放了前期积累的技术能量，新一代 TD-SCDMA 手机核心芯片、基于 28nm 工艺的 4 模 18 频 4G 商用芯片批量上市。

（4）网络全面优化推动互联网应用更加繁荣。截至 2014 年 12 月，我国网民规模达 6.49 亿，互联网普及率为 47.9%。其中手机网民规模达 5.57 亿，在网民总数中的占比提升至 85.8%。手机旅行预订、手机网购、手机支付和手机银行等应用高速增长。线上线下 (O2O) 成为引领移动应用服务的新模式，服务民生的应用体系逐步成熟，市场规模加速扩大，中度和重度用户占比共 39.2%，O2O 消费开始由数量增长向质量提升转变。

网络带宽、速率和安全性的提升使互联网产业的发展走向纵深。在电子商务方面，据统计，2014 年我国电子商务的交易额达 1.2×10^6 亿元，比 2013 年增长 20%。网络购物用户规模达到 3.61 亿，较 2013 年增长 19.7%，网民使用网络购物的比例从 48.9% 提升至 55.7%。其中，手机网络购物用户规模达到 2.36 亿，增长率为 63.5%。在互联网金融方面，

第三方支付、P2P网络借贷、众筹、互联网基金销售和互联网保险等热点不断涌现，金融生态边界被大幅拓宽。银行、保险、证券、基金等传统金融领域纷纷向互联网靠拢。截至2014年12月，我国购买过互联网理财产品的网民规模达到7 849万，比2014年6月增长1 465万人。

2014年，我国互联网上市企业激增11家，总数达69家，阿里巴巴成为全球范围内规模最大的IPO交易之一。截至12月9日，我国互联网上市企业的市值已达到4×10^5亿元人民币，同比增长137.9%，全球互联网公司十强中我国的企业占据4席。

（二）宽带网络分流带来电信业务结构性巨变

（1）宽带的大发展带来了电信业务的结构性调整。2014年，信息通信行业几乎全面“飘红”。然而作为网络建设的主体，通信业却呈现发展的“下滑期”。2014年，电信业务收入完成11 541.1亿元，按可比口径测算仅增长3.6%，增幅比2013年回落5.1个百分点。电信业务总量完成18 149.5亿元，同比增长16.1%。电信业务总量与电信业务收入增长的差距由2012年的1.8个百分点持续拉大至12.5个百分点。在经历了不到3年略高于GDP的发展后，通信业的收入增速再度大幅下挫，增幅还不及GDP增速的一半。究其原因，这主要是宽带发展对电信传统业务的分流和带来的比特贬值造成的。

（2）电信传统业务被大量分流。宽带网络尤其是移动宽带网络的大发展为互联网应用创新开拓了更为广阔的空间，OTT业务的替代效应更加明显。2014年，全国移动电话去话通话时长为29 270.1亿分钟，同比增长仅1%，每用户月均贡献的移动话音业务量下降明显，移动本地和长途MOU分别达148.4、45.3分钟/月·户，同比分别下降6%、5.4%。全国移动短信业务量达7 630.5亿条，同比下降14.4%，降幅同比扩大了13.8个百分点，月户均点对点短信量连续5年持续下降。彩信业务量只有647.4亿条，同比下降24.4%。短信和彩信业务量的下滑使移动短信业务收入规模同比减少91.1亿元，下降14.7%。

（3）带宽的大幅提升造成了比特的严重贬值。宽带网络的提速虽然使数据业务大幅增长，但新增业务在短时间内还不能弥补比特贬值和网络分流对通信业造成的负面影响，大幅拉低了通信业务收入的增幅。2014年，移动互联网接入流量消费达20.62亿G，同比增长62.9%，比2013年提高18.8个百分点。月户均移动互联网接入流量达到205Mbit/s，同比增长47.1%。固定宽带接入时长达4.144×10^6亿分钟，同比增长29.6%。而相比之下，流量猛增所带来的收入增长却是有限的。据统计，2014年移动数据及互联网业务收入完成2 707.2亿元，按可比口径测算同比增长41.8%，比2013年下降13.7个百分点。固定数据及互联网业务收入完成1 524.7亿元，按可比口径测算同比增长5.5%，比2013年下降3.5个百分点。

（4）通信业务收入结构优化。面对宽带发展带来的下行压力，电信运营商在面向互联网的转型创新方面进行了有效尝试。在各项转型创新措施的带动下，通信业务收入的结构向好的方向发展。2014年，行业发展对话音业务的依赖大幅减弱，非话音业务收入占比由2013年的53.2%提高至58.2%；移动数据及互联网业务收入对收入增长的贡献率突破100%，占电信业务收入的比重从2013年的17%提高至23.5%。

如何驾驭好宽带发展这把“双刃剑”成为通信业未来创新转型的新课题。

（三）改革举措频出对行业产生深远影响

（1）虚拟运营商引入驱动业务发展与创新。开放移动业务转售市场是我国电信市场引入民营资本的重要实践。2014年，国内虚拟运营商的总数达到42家。由于在资金、经验等方面与传统运营商存在较大的差距，虚拟运营商都结合原有的企业背景和特点实行差异化定位，以个性化产品为突破口，推出兼具通信性能和行业特色的创新产品，填补了市场的空白。截至2014年年底，虚拟运营商的用户数已经超过180万，进一步提升了移动业务的覆盖率，为市场发展注入了新的活力。

（2）“营改增”的实施推动营销模式变革。从2014年6月1日起，电信业纳入营业税改增值税试点范围。从短期来看，“营改增”后运营商的营运收入、利润减少。据测算，受“营改增”的影响，电信运营商短期内收入将下降10%左右，利润将减少20%左右。但从长期来看，“营改增”的实行体现了国家对于发展增值电信服务的扶持，是鼓励发展服务业，支持战略性新兴产业发展的具体举措。“营改增”的实施和“削减运营费用”的压力将促使运营商进行营销和运营模式的深刻变革，改变原有的粗放式经营模式，减少因过度营销造成的资源浪费。

（3）中国铁塔公司成立促进资源共建共享。由中国移动、中国联通和中国电信共同出资设立“中国铁塔股份有限公司”，能有效地解决重复建设和资源浪费问题，大幅推进共建共享工作。如果按照3年建设20万座基站和机房来计算，铁塔公司的集中建设和运营将减少40%的重复建设，为三大运营商节约资金300亿元，节约土地5 000亩。同时，铁塔公司还是通信业发展混合所有制经济的试验田。在这样的政策布局指引下，除了三大运营商之外，铁塔公司还计划引入非公有资本，并择机上市。这有利于放大国有资本的功能，活化闲散的非公有资本，使国有资本和非公有资本相融互济，共享企业发展的成果。

（4）电信企业改革扎实推进。为破除传统体制机制给市场化发展造成的障碍，2014年，通信企业在所有制改革、运营结构调整等方面进行了大胆尝试。中国电信出让炫彩公司34.426%的股份；天翼阅读以20.7%的股份引资1.39亿元；与网易就易信业务成立了新公司，在控股的情况下出让业务和市场运营。中国移动在机构和业务整合方面，对原有的九大基地进行整合，成立新媒体集团公司和互联网公司；计划与阿里巴巴组建合资公司，重塑“飞信”业务；将短信、彩信、视频、用户通信录和黄页应用等打包成融合通信业务，应对OTT的挑战。中国联通出资2亿元设立全资创投公司，定位于互联网方向和电信增值业务方向，扶持中小互联网企业；将旗下的沃商店剥离出来，成立小沃科技有限公司独立运营。各通信运营企业进一步深化了在划小核算单元方面的改革，建立相应的考核激励机制，从根本上激发员工的积极性、创造性，实现员工和企业效益的同步增长。

（5）向民间资本开放宽带接入市场。2014年，工业和信息化部决定在16个城市开展向民间资本开放宽带接入市场的试点。鼓励民营企业以资本合作、业务代理、网络代维等多种形式和基础企业开展合作，分享收益。同时，鼓励拥有因特网接入服务业务(ISP)经营许可证的民营企业，从基础电信企业租用接入网络资源，以自有品牌为用户提供宽带上网服务。民资的进入将发挥其特有的经营优势，在宽带接入市场的多元化方面起到促进作用。从整体来看，无论是竞争加剧带来的资费降低还是差异化经营带来的产品多样化，都将给广大的通信用户带来福利。

二、2015年，信息通信行业发展任重道远

2015年，经济发展“新常态”给信息通信业发展提出了新要求，国家对信息化战略的推进对建设“网络强国”“制造强国”提出了新课题。中国信息通信业正在掀开新的篇章。

（一）经济新常态呼唤产业新作为

（1）经济稳步增长需要信息消费的大发展。信息消费是依托于网络的消费行为，无论是产品的提供还是消费的过程都脱离不开网络，网络的好坏直接决定了消费者对消费环境良好度的认知。另一方面，信息时代消费者对产品和服务的要求也越来越高，信息消费市场的提振需要种类更加多样、形式更加丰富的产品和服务来推动。

（2）产业结构调整要求信息通信业扮演重要角色。加快发展生产性服务业，是向结构调整要动力、促进经济稳定增长的重大措施；大力推动生活性服务业的发展，可以让人民的生活水平和生活质量切实得到改善和提高。无论是生产性服务业还是生活性服务业，其快速发展都离不开信息通信业的支撑和助力。

（3）发展方式的转变要求以信息通信业为重要依托。经济发展方式转变要从外延型增长转向内涵型增长，而内涵型增长包括的内容首先就是信息化；同时经济发展方式的转变要从外生型动力向内生型动力转变，经济增长将更多依靠人力资本质量和技术进步，这些都离不开基础网络建设和信息技术的发展，信息通信业在经济发展方式转变中大有可为。

（4）民生水平的提升需要信息通信业的保驾护航。作为经济发展“新常态”的重要内容，惠民生将是我国经济社会发展的长期重点之一。随着信息化对农业渗透的深入，宽带网络已经成为缩小城乡

差距，促进农村社会经济发展的新引擎。

（二）信息化提速带来发展新机遇

（1）网络强国战略的推进将加快通信基础设施的升级。2015年是“网络强国”战略实施的关键年，这一战略的推进将进一步推动通信基础设施的建设和升级。工业和信息化在2015年的“宽带中国”专项行动部署大会上提出，要推动一批城市率先成为“全光网城市”，使4G网络覆盖县城和发达乡镇。2015将是通信业加强基础设施建设、推动网络上台阶的一年。

（2）两化深度融合、智能制造将为信息通信业带来增长蓝海。从全球范围来看，世界主要国家纷纷加快制定以智能制造为核心的发展战略，如德国工业4.0、美国先进制造、我国“中国制造2025”等。推进两化深度融合、发展智能制造，离不开信息通信网络、软硬件和相关应用服务的保障支撑。

（3）“互联网+”兴起将进一步深化互联网产业的发展。在“互联网+”概念的引领下，移动互联网仍将是2015年信息通信业中最具活力和创新力的领域。移动互联与物联网、传统产业的融合，将会形成新的业态和市场。更多颠覆性移动应用将不断涌现，如移动支付通过各类APP的广泛普及，移动位置服务将深度融入各类应用，移动视频将成为主流应用，移动教育和移动医疗等将全面兴起。

（4）新一代信息通信技术加速落地迎来发展新高潮。国务院出台文件，加大对云计算骨干企业的培育和扶持力度，要求到2020年形成若干具有较强国际竞争力的云计算骨干企业，这将为云计算产业发展带来重大机遇。大数据正在从数据的收集整理向价值深挖转变。在各领域的应用使大数据成为了市场营销的有效手段、资源调配的高效指挥和行业发展的重要支撑。2015年也将是物联网产业继续走向成熟的一年。在物联网服务业中，我国三大运营商的M2M服务成为产业亮点。

2015年是“十二五”五年看一年的关键之年，也是“十三五”一年看五年的前瞻之年。信息通信业应当肩负起经济“新常态”赋予的新使命，把握信息化带来的新机遇，为“制造强国”、“网络强国”的起飞增添更多动力。

站在互联网时代

原信息产业部部长　吴基传

一、互联网的发展

1969年，美国国防部高级研究计划局（ARPA）主持研究ARPAnet，把分散在美国几个地方的计算机用电信传输网连起来共享计算能力。这一实验证明，只要计算机接口的语言一致，就可以实现相互登录计算，从而揭开了计算机通信的大幕。为此，在1972年召开的世界计算机通信大会上，参加会议的计算机及通信专家经过商议和实验，确定了计算机互联采用TCP/IP。该协议于1983年成为全球至今共同遵循的网络传输控制协议。有的专用计算机不采用这种协议方式组网，但计算机之间互联网络采取物理隔离，称专用互联网，或者称专网。为了使更多的计算机并入互联网，并使之尽快捕捉特定信息，1991年，伯纳斯·李等编写出一个名为超文本浏览器及相关协议的网页程序，中文称万维网，把互联网的接入简单而方便地展现出来，使不懂计算机技术的普通大众都可随时进入互联网。由此，全球互联网时代宣告到来，这是互联网的大型机时代。比尔·盖茨发明的微软操作系统，使互联网进入PC时代，操作方式由原来集中在大型机的输入和输出端口，变成了可分散的桌面PC，再加上鼠标的发明，大大促进了互联网的发展；后来，乔布斯推动手指触摸方式输入，随着移动通信技术的快速发展和智能终端的普及，人们进入了移动互联网时代。这也在一定程度上标志着人类开始进入信息时代。

我国于1994年4月2日成为全球第77个全功能接入互联网的国家。1995年，中国电信开始启用中国公用计算机互联网（CHINANET）对公众提供互联网服务。

互联网发展对世界的影响是巨大的。互联网从20世纪60年代至今的飞速发展，正是这一段时间IT技术的飞速发展及影响所致，尤其是微电子技术已进入纳米级、计算机技术已达到10亿亿次以上、光纤数字传输技术已到100Gbit/s、智能软件技术及大数据分析技术的发展，使互联网从门户网站演变成当今的移动互联网形态，变成各种服务性网站及各种新的服务模式。它着实改善了人们的生活和工作方式，也颠覆性冲击着各行各业的生存命脉。产业变革在所难免，中国经济社会转型也到了一个“十”字路口。互联网确实为我国经济社会发展提供了一个难得的机遇，这也是历史赋予中国的一个发展机会。

二、互联网的影响

互联网发展到今天，就是人类社会、计算机、物理世界的三元融合。信息服务进入普惠计算机时代，人类进入信息时代，这是划时代的大事。在工业社会时代，蒸汽机、电力解放人们的手脚，从而提高了生产效率，解放了生产力；在信息社会时代，互联网解放人的大脑，更进一步促使生产力发展。现在，人们手握一个智能终端，随时随地可以获得一个所需的解决方案。随着语音识别及语音输入的应用，人类与计算机的联动更紧密，人类生产活动更方便灵活。

互联网与商业对接——电子商务。它改变了传统工业产品的生产方式和流通习惯。以前工业产品是从批量生产到流通批发再到市场零售，用户只能按已有商品去选择。互联网时代可以实现商品生产的个性化，消费者可以在网上定制，商品通过电商被准确送达用户手中，传统的商场在某种程度上变成了样品店。

互联网与装备工业生产对接——工业打印。它将改变传统的生产方式，将原材料、生产部件组装成整机形成一个从小到大的封闭系统车间。初期，经过单个信息化过程引入计算机设计，计算机控制生产流水线；进入全球互联网时代，整个生产可以在全球范围进行部件生产，生产效能高度规模化，产品可在用户端组装。

互联网与社交对接——新媒体。每个人既是信息的接受者，也可以是信息的发送者，充分体现个性的发挥，即时通信不受时空的制约。网络文学活跃了人们的生活情趣，微信大大改变了人们的社交生态，维基百科成了群众自修自编的可信的百科全书。

互联网与教育对接——“翻转课堂”。重新调整课堂内外的时间，将学习决定权从教师转移给学生，现已成为全世界的共识。面对 IT 无与伦比的巨大存储功能，传统教育方式将受到极大的冲击，应该让孩子们学会自己去淘知识，提高他们的想象力和创造力。

互联网与金融对接——互联网金融。电子银行、电子支付将对传统的金融模式、银行管理带来强大的冲击。比尔·盖茨曾讲过：“现有的商业银行可能会像恐龙一样消失，实现金融的普惠脱媒时代。”

互联网与万物对接——物联网。基于互联网，除人与人之间的信息交互之外，还有人与物、物与物之间的交互，这样就构建了物联网。物联网就是人利用互联网的信息控制，将人的主观能动性充分发挥，所有人类想指挥和流动的物，都可通过感知元件进行物理位移。

互联网与语音输入技术对接——云翻译平台。当语音输入技术过关后，同声翻译可被一个芯片替代，互联网可构建一个语言翻译平台，全球各国的人们都可以通过云翻译平台达到沟通和交流的目的。任何语言都可以通过智能终端进行翻译。

总之，互联网涉及人们的衣食住行，涉及社会管理、政务服务和公共服务，涉及社会生产、农业生产和水肥虫灾监控管理，涉及工业产品的生产方式及产品转型升级等。云计算信息服务的特点就是基于互联网的管控高度集中，信息处理方式分散，服务高度离散，真正以人为本地满足消费者的需求。

要实现上述要求，必须要有深度覆盖的数字网络，要有高带宽的传输网络，还要有超强的分析处理功能的大数据。互联网所构建的虚拟世界就是依赖于这些先进的物质基础的。除此之外，还必须通过软件逻辑把控相应的智能终端。智能终端的关键是微电子芯片及各种相适应的软件。

归纳起来，当今社会由互联网承载。通过大数据对信息分析，取其有价值的部分；通过云计算服务平台，利用智能终端进行人与平台的交互，实现智能化、个性化的信息服务。这将深刻改变人们生活、社会管理及社会生产的方式，确实呈现了一个新时代，即信息智慧时代。目前，美国大部分第二产业已实现了在信息化基础上的产业结构调整及生产方式的变革，呈现新一代的复苏，实现产业、产品技术含量高，生产效率高，人工劳力少，按需生产，适用个性化的新一代智慧型生产。我国的华为公司的经营范围也不全是制造业，也有信息服务、软件芯片开发等。现在全球 70 亿人，手机使用量已超过 72 亿部，但因数字鸿沟和国与国之间的经济水平差异，信息化发展很不平衡。信息占有多少和占有速度是国家软实力强弱的重要标志。我国现有手机用户 12.5 亿户，手机上网用户 6.5 亿户，固定电话 2.5 亿部。我国虽是一个信息化发展大国，信息消费市场巨大，但我国城市与农村、东部与西部信息化水平存在的差距较大，实现农业生产、工业生产现代化的任务还很艰巨。因此，我国信息化发展任务艰巨，潜力巨大。

三、对互联网的认识

人们利用互联网可将各种文字、语言、视频图像产生的信息都转化成数码，而这些数码还可以通过互联网进行处理、交互、存储、分析和传送，再还原成信息。

互联网是一个全球性的统一处理平台。互联网的主根服务器在美国，总根服务器 1 个在美国，附属 12 个辅根服务器中的 9 个在美国，另外 3 个分别在日本、英国和瑞典。它们负责全球互联网域名服务器、域名体系及 IP 地址的管理，如 .com 域名及地址由总根服务器直接管理。后来各国发展互联网，各国的服务器及域名由在其总根服务器之下的域名表示，如中国是 .cn、日本是 .jp 等。由此可知，掌管互联网命脉的是美国。互联网发展到今天，已经成为全球性的共享平台。由于发展的客观性和发展进程中的差异性，互联网发展对各国必然带来挑战与压力，因此世界各国要按各自的国情认真研究予以利用和应对。

我国制定的对互联网“积极利用，科学发展，依法治理，确保安全”的十六字方针是符合我国实际的。我们依据此方针准确把握互联网的运行规律，创新理念，不断提升对互联网的管理和应用水平。互联网是一个国际性的工具，是一个构建信息社会不可逾越的阶段，只有积极应对、不断创新，在技术层加大开发，在应用层加强管理，完善法制，才能实现互联网的良性发展，从而使之更好地服务于经济社会。为此，我认为要妥善处理以下 4 个关系。

一是要充分认识使用互联网和维护互联网环境的关系。互联网为人们提供了个性化的需求，在网上，人们可以充分发挥才干，也可以获取众多的信息和知识。但是，个人在发挥个性的时候，不要妨碍别人的需求，因为信息需求者也是信息的消费者，所有人都要以诚信的态度利用互联网这个信息时代的工具，每个人都要诚信地使用，要有自律的精神，维护互联网良好生态环境，防止网络欺骗，防止信息盗窃，防止黑客侵犯。

二是正确认识互联网服务虚拟性和承载实体化的关系。互联网上的各种服务，看是虚拟的，但互联网的正常运转是依附在实体网络和信息处理设施上的，没有实体的支撑，任何互联网的虚拟服务都不能存在。另外，新的虚拟互联网服务又要求提升实体网络质量，加快信息处理设施的技术进步。互联网业务的不断创新，要求实体网络不断升级扩容。

三是正确把握互联网工具属性与人类生存依赖物质消费的关系。互联网是人类创造发明的一种工具，可以提高生产效率，但不能替代人类物质消费资料。不认识互联网在当今社会的重要性不行，但过度夸大其作用也是错误的。在当今社会，人们要充分利用互联网这一先进的信息工具，创新生产方式，调整生产结构，以适应信息社会带来的挑战。

四是认真把握网络安全、信息安全与国家安全的关系。进入信息社会时代，人人都在使用互联网，都是信息的消费者和发布者，如何维护互联网尤其是实体网络安全、确保信息安全是一件十分重要的事情。一个错误的信息就可导致混乱，一些心存不良者时刻都想窃取别人的私人信息。因此，当今社会，没有网络和信息安全，就没有国家安全。要维护国家安全，除在网络技术上下工夫外，还要尽快完善国家层面的法规，规范人们的行为，实现依法治理，依法保护公民的信息隐私权，依法维护信息服务者的平等竞争和公平服务权，依法维护国家的安全。

互联网给我们带来了极大的挑战，也提供了巨大的发展机遇，让我们大胆创新，用好互联网，管好互联网，迎接美好的未来，实现中华民族伟大复兴的中国梦。

中国全功能接入互联网的 20 年

中国工程院院士　邬贺铨

从1994年4月20日中国全功能接入互联网算起，20年来我们真切感受到互联网发生的变化和影响，从窄带到宽带接入、从固定到移动接入，使用越来越方便，用户越来越普及。互联网从收发邮件的联系平台演进到阅读和下载文件的浏览平台，随着微博和微信的出现又成为社交平台，事实上，互联网已经成为工作平台。随着移动通信 3G 的推广和 4G 的商用，手机超过了 PC 成为主要的上网方式。据统计，网民平均每周上网 25.9 小时，即每天有多于 1/7 的时间在网上，可以毫不夸张地说，互联网已经成为人们学习、工作和生活中不可缺少的一部分。

一、互联网是便捷和多功能的通信工具

从语音、短信、数据、照片到视频，从即时通信到录音留言，从点到点通信到点到多点，可以将语音转成文字或将文字转为语音，实现语音翻译不再是梦想。在手机上按一下语言选择键，你的讲话可以实时自动翻译为你所希望要的一种外语，这样你可以直接用母语轻松地与外国朋友交谈，不但跨越了时空而且消除了语言障碍，这种情景不久就能出现。智能手机实现了通信与计算的深度融合，现在的智能手机的运算速度已经超过 1975 年美国航空航天局用 500 万美元购买的计算机，智能手机操作系统的软件规模达到上百万行代码，要知道早年的“阿波罗”登月飞行器的软件代码也只有 4 000 行。更重要的是智能手机其内置的应用商店软件平台可以开放承接移动应用，目前可下载的各类应用软件高达上百万种，覆盖了我们日常衣食住行的方方面面，智能手机成为我们随身的数据中心。移动互联网与物联网融合进一步丰富了通信的功能，各种传感器嵌入手机中从而扩展了人的感官能力，实现了环境感知、导航定位和身份认证等。智能手机从人与人的通信延伸到人与物的通信。例如，无线手环等可穿戴终端提醒你今天需要增加运动量；智能眼镜的即拍即传功能让远方的朋友感同身受；智能眼镜与后台数据库相连，实现了可见即可知，相当于随身的讲解员和导航员。车联网提供车与车之间和车与路边的智能交通系统间数据传送，传递与道路状况、交通安全及管理有关信息，这是物与物通信的一个例子。

二、互联网是文化娱乐之窗

现在我们可以将电影院搬回家，或者把它拿在手上，甚至屏幕就在眼镜上。你不但可补上前几天错过收视的电视剧，还可以先睹为快提前看到电视台尚未播出的连续剧的后几集。有了互联网，人们可以随心所欲实现三屏互动，将电视节目从电视机到计算机和手机之间来回无缝切换，在观看电视剧或电影的同时可以调出与剧情或演员有关的背景信息并显示在屏幕下方，或与同时观看这一节目的异地好友讨论观感，还可查看网民对此节目的评论，大众的评价与建议还有可能影响到制片人对后续剧情的调整。可以说，网络视频使单向的观众变为互动的用户，大大增强了参与感。

三、互联网是学习和创新之门

如今，很多人习惯了有困难找网络，借助搜索引擎解疑释惑，到网上听名师讲课，从数字图书馆查阅资料，与同窗网友切磋学问，互联网成为在线大学，实现了很多人自学成才的愿望，其中，不乏草根在网上找到了自信并成长为网络作家或软件精英的例子。现在的智能手机依托其操作系统支撑移动应用软件平台，基于这一平台，专业人员和普通

网民可以开发出各种类型的移动应用软件，很多创意就出自草根，可以说互联网显著降低了创新的门槛。基于我国的文化和国情所开发的微信、支付宝和余额宝等互联网应用，在用户规模、服务类型和商业模式创新方面都已经超越国外类似的产品。现在，互联网的数据量年增40%，即两年翻一番。具有规模大、增长快、多样性特征的数据集被称为大数据。探索大数据中蕴含的规律可洞察事物的本质，基于大数据的挖掘打开了数据驱动创新之路。我国网民的年龄跨度很大，根据2014年6月的统计，10岁以下的网民和60岁以上的网民各占2.1%，而29岁以下的网民高达57.3%，青年是网络的主体也是网络创新的主体。国内外知名互联网企业的创始人在创业时只有20岁左右，这样的例子不胜枚举。总之，互联网打开了创新之门，营造了开放创新的环境，更多的应用创新还在不断涌现。

四、互联网是便民的服务平台

基于互联网基础设施的感知城市、无线城市、数字城市和宽带数字是智慧城市的必要条件，基于互联网服务与应用的创新城市、人文城市、平安城市、健康城市、宜居城市、绿色城市和幸福城市是智慧城市应有之意。开放政府是智慧政府的前提，电子政务则是开放政府的第一步。电子政务将政府搬到网上，拉近了政府与民众的距离，改进了政府的服务。在保护国家安全和市民隐私的前提下，政府的数据开放既利于民众对政府的监督，又能更好地激励创新和经济发展。电子商务将互联网从线上延伸到线下，降低了交易成本，方便了百姓生活，推动了信息消费。按照工业和信息化部的统计，2014年上半年我国的信息消费超过了20 000亿元。2013年，中国电子商务市场交易规模99 000亿元，同比增长21.3%。我国互联网支付交易规模53 700亿元，其中网购交易额18 500亿元，占社会消费品零售总额的比重达到7.8%。结合政府开放的数据，网上积累的大数据弥补了个人和企业诚信记录的不足。互联网金融使小额投资和小额贷款及支付变得简单，拉低了中小企业融资的门槛，为网民的理财增添了机会。

五、互联网是推动产业发展的引擎

互联网从消费者应用发展到产业应用。最早的产业应用还只是企业建网站和信息管理系统，关注产品的宣传和用户及供应链关系的管理；后来开展电子商务聚焦网络营销；现在将着力点转到制造环节和生产要素的配置。近年出现了以网络软硬件资源作为服务的模式，即云计算模式，以集约化方式向社会提供网络计算、存储能力和开发工具及软件的出租或共享服务，还可进一步提供社会数据及其开发软件的服务，显著降低了信息化的成本，有力推动了信息化与工业化的融合。互联网对一些行业的传统经营模式产生了颠覆性的影响，这种渗透今后还会更广泛和更深入。互联网将加快新材料的开发和优化能源利用，互联网与物联网、云计算和大数据相伴，推动工业流程的转变，实现智能制造与管理，这将推动全球技术要素和市场要素配置方式的变革，预示以智能机器联网为主要特征的工业互联网时代即将到来。

六、互联网是经济增长的支柱

2013年发布的《OECD互联网经济展望（2012）》归纳了多家咨询公司的研究结果，给出了一些国家与互联网设备和服务直接有关的经济活动所带来的GDP增加值，美国为GDP的2.0%（2009年），英国为GDP的7.2%（2010年），瑞典为GDP的6.6%（2011年）。国际电信联盟（ITU）和联合国教科文组织（UNESCO）联合发表报告，分析了互联网对所有行业经济的影响，并且通过模拟得出互联网的贡献占2010年美国GDP的4.65%～7.21%，占企业增加值的3%～13%。2010年，互联网经济给G20国家贡献GDP的4.1%，给G8国家加上韩国、瑞典、巴西、中国和印度共13个国家贡献GDP总量的3.4%和增量的20%。麦肯锡公司2011年发表的《互联网要素：网络对增长和就业及繁荣的重大影响》报告认为，互联网给中小企业带来了平均10%的利润增长，互联网对GDP的贡献在2009年全球平均为2.9%，中国为2.6%，互联网为G7国家加上瑞典和韩国共

9 个国家 2004～2009 年的 GDP 增量贡献了 21%，同期“金砖四国”的 GDP 增量贡献了 3%。波士顿咨询公司 2012 年发表的《连接世界》报告分析 2010～2016 年互联网经济对 GDP 的贡献，中国仅次于英国和韩国为第三位，占 GDP 的比例 2010 年为 5.5%，2016 年将增加到 6.9%。总之，互联网已经并将继续对经济和社会及全球竞争格局产生深刻的影响。

七、互联网的发展面临严峻挑战

40 多年前发明的互联网原来的设计目标是传送对实时性要求不高的数据业务，以计算机为终端，以人为用户，但现在互联网的应用已超越初衷，目前互联网上主要流量是对实时性要求很敏感的视频。互联网的干线带宽需求十年增长上千倍，网络面临可扩展性的压力越来越大。现在大量的移动终端联网，移动互联网的发展受到频谱资源短缺的制约。互联网用户数的增加特别是物联网的发展，原有的 IPv4 地址分配已尽，向 IPv6 过渡也有不少挑战。更为严峻的是网络安全问题，2013 年我国境内 1 090 万余台主机被境外服务器控制，其中来自美国的占 30.2%。针对我国银行等境内网站的钓鱼页面数量和涉及的 IP 地址数量分别较 2012 年增长 35.4% 和 64.6%，2013 年移动互联网新增恶意程序样本较 2012 年增长 3.3 倍。就网民规模而言，我国是当之无愧的网络大国，但远远不是网络强国。2013 年我国生产了全球一半的 PC 和 70% 的手机，但其中的核心芯片和操作系统的关键技术及生态链并非我国可控。现在知名的智能手机制造商其核心竞争力不在手机本身而在其服务能力，背后是由依附于其应用商店软件平台的几十万移动应用软件开发者和数以亿计的移动用户所形成的生态链。可喜的是，近年来，我国以阿里巴巴、腾讯和百度为代表的互联网企业强化适合国情的技术创新和商业模式创新，依托我国庞大的网民规模，跻身国际互联网企业市值的前十名，带动了我国互联网服务的快速发展。在中央网络安全与信息化领导小组成立会议上，习近平总书记提出“没有网络安全就没有国家安全，没有信息化就没有现代化”，把互联网的发展和网络安全提到前所未有的高度，标志着中国互联网的发展进入一个新时期。

在前进的路上，互联网还将面临宽带化、泛在化、可扩展性、安全性和可管理性等严峻挑战。晴朗和谐的网络空间需要广大网民倍加珍视和维护。互联网界有一句名言：“我们不预测未来，我们创造未来。”让我们去努力创造互联网更加美好的下一个 20 年！

信息通信业十大热点

中国信息通信研究院

一、大数据

大数据给我们提供了一种认识现在、把握未来的强大工具，这种前所未有的工具具有通用目的技术的特征，几乎能够运用到所有行业，应用的想象空间巨大，因此它成为全社会谈论的热门话题。可以说，大数据不仅是信息通信业关键词TOP10，也可以登上互联网、交通、教育、医疗等诸多行业的榜单。2014年与2013年相比，互联网引领、传统行业跟随的格局并未改变，而政府则在更加积极地推动产业发展，试图弥合这种不平衡的鸿沟，但未来仍需务实地面对发展的障碍。

互联网公司在四个方面引领大数据发展：一是积极采用大数据技术优化既有业务；二是陆续推出一系列面向第三方的大数据服务；三是借助大数据技术向线下业务延伸；四是技术开发及创新加快。传统企业在大数据应用的思路上也在纠偏，更加务实：一是从盲目追求严格符合3V标准、非结构的“大”数据，到更加注重更干净、结构化小的数据；二是从把希望寄托在互联网、社交等外部数据上，到更加注重企业自身沉淀下来的内部数据的价值挖掘；三是从一味追求Hadoop等分布式先进技术，转而更加注重根据业务需求把Hadoop与传统数据仓库结合起来运用；四是抛弃一夜之间大数据使得企业数据分析实现飞跃的幻想，转而改走从小处着手自发生长的道路。

我国大数据发展面临以下三方面的挑战：一是数据开放程度较低、流动性差，数据资源的结构性短缺普遍存在；二是大数据相关的法律法规有待进一步完善；三是大数据人才短缺瓶颈突出。

二、4G

2014年，中国成为全球4G发展的最大亮点，我国启动4G商用短短10个月时间，已经成为全球4G发展新的核心。中国移动全力投入TD-LTE网络建设，使我国4G网络规模在6月就已跃居世界第一。5月，我国启动TD-LTE/FDD混合组网试验后，中国电信、中国联通也加大了LTE网络部署力度。9月，三大运营商的4G基站数量已经接近70万个，用户达4 300万，占全球的11.6%，2015年中国很可能成为全球最大4G用户市场。中国用世界上绝无仅有的高速完成了4G的全国布网，实现了终端价格和资费的快速降低。“套餐流量大增、资费跳水”释放了移动数据消费，短视频等3G时代难以普及的业务开始得到4G用户的广泛使用，这可能触发我国移动互联网应用创新的新一轮爆发。

截至2014年9月，共有13个国家部署了39张TD-LTE商用网络，用户突破5 400万，达到全部4G用户的14.6%。TD-LTE已经成为全球TDD运营商部署宽带移动通信的最佳选择，全球WiMAX产业已明确将TD-LTE作为演进路线，这给我国移动通信产业在国际上的发展壮大提供了一个难得的突破口和舞台，目前，我国企业已占据了全球TD-LTE网络设备70%的市场份额。TD-LTE研发产业化采用了开放、国际化的发展思路。截至2014年10月，中国移动发起成立的GTI（全球TD-LTE启动）论坛已经拥有114个运营商成员和95个制造商成员。

全球移动芯片市场呈现“三阵营”竞争格局。处于第一阵营的国际领先企业在技术、产品、上下游、市场和IPR等方面拥有雄厚的综合实力，稳固占据高端，拥有4G市场80%份额。我国部分企业处于第二阵营，在2G、3G中低端市场建立了较好的技术和产品研发、产业和市场服务等基础能力和影响力，但在4G先进技术和高端产品研发、上下游整合能力、市场控制力等方面还有明显差距。而我国的其他一些企业正在成为移动芯片的新兴力量，在技术上采取跨越战略，历经几年的巨大投入和埋头积累，建立起了先进的4G芯片开发和设计能力，弱势在于缺少作为开放芯片供货商的市场经验和服务体系。

全球331张4G商用牌照中，有128张采用的频谱位于700～900MHz，占38.7%。1GHz以下低频段由于可以充分发挥4G性能、大幅降低组网成本，因而成为全球LTE市场最主要的运营频段之一，往往作为最重要的广覆盖基础频段，承载了最大数量的用户。我国已为4G TD-LTE商用分配了210MHz频谱，并在TD-LTE/FDD混合组网试验中使用了另外50MHz频谱，频谱数量上全球领先，但全部集中在1.8GHz以上，低频段频谱分配困局始终无法突破，这对我国4G产业在全球的崛起将产生不利的影响。

在目前部署TD-LTE的39个运营商中，有13个采用TD-LTE/FDD融合组网，但绝大部分运营商仍将TD-LTE作为3G/LTE FDD网络的"补充数据通道"使用，这使TD-LTE网络规模明显小于LTE FDD，用户数量和产业规模也相应较小。我国如果能在融合组网方面做出良好示范，可对全球施加正面影响。

三、云计算

云计算的热潮发轫于互联网领域，并引发了整个信息通信领域的震荡与重构，被视为IT产业的第四次革命。云计算也正在不断抢占IT设备制造商的传统市场，从产品到服务的迁移不断加速。各国政府近年来纷纷制定国家战略和行动计划，加速政策改革和创新，将政府采购作为重要的支持政策，通过政府的示范先导，培育和拉动国内市场：一方面，加快政府部门内的IT系统向云计算的迁移，改造日趋复杂的政府信息化系统，可以节省庞大的IT经费支出；另一方面，政府采购中所形成的安全标准、服务规范、管理制度等都将成为其他行业采用云服务时的重要参考。

在政府的应用中，安全是至关重要的问题，美国政府启动了联邦风险和认证管理项目（FedRAMP）。云服务供应商必须获得FedRAMP认证，才能被视为达到政府安全要求。FedRAMP一直坚持"高标准、严要求"的初衷，从启动以来至今，在两年多的时间里只有18个厂商通过了认证。英国政府机构和公共部门采购云服务主要通过英国政府云服务项目（G-Cloud）的在线云服务商店（CloudStore）进行。进入CloudStore的云服务商也需要认证评估：一是必须满足G-Cloud云服务合同框架；二是需要通过G-Cloud安全认证。

目前，我国一些政府机构已经意识到云计算对于政府信息化建设的意义，开始探索采用云计算来解决一些用传统手段难以解决的问题。

虽然云计算在国内政府的应用还存在着认识不足、法律法规不健全、配套政策不完善等一系列问题，但我们仍可预见，面对全世界云计算发展的浪潮，我国政府必将顺应趋势，积极主动应对。

四、网络与信息安全

世界主要国家均已视网络空间为"第二生存空间"和"第五疆域"，网络安全已成为事关国家安全、国家发展和公共利益的重大战略问题，没有网络安全就没有国家安全。纵观2014年，在国际网络空间博弈日趋激烈、国内外网络安全事件频发的情况下，我国将网络安全领导体制上升到国家最高层面，安全顶层设计、关键基础设施保护、数据安全、产业安全等成为关注焦点。

中央网络安全和信息化领导小组于2014年2月27日召开第一次会议，领导小组由习近平总书记担任组长、李克强总理担任第一副组长，规格之高前所未有，充分体现了党中央对网络安全和信息化工作的高度重视，标志着我国网络安全和信息化发展进入新的历史阶段。习近平同志对网络安全和信息化发展之间的关系做出深刻阐述：网络安全和信息化是一体之两翼、驱动之双轮，必须统一谋划、统一部署、统一推进、统一实施，澄清了过去存在的模糊认识。中央网络安全和信息化领导小组将发挥集中统一领导作用，统筹协调各个领域的网络安全和信息化重大问题，制定实施国家网络安全和信息化发展战略、宏观规划和重大政策，不断增强安全保障能力。

当前，存在安全漏洞的信息通信产品在事关国民经济和社会发展的关键领域信息基础设施中广泛使用，加上国家级有组织的网络攻击和受利益驱动的地下黑色产业活动日益猖獗，攻击手法日益复杂隐蔽多变，致使信息基础网络，尤其是关键信息基础设施安全形势严峻。2014 年全球范围内的信息基础设施数据泄露问题严重，美国的 eBay、iCloud 和 iPhone 以及我国的支付宝、快递行业等相继曝出重大数据泄露事件，各行业数据泄露事件逐年呈上升趋势。虽然世界各互联网发达国家均重视网络数据保护并出台相关保护举措，但是网络数据承载日益重要的价值以及数据跨国界流动等特点，使得数据安全保护仍然是世界性难题，拥有 6 亿多网民的中国更是信息窃取、网络攻击的主要受害者，面临着巨大的网络安全压力。

目前，我国在信息化和网络安全等领域不掌握核心技术，自主创新能力不强。掌握自主可控、安全可信的网络核心技术，是切实保障网络安全乃至国家安全的关键。为从根本上保护网络安全，必须加强对自主知识产权核心技术的研发，下大力气解决我国自主可控技术产品成果转化问题，培育和扶植民族企业发展，同时在管理上辅以网络安全审查、网络安全日常管理等制度，在技术上提升对漏洞后门发现修复、网络空间安全监测和态势感知等能力，在国际舞台上积极推动我国技术标准和民族企业走向世界。

五、移动互联网

历经 7 年的发展，移动互联网已经完成了技术体系（Android&iOS+ARM）的构建，产业格局进一步集中，业界焦点正在从技术平台竞合转向应用普及深化，技术驱动让位于需求驱动，移动互联网应用不断迅猛发展，O2O 和互联网金融迅速壮大，对社会生活产生巨大影响，同时移动互联网软硬件技术体系和生态系统仍在不断扩张，甚至引领下一轮产业变革，可穿戴设备（Android Wear）、智能家居（HomeKit）、车载电子（CarPlay）等领域的发展正在酝酿。从宏观上看，移动互联网的技术和模式不断影响和带动移动通信（APPle SIM）、物联网（Arduino）、人工智能（siri）、云计算及大数据（位置、个人体征等诸多数据）发展，是整个 ICT 产业最重要的驱动力量。

在移动互联网时代，我国拥有更多类型、更多数量的移动互联网企业进入国际市场，既有机会多点开花，又有利于形成更大生态系统。在服务器、网络设备方面，我国拥有华为、中兴等全球领先的设备厂商；在移动终端方面，我国智能终端厂商在品牌影响力、高端拓展、协同创新等方面同样取得不俗成绩；特别是在移动应用方面，我国超级 APP 应用迅速崛起，并已形成微信、UC Web、百度搜索、360 手机助手等多个亿级移动应用平台。

在新一轮的产业变革开启过程中，包括可穿戴设备、智能硬件、移动互联网与物联网融合、移动大数据方面，我国产业界与全球同步基本同步，移动互联网将是我国 ICT 产业实现整体转型升级的历史性机遇。

六、互联网金融

2014 年年初，互联网金融首次被写入政府工作报告中，标志着它已经正式进入中国经济金融发展序列，并得到决策层的空前重视。从产业布局看，国内各大互联网巨头均已布局互联网金融，阿里巴巴一马当先，腾讯、百度、京东奋起直追，竞相创新发展；传统金融阵营也不甘示弱，银、证、保各方均已张开怀抱，以互联网思维促进自身的转型革新。微信红包、理财通、打车软件掀起的全面参与热潮，更是把互联网金融的热气从 PC 端带到移动端。可以说，互联网金融以其创新思维，“让金融成为一池活水，更好地浇灌小微企业、‘三农’等实体经济之树”，成为创新金融产品，提高资金配置效率，践行普惠金融，推动金融体系改革的关键力量。

互联网金融以支付工具为基础，支撑传统各行各业的信息化、移动化、个性化转型。尤其是在 P2P、众筹等其他互联网金融工具的共同作用下，更多线下的小微企业获得了更加灵活的融资渠道，创新活力也得到进一步激发。互联网金融在消费和生产两个方向都成功搭建起线上线下互动的平台，促使 O2O 的生态环境日趋成熟，服务实体经济。2014 年，互联网金融的触角进一步向商业、工业、民生生活、远程医疗、远程教育等方面深入。

2014 年下半年，多部委共同推进的互联网金融相关指导意见和配套管理办法出台，监管体制机制等政策明晰，互联网金融将更加健康有序地发展，也将迎来新的发展机遇。

七、铁塔公司

2014 年 7 月 18 日，中国铁塔股份有限公司正式挂牌成立。公司注册资本 100 亿元，中国移动、中国联通和中国电信各持有 40.0%、30.1% 和 29.9% 的股权。公司主营铁塔建设、维护和运营，兼营基站机房、电源、空调配套设施和室内分布系统的建设、维护、运营及基站设备的维护。

公司成立后，管理层迅速宣布了未来的发展构想：第一步，2014 年年底前形成对增量铁塔、站址资源及附属设施的新建能力；第二步，完成对三家电信企业相关存量资产的注入和收购；第三步，引入民间资本实现混合所有制，在此基础上择机上市。

成立铁塔公司，实现铁塔的共建共享，将大幅减少重复建设投资。据保守估算，每年将因此少建铁塔 8 万套、减少投资 300 亿元、节约土地 5 000 亩，铁塔的利用效率也将大幅提升。

铁塔公司的成立也有助于解决选址难题，提升网络建设效率。

铁塔公司的成立给中国探索网业分离提供了可能。未来发展中，铁塔公司负责铁塔及配套设施的建设和维护，运营商从铁塔公司租用铁塔架设基站发展业务。虽说这并不是真正意义上的网业分离，但至少向这个方向迈出了一步。这一步很小，却也蕴含了后续各种扩展的可能性。此外，引入民资、建立混合所有制企业也在铁塔公司的后续考虑中。可以预见，未来几年，铁塔公司将是通信业深化国企改革、探索网业分离的试验田和风向标。铁塔公司在运作中遇到的问题、积累的经验都对下一步的深化改革具有现实指导意义。

八、阿里巴巴上市

2014 年 9 月 19 日，阿里巴巴集团正式在纽约股票交易所挂牌交易。开盘价 92.75 美元，较发行价上涨 36.3%，收盘时市值达 2314.39 亿美元，超越 Facebook 成为仅次于谷歌的第二大互联网公司。

生态系统是阿里巴巴成功上市的关键，马云在致投资者的公开信中多次提到生态系统。阿里巴巴雄踞中国互联网 B2B、B2C、C2C、网络支付、网络贷款等多个重要垂直市场的首位，并进军云计算和大数据、智能物流、搜索、地图、娱乐、医疗健康、文化等众多领域，掌握商家资料、支付工具、实时通信、内容和广告，横跨商业、金融、社交和媒体，几乎是 Ariba+eBay+PayPal+MSN+ 雅虎的综合体，这些体系相互配合，构成了阿里巴巴庞大的生态系统。众多的参与主体以三种“流”的形态高效运转：淘宝、阿里巴巴网络上的电子交易数据流；阿里巴巴小微服务、支付宝上的资金流；菜鸟的智能物流。三流的协同形成了阿里巴巴独特的第三方平台商业模式，这种商业模式保障了阿里巴巴的利润和强劲的现金流。

阿里巴巴生态系统的网络效应为阿里巴巴提供了低成本的自然流量，带动批发零售、金融、快递、媒体等多个产业的协同，并且吸引了更多的企业加入到系统中，从而构建成层层交织、边界不断扩展的网状生态系统。各参与者随着这个生态系统的循环运转不断自我增强，获得价值与效益的提升。

阿里巴巴生态系统的基础是数据流，通过消费大数据驱动业务精细化运营和营销。应用数据挖掘的手段进行用户生命周期管理，构建基于用户消费数据的提取和运营工具，提升用户对活动的响应度；基于用户消费大数据的关联和整合，运营和营销人员定向把用户提取出来，对用户不同的兴趣和需求推荐不同的商品或者产品，实现推广资源效率和效益的最大化，如淘宝商品的个性化推荐等。

阿里巴巴的生态系统仅完成了战略的布局和入口的抢占，移动电子商务、大数据、云计算等新兴产业以及零售、批发、物流、金融等传统产业都将被生态系统影响，也将从中获得新的发展机遇。

在我国政府大力推进创新驱动发展战略、重点支持扶助中小微企业发展的背景下，阿里巴巴的上市具有非常典型的示范效应。

九、微信

2011 年 1 月 21 日，腾讯公司推出了微信产品，用户通过移动互联网可以快速发送语音短信、视频、图片和文字，具有实时对讲、朋友圈、附近的人、摇一摇、漂流瓶等功能。2013 年，腾讯公司进一步提升微信产品的功能，推出了微信支付、表情商店、游戏中心、扫一扫、九大接口开放等功能。2014 年，腾讯公司在微信中引入了视频、智能接口开放等功能，进一步推动了微信爆发式的快速发展。微信已成为融合通信、娱乐、生活、商务需求的综合信息服务和传播平台。

1. 微信不断拓展新型业务功能，已成为移动互联网综合信息服务和传播平台

微信基于用户身份和关系链，应用以内容和深度服务的方式在具有海量用户的社交网络中传播和流转。朋友圈和公众账号协同发展，文字、语音、图片、视频和位置等通信方式充分融合，媒体、社交、娱乐、生活、商务等各种产品形态交相辉映，微信已成为移动互联网的综合信息服务和传播平台。

腾讯 Q3 季度报表显示，截止到 2014 年 9 月，微信和 WeChat 的合并月活跃账户数达到 4.68 亿，比去年同期增长 39%。截止到 2014 年 8 月，微信公共账号已超过 580 万个。据统计，目前朋友圈分享传播累计超 10 亿次，每天用户上传图片超过 1 亿。

2. 微信支付推动线上和线下闭环结合，引领移动电商新模式

2013 年 8 月腾讯公司联合第三方支付平台财付通在微信平台推出微信支付，用户只需在微信中关联一张银行卡，并完成身份认证，装有微信应用的智能手机就变成一个全能钱包，可购买合作商户的商品及服务。

2014 年 1 月初微信支付和滴滴打车在三十多个城市推出合作，活动上线 3 天总订单数就突破 10 万，迅速扩大了嘀嘀打车和微信支付服务覆盖的用户群，为微信支付的普及提供了更便利的场景。2014 年春节前后，用户在微信群中疯抢红包，微信支付在很短时间内赢得几何级数增长的新用户，微信支付发展呈现爆发之势。

作为移动端最新成长起来的支付平台，微信支付借助覆盖各类生活服务场景以满足用户需求。微信支付有三个场景：应用内支付、公众号支付和线下的扫码支付。

在微信的商业化服务形态中，微信支付与公众平台、个人应用的结合，与银行卡和用户身份的绑定，通过地理位置、微信会员、二维码、支付体系、关系链以及开放平台，微信支付将撑起公众账号、虚拟内容、游戏平台等产品的服务。通过线上和线下的闭环结合，商家可以更精准定位进行营销推广，为企业创造无限商机，为用户带来不断满足需求的价值。当前微信正在颠覆传统商业模式，成功领跑移动电商新模式。

3. 微信开放公众平台接口，打造线上线下互动的新型生态系统

2013 年 10 月，微信向开发者开放九大接口，这些接口为：语音识别接口、客服接口、OAuth2.0 网页授权接口、生成带参数的二维码接口、获取用户地理位置接口、获取用户基本信息接口、获取关注者列表接口、用户分组接口、上传下载多媒体文件接口。自媒体、手机游戏、电商导购、专业咨询等各类服务纷纷登陆，企业利用微信平台为客户提供精准服务，提升企业在新营销方向的能力和效益。

2014 年 4 月，微信正式推出智能开放平台，包括语音开放平台和图像开放平台。语音开放平台新增通用语音识别、关键词识别、语法识别和语音合成等服务，第三方应用通过接入平台，用户即可自定义语音关键字，系统会根据语音内容返回相应结果。图像开放平台可帮助开发者将图片识别技术集成于自己的应用中，引入手机摄像头的视觉搜索功能。除了以上两个技术平台，智能开放平台还会在未来开放语义理解、人脸识别等技术。

微信平台接口开放代表着微信已建立初步的生态链，企业、开发者、运营商、平台、用户这个闭环将快速运转起来，企业在获得这些能力后可以为用户提供深度服务，做大整个线上线下营销对接的

产业链，提供一种全然不同的新兴业务形式，将微信打造成线上线下互动的新型生态系统。

4. 微信引发信息和社会安全问题，政府应制定政策加强监管

政府有关部门一方面应积极为其营造良好的发展环境，另一方面应制定政策加强监管，保障业务健康有序发展。2014年8月，国家互联网信息办公室发布《即时通信工具公众信息服务发展管理暂行规定》，对包括超过580万微信公众账号在内的即时通信工具公众信息服务进行了及时、有效的规范管理，要求从事公众信息服务活动开设公众账号者应当向互联网信息主管部门分类备案，对发布或转载时政类新闻的公众账号做出了明确规定。

2014年5月，国家互联网信息办公室联合工业和信息化部、公安部等部门在全国范围内开展为期一个月的微信等移动即时通信工具专项治理行动，集中整治公众信息发布服务中的违法违规行为，重点整治移动即时通信工具的公众平台等公众信息发布服务环节，特别是具有传播和社会动员功能的公众账号。

微信通过落实实名制，规范群组管理，实行绑定手机号码等方式，进行用户真实身份信息注册，对已有的公众账号进行清理，关闭违法违规账号，加强朋友圈内容审核管理，关闭传播违法、有害信息的账号，保障了微信业务的健康有序发展。

十、可穿戴设备

2014年是可穿戴设备产业发展承前启后的一年。经过多年的发展，可穿戴设备产业已形成了一条完整的硬件产业链，并出现了较为成熟的产品。可穿戴设备硬件与软件开发的成本进一步降低，在个人医疗保健等领域已经率先步入加速发展阶段，表现出良好的市场信号。以谷歌、苹果、三星为代表的信息通信业巨头相继发布了重磅的可穿戴设备产品，并将这一领域视为下一个战略级的移动互联网平台。

可穿戴设备依据用途可分为信息娱乐、医疗保健、运动健身、工业和军用5类。

从产业发展周期角度来看，只有面向大众市场的综合类智能终端得到发展，才能真正驱动可穿戴设备全面进入快速发展期。截至2014年年底，受技术限制，被业界视为划时代产品的智能手表、智能眼镜还没有成熟。电池技术是当前限制可穿戴设备发展的最直接因素，功率控制好的话，智能手表产品的续航时间可以达到2～3天，而智能眼镜的实际续航时间只有半天时间。

预计2015年，可穿戴设备市场的发展将进一步加快，以下三个领域值得关注。

一是智能手表市场的发展。伴随着苹果公司的iWatch进入这一市场，预计智能手表市场的活力将显著加强。尽管智能手表的性能不会在短短一年内取得飞跃式发展，但相比于其他产品，iWatch的定位更加向时尚靠拢，有助于拓展用户群体。同时，安卓和iOS两大平台相继进入这一市场，也将大大降低开发者的营销和推广成本，对于聚拢开发者，形成生态系统具有重要意义。

二是智能操作系统市场的竞合。伴随着手机操作系统的格局趋于稳定，可穿戴设备产业成为巨头争夺操作市场的新战场。三星公司在其智能手表Gear2中搭载了自有的操作系统Tizen，百度在研发的智能自行车的DuBike中也搭载了自有的操作系统。上述信号均预示着未来可穿戴设备的操作系统市场将产生较以往更加激烈的市场竞争。

三是基于可穿戴设备的创新应用。产业巨头纷纷搭建起应用平台，吸引越来越多的企业加入可穿戴设备产业。通过终端应用一体化的服务模式，为用户提供实时的交互服务。可以预计，可穿戴市场将催生出大量的创新型应用。

信息通信业发展十大趋势

中国信息通信研究院

一、产业互联网、信息消费和兴起中的信息经济

我国互联网正处于从娱乐性和媒体性向生产性转变的阶段，服务于传统产业各个领域和各个门类的产业互联网将成为我国互联网发展的新方向。

信息消费符合“个性化、多样化”这一趋势特征，产品和服务创新将推动信息消费乃至整个消费结构不断升级。预计2015年我国信息消费总量将突破34 000亿元，同比增长24%。其中，最具发展前景的新型信息消费占比将首次突破80%。

我国经济发展已进入“新常态”，增长速度从高速转向中高速，经济增长的来源也正发生深刻的变化，无论是产业互联网还是信息消费，其本质都是发展信息经济，充分利用信息通信技术在各产业中的渗透融合，变革生产管理方式、资源配置方式和产业组织方式，推动各领域技术进步、模式创新和管理创新，改变经济运行模式和增长方式，推动经济发展走上创新驱动的轨道。

二、4G迈向全球第一，5G加快布局

我国将成为4G的全球最大市场及创新核心。预计2015年我国LTE基站数量将达到160万个，网络规模将长期大幅领先其他国家，4G用户市场预计2015年上半年即可跃居全球第一，年底可望突破3亿规模。我国4G市场的崛起将改变移动通信乃至ICT产业的世界格局。作为拥有全球一半4G基站数量的国家和最大的4G手机市场，我国对LTE-A、VoLTE、TD/FDD融合组网等4G增强技术的试验和商用将吸引全球4G研发资源，在4G多模多频芯片、智能终端等领域也将成为创新和研发最活跃的地区。

5G即将进入国际标准制定阶段。根据“IMT-2020”（5G）工作计划，ITU将在2015年中启动5G标准背景、流程、技术性能需求、评估准则与方法等研究，2017年年底启动5G候选技术征集，2018年年底启动5G技术评估，并将于2020年年底完成5G技术规范的制定。全球业界普遍认为5G国际标准的主体技术内容将在主流移动通信标准组织3GPP产生，其R14阶段是开展5G标准研究项目（SI）的最佳时机，R15阶段可启动5G标准工作项目（WI），R16及以后将对5G标准进行完善和增强。

三、“宽带中国”迈向新的发展阶段

2015年是“宽带中国”战略推广普及阶段的收官之年，从网络能力来看，光纤宽带发展水平迈入全球前列。在国家城镇化进程加快和网络光纤化大规模改造的历史交汇背景下，预计2015年光纤到户（FTTH/O）的用户规模将超过8 000万，占固定宽带用户的比重将达到40%左右，是OECD国家平均水平的两倍，有望进入全球前5名。从使用性能来看，固定宽带将全面进入8Mbit/s时代。随着网络能力的不断提升和业务应用创新的驱动，宽带速率将进一步大幅提升，预计到2015年年底，我国固定宽带用户中，4Mbit/s以上和8Mbit/s以上用户的占比将分别达到90%及50%，主流速率迈入8Mbit/s时代。从网络普及来看，区域和城乡宽带网络在向更加均衡的方向发展。随着国家加大对中西部和农村地区的宽带支持，宽带发展不均衡的状况将有望得到缓解，预计2015年年底，我国行政村通宽带比例将提升到95%。

四、孕育中的移动互联网新一轮创新与变革

移动互联网仍将是信息通信业中最具活力、创新最快和规模最大的领域，正孕育新一轮的创新与变革：新产品，智能终端将向可穿戴设备、智能联网汽车、智能家居等领域延伸，并形成更泛在化的智能计算产品和智能硬件，进一步深入改变生产生活方式；新应用，更多颠覆性移动应用将不断涌现，如移动支付通过各类APP将在公共交通、零售、餐饮等行业广泛普及，移动位置服务将深度融入各类应用，移动视频将成为主流应用，移动教育、移动医疗等将全面兴起；新业态，移动互联与物联网融合、移动互联网与传统产业融合，将会形成新的业态和市场，APP经济将从互联网向传统产业加速延伸；新模式，云和端整合仍将是移动互联网的主导模式，移动互联与传感、交互、精准定位等技术相结合，将开启更多O2O及其他跨界的模式创新；新生态，全球谷歌、苹果、微软两大一小的垂直一体化产业格局仍将延续，通过超级APP以及HTML5技术，在操作系统之上构建轻型水平化生态的探索将取得新进展；新产业，全球移动互联网相关产业规模已超过16 000亿美元，未来发展将打造规模更大的万亿级产业。

五、从智能终端到智能硬件到机器智能，开启智能化时代

智能化浪潮正由智能终端向智能硬件和机器智能发展，一个智能化新时代即将开启。智能手机的爆发式增长已经过去，将逐步迈入结构调整期。而同时，可穿戴设备等泛智能终端正改变人机协同的方式，成为下一个爆发点，预计2015年全球市场出货量将突破亿级。此外，开源智能硬件兴起，充分利用互联网集体智慧，并与3D打印等结合，大幅降低了设计成本，提高了硬件兼容性和可扩展性，实现了无限创意空间。未来，智能硬件在新工业革命的大背景下，将加速向制造业等传统领域扩展，并将推动基础智能工业机器的发展。

智能化新时代的核心是基于泛在计算、泛在联网、泛在感知和数据的大融合。人—机协同驱动终端形态向可穿戴可植入发展，加深智能硬件与人的结合；机器智能发展催生智能机器和智能工厂，加深智能机器与制造业融合；智能化使设备性能得到突破性发展，从终端赋能、硬件赋能、机器赋能最终发展到人工智能。计算技术、网络（互联）技术、感知技术、数据分析技术的融合将使新一代智能硬件功能更加强大，最终将覆盖经济社会的各个领域，驱动人类迈向全面智能化时代。

六、工业互联网——构筑智能制造的关键基础

世界主要国家纷纷加快制定以智能制造为核心的发展战略，德国工业4.0、美国先进制造、我国信息化与工业化深度融合等战略方向均是通过工业互联网、先进材料、先进工艺、智能装备、工业软件的有机组合，构建智能制造生态系统，实现规模化定制、制品零库存、零空转能耗、零中断运维、零意外宕机等智能生产模式。

工业互联网是构筑智能制造的关键基础，其实质是促进机器、车间、工厂、信息系统、劳动者乃至产业链与价值链各环节的全面深度互联，打通端到端的信息数据链，实现从单个企业到产品的全生命周期，乃至整个社会生产制造活动的实时数据感知、传送、分析和处理，实现动态资源配置和智能化决策。工业互联网包括传感器、执行器、智能机器、互联网络、大数据分析、模型计算、工业APP、互联网新模式等各个要素，其方向是构建“智能机器—互联网络—工业云平台”的工业“端管云”架构和智能制造生态系统，是发展智能制造的重要突破口，也是互联网和物联网发展及全球竞争的重要方向。

七、云计算和大数据向新技术新平台的演进

在未来的2～3年中，云计算和大数据可能突破现有的技术体系，在架构、性能和应用方面跨上新的台阶。

在云计算方面，虚拟化技术正发生重要变革，其

中容器管理技术 Docker 是突出的代表。与传统虚拟机技术相比，Docker 的容器效率大大提高，用户云实例规模可以从几十 G 级别下降到几十 M 级别；同时，还具有跨平台的特点，可以大大降低开发与迁移难度。在大数据分析方面，内存计算平台 Spark 异军突起，将突破大数据分析领域 Hadoop 一统天下的局面。在数据中心方面，国内企业主导的微模块数据中心、天蝎整机柜服务器等新的产品形态体现了“快速部署、定制优化、软硬整合、成本控制”的发展趋势，正迅速被市场所接受，预计 2015 年部署量将达 5 000 个。

八、车联网从概念走入生活，即将展开应用浪潮

汽车厂商、通信设备制造商、电信运营商、互联网企业将积极布局车联网市场，并通过投资并购、建立联盟等多种方式形成资源优势互补的跨界合作，从而加快车联网应用的创新，并促进车联网产业格局重构。汽车联网化和智能化趋势加快，预计 2015 年全球超过 20% 的新售汽车将装备嵌入式网络连接设施，超过 50% 的新售汽车具备联网能力。

在 2015 年，车联网发展有三个热点环节：一是车载信息服务平台建设运营将由分散走向集中，第三方公共车载信息服务平台将打破自建业务传统模式；二是车联网无线通信技术将成为竞争焦点，基于 LTE 的车联网无线通信技术将逐步挑战基于 IEEE 802.11p 的车联网无线通信技术地位；三是智能车载终端通用化、标准化进程将进一步加快，互联网企业的加入将促进汽车内部网络由封闭走向开放。

九、关键基础设施和信息资源保护成为安全战略重点

我国关键基础设施保护工作将全面启动：一是作为国家重要战略资产，关键基础设施的分级分类、资产清单管理等工作将成为首要任务；二是网络基础设施、重要领域信息系统的安全防护工作将继续深化推进；三是伴随着工业和信息化的深度融合，工业控制系统的安全保护将成为新的重点。

信息资源保护成为各国新的焦点：一是 IANA 管理权的移交将成为 2015 年国际社会关注的焦点；二是各国空前重视数据保护立法，本国公民数据存放、跨境数据流动管理等成为新的关注重点；三是随着万物互联时代的到来，可用于物联网、网络空间身份管理等领域的标识和编码工作将引起高度重视；四是随着移动互联网和大数据的推进，个人信息和隐私保护将引发更大关注。

加强关键基础设施和信息资源保护的相关工作将持续推进：一是相关立法将有序启动，逐步构建法律制度体系；二是网络安全审查将不断推进落实，提升安全可控能力；三是安全威胁的监测、信息共享、处置等机制将快速构建完善，提升安全隐患发现和应对能力。

十、网络空间法治建设的加速推进

十八届四中全会提出了依法治国的总目标，结合新形势下互联网发展、管理的新要求，2015 年将全面推进网络空间法治化建设。

在立法层面，根据十八届四中全会的要求和全国人大常委会的立法计划，2015 年将继续推进重点领域的立法。在网络信息服务方面，将抓紧修订《互联网信息服务管理办法》，加快《电子商务法》立法研究和法律草案的制定，进一步推动《电信法》的制定出台；在网络安全保护方面，将研究制定《网络安全法》，尽快建立起网络安全审查、跨境数据流动等制度；在网络社会管理方面，将加强完善网络弱势群体的保护，出台未成年人网络保护的相关立法，推进《个人信息保护法》的制定。

在执法层面，继续强化网络的依法监管。根据十八届四中全会的要求，监管部门将全面梳理并公布网络管理的“权力清单”和“责任清单”。同时，继续加强不正当竞争行为的查处，各部门将继续协同通过专项行动等方式推进网络执法。

在司法层面，通过司法解释和司法判例形式为互联网竞争秩序、网络侵权等建立规则，继续成为司法上推进网络空间法治的重要方向。

在守法层面，规范公民个人依法上网行为、加强行业自律，并建立健全公民维权和网络相关纠纷解决机制将是网络空间法治建设的重要内容。

行业发展篇

信息通信业发展概况及特点

一、行业发展概述

2014年以来，基础电信行业积极贯彻中央有效扩大内需，改变经济增长方式，推进经济有效增长的总方针，积极推进网络优化升级，继续实施宽带普及提速工程，加速基础设施建设，提升网络覆盖与响应能力。同时，基础电信行业还加大了转型的步伐，积极拓展与互联网企业在新领域的合作，积极应对“营改增”和营销费用压降对企业转型的迫切要求，拓展业务经营范围。电信业务整体平稳增长，市场竞争结构有所优化。

2014年，基础电信业共完成电信业务总量18 149.5亿元，同比增长16.1%；完成营业收入13 357亿元，同比下降1%，其中，电信业务收入实际账面收入完成11 541亿元，按可比口径计算，同比增长3.6%，共实现电信利润总额1 655.5亿元，同比下降6.1%，行业总体利润率为14.3%，比2013年下降0.7个百分点。

2014年，基础电信业新增电话用户3 942.6万户，总用户数累计达到15.35亿户，普及率112.8部/百人，其中，固定电话用户减少约1 755.5万户，总数2.49亿户，普及率约18.3部/百人；移动电话用户新增5 698万户，总数达到12.86亿户，普及率94.5部/百人，全年共新增3G移动电话用户8 364.4万户，比2013少增8 516.4万户，共发展4G移动电话用户9 728.4万户，累计移动宽带用户达到58 253.9万户，在移动电话用户中渗透率达到45.3%。全年共新增互联网宽带接入用户1 157.5万户，累计用户规模超过2亿户，在宽带普及提速工程持续推进的带动下，截至2014年12月底，接入速率在4Mbit/s及以上的宽带接入用户达到1.77亿户，占宽带用户总数的比例达到88.11%，光纤FTTH用户达到6 831.6万户。

2014年，共完成电信固定资产投资3 992.6亿元，同比增长6.2%。行业基础设施服务能力显著提升。截至2014年12月底，光缆线路总长度达到2 046万公里，同比增长17.2%；光缆线性长度44 605万芯公里，同比增长19.5%，光缆纤芯利用率34.1%。全行业移动电话交换机容量20.45亿户，同比增长4.1%，共建设移动电话基站[1] 98.8万个，累计移动电话基站数达到339.7万个，同比增长41.1%，其中3G基站数达到128.4万个，同比增长17.5%。移动短消息中心容量71.88亿条，同比增长3.8%。全年共建设互联网宽带接入端口4 160.1万个，累计端口总数首次突破4亿，同比增长11.5%，其中FTTH/O端口共建设4 763.9万个，累计端口总数达到1.63万个，同比增长41.4%。

全行业移动电话去话通话时长累计达到29 270亿分钟，同比增长1%，移动短信业务量7 630.5万条，同比下降14.4%。互联网宽带接入时长累计达到4.143×10^5亿分钟，同比增长29.6%，移动互联网接入流量累计20.62亿Gbit/s，同比增长62.9%。

二、行业发展特点

（一）电信业务收入增速连续走低，其他业务占比有所下降

四季度电信业务收入同比负增长。2014年，基础电信业共完成电信业务收入11 541.1亿元，同比下降1.2%，按营改增后可比口径计算，同比增长3.6%，增速比2013年下降5.1个百分点。其中，四季度单季共完成电信业务收入2 676.3亿元，同比下降10%，按“营改增”可比口径同比下降2.6%，首次出现负增长。电信业务收入增速持续走低成为2014年特别是二季度以来基础电信业发展最突出的特点，如图1所示。2014年，电信业务收入增速连

[1] 不含室内分布系统。

续低于GDP增速，目前差距为3.8个百分点，比三季度末扩大2个百分点，如图2所示。

话音、短信等业务收入增速明显下降是导致业务收入增速走低的主因。2014年以来，各类基础电信传统业务收入增长均明显减缓。全行业共完成话音业务收入4 827.4亿元，同比下降11.6%，按“营改增”可比口径计算同比下降6.2%，降幅比前三季度扩大2.8个百分点。其中固定话音业务收入共完成470亿元，同比下降15.5%，按营改增可比口径计算同比下降11.1%，降幅比2013年扩大0.79个百分点；移动话音业务收入共完成4 357.4亿元，同比下降11.2%，按“营改增”可比口径计算同比下降5.6%，降幅比前三季度扩大3.1个百分点。移动短信业务收入共完成528.7亿元，同比下降14.7%，按“营改增”可比口径计算同比下降11.7%，降幅比前三季度扩大0.2个百分点，2014年以来下降速度一直保持在两位数的水平。话音和短信业务收入增速变动对比如图3所示。

“营改增”、营销费用压降使行业税收费用提升

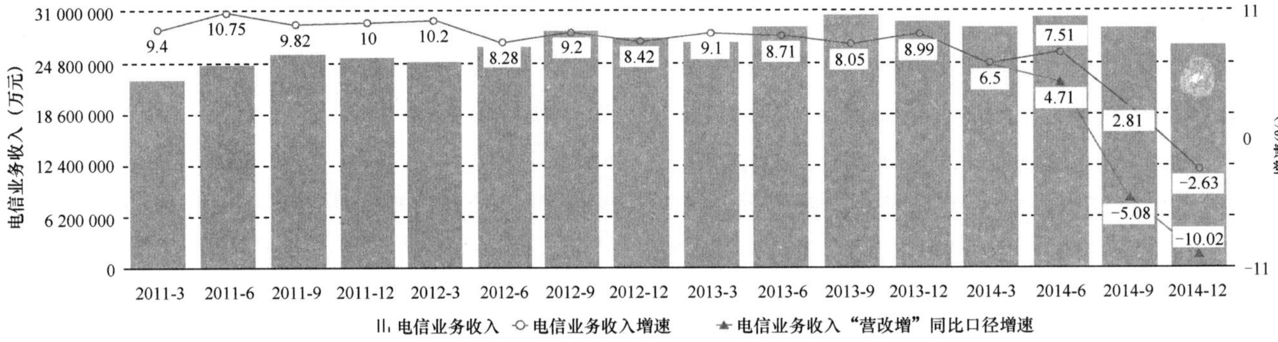

图1 单季电信业务收入及其增速

图2 电信业务收入与GDP增速对比

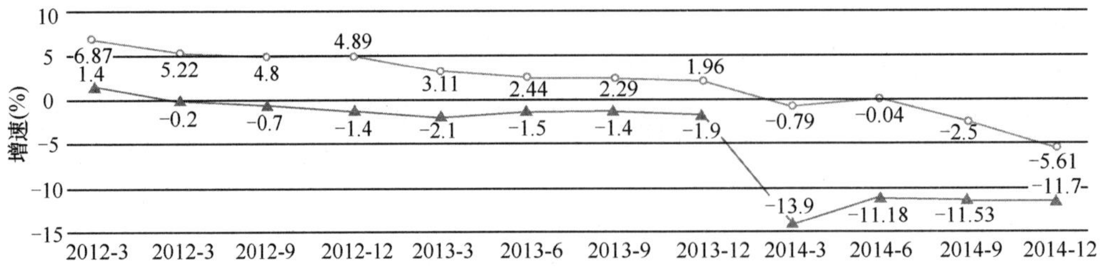

图3 话音和短信业务收入增速变动对比

明显。受到“营改增”政策开始实施的影响，2014 年，基础电信业税费总额共计 1 177.3 亿元，同比增长 2.2%，增速比 1 ～ 6 月提升 1.1 个百分点，其中四季度税费总额 167.3 亿元，同比增长 0.2%。从总体来看，实施“营改增”税收政策调整初期，运营企业税负有所提升，对利润的增长造成了一定不利影响，但随着抵扣环节的逐步完善，税费增幅逐季下滑（上半年、前三季度和全年增幅分别为 10.4%、6.3% 和 0.2%）。整个行业电信利润总额累计实现 1 655.5 亿元，同比下降 6.1%，降幅比前三季度扩大 1.6 个百分点，其中四季度利润总额仅 192.1 亿元，同比下降 16.4%。全年电信业务收入利润率达到 14.34%，比 2013 年下降 0.75 个百分点。电信业务收入、利润与利润率变化情况如图 4 所示。

（二）新增业务用户规模明显下滑，行业发展饱和态势突出

移动电话用户新增规模明显萎缩。2014 年，新增移动电话用户 5 698 万户，增长规模比 2013 年缩窄 51.3%。目前，移动电话用户总数已超过 12.86 亿，普及率达到 94.5%，用户增长动力较之前明显有所不足，各企业新增移动电话用户情况如图 5 所示。

互联网宽带接入用户增长渐趋乏力。2014 年，互联网宽带接入用户共新增 1 157.5 万户，新增规模比 2013 年下降 39.3%，一季度至四季度新增互联网宽带接入用户规模持续下滑（分别为 518.1 万户、380.9 万户、186.8 万户和 71.6 万户）。四季度增长规模比 2013 年同期下降 76.9%。

固定话音业务消费降幅略有缩窄。2014 年，固定本地电话和固定长途电话通话时长分别达到 2 621.1 亿分钟和 532.8 亿分钟，分别同比下降 13.3% 和 9.78%，降幅分别比 2013 年同期缩窄 1.9 个和 5.9 个百分点。本地电话消费中区间电话通话时长降幅为 17.5%，比区内及拨号上网通话时长降幅高 4.7 个百分点。国际、国内和港澳台长途电话通

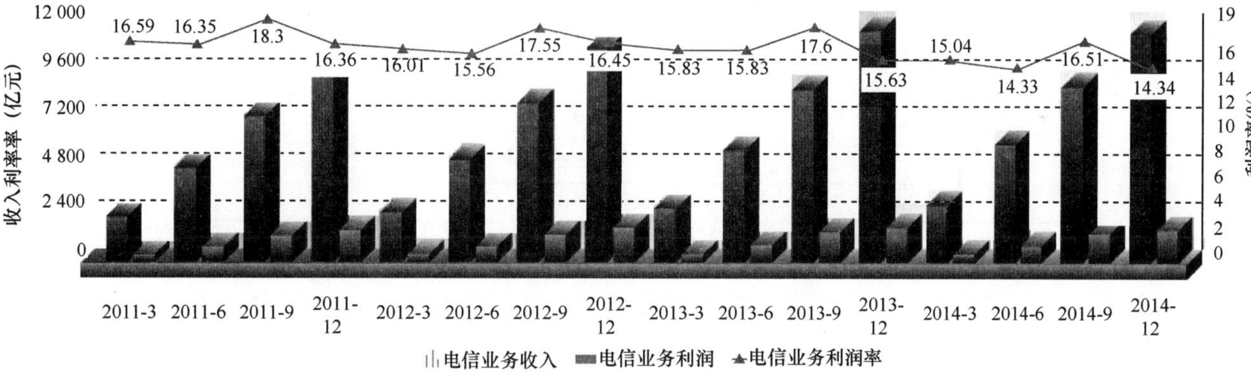

图 4 电信业务收入、利润与利润率变化情况

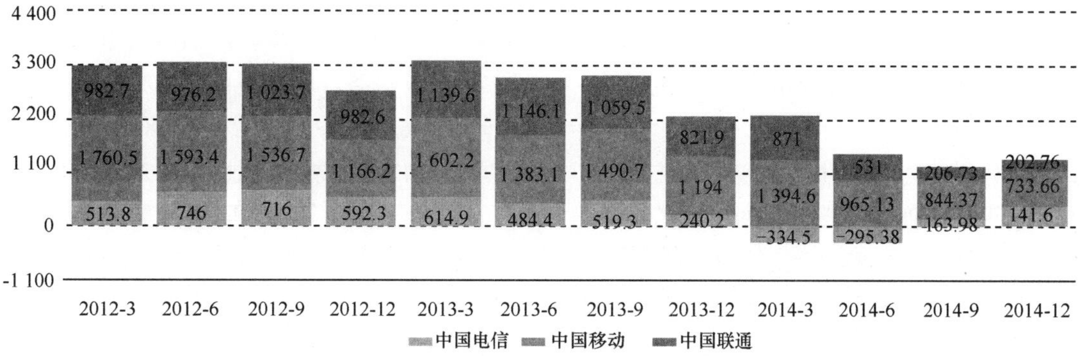

图 5 各企业单季度新增移动电话用户情况

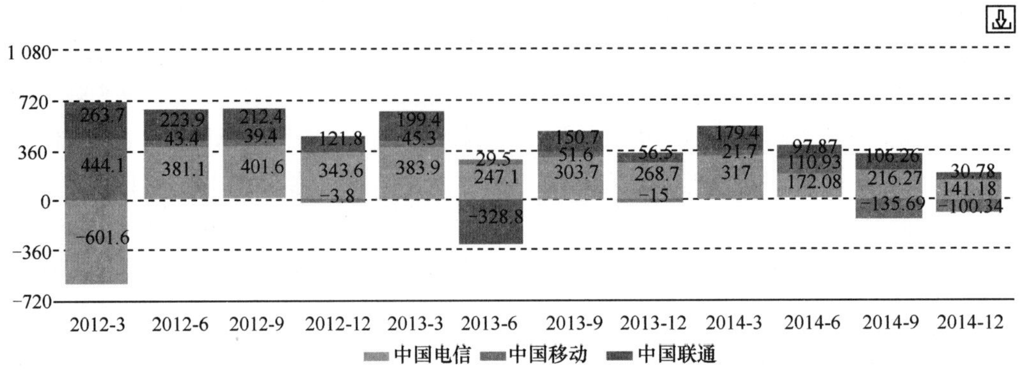

图6 各企业新增互联网宽带接入用户情况

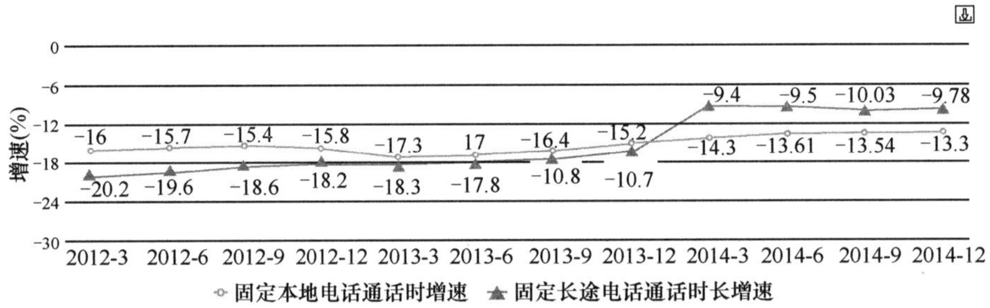

图7 固定本地和长途话音业务量增速对比

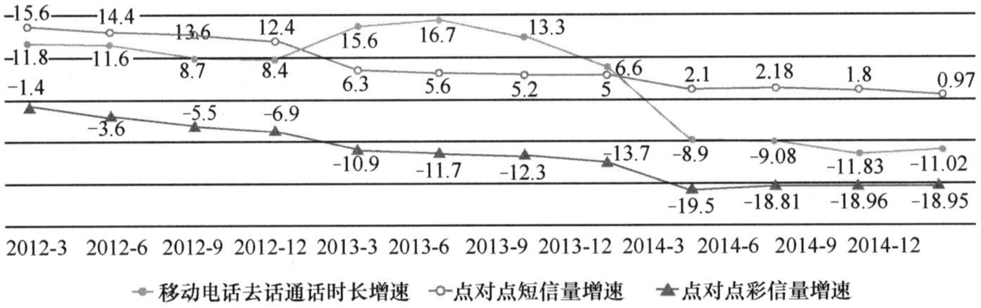

图8 移动去话通话时长、移动短信/彩信业务量增速变动情况

话时长2013年则分别同比下降9.4%、32.4%和18.5%。固定本地和长途话音业务量增速对比如图7所示。

移动话音、短消息等传统业务话务量下降显著。2014年，移动电话去话通话时长达到29 270亿分钟，同比增长1%，蓬勃发展的移动互联网对移动电话传统通话产生了极大的替代作用，增速比2013年下降4个百分点。移动短信业务量2014年总计达到7 630.5亿条，同比下降14.4%，其中点对点短信总计3 496.2亿条，同比下降18.9%；移动彩信业务量总计647.4亿条，同比下降24.4%，其中点对点彩信业务量46.9亿条，同比下降11%。移动去话通话时长、移动短信/彩信业务量增速变动情况如图8所示。

（三）移动数据及互联网业务收入引领行业收入增长，数据流量消费渐成主体

数据流量消费成为增长亮点。2014 年，基础电信业移动互联网接入流量突破 20 亿 Gbit/s，同比增长 62.89%，其中四季度单季移动数据流量总计 66 294.6 万 Gbit/s，同比增长 76.33%，增速比二季度和三季度分别提高 25.09 个和 9.94 个百分点。2014 年 1 ～ 12 月月户均移动互联网接入流量达到 204.98Mbit/s，首次突破 200Mbit/s，同比增长 53.5%，其中月户均手机上网流量达到 186.05Mbit/s，同比增长 85%，成为增长最快的信息通信消费领域，如图 9 所示。前三季度固定互联网接入时长达到 414 355.12 亿分钟，同比增长 29.5%，增速比 2013 年同期提高 14.7 个百分点，固定互联网宽带接入流量达到 1 296.2 亿 Gbit/s，同比增长 131.7%, 增速比前三季度提高 25.6 个百分点。从总体来看，互联网消费 2014 年增长速度逐步有所加快，与持续下滑的电信传统业务消费量形成了鲜明对比。

4G 业务成为拉动移动数据流量增速提升的重要因素。2014 年 3 月 4G 业务正式启动商用以来，较大的带宽带来了移动互联网接入流量的进一步快速增长，逐步成为推动流量增速提升的重要因素。1 ～ 12 月，来自 4G 网络的移动互联网接入流量在全部流量中占比达到 27.97%，比 1 ～ 3 月占比提升了 25.38 个百分点，相对应的 2G 网络由于用户流失，占比由 1 ～ 3 月的 51.87% 下降至 38%。据初步估算，当前 4G 户均流量已经超过 700Mbit/s/ 月，成为推动移动互联网接入流量快速增长的主要力量，并且随着 4G 业务的普及，在 2015 年预计将成为移动互联网接入流量的主体。

手机流量占比进一步提升。2014 年，手机上网流量累计实现 17.91 亿 Gbit/s，同比增长 95.1%，增速比前三季度提高 2 个百分点，而无线上网卡流量则累计实现 2.59 亿 Gbit/s，同比下降 23.6%，增速的差距造成了手机上网流量占比的迅速提升，1 ～ 12 月达到 87.38%，比 2013 年提高 15.22 个百分点，手机特别是智能手机在移动互联网流量增长的作用愈发突出，成为用户访问移动互联网的主体形式。无线上网卡 / 手机上网流量占比情况如图 10 所示。

图 9 户均移动互联网接入流量及其增速

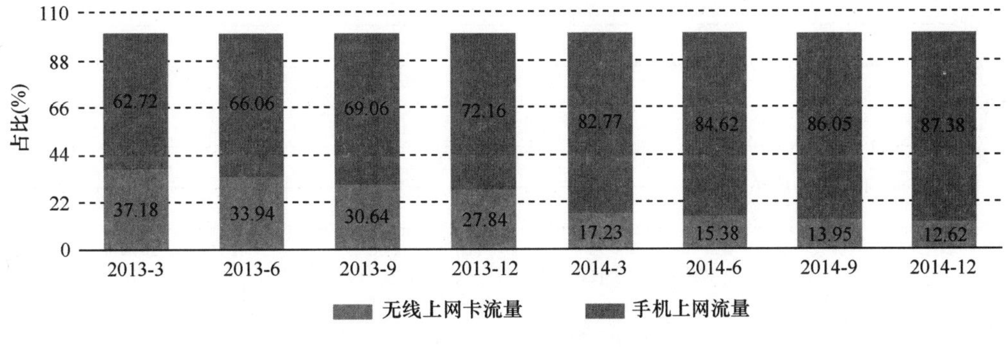

图 10 无线上网卡 / 手机上网流量占比情况

移动数据及互联网收入对行业收入增长的贡献率突破 200%。2014 年全行业共完成移动数据及互联网业务收入 2 707.2 亿元，同比增长 36.59%，按“营改增”可比口径计算同比增长 41.79%，虽然增速比 2013 年同期下降了 13.81 个百分点，但由于话音业务收入负增长幅度不断扩大，数据及互联网业务对行业收入增长的贡献持续提升，全年贡献率达到 200.5%，比 2013 年贡献率提高 124.8 个百分点，首次突破 200%。与此相对的，话音业务的贡献率则大幅下降，为−79.71%，比前三季度贡献率水平进一步下滑 51.71 个百分点。电信各类业务收入增长对电信业务收入增长的贡献率如图 11 所示。

非话音业务收入占比与贡献率持续提升。移动数据及互联网业务收入增长贡献的提升与话音业务的持续负增长使非话音业务收入在行业电信业务收入增长中的作用进一步突出。2014 年，共实现非话音业务收入 6 713.6 亿元，同比增长 7.97%，按“营改增”可比口径计算同比增长 11.9%，增速比 2013 年下降 5.1 个百分点。由于话音业务收入持续负增长，2014 年非话音业务收入在电信业务收入中占比达到 58.17%，比 2013 年提高 4.97 个百分点。非话音业务收入增长对电信业务收入增长的贡献率达到 179.71%，比 2013 年提高 82.95 个百分点，成为行业电信业务收入的主体。

数据互联网业务增量不增收态势明显。虽然数据及互联网业务收入以较快速度引领行业增长，但是收入增速总体呈下降态势，而业务量增速逐步提升导致量收增速差距逐步扩大。按“营改增”可比口径计算，全年移动数据及互联网业务收入同比增长 41.79%，同期移动互联网接入流量则同比增长 62.9%，增速剪刀差由 2013 年的 7 个百分点扩大到 21.11 个百分点。全年互联网宽带接入业务收入共完成 1 299.8 亿元，同比增长 2.8%，按“营改增”可比口径计算同比增长 6.27%，增速比 2013 年下降 2.43 个百分点。同期互联网宽带接入时长同比增长 29.57%，增速差距由 2013 年的 21.9 个百分点扩大至 23.3 个百分点。量

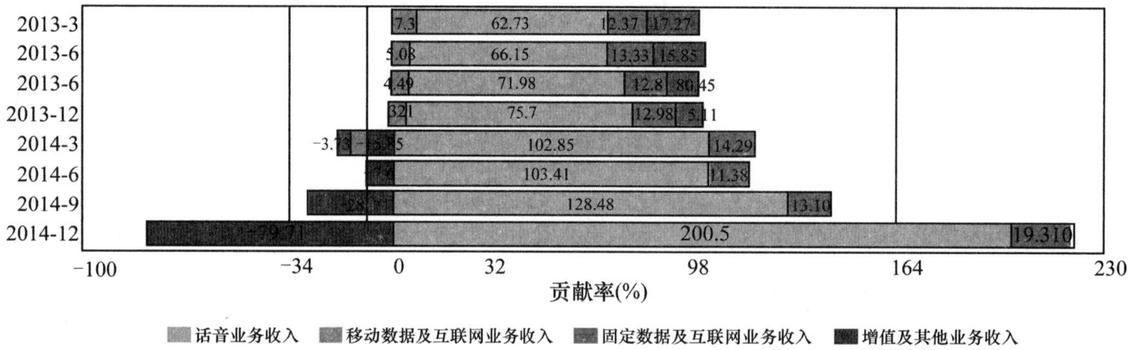

图 11 电信各类业务收入增长对电信业务收入增长的贡献率

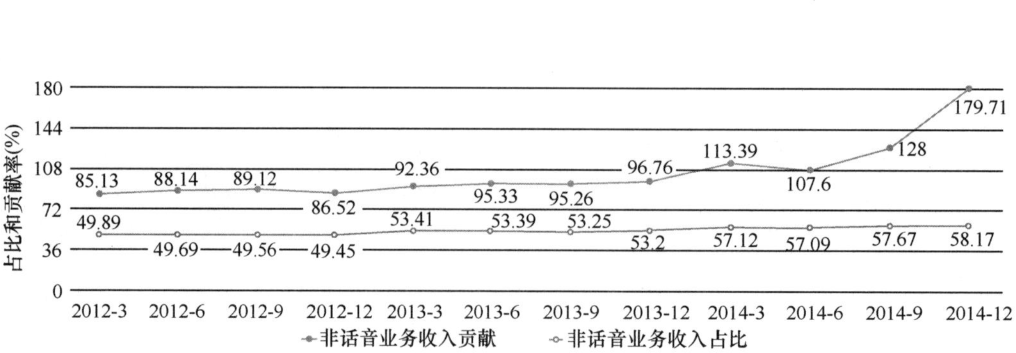

图 12 非话音业务收入占比与贡献率变化情况

收剪刀差的持续扩大从一个侧面反映了移动数据和互联网业务资费的下降，对于业务的普及以及促进互联网融合创新业务的发展也起到了积极的推动作用。数据互联网收入与流量增速对比如图 13 所示。

（四）互联网相关用户增长突出，用户业务结构明显优化

4G 移动电话用户新增规模逐月扩大。截至 2014 年 12 月底，4G 移动电话用户总规模达到 9 728.4 万户，其中四季度共新增用户 5 422.7 万户，超过前 9 个月新增用户之和。3 ～ 12 月分别新增 4G 用户 145.3 万户、200.6 万户、333.7 万户、583.48 万户、665.52 万户、942.7 万户、1 300.37 万户、1 471.29 万户、1 807.82 万户和 2 143.59 万户，新增规模逐月有所扩大，显示出 4G 是未来一段时间内移动电话用户增长和发展的主体。月度 2G/3G/4G 移动电话新增用户如图 14 所示。

3G 用户增长有所减缓。3G 移动电话用户共新增 8 364.4 万户，增长规模比 2013 年下降 50.4%。2013 年 3G 用户增长的减速主要是受到 4G 用户增长以及营销费用压降导致的营销模式变化的影响，四季度 3G 移动电话用户新增规模仅为 283 万户，相比 2013 年四季度和 2014 年三季度均出现大幅下滑（2013 年四季度和 2014 年三季度 3G 移动电话用户分别新增 3 401.3 万户和 1 165.5 万户）。

2G 用户下降幅度进一步扩大。2G 移动电话用户共减少 12 394.7 万户，下降规模比 2013 年扩大 137.3%，其中四季度 2G 移动电话用户规模共下降 4 354.7 万户，降幅比 2013 年同期扩大 280.2%，与前三季度相比，下滑速度明显有所加快（一、二、三季度 2G 移动电话用户分别下降 2 688.8 万户、2 492.1 万户和 2 859.1 万户）。存量 2G-3G/4G 移动电话用户占比如图 15 所示。

移动宽带用户占比超过 45%。截至 12 月底，移动宽带用户（定义为 3G+4G 移动电话用户）累计达到 58 253.9 万户，全年共新增 18 092.8 万户。存量移动宽带用户在全部移动电话用户中占比达到 45.3%，比 2013 年年底提高 12.63 个百分点，逐渐成为移动电话用户发展的主体形式，移动用户的互联网化态势非常明显。各种制式 3G/4G 移动电话用户占比如图 16 所示。

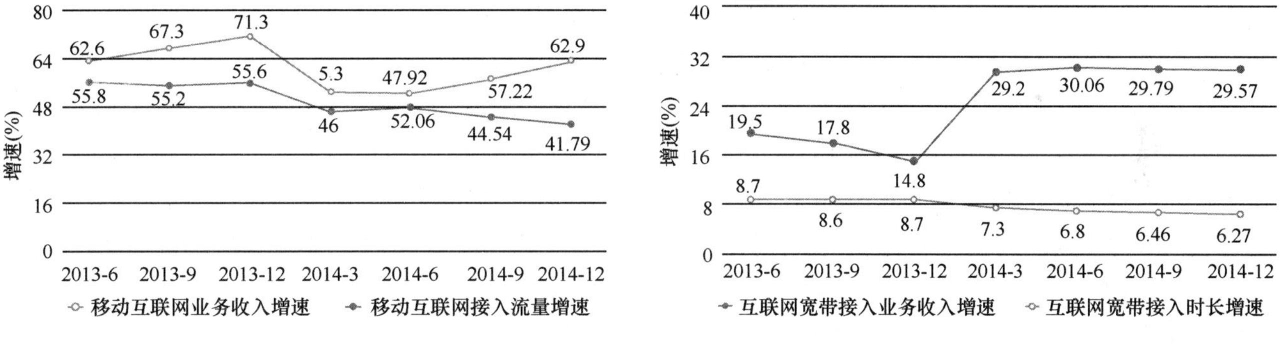

图 13 数据互联网收入与流量增速对比

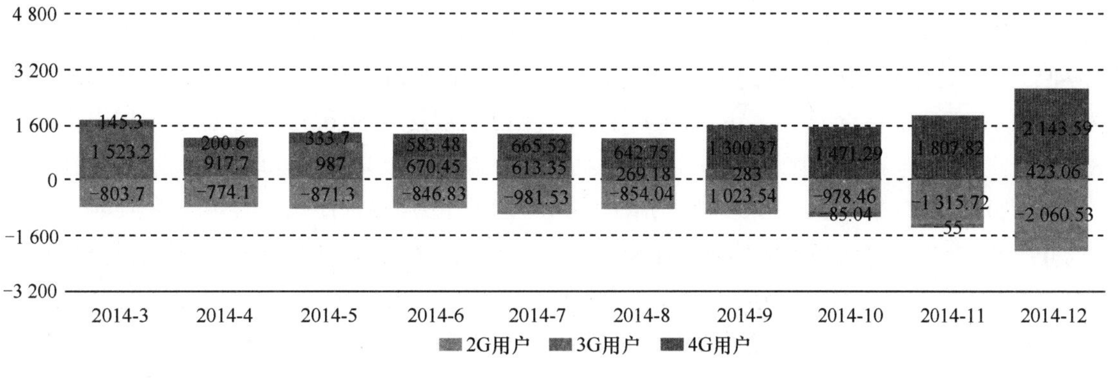

图 14 月度 2G/3G/4G 移动电话新增用户

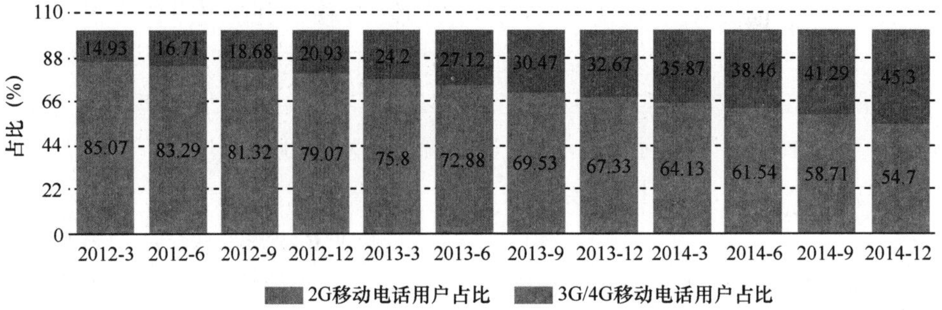

图 15 存量 2G-3G/4G 移动电话用户占比

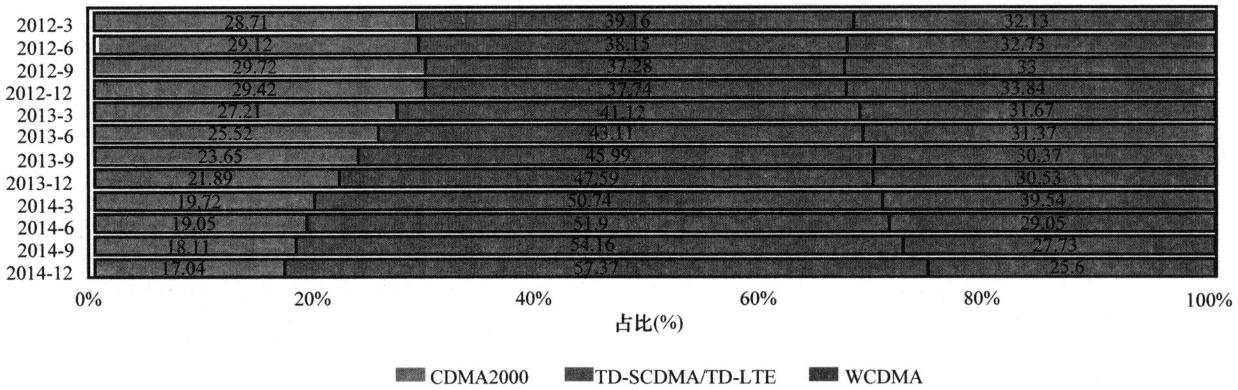

图 16 各种制式 3G/4G 移动电话用户占比

8Mbit/s 以上互联网宽带接入用户占比超过 40%。接入速率在 4Mbit/s 以上的宽带用户 2014 年共新增 2 774.6 万户，增长规模比 2013 年下降 1 151.4 万户。截至 12 月底，累计接入速率在 4Mbit/s 以上的宽带用户达到 17 664.7 万户，在全部宽带接入用户中占比达到 88.11%，比 2013 年年底提高 9.29 个百分点。接入速率在 8Mbit/s 以上的宽带接入用户 2014 年共新增 3 934.3 万户，累计用户规模达到 8 206.7 万户，在全部宽带用户中占比 40.93%，比 2013 年年底比例提高 18.31 个百分点。

光纤接入用户渐成主流。2014 年共新增 FTTH/O 用户 2 749.3 万户，增长规模比 2013 年扩大 705.2 万户。截至 12 月底，累计光纤接入 FTTH/O 用户达到 6 831.6 万户，在全部宽带接入用户中占比达到 34.24%，比 2013 年年底和三季度末占比分别提升 12.5 个和 4.05 个百分点。与之相对应的是，xDSL 用户占比由 2013 年年底的 57.07% 下降到 44.8%。

（五）移动通信成为固定资产投资主要方向，行业基础设施能力明显增强

移动通信投资占比显著提升。2014 年共完成电信固定资产投资 3 992.6 亿元，同比增长 6.3%，增速比 2013 年提高 2.4 个百分点， 其中，四季度完成投资 1 746.5 亿元，同比增长 4.1%。全年共完成移动通信投资 1 618.5 亿元，同比增长 20.2%，是各分类业务投资中增长最快的领域，其在固定资产投资完成额中占比达到 40.54%，比 2013 年提高 4.68 个百分点。

FTTH 互联网宽带接入端口占比突破 40%。2014 年以来，基础电信企业加快了固定光纤网络的建设，截至 12 月底，FTTH 覆盖家庭数累计达到 25 578.4 万户，2014 年新增 8 859.34 万户，FTTH 家庭覆盖率 12 月底达到 56.02%，比 2013 年年底提高 18.73 个百分点。全年共建设互联网宽带接入端口 4 133 万个，截至 12 月底累计端口数规模达到 40 105.4 万个。共新建 FTTH 端口 4 764.2 万个，累计达到 16 268.9 万个，在全部宽带接入端口中占比达到 40.57%，比 2013 年年底提高 8.59 个百分点。

（中国信息通信研究院　石立娜）

我国信息消费发展分析

2014年年底，工业和信息化部公布了36个第二批入选国家信息消费试点市（县、区），加上第一批入选的68家，全国信息消费试点市（县、区）的总数达到104家，标志着全国开展信息消费试点工作进入了新的阶段。

2014年，我国信息消费总体规模达到2.8×10^4亿元，其中，信息产品消费规模达到1.5×10^4亿元，占信息消费的比重为53.4%。包括语音通信服务、互联网数据及接入服务、信息内容与应用及软件产品等在内的信息服务消费达到1.3×10^4亿元，占信息消费的比重为46.6%。

新型信息消费占比稳步提升。作为信息消费中技术含量高、规模增长快、效益前景好、带动作用大的核心组成部分，2014年新型信息消费整体规模达到2.06×10^4亿元。新型信息消费占整体信息消费的比重由2010年一季度的35.4%稳步提升，并于2013年四季度首次突破70%，2014年四季度这一比重达到77.9%。

新型信息产品供应类型丰富。2014年集成电路产业投资力度不断加大，液晶电视面板自给率超过39%，智能电视销售同比增长22%，占彩电总销量的比重达到56%。自主品牌智能手机和低端服务器的国内市场占有率超过70%和50%。以可穿戴设备为代表的新型智能终端逐步进入推广应用阶段，智能手表、智能手环等产品相继涌现，智能终端产品日趋丰富。

新型信息服务迅猛发展。基于互联网和信息通信技术的电子商务、云计算、大数据、物联网、搜索引擎等平台类应用集中爆发，成为信息消费中创新最为活跃，增势最为迅猛，发展最具潜力的重点领域，为居民消费注入了新的成长动力，提供了新的市场空间，形成了促进信息消费持续稳定增长的新型交易模式。

一、内涵演进的“动态观”

国务院《关于促进信息消费扩大内需的若干意见》对信息消费的定义是指：居民和政府部门对信息产品或信息服务的最终使用，概括起来是“6+4”体系：6类信息产品包括功能手机、智能手机、平板电脑、微型计算机、智能电视和IPTV终端各类网络化终端产品；4类信息服务主要包括语音服务、互联网接入服务、信息内容服务以及软件应用服务。

在实践中，信息消费是一个动态的概念，其内涵将会随着信息通信领域的技术进步、产品更新、网络演进、应用创新等产业关键要素的变化而不断升级。正如工业和信息化部电信研究院鲁春丛指出的：信息消费是一个动态的概念，未来，随着新一代互联网、云计算、大数据、物联网等的快速发展，云家电、智能穿戴设备、物联网、电子导航、智能安防设备等各类网络化终端产品，将成为促进信息消费扩大内需的又一支重要力量。

可以预见，今天的“6＋4”体系，未来将会成为“$N+N$”体系。城市在促进信息消费实践中，既要以“6＋4”为指导，也要适度进行前瞻，把握未来发展趋势，积极研发生产各种新型智能终端产品、开发各类新型信息服务；既要以目前的指标体系进行科学的统计分析，也可以积极探索，尝试建立适合本市特点的、涵盖更多新型信息消费内容的指标体系。

二、经济发展的“链式观”

从字面意思上，信息消费指的就是消费，目前许多人理解对信息消费的认识仅局限于消费层面。事实上，信息消费的内涵非常丰富，它不仅是指对信息产品和信息服务的消费，也包括对信息产品和服务的生产及供给，还涉及对该领域的投资，是一个以消费为导向的“投资—供给—生产—消费”的信息消费链。国务院《关于促进信息消费扩大内需的若干意见》指出，促进信息消费的内容包括：加快信息基础设施演进升级，增强信息产品供给能力，培育信息消费需求，提升公共服务信息化水平，涵盖了“投资—供给—生产—消费”整个链条。

信息消费概念的提出，代表了一种新的“生产—消费”理念：以消费为导向的生产，保障了不会出现产品过剩和积压；以消费为最终目标的供给，能够有效避免产能过剩；以扩大消费为目的的投资，为资金投入选择了最佳的投入方向。

在促进信息消费的工作中，城市不仅要鼓励对信息产品和服务的消费，而且要加大对信息产品的研发和生产，不断增强供给能力，在资金投入方面，加大向宽带、4G等信息基础设施建设的倾斜力度。

三、转型发展的“创新观”

“创新是一个民族的灵魂，是一个国家和地区兴旺发达的不竭动力。”只有勇于创新、善于创新，才能有效解决前进道路上遇到的各种新问题。

促进信息消费，对于城市的发展而言，是一个新的机遇。应将促进信息消费融入城市经济社会建设的全过程，将信息消费的理念作为城市发展的指导，围绕城市的发展定位，努力推动城市的信息化建设。在信息基础设施方面，不断加强投融资方式的创新，加强基站等基础设施建设方式的创新，加强政府、运营商以及其他企业合作模式的创新；在产业转型升级方面，不断加强科技研发，增强信息产业的竞争力，促进新一代信息服务业的发展；在生产管理方面，不断提高企业信息化水平，提升生产管理的效率；在民生方面，围绕社保、医疗、教育、养老、就业、食品药品安全等重点领域，在政策、资金等方面加大支持力度，创新服务方式和内容，着力破解公共服务资源短缺失衡、区域城乡差距扩大、均等化普惠化水平不高等问题。

四、相互配合的“协同观”

信息消费与智慧城市、信息惠民、两化融合以及一些行业的信息化是什么关系？事实上，信息消费和其他几个概念的关系非常密切，只是侧重点不同。但从某种意义上讲，信息消费的范畴可以涵盖其他内容，国务院《关于促进信息消费扩大内需的若干意见》中促进信息消费的措施中，包括了“加快智慧城市建设”“加快实施信息惠民工程”和“加快推进企业信息化”，还包括了“实施教育信息化三通工程”和“推进优质医疗资源共享”等行业信息化的内容。

信息消费内涵如此丰富，涉及的部门又很多，这就需要在促进信息消费的实践中，要有统筹规划，做好顶层设计，要努力形成跨部门联合推进的机制，充分发挥各部门的积极性和主动性，推动信息资源能够跨层级、跨部门的共享，发挥信息共享在促进多部门合力解决社会难题中的关键作用，形成上下互动、协同推进的工作格局。

总体而言，信息消费理论仍然处于不断完善的过程中，也没有太多成熟的经验供借鉴，需要在实践中边建设边总结，不断认识、丰富和发展理论。我们应将信息消费看作是未来发展的一种客观方向，在政策制定、资金投向、资源配置等方面能够向信息消费相关的领域倾斜，而不应将信息消费看作是一个简单的消费增长、GDP增加的结果；应将信息消费看作是促进城市创新发展的一种方式，是城市转型发展和产业升级的重要抓手，通过一系列措施的实施，推动经济社会的全面发展，而不应该将促进信息消费看作是城市最终追求的目标。

（中国信息通信研究院　郭明军）

智能制造——两化融合新常态

一、我国两化融合主要进展

（一）国家政策强力推进两化融合，示范工作成果显著

从2013年起，国家密集发布了一系列促进两化（信息化和工业化）融合的政策措施，为两化深度融合营造了良好环境。8月8日，国务院印发了《关于促进信息消费扩大内需的若干意见》（国发〔2013〕32号，以下简称《意见》），明确提出要加快信息基础设施演进升级，增强信息产品供给能力，提升公共服务信息化水平，为提升制造业聚集区信息网络基础设施，增强电子信息产业支撑和服务能力提供了良好的政策环境。2013年9月5日，工业和信息化部立足当前工作实际，针对制约工业转型升级的突出矛盾和问题，制定了《信息化和工业化深度融合专项行动计划（2013～2018年）》（以下简称《两化融合专项行动计划》），提出了8项行动计划，务实推进两化融合重点工程，明确了推进两化深度融合的方向和突破口。2013年8月17日，国务院印发了《“宽带中国”战略及实施方案》（国发〔2013〕31号），将加快宽带网络优化升级、提高宽带网络应用水平作为重点内容，为解决信息基础设施滞后制约两化融合向深度发展的突出问题提供了重要支撑。

2014年，两化深度融合进入实质推动阶段。5月，两化融合专项行动计划之一的“企业两化融合管理体系标准建设和推广行动”正式开展，首批502家企业开展管理体系贯标试点工作。此外，各地都在研究制定贯彻落实国家关于推进两化融合政策文件的实施方案，大量配套措施出台并实施，全国掀起了新一轮推进两化深度融合的热潮。

（二）两化融合信息基础设施水平明显提高

随着“宽带中国”战略的实施，全国宽带发展水平明显提升，工业企业信息化基础设施得到改善。宽带提速效果明显，光纤接入FTTH/O用户总数突破6 000万，达到6 006.4万，占宽带用户比重达30.1%，比2013年年末提升8.5个百分点。移动宽带用户总数达5.57亿户，其中4G用户总数超过7 500万户。工业和信息化部将继续组织“宽带中国2015专项行动”，加快TD-LTE网络建设、4G业务发展和5G研发，并实施中国LTEv6工程。这必将推进我国全面进入4G时代，预计2015年4G用户将达到2.5亿户，宽带接入能力覆盖比例超过85%，大型企事业单位和中小企业接入带宽将分别超过50Mbit/s和20 Mbit/s。

（三）智能工业应用初步展开

在两化融合的背景下，信息获取和传递的方式、生产制造的过程、决策的流程都在发生着变化，以产品智能化、装备智能化、流程智能化和服务智能化为主要特征的智能工业初步发展。在传统工业领域，信息技术在研发设计、制造、管理、营销等全流程和全产业链的集成应用方面不断深化。一方面，互联网正加快向企业服务和研发环节渗透，制造服务化、个性化定制、众包设计、众筹融资等互联网与工业融合创新应用模式不断涌现。例如：三一重工集团通过网络服务平台实现对三一各类机型数百种数据的采集、存储，并及时分析用户操作典型行为，为客户提供优化解决方案及实时监控设备运营情况的综合服务；海尔集团通过构建互联网众包平台，对接全球设计资源与用户需求，征集产品和技术解决方案等。

另一方面，新一代信息技术进一步向企业制造环节渗透。例如，集精密化、智能化、柔性化等先进技术于一体的工业机器人开始爆发式增长，继汽车、航空、电子制造等行业广泛采用机器人后，金属加工、卫浴五金、食品饮料等传统行业也开始应

用机器人。同时，互联网进一步向企业制造环节渗透，网络协同制造、工业云等模式初露端倪。

二、智能制造正在成为两化深度融合的新常态

2015年全国工业和信息化工作会议明确提出，要以智能制造为主攻方向，大力发展新一代信息技术、高端装备制造等新兴产业，全面提升制造业产品、装备、生产、管理和服务的智能化应用水平，实现两个IT（Industry Technology & Information Technology）融合和倍增发展，促进产业结构向中高端迈进。

（一）智能机器/装备是智能制造的根本

智能机器是实现智能制造的第一步，其与传统的工业设备的区别：一是通过在工控设备中加入传感及识别装置，自主获得机器运行数据，并且确定本地数据的保留程度，即哪些数据保留在本地，哪些数据需上传至网络，实现机器自动化；二是通过先进工业控制等软件技术能够进行性能自诊断和故障自修复，实现机器的智能化。

目前，我国的《智能制造装备产业“十二五”发展规划》中已经针对智能装备提出了具体的发展方向：一是围绕感知、决策和执行等智能功能的实现，针对测控装置、部件和重大智能制造成套装备的开发和应用，突破新型传感原理和工艺、高精度运动控制、高可靠智能控制、工业通信网络安全、健康维护诊断等一批共性、基础关键的智能技术；二是将重点发展机器人、感知系统、智能仪表等典型的核心智能测控装置与部件并实现产业化；三是在石油化工、冶金、建材、机械加工等行业，通过集成创新，开发一批标志性的重大智能制造成套装备。

（二）信息通信基础设施是实现智能制造的重要基础

工业信息通信基础设施主要包括工业通信网络和数据中心两类。相比一般商业互联网，工业通信网络在实时性、可靠性、兼容性和安全性方面要求更严格。随着物联网技术的应用，更多的机器设备以无线接入方式接入网络，商业互联网和工业以太网进一步集成，因此，网络交换机等基础设施的性能成为设备互联和数据交互的重要保证。与此同时，结合云计算技术的数据中心为大规模智能机器所产生的海量数据的存储和处理提供了更高效的方式。

中国已建成全球最大的信息通信网络，固定电话用户、移动电话用户、互联网网民人数均已居世界第一，但宽带网络建设整体水平不高，与发达国家相比仍有较大差距。

（三）高级数据分析处理是智能制造应用创新的关键

“大数据”软件工具和分析技术的进步对传统的制造模式产生的变革：一方面通过数据共享促进智能协作，生产方式更加智能；另一方面，这些关于操作和性能的历史记录数据使生产者能更好地了解工厂设备关键部件的状态并做出实时判断处理，或者成为工业资产优化战略决策的一部分。

百度的工业大数据监测平台已应用到汽车、日化等行业，但对于大多数制造业企业而言，大数据应用仍主要以内部数据为主，多数停留在扩大数据来源、增加数量的初级阶段，还未形成有效的应用模式。2015年，随着智能制造的应用推广，越来越多的制造业企业将重新审视工业大数据的价值，围绕产品研发创新、生产线监测与预警、设备故障诊断与维护、供应链优化管理、质量监测预测等方面开展集成应用。

（四）安全防控是发展智能制造面临的重要挑战

随着智能制造的发展，传统工业控制的专有性和封闭性被打破，加剧了安全隐患，主要表现在更多的传感器和控制的引入更容易引发信息泄露或远程非法控制；通用有线/无线网络技术的引入更容易导致网络被入侵；工业控制系统的进一步软件化可能使得系统更容易瘫痪。

总之，2015年，两个IT融合步伐加快，以宽带网络、应用、软硬件、云平台和大数据等为关键要素，信息通信引领着当前制造业的智能化发展，支撑两化深度融合进入新阶段。中国制造业和信息通信业已经具备了支撑两化深度融合的能力和条件，不少战略性新兴产业处在同发达国家相近的起跑线上，有的方面处于国际领先地位，中国将搭上新一轮产业变革的快车，以互联网思维创新工作思路和机制，推动新一代信息技术与制造业深度融合。

（中国信息通信研究院　李铮）

农村宽带网络发展情况

一、我国农村宽带网络发展战略和目标

2013年8月17日国务院发布了《宽带中国战略》，明确了我国农村宽带的发展目标：

（一）到2015年，实现95%以上行政村通光缆，农村家庭宽带接入能力达到4Mbit/s（城市家庭接入能力达到20Mbit/s），并具备平滑升级更高速率能力，农村家庭宽带普及率达到30%。3G/4G用户普及率达32.5%。农村学校、图书馆、医院等公益机构基本实现宽带接入。

（二）到2020年，宽带网络全面覆盖城乡，行政村通宽带比例超过98%，农村家庭宽带接入能力12Mbit/s（城市家庭达到50Mbit/s）。3G/4G用户普及率达到85%。

为实现上述目标，“宽带中国战略”专门安排了“宽带乡村”工程和“贫困学校和特殊教育机构宽带应用示范”工程来推进农村地区宽带发展，同时“宽带网络优化工程”和“宽带应用示范工程” 也对农村地区的项目申请优先考虑。

具体操作上，中央政府以宽带专项行动计划的形式，确定年度发展目标，相关部委根据各自的职责具体负责分解任务目标、遴选实施主体和监督项目实施。相关企业和法人主体通过竞标的方式申请政府补贴，政府补贴来自于现有的各类中央专项基金，采用无偿资助的方式支持相关企业和法人主体实施与农村宽带网络和宽带应用相关的项目，但是项目承担单位需按要求配套自有资金，比例约是1:3到1:4。

二、推广农村宽带网络的具体举措

（一）行政村宽带通工程

“行政村宽带通”工程，在原有的“村村通电话”工程基础上，选择有线、无线技术，持续推进农村地区网络建设的宽带化。“行政村宽带通”工程由工业和信息化部领导，以分片包干政策为基础，即电信监管机构采取行政摊派的手段，将任务分配给电信运营企业，由企业自行筹资完成任务，中央政府提供一定的补贴，同时鼓励当地政府的财政资金注入。例如，河南省财政厅设立宽带建设奖励基金（每年1 000万元，连奖8年），对宽带投资额度大和地方经济贡献大的企业进行奖励。

2013“行政村宽带通”在1年内帮助1.8万个行政村接入了宽带网络。2014年，中国电信、中国移动、中国联通三家基础电信企业深入实施通信村村通工程，全行业累计直接投资约40亿元，新增1.4万余个行政村开通宽带，行政村通宽带比例从年初的91%提高到93.5%；新增4 500余个自然村开通电话，20户以上自然村通电话比例从年初的95.6%提高到95.8%。此外，在全国86%的乡镇开展信息下乡活动，新建信息服务站点1.4万余个，为集中连片特困地区1.8万余个行政村实现互联网覆盖和近1 000个偏远贫困农村中小学开通宽带。

（二）“宽带网络校校通”工程

由教育部牵头，各地采取多种方式筹建资金，例如地方财政补贴、教育基金、福利基金等，帮助10万所农村中小学校接入宽带网络。具体操作上，在工业和信息化部的分支机构各省通信管理局的领导下，成立由教育局、运营商等参加的“校通宽带推进领导组”，教育主管部门根据本地区当年的“宽带网络校校通”学校数量任务，从贫困地区中遴选出目标学校，“校通宽带推进领导组”公开招募并遴选愿意承担任务并具备资格的运营商，给予一定政府补贴资金，运营商筹集配套资金，并具体实施。

（三）2014～2016年“宽带乡村”试点工程

2014年6月18日，国家发展改革委、财政部、

工业和信息化部（以下称“三部门”）联合启动实施“宽带乡村”试点工程。工程以探索农村宽带发展模式为出发点，选择集中连片的县区，以完善宽带信息基础设施和发展农村宽带用户为目标，统筹协调多方力量推进农村地区宽带发展。

“宽带乡村”试点工程在我国内蒙古自治区、四川省、贵州省、云南省、陕西省、甘肃省中，每个省或自治区选择乡镇通光缆比例达到100%和行政村通4Mbit/s及以上速率宽带的比例低于50%这两个条件的20个县（区、旗），其中农村居民人均纯收入在5 000～8 000元的县区优先考虑，重点支持以下建设：①乡镇到行政村光缆、传送设备、杆路等建设；②行政村内接入光缆或铜缆覆盖；③行政村内OLT、MDU（内置DSL或LAN）设备建设；④行政村内无线基站设备（可选3G或4G技术设备、大功率室外型WLAN设备等）建设；⑤行政村内无线基站配套建设，包括传输设备、铁塔、电源、空调等设备设施。

同一省（区）的20个县（区、旗）统一建设实施，由一家企业承担实施。工程建设支持标准和指标要求将以适当方式对外公布，按照“公开、公正、公平”的原则，优选确定具备实施资质的企业。鼓励地方政府为推动农村地区宽带建设与应用给予资金支持，对于具有明确配套措施方案的县区将给予优先考虑。

三、农村宽带网络建设策略

由于我国边远农村地区最基本的生存和生活条件例如卫生、教育和医疗难问题亟待解决，宽带接入能否应该作为普遍服务内容获得政府财政的支持，目前争议很大，必须首先使人们看到宽带网络在农村经济增长和社会建设中发挥的作用，才能为农村宽带网络推广普及争取到必要的支持。因此，农村宽带网络的发展策略如下。

（1）整体规划、分步实施，在实施时要做到“粗细结合”。粗是指目标客户不明确时，以薄覆盖为主；细是指通过预约营销实现建设的精确性。

（2）注重消费水平和投资效益的平衡。考虑到农村的人均收入，每端口造价不得过高（几百元水平），同时为确保投资积极性，投资规模力保一定时间内（如半年）新增宽带用户不低于建设端口规模的一定比例（如40%～50%）。

（3）技术方案上采用低成本手段，降低单用户接入投资。近期，农村地区建设以利用城区替换下的传统铜缆接入设备为主，辅以FTTV等其他接入方式；中长期，农村地区新建及改造以FTTV为主。富裕村镇及新建成片楼宇以FTTB为主，为政府部门、网吧、视频监控点、乡镇企业、富裕家庭等提供高带宽接入。

四、农村宽带网络发展面临的挑战

（一）农村地区通信和服务需求的多样性

我国的城乡差别和区域差别都是巨大的。农村地区的发展对宽带的需求也是多层次的，包括：与生产和生存相关的乡村治理需要的基本宽带网络和宽带服务，推进城乡一体化中扩大公共服务需要的信息化建设，农业生产方式向智慧农业和生态农业转型需要的先进通信信息服务。

（二）农村宽带网络发展资金来源不足

“宽带中国战略”出台之后，高成本地区的宽带网络建设得到了来自中央以及地方政府不同专项基金的补贴，然而补贴无论是数值上还是持续性方面都是不够的。首先，这些资金目前仅补贴有限的示范项目，且要求资金使用者自筹配套资金。其次，政府补贴在实际使用上偏向于最易取得效果和示范作用且补贴金额相对较小的项目，那些真正困难的地区和群体，往往得不到帮助和支持。最后，现有专项基金大多规定了资金年度使用计划，对于宽带网络发展来说缺乏全面的、持久的考虑。

（中国信息通信研究院　白春霞）

移动通信转售业务发展情况

一、移动通信转售业务发展和市场特点

截至 2014 年年底，工业和信息化部共向 42 家民营企业（含浙江、广东省内各批复 1 家）发放了移动通信转售业务试点批文。从 42 家企业类型来看，包括渠道型企业、行业应用型企业、增值业务型企业、互联网基础设施类企业、终端制造类企业等。从与基础运营商合作情况看，与中国电信签约企业 26 家，与中国联通签约企业 25 家，与中国移动签约企业 17 家（有些企业与多家基础运营商签约），如图 1 所示。

截至 2014 年年底，42 家转售企业中，有 21 家发布了移动通信转售品牌，其中，19 家推出自有特色资费套餐，3 家开始预约放号，16 家开始正式放号。从用户发展情况来看，移动转售用户达 220 万左右。在 11 月移动转售用户超过 100 万户以后，用户发展明显在加速推进。2015 年随着更多转售企业在更多地域开展业务，移动通信转售业务将会进入快速发展期。

图 1　移动通信转售业务开展情况

当前移动通信转售业务市场主要有以下特点。

（1）市场空间大。当前我国移动通信市场仍有很大增长空间，为发展移动通信转售业务提供了良好的发展机遇。我国电信业务收入超过 1 万亿元，盈利空间较大。移动互联网和智能终端高速增长，移动数据流量规模每年翻倍增长，移动数据流量收入每两年翻倍增长，移动用户信息需求不断扩大，为民企发展提供了更多创新空间。

（2）参与热情高。试点政策公布以来，100 多家民营企业向基础运营商提交了合作意向。截至目前，中国电信、中国移动、中国联通分别与 26 家、17 家、25 家民营企业达成合作协议。排除重复计算因素，一共有 42 家企业向政府提交了试点申请。这些民营企业具有销售渠道、内容应用或行业信息化等方面独特的资源和能力，一定可以发挥民营企业机制灵活、创新能力强的优势，构建差异化的商业模式，获得独特的发展空间。

（3）试点区域广。从工业和信息化部公布的试点批文来看，目前已经获得试点批文企业在超过 100 个本地网的广大区域内开展试点，涵盖了我国经济最发达的地市。试点基本能带来全国性的影响，而不仅仅局限于个别省份。

二、移动通信转售业务服务创新情况

（一）资费计划、流量服务的差异化

移动通信转售业务尚处于发展探索期，转售企业资费计划以套餐设计为主。其中，19 家放号企业中有 12 家企业采用了固定套餐方式，但转售企业在已有的套餐模式上不断突破基础运营商的传统资费模式，依托 IT 支撑系统建设的后发优势，积极探索多人共享套餐、个性化定制套餐、话音流量互转等新的模式。天音、爱施德等企业推出了多人异地分享套餐、个性化定制套餐、流量共享结转等新的资费模式；京东、苏宁、国美等企业转售业务与购物进行捆绑，提高用户黏性；巴士在线跨行业整合资源，推出“流量银行”业务；苏州蜗牛将转售业务与免商店和游戏 APP 进行捆绑推出优惠资费方案。

（二）业务捆绑、交叉补贴的差异化

转售企业进入后，立足企业在渠道资源、用户资源、业务资源、技术资源、网络资源等方面的自有优势，把原有业务与移动通信业务捆绑销售，为细分市场提供了从健康服务、娱乐服务、购物特权到企业办公等多方位的特权服务。如京东为用户提供互联生活特权（包括音乐、电子书、社交、游戏、云盘等）、优惠购物特权（享受专享特惠商品购买特权）、金融特权（京东白条、信用度、理财计划等多种金融特权），用友为用户提供企业级移动管理应用。

（三）跨界融合、资源整合的差异化

为进一步促进移动通信转售业务发展，深耕细分市场，部分转售企业开始在自有资源的基础上，探索与其他互联网企业合作，如爱施德与乐视合作面向乐视电视用户推出的 U 宝系列、分享通信与百度合作面向百度贴吧用户推出的百度分享卡，均满足了特定用户群需求，乐语通过智能终端方式渗透移动健康领域，为用户提供医生在线服务等健康业务。

三、我国移动通信转售业务发展策略

（一）推动商业模式创新，探索差异化发展道路

我国发展移动通信转售业务与国外启动初期相比有两点显著不同。一是主体客户群不同。一户多卡用户，即存量用户的第二张甚至第三张卡是我国转售企业的重要目标市场。工业和信息化部电信研究院调查显示，2013 年净增用户中，大约 10% 的净增用户是第一次使用移动电话用户，其余都是多卡用户。欧美国家刚发展移动虚拟运营业务时移动普及率在 30%～40%，高的也只有 50% 左右，纯新增用户是主要的目标用户，和我国现在情况明显不同。二是用户消费需求不同。我国是在移动互联网浪潮引领信息消费高速增长的情况下发展移动通信转售业务的，以智能终端为载体、以移动互联网业务创新为核心的流量转售是主流方向，话音业务并非转售重点。因此，欧美当时有 30% 左右的以赚取话音差价为主要特征的虚拟运营商，在中国当前条件下难有生存空间。我国的转售企业必须走出一条创新发展的新路。

资费计划、流量服务的差异化已经广泛被国内转售企业采纳，几乎成为国内转售企业的标配。这种模式做起来相对简单，容易被竞争对手模仿，因此也限制了发展潜力。与面向个人客户的自有业务捆绑，或者与面向政企客户的行业解决方案捆绑，是实现转售企业之间差异化的主要手段。建议国内转售企业采取“组合拳”的方式，即三种模式混合使用；企业能力不足以支持的，可以通过对外合作的方式，实现多种模式并行。

从个人客户市场来看，根据国外发展经验研究发现，移动金融服务、移动支付、基于云服务的 APP、移动广告领域是近年转售企业创新业务、实现业务差异化的重要领域，转售企业可充分结合移动互联网业务的发展进行创新。

从政企市场来看，为中小企业提供与 IT 服务相协同的 MVNO 业务也是重要的突破口。基础运营商的企业业务一般关注大中型企业的需求，中小企业很难获得合适的通信服务组合，往往不得不选择基础运营商面向公众市场的零售业务，而此类零售业务无法满足中小企业对员工通信业务的管理需求。转售企业推出的预付费、无合约、流量共享模式更适应目前中小企业用户的流量消费需求，能帮助企业用户有效降低流量开销。转售企业还可以提供丰富的后台管理功能，使中小

企业用户可以紧密监控每一台设备的流量使用情况，为每一台设备设定互联网访问权限，有效控制成本。

（二）转售企业与基础运营商共同努力，实现协同发展

移动通信转售业务的发展，使得市场竞争由3家基础运营商之间的直线竞合关系，转化成几十家企业之间的网状竞合关系。从理论上讲，基础运营商与合作的转售企业之间的合作性要大于竞争性，尤其是独家合作伙伴。当然，双方也可能存在市场策略上的冲突，随着转售企业的增多，这种冲突的概率也在增大。双方能否协同发展，对基础运营商也是重大考验。基础运营商与转售企业之间应该密切合作，开展协同营销，避免出现产品、渠道、促销冲突等问题。

转售企业与合作的基础运营商之间在目标市场、价格策略等方面应该有所区隔，才能实现协调发展。基础电信市场开放是大势所趋，不仅仅对民资是机遇，对基础运营商也提供了新的发展手段。基础运营商应该端正认识，由政策驱动转到自发自愿推动。基础运营商只有主动构建与转售企业间的协同工作机制，包括动态的批发价协商与调整、成熟的营销支持计划和顾问指导、完善的IT系统对接与客户服务标准培训等，才能较好地实现两者的共同发展。

附：我国移动通信转售业务大事记

（1）2014年1月29日，工业和信息化部向爱施德等8家民营企业发放了第二批移动通信转售业务试点批文。

（2）2014年3月21日，深圳市爱施德股份有限公司率先完成系统建设以及与基础电信企业的对接工作，并实现首次转售企业170号码通话。

（3）2014年5月4日，话机世界在其官方网站正式放号，成为第一个宣布正式放号的转售企业。其后多家转售企业相继放号。

（4）2014年5月16日，工业和信息化部发布关于加强移动通信转售企业电信资费网上公示管理工作的通知。

（5）2014年8月25日，工业和信息化部向贵阳朗玛等6家民营企业发放了第三批移动通信转售业务试点批文。

（6）2014年9月18日，成立了中国通信企业协会虚拟运营分会。

（7）2014年9月25日，三大基础运营商代表与6家转售企业代表签署《关于移动通信转售业务批发价动态调整机制的建议》。

（8）2014年11月20日，工业和信息化部向红豆集团等8家民营企业发放了第四批移动通信转售业务试点批文。

（9）2014年12月18日，工业和信息化部向海南海航信息技术有限公司等8家民营企业发放了第五批移动通信转售业务试点批文。

（中国通信企业协会虚拟运营分会、中国信息通信研究院　许立东）

信息通信业节能减排发展分析与展望

一、引言

随着我国通信业“十二五”规划的进一步推进和节能减排各项相关工作的深入，节能减排工作已提升到一个新的高度，面临着新的机遇和挑战。2014年是我国4G网络正式商用的第一年，也是“宽带中国”战略正式落地的第一年。4G网络和宽带网络迎来了新的建设热潮。据估算，我国通信业2014年投入超过3 500亿元，全国新建4G基站超过70万个、FTTH覆盖家庭达到1.67亿户。大规模建设的背后是新的能耗增长。通信行业对能源的需求呈刚性增长，能源消耗占全国能源消耗的比重仍在增加，完成“十二五”通信业节能减排目标任务艰巨。

二、全球信息通信产业节能减排情况

信息通信技术（ICT）引起越来越多的国家重视保护环境，减少环境变化和气候变暖。ICT保护环境持续发展可分为两类应用：一类ICT行业本身的节能减排；另一类是通过ICT实现其他行业的节能减排。2014年11月，ITU通过了《连接2020》计划，其中可持续发展目标提出，到2020年通信业/ICT相关终端的温室气体排放减少30%。ITU-T还成立了专门的工作组专注于ICT与环境及气候变化的关系，制定方法评估ICT对气候变化的影响。

初步估算，2014年全球ICT行业碳排放（GHG）约10亿吨，占全球总排放的2%。ICT行业本身的能耗主要包括终端、通信网络和数据中心3个方面，ICT碳排放主要是终端排放，其GHG排放约5.9亿吨，通信网络GHG排放占整个ICT本身排放量的22%，数据中心GHG排放1.97亿吨，占整个ICT行业GHG排放量的19%。随着全球ICT需求的强劲增长，特别是云计算、大数据广泛的应用，数据中心和通信网络能耗增速较快。根据《SMARTer 2020》[1]报告预测，ICT本身的能耗将以年均3.8%的速度增长，到2020年ICT行业碳排放将达到1.3吉吨，占全球总量的2.3%，其中24%的排放量来源于通信网络，23%的排放量来源于数据中心。

三、2014年我国通信业节能减排情况

2014年11月，我国政府宣布了节能减排的发展目标，在2030年左右达到二氧化碳排放峰值，并计划到2030年非化石能源占一次能源消费比重提高到20%左右。通信业作为我国能源消耗的一部分，其节能减排工作具有重要作用。2014年，电信运营企业加强自身绿色网络的建设与节能应用创新，推广信息化应用促进全社会节能减排方面成效显著。在网络规模持续快速增长、能源消耗也呈现较快增长的情况下，2014年通信业综合能耗为725万吨标准煤，耗电496亿度；2014年单位电信业务总量综合能耗为0.0453吨/万元，如图1所示。

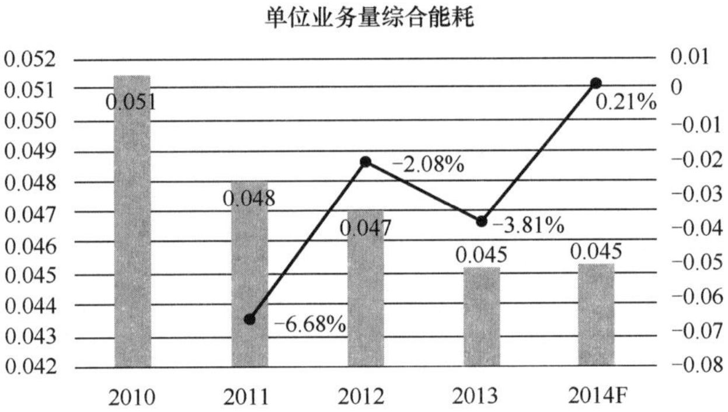

图1　2010～2014年通信业单位业务总量综合能耗（吨/万元）

[1]《GeSISMARTer2020: The Role of ICT in Driving a Sustainable Future》

2014年工业和信息化部持续加大节能减排工作力度，在2013年出台了《关于进一步加强通信业节能减排工作指导意见》的基础之上，2014年4月又发布了高耗能老旧电器设备淘汰目录。2014年8月，工业和信息化部和科技部共同发布了《工业和通信业节能与综合利用领域技术标准体系建设方案》，针对通信行业明确提出在资源节约、能源节约、清洁生产、温室气体管理、资源综合利用领域开展相关的标准制修订工作，重点包括进一步推动电信基础设施的共建共享，加快推进通信行业能耗监测系统标准制定，积极探索绿色ICT技术促进其他行业节能减排的标准研究等多项节能减排标准。

根据工业和信息化部制定的节能减排目标，到2015年年末通信网全面运用节能减排技术，实现单位电信业务总量综合能耗较2010年年底下降10%，促进社会节能减排量达到通信业自身能耗排放量的5倍以上。从2014年能耗指标看，满足单位电信业务总量综合能耗要求，但2015年通信业节能任务较重，特别是随着4G网络的进一步部署，通信业单位电信业务总量综合能耗上升的压力较大。

四、2014年我国主要通信企业节能减排情况

运营商作为通信产业链中的重要一环，对于整个通信业节能减排的推动影响重大。节能减排不仅是企业的社会责任，更是运营商自身生存发展的需求。中国电信、中国移动、中国联通以及产业链厂商应共同开展绿色节能产品的创新与研发，积极推动绿色节能产品的推广与应用。

中国电信积极推进电源、空调、机房、电池等领域节能技术创新，将节能重点放在网络运营方面，通过淘汰老旧设备和降低设备能耗两个方面具体开展，大力推进节能改造。据统计，2013年中国电信全年实现节电10.8亿千瓦时。同时中国电信基本建立了能耗监测系统，覆盖了所有的重点能耗单元，通过把能耗指标分解到核算单位，实现节能减排的发展目标。

中国移动持续推进以节能减排为核心的绿色行动计划，带头制定了无线网、核心网、IT支撑网等7个领域节能标准，并将其应用于设备选型、网络优化、网络规划、工程设计、网络维护等环节，持续推动和引领设备制造商优化设备结构，提高设备集成度，提升节能水平，同时形成了成熟、可靠的节能减排运作模式。

中国联通则以技术节能为主导，以管理节能为基础，从新增资产、存量资产、精细化管理三个方面来开展节能减排工作。中国联通不断提高能耗管控的精细化管理水平，建立有效的节能减排管理机制，加快推进节能减排技术的部署使用。2014年投资数亿元作为节能减排专项投资，以基站和机房为重点，推广高效节能新技术，并不断完善能耗统计体系。

此外，三大运营商积极利用云计算、虚拟化改造和建设绿色数据中心，达到数据中心PUE目标。

在运营商的引导和推动下，通信业上下游企业开展了绿色节能产品的创新与研发，通信设备提供商针对基站、核心网等场景推出了相应的绿色产品和解决方案，通过降低主设备能耗、推广再生能源和自然温控等手段，推动绿色网络的建设。

五、我国2015年通信业节能减排发展趋势分析

2015年是实现通信业节能减排“十二五”发展目标的关键一年，结合我国通信业发展的特点和趋势，2015年通信业节能减排工作有以下特点。

（一） 节能减排工作压力较大

根据“宽带中国”发展战略，到2015年，固定宽带用户超过2.7亿户，城市和农村家庭固定宽带普及率分别达到65%和30%。3G/LTE用户超过4.5亿户，用户普及率达到32.5%。行政村通宽带比例达到95%。城市家庭宽带接入能力基本达到20Mbit/s，部分发达城市达到100Mbit/s，农村家庭宽带接入能力达到4Mbit/s。为实现这一目标，2015年三大运营商将继续加大4G网络和固定宽带网络的部署。整个通信业能耗将对通信业节能减排工作带来较大压力。

（二）数据中心仍是节能重点之一

根据工业和信息化部对2011～2013年上半年全国数据中心规划建设情况统计，全国规划建设数据中心255个，其中超大型数据中心23个，大型数据中心42个，中小型190个，分布在全国26个省

区。经统计分析，目前大型数据中心 PUE 值是 1.61，还没有达到 1.5 的规划目标。2015 年随着越来越多的数据中心投产，按每台普通服务器平均一年消耗 2 000 多度电来计算，其总能耗将有明显提升。绿色数据中心建设是 2015 年节能减排的工作重点之一。

（三）ICT 技术助力智慧城市发展，推进整个城市的节能减排

随着信息化技术的不断应用，以宽带网络为基础，以互联互通、整合、协同、创新发展为主要特征的智慧城市发展模式成为我国城市信息化发展到更高阶段的必然产物。智慧城市将 ICT 技术广泛应用于城市发展的各个环节，在促进城市发展的同时，还能够更有效地降低能耗。智慧城市体现了 ICT 技术促进其他领域节能减排的作用。2014 年 8 月，八部委发布了《关于促进智慧城市健康发展的指导意见》，预计 2015 年全国各地将以智慧城市建设为契机，发挥 ICT 促进其他行业节能减排的作用，实现全社会节能减排目标。

六、2015 年通信业节能减排工作的重点

随着我国信息化建设的加速推进以及云计算、移动互联网等新技术新业务的发展，2015 年固定宽带以及 4G 网络将继续大规模部署，全国各类数据中心建设不断展开，通信行业节能减排形势严峻。另外，通信业节能减排工作基础管理比较薄弱，能耗统计体系、监测管理体系和市场节能机制有待完善和提升。2015 年还需要继续推进通信业节能工作，努力实现“十二五”我国通信业节能减排的规划目标。

第一，根据工业和信息化部公布的高耗能老旧电信设备淘汰目录，电信运营企业应根据实际情况，加快对现网中高耗能老旧电信设备的有序退网，重点包括移动通信基站和交换网络两大类 34 项设备。运营商需要加大节能减排工作力度，制定相应的减排计划，确保“十二五”我国通信业节能减排目标的实现。

第二，在高耗能设备的升级改造以及新建网络过程中，进一步深化电信基础设施的共建共享，依托中国铁塔股份有限公司，加强多种通信基础设施的共建共享。严格按照工业和信息化部关于数据中心的指导意见，在新建和改造升级数据中心两个层面统筹部署绿色数据中心的建设。

第三，通过创新加强节能新技术和新应用的使用和推广。探索使用新的节能技术、节能方案，部署更低功耗的通信网络设备，不断提高资源、能源利用的效率。通过协作推动整个通信业的绿色发展。在通信产品的设计、运输、使用、维护、回收等环节考虑节能减排因素，开展节能、节地、节材、废弃物回收及环境保护工作。强化产业协同，合理推动通信业绿色可持续发展。产业链各环节共同推动通信业的节能减排和绿色发展。

从总体上看，2014 年，在通信业能耗增加的情况下，单位电信业务总量综合能耗维持在合理范围之内，为实现“十二五”节能减排目标奠定了坚实的基础。随着宽带战略的进一步实施和 4G 网络的规模建设，2015 年通信业节能减排压力较大，为实现“十二五”期末单位电信业务总量综合能较 2010 年年底下降 10% 的目标，还需在整个产业链协同工作，发挥运营商的引导作用，确保我国向世界承诺的节能减排目标的实现。

（中国信息通信研究院　刘琪；中兴软创科技股份有限公司　王帅）

无线电管理发展现状分析

近几年来，全球频谱资源日益紧缺，通过何种手段调整无线频谱的管控机制，引入竞争机制，促使企业加大对无线频谱资源的利用效率成为当前监管的热点问题。2014年，随着无线电技术应用继续在各行业的加速渗透，一方面无线电频谱资源的重要性更加凸显，采取多种措施应对频谱危机已成为国际趋势。另一方面，我国无线电管理法律法规体系逐渐完善，LTE商用和无线宽带专网建设等热点领域对无线电管理工作提出了更高的要求。

一、国内外无线频率管理发展现状

（一）各国积极规划新频谱，并通过频率重耕释放原有的频谱资源

由于移动宽带业务需求的爆炸性增长，目前可用频率资源无法满足市场需求，为了保证移动宽带，包括美国、丹麦、英国、澳大利亚、爱尔兰和法国在内的多国和地区计划或者已经制定了未来10～15年的无线通信频谱规划，为移动宽带业务做频谱储备，各国的无线宽带频谱缺口都在300MHz以上。美国提出了到2015年计划释放的300MHz频段，主要来自传播性能良好的广播频段；英国已经确定能够释放出来的频谱带宽为160MHz；丹麦和澳大利亚都提出了候选频段，具体释放多少还有待确定。

除了规划和分配新的频谱资源，利用频率重耕（Refarming）方式已成一种解决频谱资源匮乏的重要方式。频率重耕可以在不影响原有网络和不增加新的频谱资源的情况下，从原有网络的频谱中分配出一段频谱资源用于部署更先进的移动通信网络（如3G或LTE），加快网络的升级进程。据电信研究院不完全统计，全球目前已有49个国家允许运营商利用已有的部分频段进行频率重耕。波兰运营商Mobyland与2G运营商CenterNet于2010年合作通过Refarming方式开通了全球第一个1 800MHz LTE商用网络；英国、马来西亚、挪威、荷兰、法国和澳大利亚等国家的运营商也已经或计划通过Refarming方式推出1 800MHz LTE商用服务；美国的AT&T和Verizon等多个运营商已经开始在其1 900MHz频段上部署LTE；巴拉圭的Personal已通过Refarming方式开通了商用的1 900MHz LTE服务；日本运营商DoCoMo已在原有WCDMA系统的1.9/2.1GHz频段上部署LTE；马来西亚运营商Telekom正计划在其850MHz频段上实现LTE商用部署。

（二）我国无线电管理法律法规体系日益完善，日常管理更加精细化

近年来，我国对无线电管理法律法规体系的建设更加重视，尤其是2014年工作力度加大。2014年，《中华人民共和国无线电管理条例》修订列入2014年国务院一类立法计划，我国无线电管理局还开展了《中华人民共和国刑法》中“扰乱无线电管理秩序罪”的修订研究工作，同时还研究起草了《无线电频率使用许可管理规定》等一系列规章。

在频率台站设备管理工作中，我国无线电管理局组织开展了1 800MHz频段LTE FDD与TD-LTE混合组网干扰兼容测试，完成56个城市LTE FDD和TD-LTE混合组网试验频率资源配置工作。同时组织专家对1 447～1 467MHz频段频率规划调整的相关问题进行研究，形成了1 447～1 467MHz频段宽带数字集群频率规划方案。开展了CBTC系统用频需求研究、70～80GHz频段固定无线接入系统频率规划研究及技术试验等工作；规范业余无线电台和无线电发射设备管理。发布了《关于进一步明确和规范业余无线电台管理有关工作的通知》。

此外，我国无线电管理局还开展治理非法设台专项活动。针对非法设置使用伪基站、非法广播电台和卫星电视干扰器等违法犯罪活动猖獗的状况，

工业和信息化部无线电管理局协同中央网信办及公安等相关部门，开展了专项治理活动。通过开展专项治理，全国无线电管理系统共配合公安部门查处伪基站案件1 996起，查获伪基站设备2 537套，协助公安部门鉴定设备1 367起。与广电、公安等部门建立了联合打击"黑广播"的联动机制。同时，全国无线电管理机构积极会同广电、公安等部门，加大了对黑广播和卫星电视干扰器的打击力度，全年共处理部长信箱中群众有关卫星电视干扰器的投诉214起，取得了丰硕成果。通过打击治理非法设台行为，有效净化了电磁环境，保护了百姓的权益，为社会稳定作出了重要贡献。

二、我国无线频率管理存在的问题和挑战

（一）5G给无线电管理带来挑战，精细化频谱管理提升利用率成为关键

随着5G时代的到来，频谱资源的供需矛盾日益突出，单纯依靠增加公共通信频谱资源来解决问题的粗放式管理方式已无法满足5G发展的需要，如何更科学地规划和配置频谱资源，通过频谱共用促进频谱集约利用和精细化管理提升频谱利用率，已成为无线电管理工作的重要课题。

众所周知，无线电频率具有时间、频率、空间和能量的传播特性，而精细化的频谱管理就是采用频谱需求预测分析等手段，在进行频率规划时基于历史数据，综合考虑频段特性及用户需求，从理论上计算频率的干扰协调距离，从宏观上确定同频复用方案；在进行频率指配时，根据用户需要的传输容量及覆盖范围，从理论上计算出所需的频率范围、发射功率、占用带宽等参数，并在频率指配文件上进行规范和控制。同时，根据已设台站的情况，开展电磁兼容性分析，计算干扰距离，确定具体频率的复用情况，避免同频干扰。这要求无线电管理机构在频率规划和指配的过程中既"精"且"细"，从而保证无线频谱管理的准确性和最佳性。

（二）TD-LTE商用频段规划仍存在缺口，不利于快速发展

结合我国IMT频率规划方案和我国国情来看，2 500～2 690MHz频段将成为我国部署TD-LTE的主导频段。但该频段由于频率高、衰减大、穿透能力差，在一定程度上将会影响TD-LTE网络性能，尤其是室内覆盖和传输速率。据估算，使用2.6GHz的TD-LTE要保持室内覆盖有较高速率，其覆盖半径为500米，这将导致极高的建设成本。根据GSMA（全球移动通信系统协会）的测算，建设覆盖同样区域的移动通信网络，使用2.6GHz频段所需要的基站数量约为700MHz的5倍。

截至2014年9月，在全球331张4G商用牌照中，有128张采用的频谱位于700～900MHz，占38.7%。1GHz以下低频段由于可以充分发挥4G性能、大幅降低组网成本，成为全球LTE市场最主要的运营频段之一，往往作为最重要的广覆盖基础频段，承载了最大数量的用户。我国已为4G TD-LTE商用分配210MHz频谱，并在TD-LTE/FDD混合组网试验中使用了另外50MHz频谱，在频谱数量上全球领先，但全部集中在1.8GHz以上，低频段频谱分配困局始终无法突破，这对我国4G产业在全球的崛起将产生不利的影响。

（三）如何提前协调、规划好各种新技术标准仍是重点工作

新技术、新应用的发展，对无线电监管方式和手段提出了新挑战。移动互联网、物联网、车联网、"智慧城市"等新一代信息技术应用的推广和智能化产品的普及，将大大增加对频谱资源的应用，这也对无线电设备管理模式和监管技术手段提出了新课题。

以白频谱为例，目前在全球范围内白频谱有较大的发展空间，我国暂无利用此频段的规划。目前，美国为了更有效地利用白频谱资源，解决移动宽带需求迅速增长的问题，正在积极推进超级WiFi（Spuer WiFi）。无线充电相关频段规划尚无国际统一标准。无线充电技术中的基础核心要素是"频率"。积极参与无线充电技术研究、无线充电频率规划的工作，有利于提升今后我国在国际标准制定中的地位。

（四）频谱资源的管理方式不断创新，市场化管理模式将引入现行频谱管理体系

频谱管理从过去政府部门划分和分配走向市场化道路是大势所趋。无线电频谱是频率介于3Hz～300GHz的电磁波，是无线通信的基础。无线电频谱

资源并不是取之不尽、用之不竭的公共资源，其有限性日益凸显。

目前我国的无线电频谱资源在国家统一规划、有偿使用的原则下，采取由政府划分和分配的做法。这种方法保证了资源分配的统一性，但是随着供需矛盾的加深，这种颇具“计划经济”特色的管理方式的弊病开始凸显。例如，一些优质频谱资源迟迟得不到释放，而前景看好的无线业务得不到较好的频谱资源，使得业务发展受限。不同的利益主体之间出现了矛盾和纠葛，国家无线电主管部门用行政手段难以有效协调。此外，虽然我国对无线频谱也采取有偿使用的原则，但是收费非常低，1MHz 大约 100 万元人民币，与频谱资源的价值完全不对等。在这种情况下，难免存在拿到频谱的单位不珍惜资源的情况，对于频谱这种不可再生的稀缺资源无疑造成了巨大浪费。为此，走市场化管理道路已成必然。

其中，频谱资源的释放仍是难题。例如，广电部门所占用的频谱理论上在模数转化后可以释放出来再利用，可是尽管全球其他国家的广电部门均已完成了模数转化，我国依旧在缓慢进行中，暂时难以看到优质频谱释放的希望。此外，小灵通占用 TD-SCDMA 的频谱何时释放现在也没有明确的时间表。频谱资源的所有权和使用权未被明确，必将成为市场化道路上的主要障碍。

（五）频谱供需矛盾将长期存在，频谱共享能缓解矛盾

截至目前，我国为国际移动通信系统（IMT）共规划了 687MHz 频率，其中已分配了 307MHz 给三大运营商，基本满足了当前和近期的 IMT 用频需求。华为、中兴等公司向国际电信联盟（ITU）提交的最新预测结果显示，到 2020 年我国移动通信总共需要 1 700 ～ 2 100MHz 带宽频率，由此推算，我国届时将存在约 1 000MHz 的频率缺口。

不仅我国，随着社会信息化进程的推进，国际范围内无线电业务需求呈迅速增长态势，如果不在国际、国家和地区的各区域范围内分别采取有效的频谱管理措施，就可能造成频谱资源的严重短缺。有效利用频谱，可以使多个用户或业务共用某频谱并且保证其不互相干扰。有效的共用频谱可以为各种不同业务增加可用频谱的数量，可以采取多种手段实现频率的共用。根据 ITU 的规定，允许存在一些无害干扰以及采用允许同频段内多个发射共存的新技术，而新兴的无线电新技术将频谱共享变为可能。这种可能性将大大提高频谱利用率，从而进一步缓解频谱资源的供需矛盾。

三、2015 年我国无线电频谱管理发展趋势与展望

一是将加速推进无线电立法，充分发挥无线电频谱资源的作用。单纯的管理条例很难在无线电频谱资源的分配方面进行统一协调，迫切需要一部与形势发展相适应的无线电法出台。

二是将逐步建立完善的无线电管理标准规范体系。要通过无线电管理标准规范体系的建立完善，使无线电管理工作更加制度化、规范化和标准化。

三是将逐步完善频谱资源的动态管理机制，实现精细化管理。完善频谱资源的动态管理机制是实现精细化管理的基础，在制定无线电频率规划时要逐步改变过去不分地区差异、一刀切的做法，做到从频率、地点、时间三维空间综合安排使用资源。

四是不断提高无线电管理技术水平。先进的技术设施是无线电管理得以有效开展的基础，高水平的专业人才是提高无线电管理技术水平的关键。

五是未来将建立高效务实的无线电行政管理体系。各级无线电管理机构需加强自身组织机构建设，改善管理水平，提高业务能力，在不断的探索实践中建立高效务实的无线电行政管理体系。

（中国信息通信研究院　胡海波）

中外通信企业竞争力分析

企业竞争力，是指企业拥有的难以被模仿和复制的核心资源能力，企业据此在竞争市场上获得较好的获利空间，从而建立起并不断完善的持续竞争优势，获得持久的生产能力和发展能力。因此，比较中外通信企业竞争力，既要评价企业当前的竞争力水平，如规模、市场占有、盈利等，又要评价企业潜在的竞争力，如创新、成长性等；既要有竞争结果性指标，也要有竞争过程性指标，即关键成功要素。文中“通信企业”为基础电信运营企业，研究范围是基础电信运营企业之间的竞争。

在比较对象的选取上，综合考虑区域代表性、综合实力以及企业特色，选取了 AT&T、Verizon、Vodafone、Orange、NTT DoCoMo、SKT、LGU+、Telefonica 共 8 家国外先进企业与中国电信、中国移动、中国联通三家中国企业进行比较。

在比较方法上，为了清晰展现各企业的表现，除直接观察绝对值水平外，还设置“差距值”项，其含义是各项指标排名第一的企业与中国排名第一的企业在同一指标的比值，对于负向指标（即越小越好时），则为国内企业该项指标最小值与国外企业指标最小值的比值。差距值为 1，表明国内企业在该项指标领先；差距值为 1 ～ 2，表明差距较小或不明显；差距值在 2 ～ 10，表明差距较大；差距值在 10 以上，表明差距很大。

一、企业竞争力比较——规模因素

（一）运营收入

中国移动仅次于 AT&T、Verizon，处于第一梯队，中国电信、中国联通处于第二梯队，排在第 7 和第 8 位。运营收入差距值为 1.2，表明国内企业在运营收入规模上较为领先，如图 1 所示。

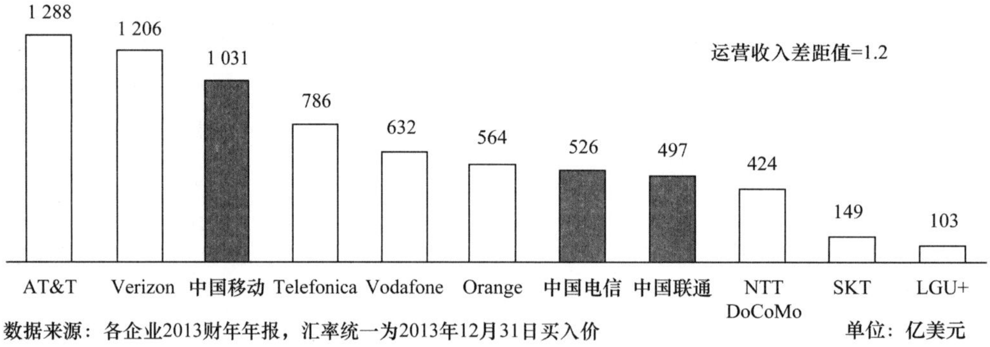

图 1 相关电信企业的运营收入

（二）净利润

Vodafone 高居榜首，但其飙升的利润主要来自于一次性将持有的 45% 股权以 1 300 亿美元出售给 Verizon，其前一个财年的净利润仅为 6.8 亿美元。中国移动以 199 亿美元的净利润位居第二，中国电信、中国联通分别排在第 8 位和第 9 位。排除 Vodafone 一次性出售股权影响的话，国内企业在净利润方面的表现实质上是领先的，如图 2 所示。

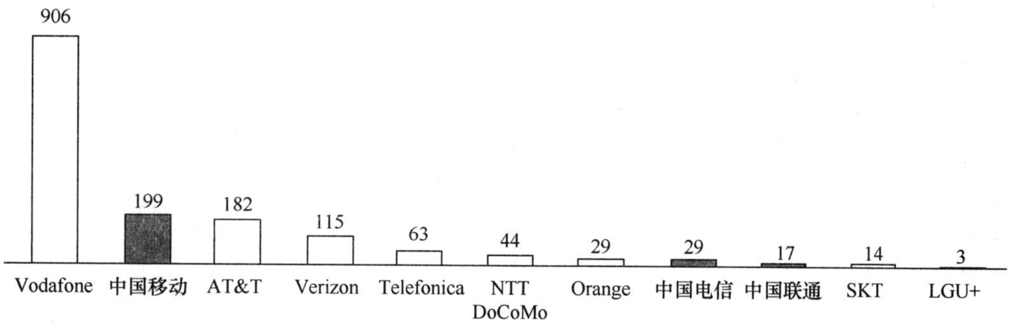

数据来源：各企业2013财年年报，汇率统一为2013年12月31日买入价

单位：亿美元

图 2　净利润

（三）移动客户市场份额

中国移动以62%的移动客户市场份额位居第一位，其次是SKT和NTT DoCoMo，中国联通、中国电信分别在第9位和第11位。移动客户市场份额差距值为1，国内企业在该项指标领先，如图3所示。

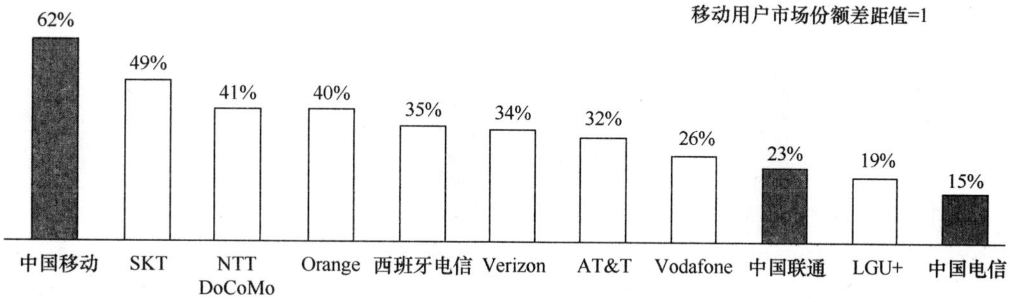

数据来源：各企业2013财年年报

图 3　移动客户市场份额

（四）社会责任贡献

由于社会责任贡献属于定性指标，国外运营商并未在该项纳入专家打分的范围内，因此此项仅对国内三家企业进行比较。

从结果来看，中国移动以平均分数为8.45分位居第一，中国电信以8分位居第二，中国联通6.91分，位居第三。在企业的社会责任贡献方面主要是评价企业对经济和社会的巨大改变，以及对促进社会信息化水平的贡献等。

（五）规模因素总体结果比较

在中国通信企业与国外先进企业比较时，暂不纳入定性因素，从而得出规模因素的得分如图4所示。

对国内三家企业进行综合比较，纳入“经济社会贡献”定性指标，得到国内三家企业规模因素得分如图5所示。

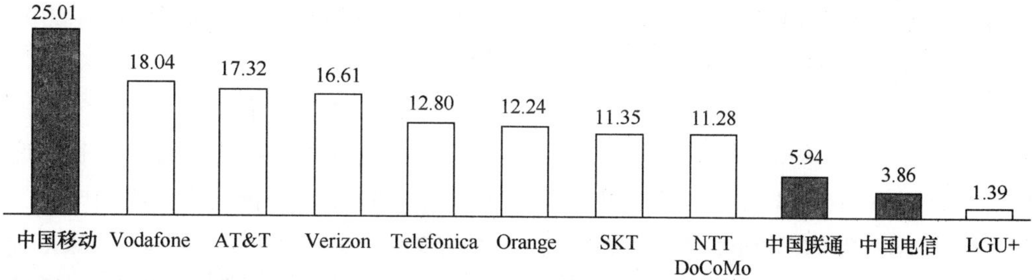

数据来源：根据各子项指标加总计算

图 4　规模因素得分

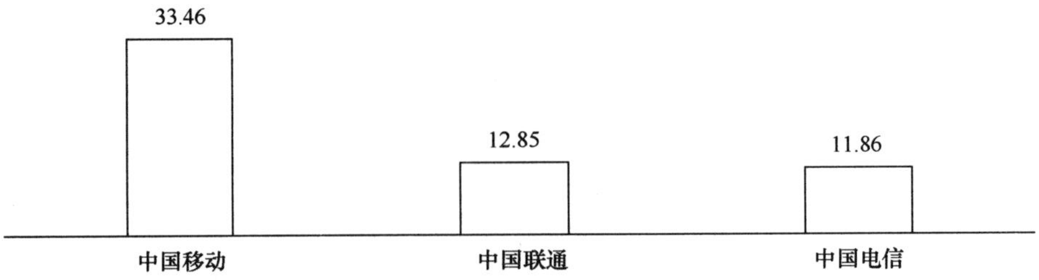

数据来源：根据各子项指标加总计算

图5　国内企业规模因素得分

二、企业竞争力比较——效率因素

（一）盈利能力

从EBITDA率来看，中国移动、中国联通、中国电信分别在第3、第5和第6位，整体相对靠前。EBITDA率差距值为1.1，差距并不明显，如图6所示。

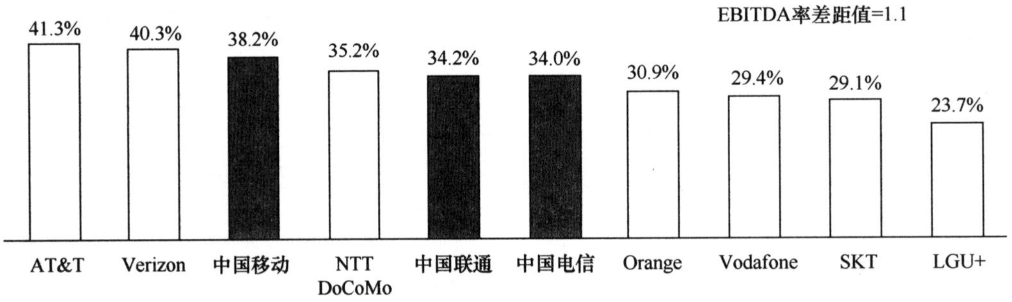

数据来源：各企业2013财年年报

图6　EBITDA率

（二）客户价值经营能力

从移动用户ARPU来看，Verizon位居第一位（78.8美元），其次是AT&T（47.6美元）和NTT DoCoMo（42.8美元），中国移动、中国联通、中国电信分别在第9、第10和第11位，整体落后，且移动用户ARPU差距值为7.2，与国外先进企业差距较大。尽管地区间经济发展程度与人均消费支出水平存在一定差异，但国内企业的客户价值水平仍有较大提升空间。我们看到，2013年韩国人均GDP是我国的3.8倍，但SKT的ARPU却是中国电信ARPU的4.2倍、中国联通ARPU的4.8倍，如图7所示。

从离网率来看，国内企业的离网率较高，中国移动、中国联通的离网率均在3%左右，中国电信的离网率为1.8%，而AT&T、Verizon的离网率均在1.5%以下，NTT DoCoMo仅为0.8%，如图8所示。离网率差距值为2.3，国内企业客户维系能力有待增强。通常来讲，获得一个新客户的成本是保持一个满意顾客成本的5倍，因此，拥有长期忠诚客户的企业比拥有低单位成本、高市场份额但客户离网率高的对手更有竞争优势。

从3G/4G用户渗透率来看，NTT DoCoMo和SKT都已经达到100%，中国电信的渗透率为56%，中国联通为44%，中国移动为25%，分别位列第8、第10和第11位，如图9所示。这主要与我国TD-LTE牌照发放较晚、国内企业所处阶段整体较为落后有关，Verizon、NTT DoCoMo从2010年年底就开始商用4G。

（三）风险控制能力

从运营成本占收比来看，Verizon运营成本占收比最小（73%），中国联通、中国电信、中国移动分别为92%、91%、78%（Orange、Telefonica、Vodafone数据缺失，未进行计算），如图10所示。运营成本占收比差距值为1.1，差距较小。

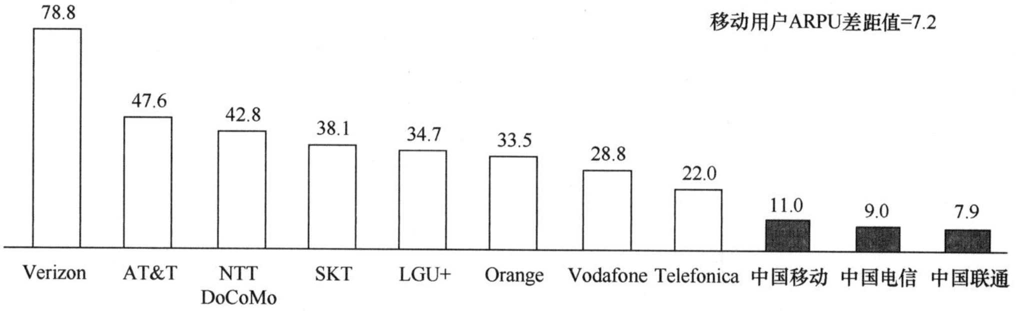

数据来源：Vodafone、Orange、Telefonica来自GSMA2013Q4数据，其余来自2013财年年报　单位：美元

图 7　移动用户 ARPU

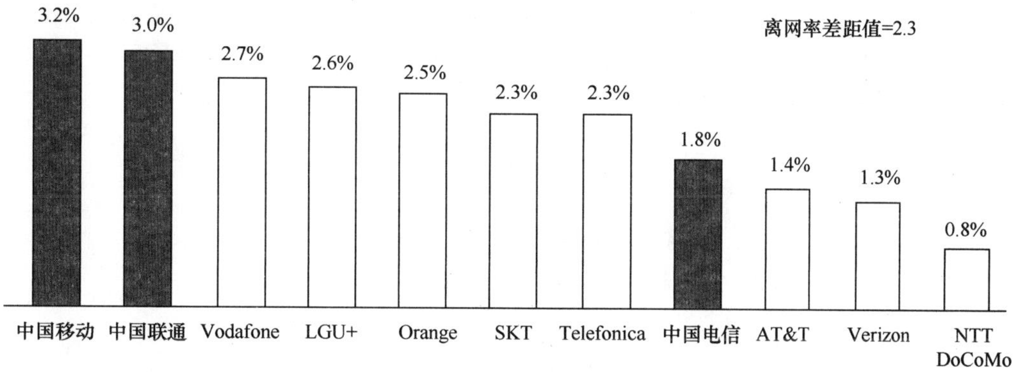

数据来源：GSMA 2013Q4“churn-total”

图 8　离网率

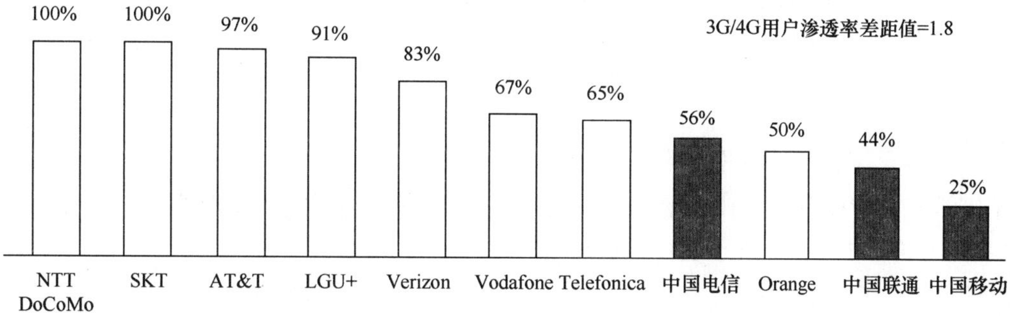

数据来源：GSMA 2013Q4

图 9　3G/4G 用户渗透率

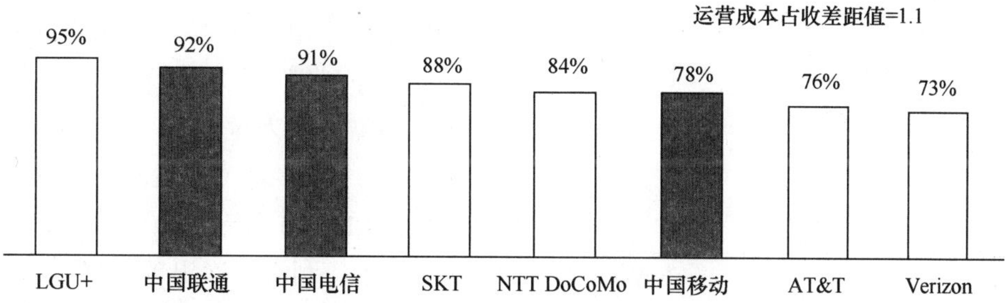

数据来源：根据各企业2013财年年报计算

图 10　运营成本占收比

从资产负债率来看，NTT DoCoMo 资产负债率最小（25%），中国联通、中国电信、中国移动分别为 58%、49%、32%，如图 11 所示。资产负债率差距值为 1.3，差距较小。

（四）效率因素总体结果比较

在中国通信企业与国外先进企业比较时，暂不纳入定性因素，从而得出效率的得分如图 12 所示。

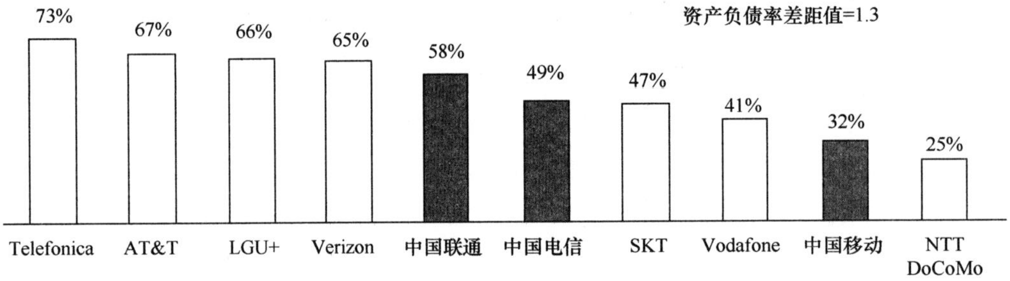

数据来源：根据各企业2013财年年报计算

图 11 资产负债率

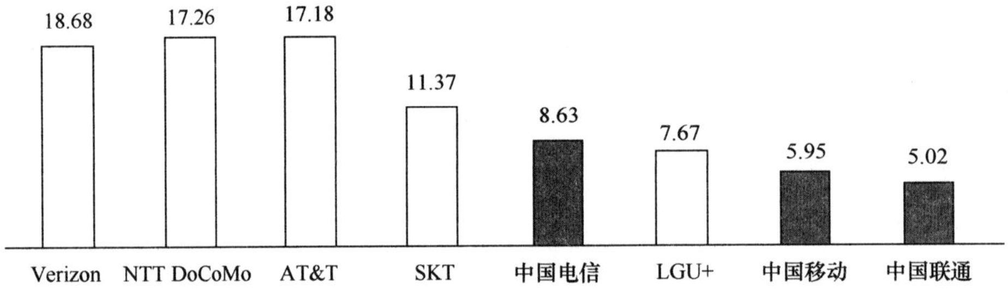

数据来源：根据子项指标得分加总计算

图 12 效率因素得分

可以看到，中国三家企业在效率因素方面排名相对靠后，中国移动、中国电信、中国联通分别排在第 5、第 7 和第 8 位。主要原因在于客户价值经营能力距国际先进企业存在一定差距。

对国内三家企业进行综合比较，纳入“服务质量”、“企业管理”等定性指标，得到国内三家企业效率因素得分如图 13 所示。

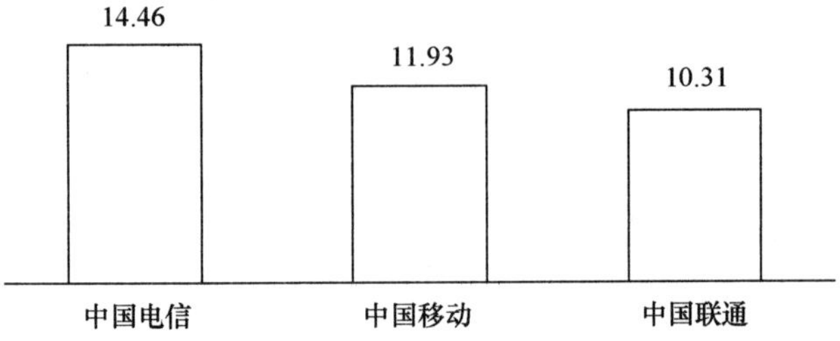

数据来源：根据各子项指标加总计算

图 13 国内企业效率因素得分

三、企业竞争力比较——成长因素

（一）增长表现

从运营收入增长率来看，中国联通、中国电信分别以 18.5%、13.6% 的双位数增速排在前两位，中国移动以 8.3% 的增速排名第 4。运营收入增长率差距值为 1，国内企业领先，如图 14 所示。

从净利润增长率来看，LGU+ 位居第一（2013 财年实现扭亏为盈），中国联通（47%）、中国电信（17%）、中国移动（–6%）分别排在第 4、第 6 和第 10 位，如图 15 所示。值得注意的是，中国移动自成立以来净利润首次出现下降，这主要是因为其加大了基础资源投资力度，特别是 4G 网络建设方面，2013 年资本开支高达 1 849 亿元，并且随着 4G 网络建设的全面铺开，资本开支将继续增加，中国移动2014年的净利润继续显著下降。

从移动客户规模增长率结果来看，国内三家企业占据了前三位，特别是中国联通、中国电信的增速分别达到17.4%、15.5%的双位数高增速，如图16所示。移动客户规模增长率差距值为1，国内企业领先。

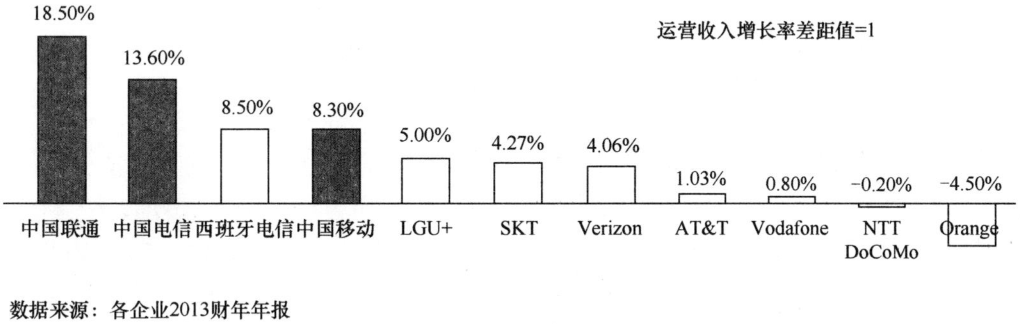

图14 运营收入增长率

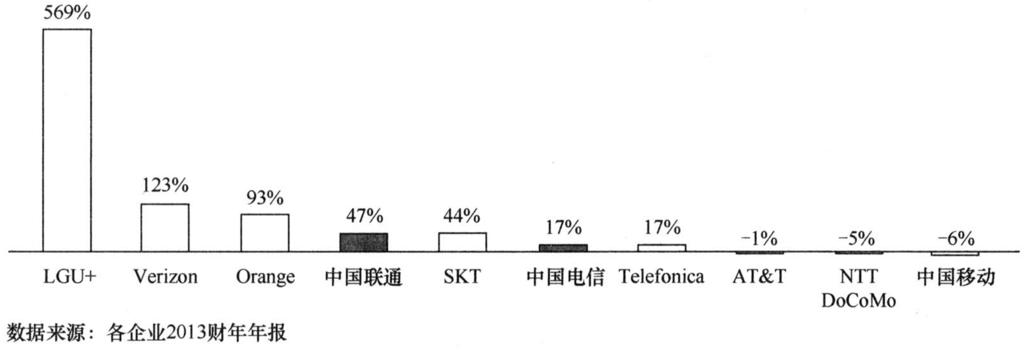

图15 净利润增长率

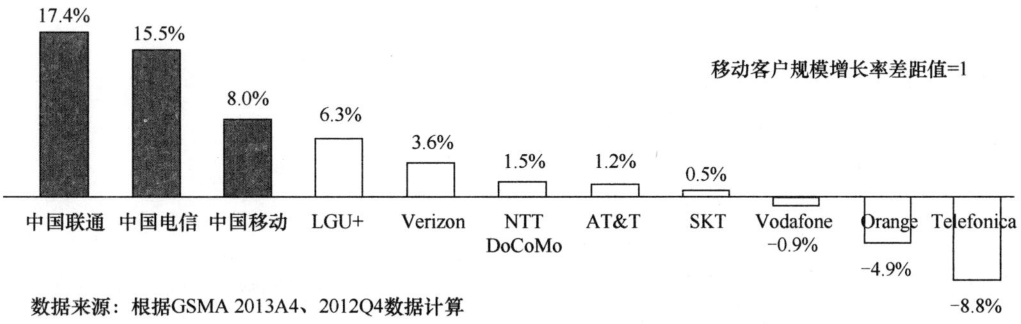

图16 移动客户规模增长率

（二）创新能力

从流量业务占移动业务收入比来看，NTT DoCoMo最高，已经达到47%，中国电信、中国移动分别为37%、17%（注：Verizon、LG U+、中国联通因数据缺失未纳入计算），如图17所示。流量业务占移动业务收入比差距值为1.3，差距较小。

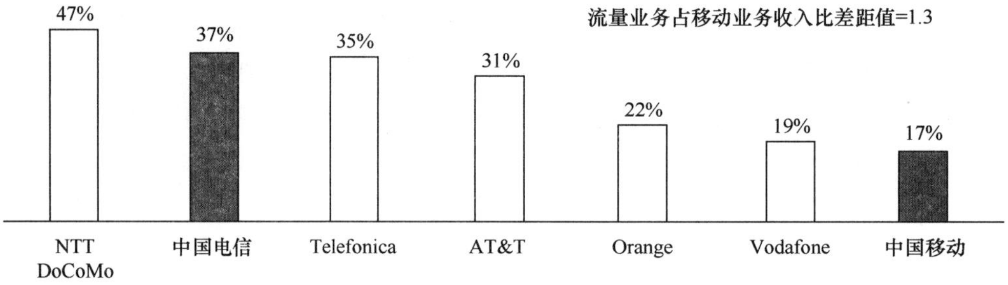

数据来源：Vodafone、Telefonica数据来自GSMA2013Q4，其余来自2013财年年报

图 17　流量业务占移动业务收入比

为定量评价各企业的创新能力，我们设置"创新能力排行榜指数"指标，选择国际上被广泛认可的创新方面相关的排行榜，根据企业进入榜单的名次等级进行得分计算。本次选择的榜单为 2 个，分别为《财富》杂志"全球最受赞赏的公司排行榜 2013"（榜单标准包括创新、管理质量、财务健康、长期投资价值等）、美国著名财经杂志《巴伦周刊》的"2013 年最受尊敬企业排行榜"（榜单标准包括稳健的商业策略、有力的管理、产品创新、竞争优势等）。

企业的创新能力指数得分根据 2 个榜单分别得分相加，每个榜单的得分满分为 10 分，按照榜单所处名次等级阶梯得分。例如《巴伦周刊》评选 100 名，则以 10 分为满分、10 分为一个等级，即 1～10 名得分为 10，11～20 名得分为 9，以此类推，91～100 名得分为 1，未上榜企业得分为 0。

根据榜单名次来看，《财富》2013 年全球最受赞赏的公司排行榜中，Verizon、AT&T、Telefonica、Vodafone 分别名列第 57、第 103、第 192 和第 234 名，其他企业未上榜。《巴伦周刊》2013 年最受尊敬企业排行榜中，Verizon、Vodafone、NTT DoCoMo、AT&T、中国移动分别名列第 57、第 64、第 78、第 70、第 95 名，其他企业未上榜。根据名次计算最终得分结果如图 18 所示。创新能力排行榜指数差距值为 14，差距较大。

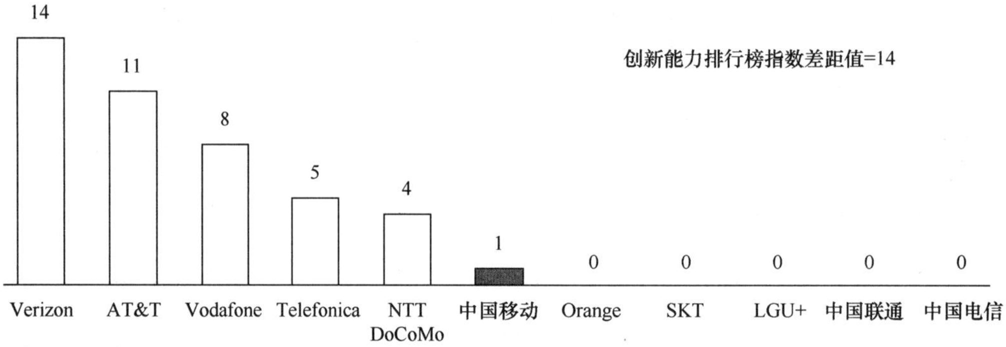

数据来源：根据《财富》杂志最受尊敬的企业排名20113、《巴伦周刊》最受尊敬企业排名2013的名次进行计算

图 18　创新能力排行榜指数

（三）劳动生产率

从员工来看，SKT 的员工劳动生产率为 356 万美元 / 人，位居第一，其次是 NTT DoCoMo（177 万美元 / 人）与 LGU+（152 万美元 / 人），中国移动、中国联通和中国电信分别排在第 7、第 10、第 11 位，如图 19 所示。员工劳动生产率差距值为 6.8，较为明显。

（四）国际化程度

从海外收入占比来看，Vodafone 国际化程度最高，它在 30 多家开展运营，海外收入占比达到 85%、海外用户数占比接近 96%。其次是 Telefonica，海外收入占比达到 60%、海外用户数占比接近 85%。中国三家企业得分较低，排名较后，海外收入占比差距值为 57，如图 20 所示。（注：部分企业数据缺失，未纳入计算中）

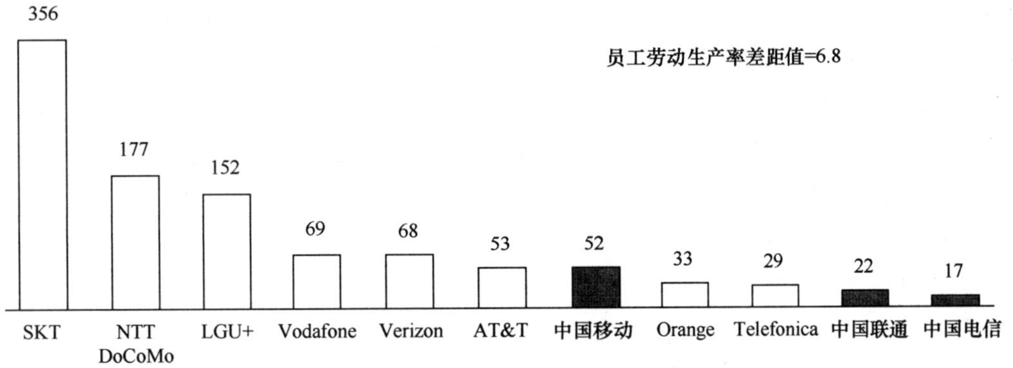

数据来源：运营收入来自各企业2013年年报，员工规模来自GSMA2013Q4　　单位：万美元/人

图 19　员工劳动生产率

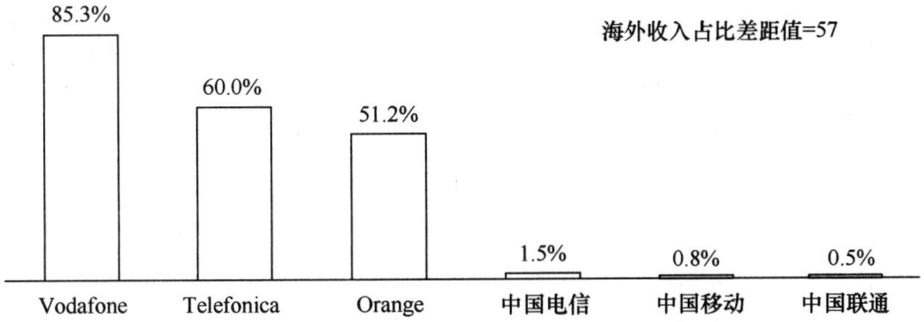

数据来源：Vodafone、Orange数据来自2013财年年报，其他来自公开渠道报道

图 20　海外收入占比

（五）成长因素总体结果比较

在中国通信企业与国外先进企业比较时，暂不纳入定性因素，从而得出成长因素的得分如图 21 所示。（注：部分企业数据缺失，未纳入计算中）

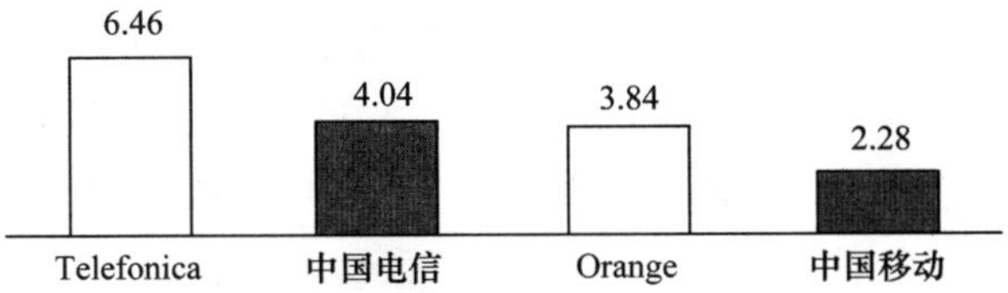

数据来源：根据子项指标得分加总计算

图 21　成长因素得分

对国内企业进行综合比较，纳入定性指标，国内企业成长因素得分如图 22 所示。

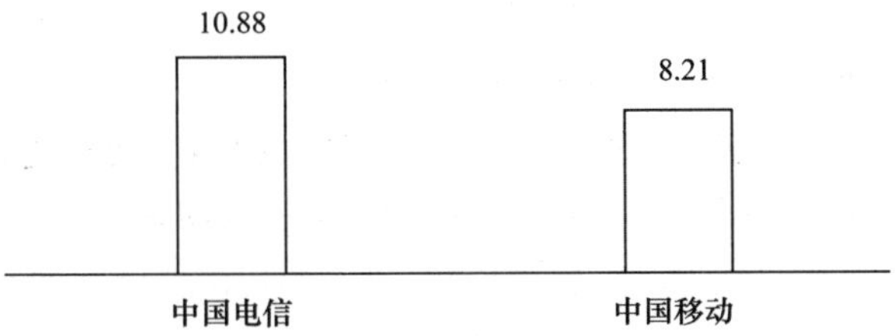

数据来源：根据子项指标得分加总计算

图 22　国内企业成长因素得分

四、企业竞争力比较——综合分析

整体来看，我国企业与国际先进企业相比，呈现出“规模相对领先、效率相对较低、成长相对分化”的特点。在三大类指标上，国内企业在收入利润规模、盈利能力以及增长性等方面较为领先，但在客户价值经营、创新能力、员工生产效率、国际化经营等方面差距较为明显。

第一，在规模方面，国内三家运营商规模相对领先，特别是在收入利润规模方面，中国移动处于第一梯队，仅次于 AT&T、Verizon，中国联通、中国电信处于第二梯队，分别在第 8 和第 9 位。在客户规模方面，由于主要考察的是移动客户市场份额，三家表现差异较大，中国移动以 62% 的移动客户市场份额位居第一位，中国联通、中国电信分别在第 9 和第 11 位。

第二，在效率方面，国内三家运营商基本排在后半段，效率相对较低。具体来讲：（1）收益能力（EBITDA 率）相对靠前。中国移动、中国联通、中国电信分别在第3、第5、第6位。（2）客户价值差距较为明显。主要表现为：①客户离网率较高。中国移动、中国联通客户离网率均在3%左右，而NTT DoCoMo的离网率仅为0.76%，AT&T、Verizon的离网率均在1.5%以下。②移动客户ARPU较低。以SKT为例，2013年韩国的人均GDP是我国的3.8倍，但SKT的ARPU是中国电信ARPU的4.2倍、中国联通ARPU的4.8倍。③3G/4G用户渗透率较低。NTT DoCoMo和SKT都已经达到100%，AT&T 3G/4G用户渗透率达到96.52%，中国电信的渗透率为56%，位列第8，中国联通和中国移动分别为第10位和第11位。这主要与我国TD-LTE牌照发放时间、国内运营商所处阶段落后国外运营商有关。

第三，在成长方面，国内三家运营商呈现相对分化的特点，中国联通成长性较好，中国电信居中，中国移动相对靠后，这也与中国移动的体量较大有关。分指标具体来讲，在收入利润增长、客户规模增长方面领先，创新能力、员工生产效率、国际化经营运作能力方面差距明显。①在收入利润增长方面，中国联通、中国电信处于第一梯队，分别位居第2和第3，中国移动处于第二梯队，位居第6。②在客户规模增长方面，我们主要考察移动客户规模增长率，中国联通、中国电信、中国移动分别排在前三位。③在创新能力方面，国内企业仍比较落后。④在人力资源方面，国内三家运营商的员工劳动生产率均比较靠后，分别排在第7、第10和第11位，日韩运营商比较靠前，SKT、NTT DoCoMo和LG U+分别排在前三位。⑤在国际化经营运作能力方面，国内三家运营商的国际化程度均较低，与此相比，Vodafone、Telefonica、Orange的海外收入占比均达到50%以上。

五、竞争力差距原因和对策建议

通过分析，可以看到差距背后的原因主要在于体制机制束缚、发展模式相对粗放、转型步伐较为缓慢、政策限制与海外经验缺乏等因素。

第一，现有的国有企业管理体制机制在一定程度上影响了企业创新活力和经营效率。业绩考核主要关注利润、增加值和主营业务收入增长，缺乏全面性。投资和资产管理的一些做法，限制了企业进行创新性的风险投资和兼并。在激励机制方面，员工薪酬水平无法完全与企业生产效率、市场水平挂钩，影响员工积极性。

第二，企业自身内部效率不高，创新能力不强，依然呈现规模驱动、同质竞争的粗放式发展模式。客户离网率较高，企业仍然主要靠成本补贴模式抢夺用户，行业呈现同质化、低价值竞争。企业自身在技术、商业模式、经营管理等方面创新有待增强。

第三，企业转型步伐相对较慢，流量精细化经营水平有待提升。国外先进运营商已经进入流量价值运营期，美国人均DOU已经达到1.2G，资费、业务等创新不断。而我国企业仍处于单方面追求规模的粗放运营阶段，前端模式创新刚刚起步，后端智能管道部署落后发达国家1～2年。

第四，政策限制、海外经验缺乏等因素导致国际化发展较为缓慢。电信业务涉及国家信息安全，跨国电信业务运营受到政策限制。同时，国内外的通信市场差异大，企业对当地的文化和客户需求的了解和把握缺乏经验。

为进一步提升企业竞争力，应从多方面采取对策。一是深化国有企业管理体制改革。调整对通信企业的考核，加大科技创新等指标的考核力度，并根据通信企业承担的竞争性、功能性和公共服务分别进行分类考核；调整对通信企业的激励机制；鼓励混合所有制改革。二是鼓励通信企业创新转型。加快商业模式和业务服务创新，推动运营企业与互联网企业、终端厂商的合作；鼓励核心技术研发创新，加大研发投入，提升专利数量，鼓励技术引进；鼓励企业管理创新，提升企业经营管理效率。三是推动电信市场开放，提升服务水平，推进共建共享，推进通信企业国际化经营步伐等。

（中国信息通信研究院　许亨　摘自《具有国际竞争力的通信企业评价指标体系研究》报告）

信息通信业发展展望

2015年，国民经济进入增速换档与结构调整的“深水区”，“新常态”对信息通信业的发展提出了更高的要求。作为“制造强国”“网络强国”两大战略实施的重要支撑，信息化的提速将给信息通信业发展带来前所未有的机遇。

一、2015，经济新常态呼唤产业新作为

（一）经济稳步增长需要信息通信业的协同助力

根据测算，信息消费每增加100亿元，将会带动国民经济产出增长338亿元。2014年，信息消费规模达到2.8万亿元，占GDP的4.4%。信息消费对GDP贡献约0.8个百分点，占GDP年增长7.4个百分点的10.8%。信息消费对经济拉动的贡献是其在GDP中占比的近2.5倍，可见其在稳定增长中的作用之大。

2015年，信息消费在拉动经济发展方面被寄予厚望，增长目标被设定为15%。这一目标的实现，需要整个信息通信业的协同努力。一方面，信息消费是依托于网络的消费行为，无论是产品的提供还是消费的过程都脱离不开网络，网络的好坏直接决定了消费者对消费环境良好度的认知。信息消费在2015年的快速发展，需要通信运营商在设备制造商的配合下进一步做好基础网络的建设和升级工作。另一方面，信息时代消费者有更多渠道了解不同类型的信息，对产品和服务的要求也越来越高，信息消费市场的提振需要种类更加多样、形式更加丰富的产品和服务来推动。作为信息消费市场的主要供给者，互联网企业和通信运营商的创新是必不可少的。同时，由于具有数据化、碎片化和大众化等特点，信息消费的提升离不开智能终端这一媒介的推广和升级，而这则有赖于智能终端厂商在技术方面的改进和创新。信息消费要在2015年实现对稳定经济增长方面的作用，需要信息通信业在各个方面做好支撑。

（二）产业结构调整要求信息通信业扮演重要角色

2014年，我国第三产业增加值占国内生产总值的比重为48.2%，比2013年提高1.3个百分点，高于第二产业5.6个百分点。2015年，要想使整体经济继续保持这一良好势头，就必须进一步挖掘服务业的大市场。

2014年8月，国务院发布的《关于加快发展生产性服务业促进产业结构调整升级的指导意见》指出，加快发展生产性服务业，是向结构调整要动力、促进经济稳定增长的重大措施，既可以有效激发内需潜力、带动扩大社会就业、持续改善人民生活，也有利于引领产业向价值链高端提升。李克强总理在提到相关话题时指出，生活性服务业的重要性绝不亚于生产性服务业。我们既要加快推动生产性服务业的发展，也要大力推动生活性服务业的发展，让人民的生活水平和生活质量切实得到改善和提高。无论是生产性服务业还是生活性服务业，其快速发展都离不开信息通信业的支撑和助力。

（三）发展方式的转变要以信息通信业为重要依托

一方面，经济发展方式转变要从外延型增长转向内涵型增长。在当前环境中，内涵型增长包括的内容首先就是信息化。通过建立数据库、模型库、方法库，甚至知识库，企业可以实现智慧管理和流程优化，从而让企业发展步入更高的层次。信息化的推进离不开基础网络的建设和信息技术的发展，也就是说发展方式的转变需要以信息通信业为重要依托。

另一方面，经济发展方式的转变要从外生型动力向内生型动力转变。所谓内生型动力，主要是靠

人。2015 中央工作会议对“新常态”的系统阐述指出，经济增长将更多依靠人力资本质量和技术进步，必须让创新成为驱动发展新引擎。在这个过程中，新一代信息通信技术起到了重要作用。从动力源的转换来看，经济发展方式的转变离不开信息通信业的发展。

（四）民生水平的提升需要信息通信业的保驾护航

2015 年中央经济会议将改善民生作为新一年的一项主要任务，要求更加注重保障基本民生，更加关注低收入群众生活。无论是民生水平的普遍提升，还是农村等经济落后地区民生的改善，都需要信息通信业的护航。一项研究显示，在北京、上海、香港、纽约、伦敦等全球 15 个国际大都市，互联网和移动互联网对城市幸福指数的影响已经占了相当大的比重。随着信息化对农业渗透的深入，宽带网络已经成为缩小城乡差距，促进农村社会经济发展的新引擎。

工业和信息化部明确提出了“宽带中国”战略 2015 年的发展目标：新增光纤到户覆盖家庭 8 000 万户；新建 4G 基站超过 60 万个；新增 1.4 万个行政村通宽带。新增光纤到户宽带用户 4 000 万户，新增 4G 用户超过 2 亿户，使用 8Mbit/s 及以上接入速率的宽带用户占比达到 55%。2015 年，信息通信业在护航“惠民生”的工作中，还有一大段路要走。

二、信息化提速带来发展新机遇

（一）“网络强国”战略的推进将加快通信基础设施的升级

2015 年是“网络强国”战略实施的关键一年，这一战略的推进将进一步推动通信基础设施的建设和升级。随着互联网向传统产业的加速渗透，原有的产品设计、生产制造、销售物流、融资沟通等模式将被完全颠覆。信息量的暴增和重要性的提升也对网络的智能性、安全性和灵活性等提出了更高的要求，现有的国际出口带宽、承载网络容量、无缝覆盖和接续等将不能适应产业发展的需求。工业和信息化部在 2015 年的“宽带中国”专项行动部署大会上提出，要推动一批城市率先成为“全光网城市”，使 4G 网络覆盖县城和发达乡镇。经过长时间的酝酿，中国电信和中国联通也顺利获得了 LTE FDD 的牌照。2015 年将是通信业加强基础设施建设，推动网络上台阶的一年。

（二）智能制造的提速将为信息通信业带来增长蓝海

2014 年 12 月 22 日，全国工业和信息化工作会提出，推进两化深度融合、加快发展智能制造已成为突破发展瓶颈、提升国际竞争力和应对经济下行压力的关键选项。从全球的范围来看，世界主要国家纷纷加快制定以智能制造为核心的发展战略，如德国的工业 4.0、美国的先进制造和我国提出的“中国制造 2025”等。

推进两化深度融合、发展智能制造，离不开信息通信网络、软硬件和相关应用服务的保障支撑。同时，融合发展已成为我国工业界和互联网界的基本共识，并积累了丰富的实践经验。只要信息通信把握好需求、找准结合点，充分发挥其比较优势，加强与制造业的融合发展与协同创新，就能在两化融合的大潮中找到充分的发挥空间。

（三）“互联网 +”兴起将进一步深化互联网产业的发展

“互联网 +”写入政府工作报告，凸显了新一届政府对互联网在带动产业发展、提升经济效率等方面作用的重视。在“互联网 +”概念的引领下，移动互联网仍将是 2015 年信息通信业中最具活力和创新力的领域。移动互联网正孕育新一轮的创新与变革。移动互联与物联网、传统产业的融合，将会形成新的业态和市场，APP 经济将从互联网向传统产业加速延伸。智能终端将向可穿戴设备、智能联网汽车、智能家居等领域延伸，并形成更泛在化的智能计算产品和智能硬件，进一步深入改变生产生活方式。更多颠覆性移动应用将不断涌现，如移动支付通过各类 APP 将在公共交通、零售、餐饮等行业广泛普及，移动位置服务将深度融入各类应用，移动视频将成为主流应用，移动教育、移动医疗等将全面兴起。

（四）新一代信息通信技术加速落地迎来发展新高潮

过去几年，云计算、大数据、物联网等技术的成熟使智慧服务业、智慧农业等得到了迅速发展。2015年，信息技术创新应用将快速深化，信息化加速向互联网化、移动化和智慧化的方向演进，对于信息通信业来说，这是实现转型创新和价值前移的好机会。

大数据实现了从数据的收集整理向价值深挖转变，真正地实现了从“说”到“用”。在各领域的应用使大数据成为了市场营销的有效手段、资源调配的高效指挥和行业发展的重要支撑，在电力、制造、交通、电信、公共事业、医疗卫生等领域的应用成为将成为行业发展的新动力。

2014年，我国云计算产业规模预计达6 500亿元，增速达55%。2015年1月，国务院印发了《关于促进云计算创新发展培育信息产业新业态的意见》，加大对云计算骨干企业的培育扶持力度，促进云计算创新发展，积极培育信息产业新业态，要求到2020年形成若干具有较强国际竞争力的云计算骨干企业，这将为云计算产业发展带来重大机遇。

2015年也将是物联网产业继续走向成熟的一年。据预测，2014年物联网的销售收入达到6 000亿元，增长超过30%。在物联网服务业中，我国三大运营商的M2M服务成为产业亮点。中国移动的物联网开放平台“OneNet”已经正式发布，中国电信已发放30万个物联网专用号，中国联通各类近场支付卡发卡量也已超过200万张。随着“制造强国”战略的推进和智慧城市建设的落地，物联网也将在2015年迎来新一轮发展的高潮。

2015年是“十二五”五年看一年的关键之年，也是“十三五”一年看五年的前瞻之年。信息通信业应当肩负起经济“新常态”赋予的新使命，把握信息化带来的新机遇，为“制造强国”“网络强国”梦想的起飞增添更多动力。

（人民邮电报社）

全球电信设备业前景预测

当前，全球电信设备制造业正处在一个重大的关键节点。受制于运营商投资放缓，传统电信设备产业正陷入新一轮增长低潮，未来发展空间受限。与此同时，随着信息通信产业融合加剧，IT 软硬件技术正全面渗透和深刻影响电信设备产业。电信设备产业面临从发展范式、产品架构、制造模式到产业生态等各方面的重大变革。传统设备企业尽管积极从电信专业服务、IT 及终端设备制造、企业通信服务等方向探索转型，但仍存在技术、商业模式等方面的巨大挑战。在新的产业发展形势下，深刻理解和把握产业重大变革机遇，重点提升通信网络与 IT 技术的融合创新和综合集成能力，推动产业链各环节深度协同，培育自主产业生态系统，是构建未来设备产业竞争优势的关键。

一、全球电信设备市场总体迈入成熟阶段，增速明显放缓

2014 年以来，全球通信设备产业全面进入低速增长轨道，产业规模由 1 382 亿美元仅增长至 1 407 亿美元，年均增长低于 0.5%。其中，运营商网络设备规模出现明显下滑，由 795 亿美元下降至 762 亿美元，年均下滑 1.8%；企业网设备虽然有所增长，但也仅年均增长 43%，总规模为 607 亿美元。

由于欧洲和亚洲运营商的移动网络需求增加，因此主要设备厂商的利润率在 2014 年出现复苏的迹象，六大厂商中目前只有思科、华为和中兴能够保持收入增长与持续盈利，但收入增速也由过去几年的 15% 左右下降至 6%～8%。其他通信设备厂商中，阿朗 2014 年全年的营收为 131.78 亿欧元，2013 年为 138.13 亿欧元；净亏损金额则由 2013 年的 13 亿欧元收窄至 8 300 万欧元。诺基亚 2014 年第四季度同比扭亏为盈。该公司当季实现净利润 4.43 亿欧元，2013 年同期亏损 2 600 万欧元。

总体看来，全球经济萧条是通信设备产业增长乏力的直接诱因。深层次来看，一方面，电信运营商过去十年在互联网业务冲击下转型增长乏力，设备投资能力严重受限；另一方面，通信设备产业竞争日益加剧，行业收入增长放缓，利润水平下降。

二、成本竞争推进产业格局调整，技术进步与产品创新刺激用户需求

随着成本优势在产业竞争中的作用日益突出，全球产业在地域格局与业务格局方面正发生深刻调整。

（一）全球产业向成本优势地区转移

2014 年，我国在全球运营商网络设备市场所占份额达到 38% 左右。从细分产品领域看，我国在固定宽带接入系统和光传输系统上的实力最强，2014 年的全球市场份额均居各国之首；移动通信系统领域市场份额居全球第二；数据通信设备领域的全球市场份额位居全球第三。此外，华为、中兴等国内企业在通信设备产业整体低迷的情况下持续保持扩张势头。

（二）设备企业通过业务聚焦提升竞争优势

通信设备产业第三轮大规模整合已经开始，设备厂商通过剥离非核心业务，在核心产品领域取得更大规模和更强优势。前两轮整合分别以企业并购重组和破产清算为主要特点，带来了阿朗、诺西的成立，以及北电与摩托罗拉退出市场。此轮整合则主要是设备厂商重新划定利益边界，通过剥离非核心业务，在核心产品领域取得更大规模和更强优势。如近几年来，爱立信先后剥离企业交换机、移动终端、终端芯片等业务，重点聚焦移动通信与业务 / 运营支撑系统领域。诺基亚则剥离微波传输、WiMAX、固定宽带接入、VoIP 系统、运营商以太网、业务支撑

系统等业务，以移动通信设备作为核心业务。阿朗也剥离十余条产品线，包括 Genesys 呼叫中心系统、海缆业务等，主要专注于数据通信设备、光网络、移动通信设备等。

（三）业务聚焦策略在后 LTE 时代将进一步深化

2015 年后，随着 LTE 网络建设高峰结束，全球通信设备投资增长可能进一步放缓，从而引发新的格局调整。特别是阿朗已经连续多年严重亏损，与其他设备企业相比，阿朗的业务线过长，难以实现资源的有效集中。而诺基亚在出售终端业务后则在寻求强化网络设备业务优势。

（四）通信设备产业创新模式正显现出回归传统产业特征的趋势，其突出特点是重大底层技术创新放缓，而面向产品改进和降低成本的技术研发日益成为重点

在作为行业风向标的 2014 世界移动通信大会上，业界主流厂商展示了包括网络基础架构、智能手机和移动设备、软件和应用等引领移动行业未来发展的新一代技术、产品和服务。随着 4G 网络技术的快速发展，围绕网络深度覆盖及快速部署的解决方案成为业界主要的发展方向，华为、爱立信等领先厂商均推出了小基站解决方案，上海贝尔则展示了贝尔实验室面向 5G 的毫米波及微基站等最新技术。

诸如 VoLTE、OTT、物联网、可穿戴设备等新技术及业务，代表了未来几年移动通信应用的方向，高清视频等高带宽、高数据流量的业务发展为设备厂商提供了广阔的市场空间。目前，华为、爱立信、诺基亚等设备商均推出了 VoLTE 方案；中国移动、中国电信、中国联通也纷纷推出了移动支付、社交媒体等 OTT 业务；车联网、物联网的迅猛发展，将 ICT 技术与交通、家居等领域界相互融合；以智能眼镜、智能手表、智能手环为代表的可穿戴设备，则将移动通信技术与人们的日常生活紧密结合，极大地拓展了移动通信技术的应用空间。全球移动通信系统协会预测，在未来 10 年中，全球将有 240 亿套各类装置通过网络和信息传感设备连接到一起，形成一个庞大的物联网，2020 年全球物联网产业的总产值将高达 4.5 万亿美元。

三、依托传统优势向相关领域转型拓展已经成为设备企业的共同选择

面对通信设备产业增长乏力的情况，依托传统优势向相关领域转型拓展已经成为设备企业的共同选择，总体来看有三条路径。

（一）聚焦电信专业服务

布局网络管理服务已成为设备商应对增长放缓的重要举措。主要设备企业目前已基本形成涵盖网络咨询、网络规划设计、网络建设实施、系统集成、网络运维、网络优化等在内的整套网络管理服务，服务化转型正深刻影响设备商的收入结构与业务模式，设备商实现服务收入占比接近 50% 的结构性转变。同时，服务业务也日益成为绑定客户、推进设备产品销售的重要手段。

（二）发挥集成制造优势

我国设备企业充分发挥成本优势与集成制造能力，积极进入企业 ICT 设备市场。在企业通信设备方面，提供涵盖企业路由器、交换机、传输接入网、无线局域网、安全、光纤、能源等在内的整套企业网设备及通信解决方案。在企业 IT 设备方面，华为、中兴都已经进入服务器和存储设备领域。以整机产能牵引核心器件突破，向产业纵深发展。华为和中兴分别成立了海思半导体与中兴微电子。

（三）拓展企业服务市场

延伸运营商网络设备优势，加强对其他网络型行业的拓展。通信设备企业开始积极拓展电力、交通运输、能源、媒体等具有大规模网络特性的行业，提供基于网络设备的解决方案。基于组网提供企业 ICT 资源管理服务。领先设备企业积极把握虚拟化等技术创新趋势，在硬件产品的基础上提供涵盖通信、计算、存储等在内的企业基础资源整合与管理服务，使企业能够基于统一的资源平台部署各项信息化应用。随着新一代信息通信技术对传统制造业的影响日益深刻，领先设备企业开始探索布局生产制造网络，以拓展更大的市场空间。

与运营商市场相比，包括企业 IT 资源管理、企业通信服务、企业软件在内的企业 ICT 服务市场是当前全球发展最活跃的领域之一，主要设备企业积

极依托各自硬件产品优势，加快拓展企业服务市场。

四、2015年电信设备业热点趋势分析

（一）新技术将贡献100%的增长

2015年的全球IT和电信行业开支将增长3.8%，超过3.8万亿美元。几乎所有的新增开支和1/3的总开支都将以移动、云计算、大数据分析和物联网等新技术为重点。

（二）无线数据将成为电信行业规模最大、增速最快的领域

无线数据将成为电信行业开支规模最大（5 360亿美元）、增速最快（13%）的领域。“网络中立”将在美国强制推行，成为所有服务的基本准则。

（三）平板手机将成为移动设备增长引擎

智能手机和平板电脑的销量将较最近几年有所放缓，总量达到4 840亿美元，约占全部IT开支的40%。中国厂商将拿下15%甚至更多的全球移动增长份额。平板手机销量将增长60%，蚕食平板电脑市场。可穿戴设备将令人失望，2015年的销量“仅为”4 000万至5 000万台。腕式手机将会推出，但可能会失败。移动应用下载量增速将在2015年放缓，达到1 500亿次，我国的独立应用商店占比达到18%。企业移动应用开发将实现翻番。

（四）新的合作关系将重塑云计算格局

规模较大的云计算生态系统（公共云、私有云、授权IT和服务）开支将达到1 180亿美元（2018年将接近2 000亿美元），其中有700亿美元（2018年为1 260亿美元）将花在公共云上。亚马逊将在很多方面抵挡进攻，保持甚至增加市场份额。IDC预计，2015的云计算市场将出现奇怪的合作，例如Facebook与微软合作，或者IBM或亚马逊与惠普合作。

（五）DaaS将驱动新的大数据供应链

与大数据相关的软件、硬件和服务开支将达到1 250亿美元。富媒体分析（视频、音频和图像）将成为大数据项目的重要增长动力，规模至少会扩大到3倍。25%的顶级IT厂商都将以云平台的形式提供DaaS（数据即服务），分析厂商则会通过商业数据和开放数据提供增值信息。物联网将成为数据/分析服务的下一个关键点，今后5年有望实现30%的复合年增长率。2015年将有更多的应用和竞争企业（例如微软、亚马逊、百度）提供感知/机器学习解决方案。

（六）物联网仍将继续推动传统IT行业的扩张

物联网开支将超过1.7万亿美元，较2014年增长14%，2020年还将达到3万亿美元。将有1/3的智能和嵌入式设备开支来自IT和电信行业外部。IDC认为，这大幅扩大了IT的定义。看到这一机会，很多传统IT厂商（可能是思科、IBM和英特尔）将组建“物联网解决方案公司”。预测性维护将成为一种重要的物联网解决方案。

（七）云服务提供商将成为新的数据中心，重塑IT格局

各大企业都将向云服务提供商运营的数据中心大举迁移，这将激发“云为先”的硬件创新，并推动服务器、存储器、软件和网络设备厂商的进一步整合。到2016年，超过50%的计算能力和70%的存储能力都将安装在超大规模数据中心里。IDC预计，顶级IT厂商将在2015年出现两三次重要的合并、收购或重组。

（八）行业专用数字平台快速扩张

将新技术整合起来创造一套业务创新平台，而不仅仅是设计平台，将有助于改变所有行业。在每个行业中，都将有1/3市场份额的领导者被出售新型IT产品和服务的厂商颠覆。例如，金融服务领域涌现新型支付网络（2年内，全球约有2%的支付将通过比特币来完成）；物联网技术进入城市安全、公共事务和交通系统领域（到2018年，将占到政府物联网开支总额的25%）；基于地理位置的服务在零售行业进一步增长。行业平台（行业专用云计算数据和服务平台，通常由业内领先企业开发）的数量将会快速增长，2015年将翻番至60个。

（九）中国无处不在

中国将在2015年对IT和电信设备市场产生“飞速影响”，为整个行业贡献43%的增长，并贡献1/3的智能手机销量和1/3的网购人群。凭借着规模庞大的本土市场，中国的云计算和电子商务领导者（电子商务领域的阿里巴巴，社交领域的腾讯和搜索领域的百度）都将在全球市场更受瞩目。中国的品牌智能手机厂商将在2015年拿下全球40%的份额。

（中国信息通信研究院　胡海波）

宽带及移动通信发展篇

"宽带中国"发展分析与展望

当前，我国正处于加快转变经济发展方式和全面建成小康社会的关键时期，宽带网络作为新时期推动经济社会发展的战略性公共基础设施，日益受到广泛重视。党的十八大要求建设下一代信息基础设施，做出了"四化同步发展"的战略部署。习近平总书记在2014年中央网络安全和信息化领导小组第一次会议上全面论述了维护网络安全和加快推进信息化的辩证关系，明确提出了建设网络强国的战略目标。在"宽带中国"战略引导和产学研政的共同推进下，我国宽带发展步入快车道，"宽带中国"迈向新的发展阶段。

一、近两年政府采取的主要举措

近年来，我国高度重视信息基础设施发展工作，陆续出台了多项重大政策措施，推动优化宽带发展环境，促进提升中国信息基础设施发展水平。

在国家战略方面。2013年8月，中国国务院印发了《"宽带中国"战略及实施方案》，首次明确宽带网络是新时期我国经济社会发展的战略性公共基础设施，并提出了中国宽带发展的技术路线、发展时间表、重点任务和保障措施。"战略"提出"宽带中国"2020年的发展目标是：固定宽带家庭普及率要达到70%，3G/LTE用户普及率要达到85%，行政村通宽带比例要达到98%，城市和农村家庭接入能力要进一步提升至50Mbit/s和12Mbit/s。

在标准层面。2012年12月，住房和城乡建设部制定了关于光纤到户方面的两项国家标准，标准有三项强制性要求：一是县级及以上新建小区必须实现光纤到户；二是新建住宅小区建设期间，必须同步建设通信配套设施，相关投资纳入小区建筑概算；三是小区必须提供多家接入条件。这两项标准已经在2013年4月起正式实施。

在具体措施方面。自2012年起，工业和信息化部连续三年实施了"宽带中国"专项行动，在网络建设、用户普及、宽带应用、政策环境等多个方面推动宽带发展。2013年10月，工业和信息化部在原有北京、上海、广州三个互联网骨干直联点的基础上，在成都、武汉、西安、沈阳、南京、重庆和郑州七个城市新增设互联网骨干直联点，进一步完善我国互联网顶层架构，提高网间流量疏导能力和互通效率，改善网络质量和安全性能，提升用户上网体验，让互联网更好地服务广大群众和经济社会发展。2013年12月，工业和信息化部向三家电信运营商发放了4G牌照，正式启动4G商用部署，推进无线宽带的升级提速。此外，各地地方政府也结合本地实际，出台了不同的支持措施，比如：有的地方出台了地方性的宽带发展战略或规划；有的地方对宽带发展给予财政资金支持；有的地方出台了细化政策、落实宽带建设通行权等。中国宽带整体发展环境正在进一步优化。

二、我国宽带发展取得的成绩

在国家战略以及政府一系列举措的大力推动下，我国宽带发展取得了长足的进步。宽带网络加快优化升级，网络支撑能力继续增强，宽带普及和传输速率都出现了大幅提升，已建成覆盖全国、连接世界、技术先进、全球最大的宽带网络，网民数量全球领先，业务应用快速增长，成为名副其实的网络大国。

（一）固定宽带设施建设提速，网络能力显著提升

截至2014年12月底，我国宽带接入端口数突破4亿个，增速达到11.5%。其中，FTTH端口数1.6亿个，较2013年年末新增4 763.9万个，同比增长41.4%，在全部互联网接入端口中占比达到40.6%。城市和农村地区互联网宽带接入端口达到3.01亿个

和 1.05 亿个，较 2013 年年末分别新增 2 858.5 万个和 1 204.2 万个，城市和农村地区宽带接入端口占总比分别达到 74.1% 和 25.9%。随着“宽带中国”战略的持续推进，城市和农村地区的高速率宽带接入能力得到有效提升，城市地区 20Mbit/s 以上和农村地区 4Mbit/s 以上宽带接入端口占比分别达到 66.6% 和 88.2%，分别比 2013 年年底提高 5.5 个和 1.4 个百分点。

（二）网络速率大幅提升，高带宽接入用户快速增长

随着运营企业宽带普及、光纤改造与提速的逐步推进，网络速率大幅提升，高带宽接入用户占比不断提升。据宽带发展联盟数据，2014 年年底我国固定宽带平均下载速率达到 4.25Mbit/s，比 2013 年同期提高 20.4%。宽带普及提速工程的逐步推进促进了宽带用户接入速率的提升，接入速率在 4Mbit/s 以上的宽带接入用户累计达到 1.77 亿户，占宽带接入用户的比例为 88.1%，比 2013 年年末提高 9.3 个百分点。FTTH 用户新增 2 749.3 万户，累计达到 6 831.6 万户，FTTH 用户在全部互联网宽带接入用户中占比达到 34.1%，比 2013 年年底提高 12.5 个百分点，而 LAN 用户和 xDSL 用户占比分别比 2013 年年底下降 0.2 个和 12.1 个百分点，光纤接入用户替代 LAN 和传统 *x*DSL 用户的趋势非常明显。

（三）固定宽带普及率不断提高，与发达国家差距持续缩小

我国宽带普及率水平大幅提高。截至 2014 年年底，全国（固定）互联网宽带接入用户累计用户总数达到 2 亿户，比 2013 年年末新增 1 157.5 万户，宽带人口普及率达到 14.7%，高于全球 9.8% 的平均水平。其中，城市和农村地区的宽带接入用户分别达到 15 174.6 万户和 4 873.7 万户，普及率分别达到 20.3% 和 7.9%，比 2013 年年末分别提高 0.9 个和 0.4 个百分点。我国与发达国家普及率水平差距连续 6 年缩小，超过 OECD 发达国家同期（平均人口普及率 27.5%）的一半，从 2009 年的 15.3 个百分点缩小到 2014 年年底的 12.8 个百分点。

（四）无线宽带网络突飞猛进，开启 4G 商用步伐

3G/4G 基站数占比显著有所提升。截至 2014 年 12 月，移动电话基站数（不含室内分布系统）累计达到 339.7 万个。其中，3G 和 4G 基站数累计分别达到 128.4 万个和 73.3 万个，在全部移动电话基站中合计占比达到 59.4%，比 2013 年年末提高 14.1 个百分点。中国移动 TD-LTE 基站数量已经超过 70 万，网络覆盖超过 300 个城市。中国电信、中国联通混合组网不断扩容，全年分别获批在 56 个城市开展 LTE FDD 和 TD-LTE 混合组网试验并提供相应的 4G 服务。

3G 和 4G 用户数快速增长。截至 2014 年年底，我国 3G 用户规模达到 4.85 亿户，跃居全球首位，3G 用户在全部移动电话用户中比例达到 37.7%，比 2013 年年末提高 5.0 个百分点。我国 4G 用户达到 9 748.4 万户，成为全球仅次于美国的第二大市场。移动宽带（3G 和 4G）用户渗透率达到 45.3%，智能手机渗透率首次超过 50%，移动互联网渗透率达到 68.1%。

（五）互联网能力大幅提升，国际出口带宽呈稳定增长态势

我国拥有覆盖全国的多张骨干互联网，网间以直联为主、国家级交换中心为辅的方式互联互通，2013 年 10 月新增 7 个直连点，形成 10 大骨干直联点全国性布局，网间互联互通质量大幅改善。通过 3 个国际互联网业务出入口局，与 20 多个国家和地区的多个网络直接相接。截至 2014 年 12 月，中国国际出口带宽为 4 118 663Mbit/s，年增长率为 20.9%。

三、存在的问题和挑战

虽然我国信息基础设施取得较大进步，但与我国经济社会发展要求和社会期望相比还有一定差距，主要问题表现在以下 5 个方面。

一是城乡与区域发展不平衡。农村和边远地区因自然条件恶劣、人口居住分散、经济水平低下、网络部署成本过高，仅靠市场机制难以持续发展。截至 2014 年年底，我国农村宽带用户为 4 873.7 万户，仅占全国 24.3%，农村宽带人口普及率仅为 7.9%，落后城市 12.4 个百分点，数字鸿沟差距较 2010 年进一步扩大。中、西部宽带用户分别为 5 171.3 万户和 4 237.1 万户，宽带人口普及率远远落后于东部地区，且差距在扩大。

二是网络普及与接入速率与发达国家差距仍然

较大。尽管我国与发达国家差距逐年缩小，但目前我国宽带人口普及率仍远远低于发达国家27.5%的水平，估计还需要5年才能赶上。47%的用户使用4～8Mbit/s的宽带接入，远低于发达国家18Mbit/s的主流速率。

三是宽带应用服务不够丰富。互联网应用总体上以休闲娱乐、资讯商务为主，与生产生活、社会管理等结合的还不够紧密，难以充分满足工业化、城镇化和农业现代化同步发展的需要。

四是技术原始创新能力不足。目前大多数创新仍属于对国际先进水平的跟随，移动终端芯片、高端光电器件、核心路由交换芯片、智能终端操作系统等产业链上游的一些环节，基本上还是被国外主流厂商控制。

五是发展环境尚不完善。部分地区对宽带作为公共战略性基础设施的定位和宽带发展的重要性认识尚不够统一，城镇地区老旧小区宽带网络升级改造难、管道路权、基站选址、网络入户等关键性问题仍无法得到有效解决和政策保障。

四、2015年我国宽带发展展望

2015年是“宽带中国”战略推广普及阶段的收官之年，也是4G发展全面启动年，“宽带中国”将迈向新的发展阶段。“宽带中国”专项行动将继续推进，宽带接入网业务开放试点正式启动，宽带普遍服务长效机制有望推出，“宽带中国”战略的阶段性目标将全面实现，为迈向更高的发展阶段、建设网络强国奠定坚实基础。

从网络能力看，光纤宽带发展水平迈入全球前列。在国家城镇化进程加快和网络光纤化大规模改造的历史交汇背景下，预计2015年光纤到户（FTTH/O）的用户规模将超过8 000万户，占固定宽带用户的比重将达到40%左右，是OECD国家平均水平的两倍，有望进入全球前五名。从使用性能看，固定宽带将全面进入8M时代。随着网络能力的不断提升和业务应用创新的驱动，宽带速率将进一步大幅提升，预计到2015年年底，我国固定宽带用户中4M以上和8M以上用户的占比将分别达到90%及50%，主流速率迈入8M时代。从网络普及看，区域和城乡宽带网络在向更加均衡的方向发展。随着国家加大对中西部和农村地区的宽带支持，宽带发展不均衡的状况将有望得到缓解，预计2015年年底我国行政村通宽带比例将提升到95%。

移动宽带加快发展，4G迈向全球第一。我国将成为4G全球最大市场及创新核心。预计2015年我国LTE基站数量将达约160万，网络规模将大幅领先其他国家，4G用户市场预计2015年上半年即可跃居全球第一，年底可望突破3亿规模。我国4G市场崛起将改变移动通信乃至ICT产业的世界格局，作为拥有全球一半4G基站数量的国家和最大的4G手机市场，我国对LTE-A、VoLTE、TD/FDD融合组网等4G增强技术的试验和商用将吸引全球4G研发资源，在4G多模多频芯片、智能终端等领域也将成为创新和研发最活跃的地区。

（中国信息通信研究院　张丽）

宽带接入市场发展分析

一、宽带接入用户发展分析

截至2014年年底，我国宽带接入用户总数累计达到2.2亿（包括电信运营商、用户驻地网运营商及有线电视宽带提供商的用户数），全年新增用户1 553万户。2014Q4，季度新增156万户，季度增长率仅为0.7%，为我国宽带发展增长速度的最低点。到2014年年底，我国宽带人口普及率达到16.2 %。中国宽带接入用户发展情况示意如图1所示。

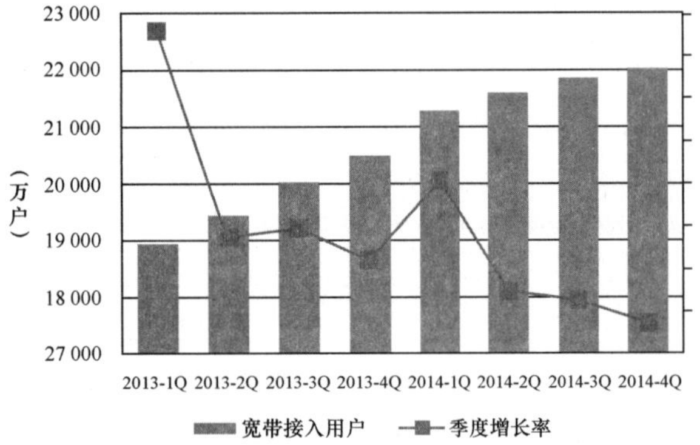

数据来源：工业和信息化部，通信信息研究所

图1　中国宽带接入用户发展情况示意

（一）业务提供商的市场份额

在各类宽带接入业务提供商中，基础电信运营商依然占据了绝大部分市场份额。到2014年年底，三家基础电信运营商的宽带接入用户达到2亿户，市场份额为91.1%；而有线宽带提供商等其他宽带接入业务提供商的市场份额为8.9%。

（二）基础电信运营商宽带市场

根据工业和信息化部的统计，截至2014年年底，我国基础电信运营商的宽带接入用户规模2亿户，全年新增用户1 157万，2014年第四季度新增仅为71.7万户。电信运营商市场宽带接入用户发展情况如图2所示。

截至2014年年底，在基础电信运营商中，三家运营商的市场份额基本保持稳定，其中中国电信的用户份额为60.5%，中国联通和中国移动的用户份额分别为34.3%和5.2%。

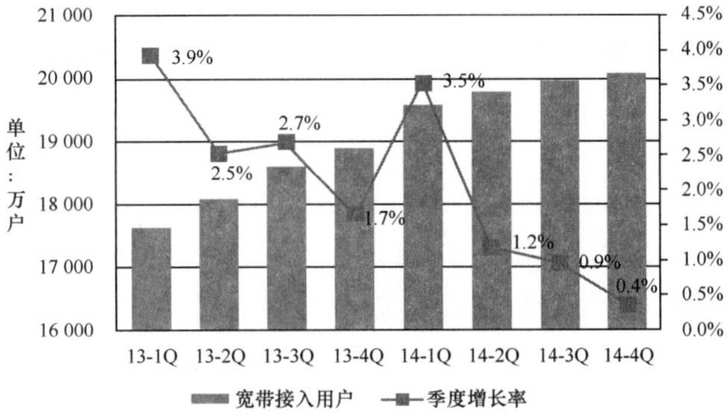

数据来源：工业和信息化部

图2　电信运营商市场宽带接入用户发展情况

在我国三大电信运营商的互联网宽带接入用户中，按接入速率区分：8Mbit/s以上的用户市场份额达到了40.9%；4～8Mbit/s用户市场份额为47.2%；2～4Mbit/s的用户份额为9.1%；512kbit/s～2Mbit/s的用户份额为2.8%。与2013年年底相比，速率在4Mbit/s以上的高速宽带接入用户占比提高了9.3个百分点，其中8Mbit/s以上用户份额提高了18.3个百分点。

（三）宽带接入技术的构成份额

目前，DSL是基础电信运营商的主流宽带接入技术，但随着光纤的快速发展，FTT*x*+LAN等形式的市场份额上升很快，导致DSL用户的市场份额持续下滑。到2014年年底，DSL用户市场份额下降到40.6%，比2013年年底下降了11.8个百分点。宽带接入技术的构成份额如图3所示。

DSL用户数的下降导致了该技术在住宅电话和企业电话中的渗透率开始下滑，2014年年底为39.3%，比2013年年底下降了6.1个百分点。DSL在传统住宅和企业电话用户中的渗透率如图4所示。

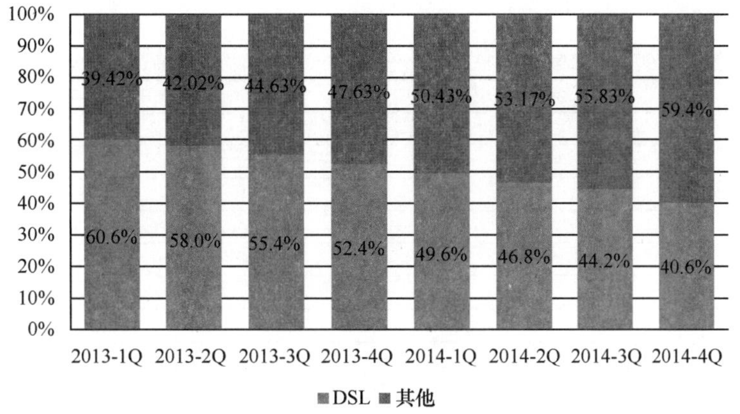

数据来源：工业和信息化部，通信信息研究所

图 3　宽带接入技术的构成份额

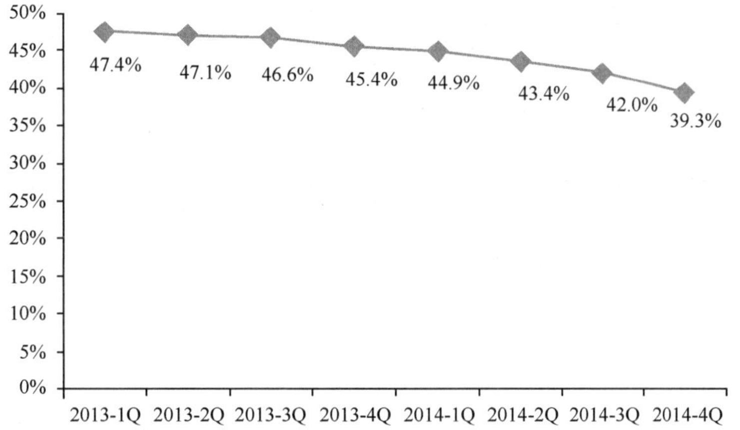

注：DSL 渗透率＝DSL 用户数 /（固定电话用户数－小灵通用户数－公用电话用户数）×100%。计算 DSL 渗透率时剔除了固定电话中的小灵通用户和公用电话用户，可以更科学地表示出 DSL 在其潜在市场中的普及率水平。

数据来源：通信信息研究所

图 4　DSL 在传统住宅和企业电话用户中的渗透率

二、区域宽带接入市场分析

我国宽带接入发展区域不平衡性明显，中部和西部地区的宽带接入市场规模和宽带普及率与东部地区相比存在明显差距，东部地区发展较好。东部、中部和西部地区宽带接入用户普及率比较如图 5 所示。

截至 2014 年年底，东部地区宽带接入用户份额为 53.1%，中部地区为 25.8%，西部地区为 21.1%；与 2013 年同期相比，东部地区略有下降，中部和西部地区用户份额略有上升。东部、中部和西部地区宽带接入用户份额如图 6 所示。

（一）分省新增用户

2014 年，全国共新增宽带接入用户 1 157 万户，其中河北省新增 96 万户，广东省新增 92.4 万户，是新增用户数最多的两个省，江苏省累计新增用户也超过了 90 万，为 92.1 万。全国共有 7 个省、市、自治区新增用户超过 50 万户。

（二）分省宽带用户增长率

我国各省宽带接入用户仍处于快速增长阶段，增长率最高的省多数是中部和西部地区的省，这些地区用户基数相对较小。西藏用户同比增长率为 15.5%，有 13 个省的用户季度增长率超过 7%。

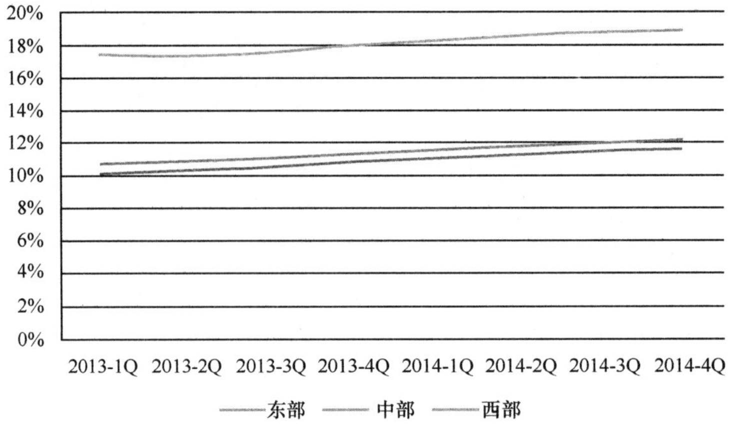

数据来源：通信信息研究所

图 5　东部、中部和西部地区宽带接入用户普及率比较

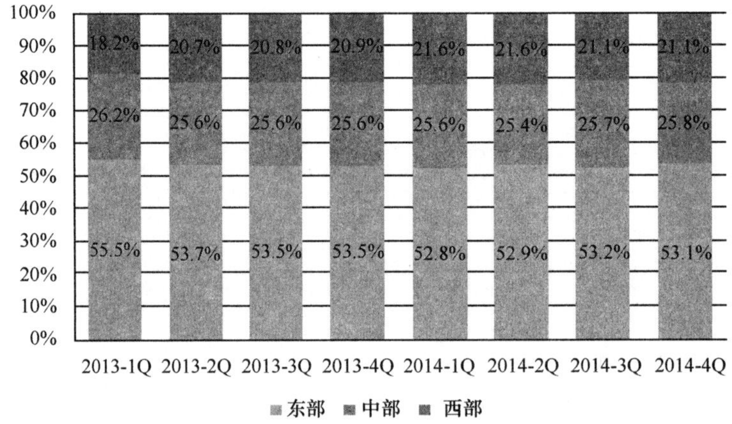

数据来源：通信信息研究所

图 6　东部、中部、西部地区宽带接入用户份额

（三）分省宽带人口普及率

与用户增长率相反，东部地区省、市、自治区的宽带人口普及率相对较高。截至 2014 年年底，我国 25 个省、市、自治区的宽带接入人口普及率都超过了 10%；其中福建、浙江、北京、上海和广东 5 个省、市的普及率超过 20%，分别为 23.8%、23.2%、22.8%、22% 和 20.4%，如图 7 所示。

（四）城乡宽带接入市场

截至 2014 年年底，我国城市宽带接入用户在总宽带接入用户中的比重为 75.7%，农村宽带接入用户占 24.3%。而从人口比重来看，城乡人口分别占总人口的 51.3% 和 48.7%，由此可见，我国农村宽带接入市场仍有较大的发展空间。城市和农村宽带接入用户普及率如图 8 所示。

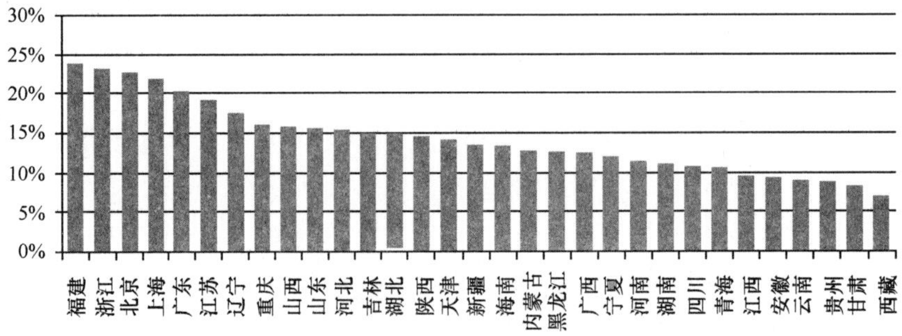

数据来源：通信信息研究所

图 7　各省、市、自治区宽带人口普及率

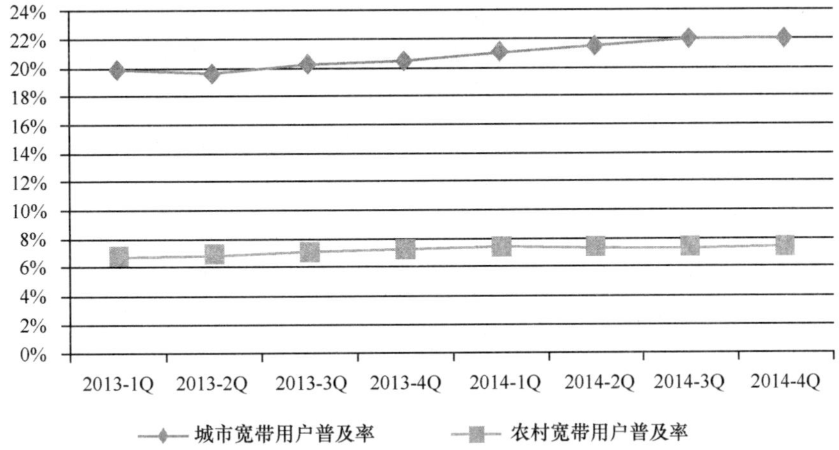

数据来源：工业和信息化部，通信信息研究所

图 8 城市和农村宽带接入用户普及率

三、业务收入分析

2014 年，国内宽带接入市场的业务收入累计达到 1 382 亿元，其中基础电信运营商占 94%，其他宽带接入业务提供商占 6%，如图 9 所示。

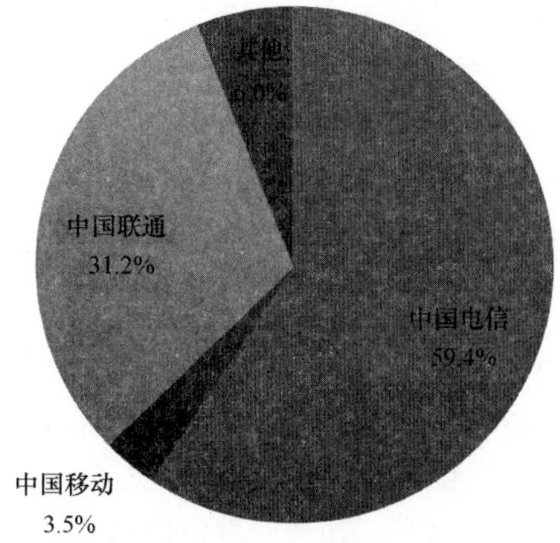

数据来源：运营商年报，通信信息研究所

图 9 我国宽带接入提供商收入市场份额

2014 年，我国基础电信运营商的宽带业务收入为 1 300 亿元。宽带接入业务收入在固定通信服务收入中的比重为 44.2%，比 2013 年年底提高了 1.2 个百分点。

总体来看，三家电信运营商宽带接入用户的 ARPU 值呈现下降趋势，如图 10 所示。

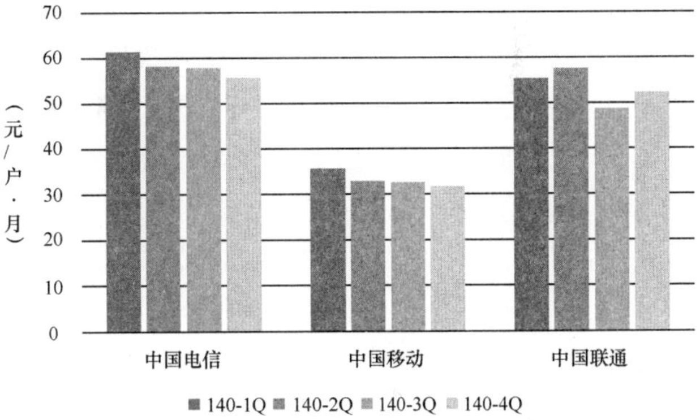

数据来源：运营商年季报，通信信息研究所

图 10 基础电信运营商宽带接入用户 ARPU 值

四、“宽带中国”战略取得显著成效

为加快推进“宽带中国”战略的实施，相关部委开展了大量工作。一是重点围绕区域和城乡宽带发展不平衡、宽带网速与用户期望存在差距等难点，继续贯彻落实“宽带中国”战略，国家发展和改革委员会、财政部、工业和信息化部联合启动了“宽带乡村”试点工程（一期），要求六省、自治区选择试点县并制定工程实施方案。二是组织实施“宽带中国”2014 行动计划，加快推进宽带基础设施的全面升级。三是大力发展 TD-LTE，加快宽带业务普及，实现超过 300 个城市覆盖 4G 网络。四是中国移动、中国联通和中国电信共同出资设立中国铁塔股份有

限公司（简称铁塔公司），铁塔公司的成立将对减少重复建设、降低运营成本起到积极作用。五是新增的7个国家级互联网骨干直联点相继全部开通，有力改善我国骨干网互联互通性能，推动互联网产业向中部和西部聚集。同时还积极推进城市百兆光纤工程，深入落实光纤到户建设强制性国家标准，建立宽带发展评价标准和宽带监测体系，并创建了“宽带中国”示范城市（城市群），全面提升城市宽带发展水平。“宽带中国”战略的推动实施极大地改善了我国的宽带发展环境。宽带被各地列为重要的公共基础设施，多个省、市出台了推进意见，首次将宽带纳入地方城乡用地规划和社会发展规划，纳入城市控制性规划，以部门规章形式明确宽带设施用地等需求，保证建设通行权。一半以上的省、市已出台了关于落实“宽带中国”战略及实施方案、全面推进宽带网络基础设施建设指导意见，加强宽带网络的统筹规划，将光纤宽带网络、通信基站、通信管道等信息通信基础设施建设纳入城乡建设的总体规划。国家和各地政府从资金、政策等方面加大对宽带设施建设方面的支持和扶持力度。这些措施极大地改善了我国的宽带发展环境，对宽带本身的发展及通过宽带推动社会经济的发展意义重大。

“宽带中国”战略及相关行动计划的成果已初步显现。目前，我国FTTH/O用户数已突破6 000万，远超美、英、德、法等国家，占宽带用户比重的30.1%，比经济合作与发展组织国家（OECD）平均值高出10个百分点以上。高带宽用户大幅提升，使用4Mbit/s及以上宽带产品的用户比例也达到86.2%，8Mbit/s以上用户占比大幅提高到35.0%。宽带人口普及率水平达到14.9%，连续6年缩小与OECD国家的差距。

五、我国宽带接入市场仍面临机遇和挑战

随着宽带网络加速向经济社会各领域的全面渗透，宽带网络已经成为我国经济和社会服务体系的关键基础平台和创新要素，是加快转变经济方式、发展战略性新兴产业、全面建设小康社会的重要战略选择，其作为新时期战略性公共基础设施的地位日益突显。

首先，宽带网络已成为提高劳动生产率、促进传统产业转型升级的生产要素和扩大信息消费的基础平台，加快向生产制造、商贸流通等经济运行各环节渗透，并孕育出移动互联网、物联网和云计算等一大批新兴产业和信息消费热点。

其次，宽带网络已成为增强创新驱动发展新动力、建设国家创新体系的重要抓手，是聚集全球科技资源、推进协同创新的新平台。

第三，宽带网络已成为政府改善民生服务和宣传先进文化的新载体，通过宽带网络提供在线教育、在线医疗和社会保障等已成为实现公共服务均等化的新方式。

最后，网络空间竞争形势日趋复杂，信息安全挑战日益严峻，高速安全、自主可控的国家宽带网络是构筑网络空间竞争优势和保障国家安全的关键基础。

我国宽带发展水平不断提升的同时，仍面临着一些突出问题，包括信息基础设施的战略性、基础性定位落实不够；网络建设政策落实难；城市管道建设路权尚未出台明确的政策；农村网络基础设施建设的投入机制不完善以及我国移动通信频谱资源缺口较大等诸多问题。为此，还亟须进一步加大对“宽带中国”建设的扶持力度：一是提高战略意识，充分调动各级政府发展宽带的积极性；二是规范建设秩序，形成有利于信息基础设施发展的建设环境；三是加大资金支持，加快完善面向宽带的普遍服务补偿机制；四是加快宽带接入网业务开放，以竞争促发展；五是加快无线频率规划，积极争取释放“数字红利”频率资源。

（中国信息通信研究院　李晖）

全球宽带接入市场发展分析

2014年9月，联合国宽带数字发展委员会发布的《宽带状况报告（2014）》进一步指出，高速、泛在的宽带网络已成为现代经济社会发展的基石，显著增进经济效益和社会福利。截至2014年年底，全球已有超过70%的国家和地区发布了国家宽带战略，据不完全统计，全球发布国家宽带战略已经超过146个，发达国家纷纷通过LTE技术演进、超高速宽带计划、云计算数据中心建设等加快宽带基础设施的演进升级。

一、全球宽带战略及实施新进展

（一）宽带战略关注焦点：网络建设、应用和发展模式

宽带网络基础设施建设是各国宽带战略的首要任务，在发布了宽带战略的国家中，近90%的国家提出了宽带基础设施/宽带网路覆盖（包括宽带普遍服务）的建设目标。

在宽带应用中，各国普遍关注电子教育、电子政务以及通过宽带网络带动就业的应用，提出这三项应用发展目标的国家占比超过80%。其次是基于宽带网络的电子医疗，提出这项宽带应用发展目标的国家占比75%。

宽带战略中另外一个关注焦点是宽带发展模式，提出通过技术转让、PPP模式发展本国宽带的国家占比分别为65%和64%。

各国宽带战略关注焦点总结如图1所示。

（二）部分国家调整宽带战略目标

各国也根据自己近几年宽带战略的实施进展情况，在经过一系列评估和分析后，不断更新和调整自己的计划。这其中既包括调高发展目标，也包括调低发展目标。

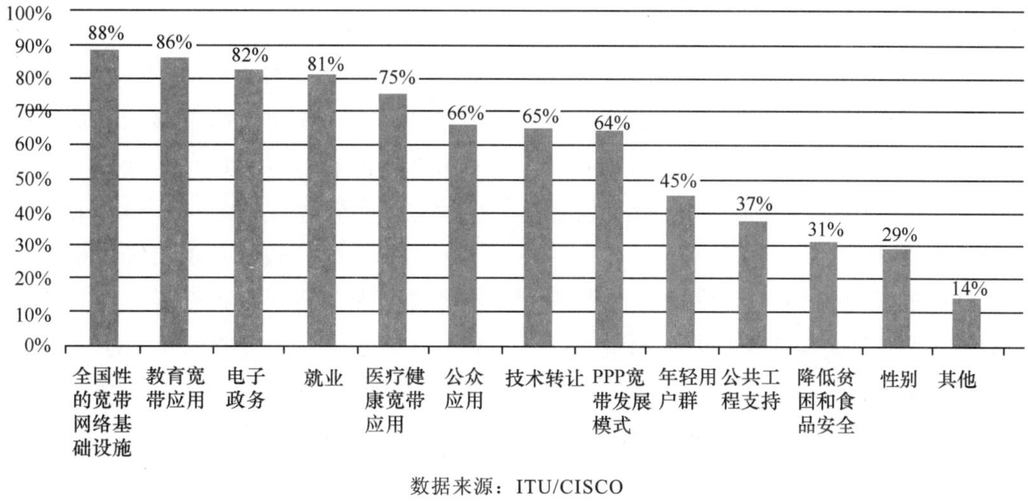

数据来源：ITU/CISCO

图1　各国宽带战略关注焦点总结

调高发展目标的国家和地区如下。

美国：2013年1月美国将1Gbit/s发展计划提前，提议2015年每一个州至少建设一个接入速率为1 Gbit/s的社区。

丹麦：丹麦政府2013年3月把2020年实现下行100Mbit/s宽带业务全面普及的目标中又加上了上行速率至少达到30Mbit/s的最低要求。

英国：在2010年，英国政府提出的目标：计划到2015年2Mbit/s以上服务覆盖90%的人口；到2017年超高速宽带覆盖90%的家庭。随着技术进步以及宽带建设的快速推进，英国政府提高了宽带发展目标：2013年6月提出计划2017年固定超高速宽带服务覆盖95%的地区；2018年固定和移动超宽带服务（包括4G）覆盖英国99%的地区。

澳大利亚则调低了其宽带发展目标。澳大利亚的宽带网建设进程远远落后于计划，尽管其中有政党交替执政的因素影响，但工程耗资巨大是导致其国家宽带网建设缓慢的主要原因。根据NBN公司于2013年12月提交的国家宽带网络计划实施的审查结果，按照原计划建设宽带网络将花费730亿澳元，比原预算多出290亿澳元。

为此，澳大利亚国家宽带计划将舍弃以FTTH为中心的战略，对国家宽带网络计划进行调整。新战略将重点放在了“多技术组合”上，其中包括26%的FTTP、44%的FTTN和30%的升级HFC基础设施。

新战略将使预算下降至410亿澳元，所有网络部署将于2020年完成。项目完成后，所有楼宇应能够享受至少25Mbit/s的下载速率，90%的固网接入用户将能实现至少50Mbit/s的下载速率。

（三）加大对宽带战略的评估力度

根据评估体系对宽带战略进行评估是宽带战略的重要组成部分，其意义主要体现在以下3个方面：

一是客观、公正、全面、正确地评估宽带战略的实施效果，并进行修订；

二是发现自己的长处与特点，找出与他人的差距和存在问题，有助于决策者及时做出调整，使发展宽带的各项措施真正符合经济社会发展的实际需要，不是为了达到某些不切实际的设想或而盲目建设；

三是从国家、地方、企业和消费者不同层面给出相应的建设性指导意见。

2013年，国际上加大了对宽带战略的评估力度，仅2013年一年，就有数十份评估结果与报告出版，其中具有影响力的报告如下。

美国：（1）CRS Report for Congress：The National Broadband Plan Goals：Where Do We Stand?；（2）ITIF：The Whole Picture: Where America’s Broadband Networks Really Stand；（3）宽带地图更新、FCC测速报告等。

英国：（1）The European Broadband Scorecard；（2）Infrastructure Report；（3）Ofcom测速报告。

欧盟：“数字议程”计分牌与测速。

OECD宽带指标及最新报告。

ITU宽带年度报告。

从目前国外各个组织及国家开展的宽带评价工作的情况来看，根据工作目的的不同，大致可以分为两大类。

第1类：旨在对国家的宽带发展（或是信息化发展）进行综合的评价，其指标选择比较侧重于反映宏观或是整体的状况，如ITU、OECD、ITIF以及OFCOM的《通信基础设施》报告等。

第2类：旨在对宽带本身的性能进行评估，帮助用户了解电信运营商的宽带水平，在选择宽带产品时有所依据，其指标比较侧重于从技术层面来反映宽带的性能，如美国FCC、OFCOM的《固定宽带网络性能》报告、新西兰、新加坡等。

（四）宽带战略实施效果评价

1. 分别使固定和移动宽带普及率提升2.5和7.4个百分点

宽带战略的实施，给各国宽带发展带来前所未有的发展机遇。据ITU/CISCO研究分析：对于固定宽带普及率，实施宽带战略比不实施宽带战略平均提升2.5个百分点；对于移动宽带普及率，实施宽带占比比不实施宽带战略提升7.4个百分点。

对于竞争比较充分的市场，实施宽带战略对移动宽带普及率效果非常明显。据ITU/CISCO研究分析，在竞争比较充分的市场：对于移动宽带普及率，实施宽带战略比不实施宽带战略平均提升26.5个百分点；对于固定宽带普及率，实施宽带占比比不实施宽带战略仅提升1.4个百分点。

2. 资费下降，但大部分发展中国的家用户仍负担不起

判断宽带资费是否负担得起的标准是，宽带入门级资费在国民总收入（GNI）中的比重是否小于

5%。宽带战略公布几年后，绝大多数发达国家和地区的宽带入门级资费已经下降到 5% 以下，只有一个发达国家和地区在 5% ～ 8%。但在发展中国家和地区中，还有超过 60% 的国家和地区的宽带入门级资费在 5% 以上。

但与前几年相比，宽带资费有所下降，越来越多的发展中国家和地区的宽带入门级资费在 GNI 中所占的比重正在接近 5%。

3. *发展中国家和地区普及速度有待提高*

截至 2013 年年底，全球平均宽带家庭普及率达到 41%。但发展中国国家和地区的宽带家庭普及率仍比较低，仅为 28%，与发达国家和地区 78% 的宽带家庭普及率仍有很大差别。按照当前的速度发展，要想实现 ITU 提出的 2015 年发展中国家和地区宽带家庭普及率超过 40% 的目标困难较大。

二、全球宽带发展现状

（一）宽带接入用户总数达 7 亿

截至 2014 年第三季度末，全球宽带接入用户累计达到 7 亿户，季度增长率为 1.2%，如图 2 所示。

（二）新增用户 834 万户

2014 年第三季度新增 834 万户，2014 年各个季度新增用户呈现下降趋势，如图 3 所示。

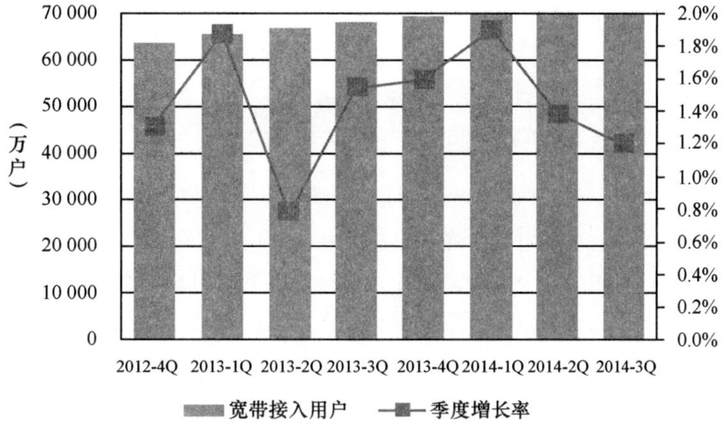

数据来源：Point Topic，通信信息所

图 2　全球宽带接入用户数及季度增长率

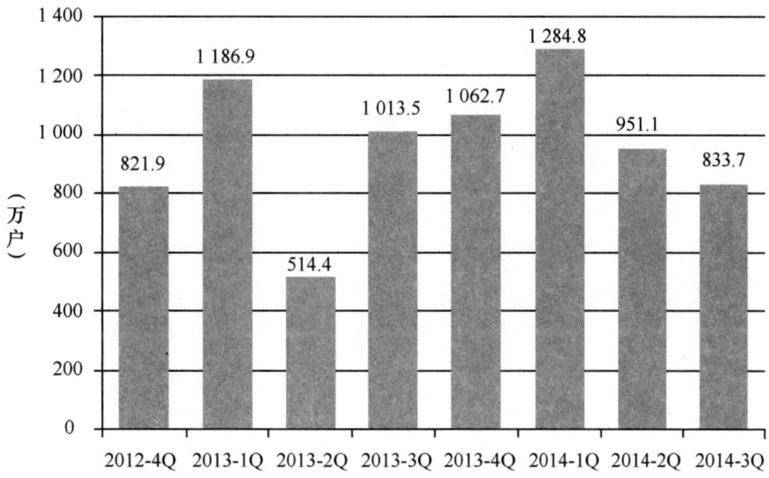

数据来源：Point Topic

图 3　全球新增宽带接入用户

（三）宽带接入市场 TOP 10

到 2014 年第三季度末，全球最大的 10 个宽带市场用户数在全球宽带市场中的占比高达 72.8%，比 2013 年同期提高了 1.8 个百分点。

截至 2014 年第三季度末，中国的宽带用户规模仍为全球之首，与第二位美国宽带用户数之间差距逐渐增大。中国、美国这两个国家的宽带接入用户在全球宽带市场的占比高达 44.8%。全球宽带用户最多的 10 个国家和地区如图 4 所示。

2014 年第三季度，宽带接入用户年增长率最高的 10 个国家均为宽带市场起步较晚的发展中国家，如图 5 所示。而一些发达地区和国家，如西欧、北美和亚太的日本、韩国等，由于宽带市场逐渐趋于饱和，同时用户基数较大，因此增长率较低。2014 年三季度美国的宽带用户增长率为 0.81%；日本为 0.12%；德国为 0.48%。

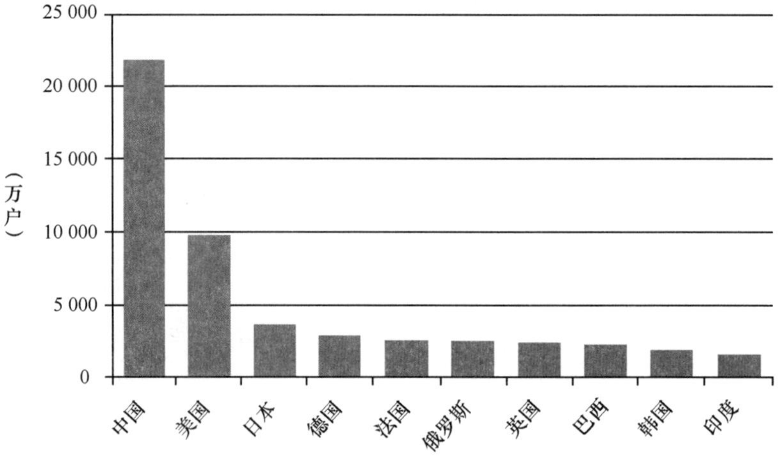

数据来源：Point topic

图 4　全球宽带用户最多的 10 个国家和地区

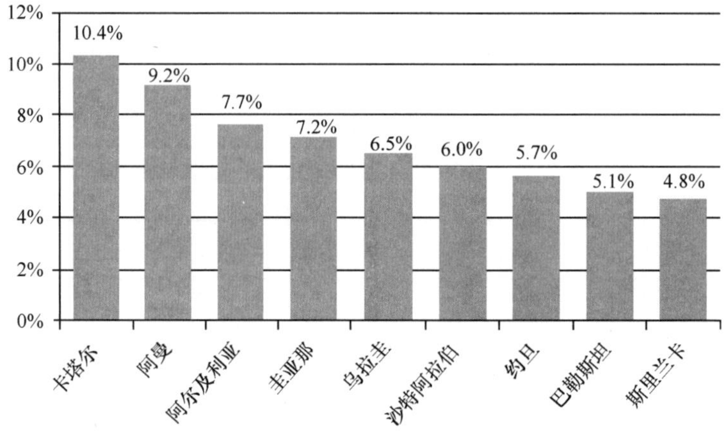

注：仅统计到宽带用户总数超过 10 万的国家和地区。

数据来源：Point Topic

图 5　宽带用户季度增长率最高的 10 个国家和地区

（四）宽带普及率

2014 年第三季度末，全球宽带人口普及率（宽带接入用户在人口中的百分比）为 11.77%，宽带的家庭普及率为 45.03%。

按照人口普及率来计算，瑞士是目前宽带接入业务普及率最高的国家，普及率高达 47.9%。目前宽带人口普及率最高的 10 个国家和地区中，除亚太的中国香港和韩国以外，其余均为西欧的经济发达国家，如图 6 所示。

按照家庭普及率来计算，全球一些西欧国家、富裕的阿拉伯国家以及亚洲一些发达经济体进入了家庭普及率前 10 的行列，如图 7 所示。2014 年第三季度全球家庭普及率超过 100% 的国家为 11 个（除图 7 的 7 个国家和地区外，另有 4 个人口在 10 万以下的国家宽带家庭普及率超过 100%）。

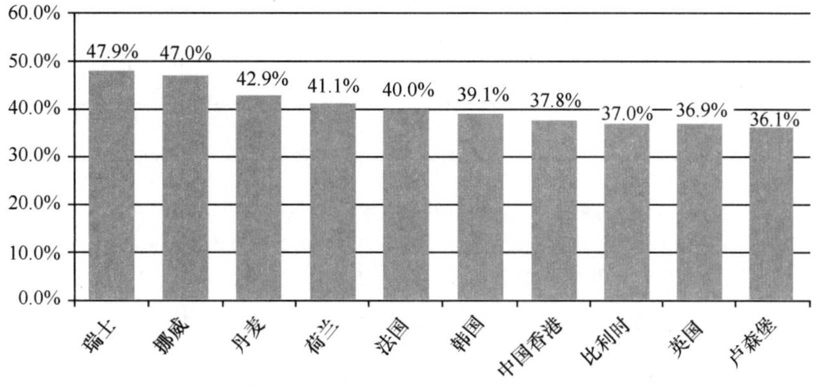

注：仅统计到宽带用户总数超过 10 万的国家和地区。

数据来源：Point Topic

图 6　宽带普及率最高的 10 个国家和地区（按人口计算）

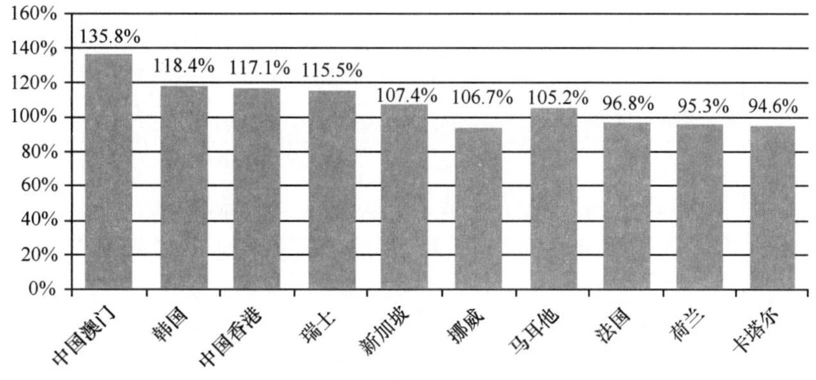

数据来源：Point Topic

图 7　宽带普及率最高的 10 个国家和地区（按家庭计算）

（五）宽带接入技术的构成

DSL 仍是当前主流的宽带接入技术，应用范围也最广，但随着全球光纤接入建设的不断推进，DSL 用户增长速率逐渐下降，2012 年四季度开始，全球 DSL 用户数出现负增长。截至 2014 年第三季度末，全球 DSL 用户达到 3.16 亿户，比上季度减少了 808 万户，比 2013 年年底减少了 1 894 万户；Cable modem 用户达到 1.32 亿户，比上季度增加 197 万户，比 2013 年年底增加 603 万；FTTx 用户达到 1.79 亿户，比上季度增加 1 379 万户，比 2013 年年底增加 4 126 万户。主要宽带接入技术的用户季度增长率如图 8 所示。

2014 年第三季度末，FTT*x* 用户份额比上季度上升了 1.6 个百分点，比 2013 年年底上升了 4.6 个百分点，挤占了 DSL 用户份额。各类接入技术的用户份额如图 9 所示。

（六）宽带接入技术资费和价格

2014 年第三季度，全球住宅宽带业务平均资费为 80.82 美元 / 月，比 2013 年同期提升了 6.5%，同期平均广告速率为 62.5Mbit/s，比 2013 年同期提升了 33.8%。平均每兆比价格为 1.29 美元，而 2013 年同期的价格为 1.63 美元。2014 年第三季度全球宽带接入平均资费如图 10 所示。

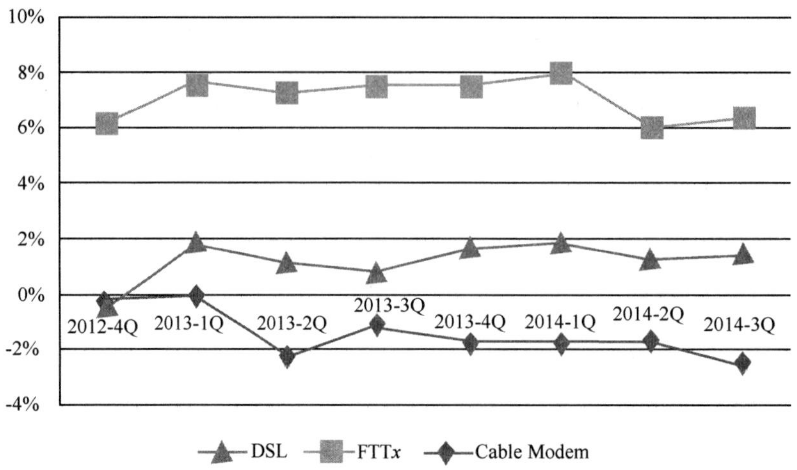

注：在本期报告中，根据最新获得的数据和资料，对历史数据进行了修订。

数据来源：Point Topic，通信信息研究所

图 8 主要宽带接入技术的用户季度增长率

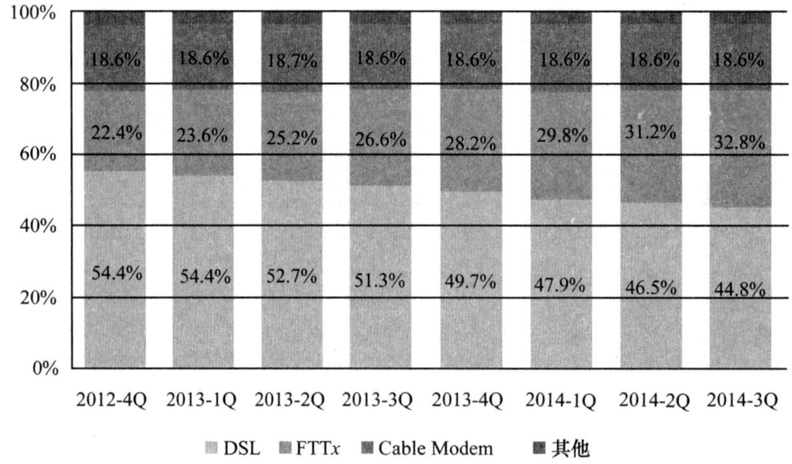

注：在本期报告中，根据最新获得的数据和资料，对历史数据进行了修订。

数据来源：Point topic，通信信息研究所

图 9 各类宽带接入技术的用户份额

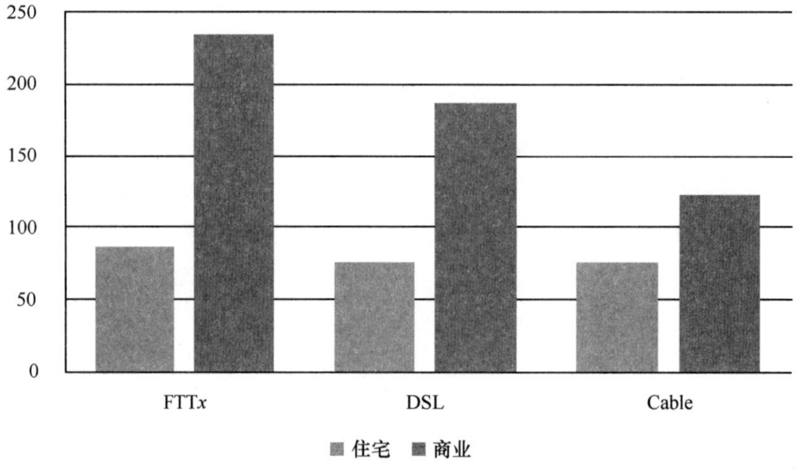

数据来源：Point topic

图 10 2014 年第三季度全球宽带接入平均资费（美元）

根据全球各地区用户使用的下行速率计算平均每兆比费用，2014 年第三季度 FTTx 技术的平均每兆比费用最低，为 0.79 美元 /M，DSL 平均每兆比费用最高，为 9.07 美元 /M，Cable 则为 1.06 美元 /M。

从区域发展来看，亚太和西欧地区宽带平均速率较高，而每兆带宽价格也最低，这些地区的居民可以享受到较高性价比的宽带产品，特别是光纤接入价格，西欧光纤接入每兆带宽价格为 0.46 美元，亚太为 0.43 美元。较 2013 年同期，西欧光纤接入价格降幅达 51%，亚太地区略有下降，2013 年同期亚太地区光纤接入价格为 0.5 美元 /M。

相比 Cable 和光纤技术，DSL 每兆价格在各个地区都是最高的。拉丁美洲、东南亚以及中东和非洲地区可替代铜缆的接入技术少，大部分用户只能选用传统铜线接入，而提供 DSL 接入的提供商少，缺乏竞争，因此相对价格较高。

2014 年第三季度全球各地区、各种接入技术的价格比较如图 11 所示。

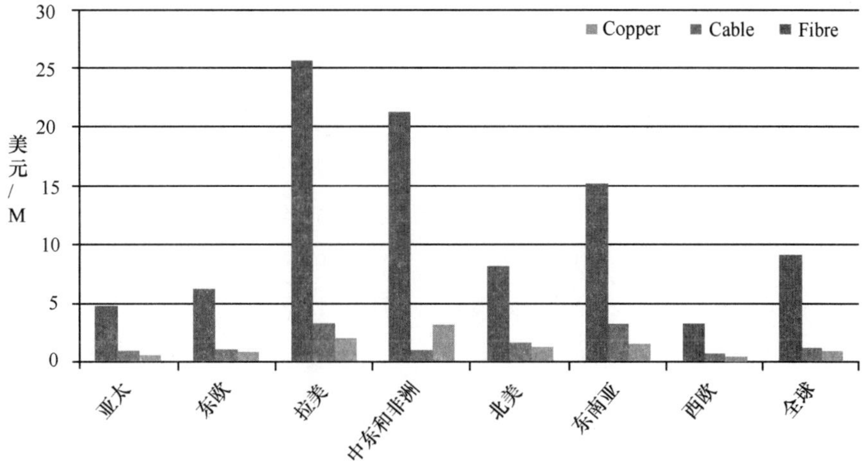

数据来源：Point topic

图 11　2014 年第三季度全球各地区、各种接入技术的价格比较（住宅用户）

三、全球宽带战略实施影响评价

各国宽带战略的实施，对本国经济发展起到了促进作用。据 OECD 研究，宽带发展能显著带动 GDP 的增长。但宽带发展水平不同，对 GDP 的带动作用也有很大差别。高宽带普及率的国家（宽带人口普及率超过 30%），普及率每增加 1 个百分点，带动 GDP 增长 0.023 个百分点；中等普及率的国家（普及率在 20% ～ 30%），对 GDP 的带动是 0.014 个百分点；低普及率的国家（低于 20%），对 GDP 的带动仅为 0.008 个百分点。

根据前面的分析，宽带战略的实施能够带动固定宽带普及率分别提高 2.5 个百分点。由此推断出，宽带战略的实施将带动高宽带普及率的国家 GDP 平均增长 0.0575 个百分点；带动中等宽带普及率的国家 GDP 平均增长 0.035 个百分点；带动低宽带普及率的国家 GDP 平均增长 0.02 个百分点。

宽带战略的实施，带动宽带应用的发展，能够提高人们的社交方式。例如，互联网能够增进朋友之间、家庭之间以及有相似爱好的陌生人之间的交流，进而增进社会成员的相互了解；远程办公类的宽带应用能够提供更便捷的办公环境，不受时间和空间的限制，使企业和员工都受益；远程教育能够帮助老师提高课堂外的教学效率，协助老师对学生的个体需求做出更快的反应，还能够增进家长和学校之间的沟通。另外，远程教育还给学校外的人提供了终身学习的机会。远程教育还能消除地理原因之间的差异，特别是对偏远地区的学生来说，可通过远程教育接受到和城市地区相同的教育。

（中国信息通信研究院　李晖）

移动通信发展的现状特点和发展趋势

一、2014 年全球移动通信市场规模与结构

（一）全球移动蜂窝通信市场接近饱和，移动宽带市场快速普及

全球移动通信发展近几年一直呈现高速的增长态势，截止到 2014 年年底，全球移动蜂窝通信用户数已接近 70 亿户，其中 36 亿户在亚太区域。这一攀升主要源于发展中国家的增长，发展中国家的移动蜂窝用户将占全球总数的 78%。从 2000 年开始，一直到 2010 年，全球移动通信用户以每年超 3 亿用户左右的速度增长，年平均增长率达到 22%。数据显示，2014 年全球移动蜂窝增长率已跌至有史以来最低水平（全球 2.6%），这表明市场已接近饱和。截止到 2014 年年底，非洲和亚太地区的普及率分别为 69% 与 89%，是移动蜂窝增长最强劲（但普及率最低）的区域。独联体国家、阿拉伯国家、美洲和欧洲地区的普及率已超过 100%，2014 年的增长率不足 2%。

此外，全球大量移动通信用户开始享用 3G 及 4G 宽带网络，智能手机普及率迅速提高，使得新的移动数据服务和应用程序增多。2014 年使用宽带网络的移动通信用户比例为 40%，其中，发达国家的移动宽带普及率将提升至 84%，相当于发展中国家（21%）的 4 倍。全球将有 23 亿移动宽带用户，其中 55% 的移动宽带用户来自发展中国家。预计到 2020 年，这一比例将增至约 70%。此外，智能手机的覆盖率将从 2014 年的 37% 增加到 2020 年的 65%。目前，移动宽带普及率最高的区域为欧洲（64%）和美洲（59%），紧随其后的是独联体国家（49%）、阿拉伯国家（25%）、亚太（23%）和非洲（19%）。

（二）3G 用户仍然是移动用户的主体，LTE 用户成为最重要的发展动力

3G 用户仍然是移动互联网用户的主体。在各类移动宽带技术中，WCDMA/HSPA/HSPA+ 用户总数突破 40 亿户，季度增长率为 15.3%，在移动宽带用户市场占比达 70%。以 LTE 为代表的新一代移动宽带技术已成为移动互联网用户市场最重要的发展动力，用户从 3G 向 4G 迁移的速度日趋加快。

2014 年，全球 4G 进入高速稳步发展阶段，截至 2014 年 9 月底，共有 112 个国家和地区开通了 331 张 LTE 商用网络，已超过 3G 网络的一半，4G 用户达到 3.7 亿户。4G 与移动互联网的结合，将成为未来十年 ICT 产业发展的核心引擎。而移动互联网发展的活跃度正在重塑 4G 时代全球移动通信的版图。预计到 2015 年，全球 LTE 网络将实现规模商用后，LTE 用户可达到 3.06 亿户，占全球移动宽带用户的 12%。

受经济危机影响的欧洲，由于对新型移动应用需求低迷，在 4G 时代出人意料地衰落为“后进地区”。截至 2014 年 10 月上旬，最能标志产业成熟度的 LTE 终端产品数量达到 2 218 款，智能手机已超过千款，手机价格以前所未有的速度下降，人民币千元机甚至美元百元机大量出现，说明 LTE 芯片和终端产业链已完全成熟，进入到规模发展阶段。

（三）移动数据流量保持爆发增长，展现巨大市场需求

全球移动数据流量规模继续保持着爆发式的增长速度，展现出全球用户对于移动互联网巨大的市场需求。根据 Cisco 公司 2014 年的最新统计， 2014 年，全球移动数据达到 2.6EB。Cisco 预计，到 2018 年，这一流量将增长 11 倍，达到 15.9EB/ 月，如图 1 所示。（1EB=1024PB，1PB=1024TB）

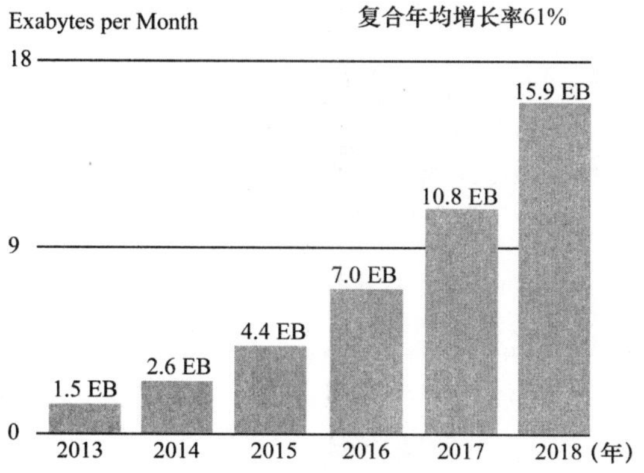

数据来源：Cisco VNI Mobile，2014

图1　2013～2018年全球移动数据流量发展情况预测

二、全球运营商移动通信网络建设情况以及产业链发展

从全球移动通信产业来看，4G已经进入大发展时期，LTE得到快速应用和升级，整个产业资源也在向LTE领域逐渐转移。

（一）初期以快速提升LTE网络覆盖率为首要目标

美国、日本、韩国LTE市场发展迅猛，原因之一在于LTE的网络覆盖率领先其他市场。美国的Verizon和AT&T，日本的KDDI和软银，韩国的SKT、KT和LGU+的LTE网络通过采用700/800MHz低频段规模建网，短时间内实现LTE全国性覆盖。作为LTE发展最为迅速而成功的美国运营商Verizon，其LTE网络于2010年12月5日正式商用，但是早在2010年中期就已经制订了网络的3年覆盖计划，明确了市场预期和愿景，通过两年LTE基础设施大规模持续投资，Verizon的LTE网络已经覆盖美国500个市场的超3亿人口，在美国的覆盖率已经达到95%。SK电讯作为韩国最大的电信运营商，是韩国最早部署LTE网络的运营商，其为了保持在LTE市场上的竞争优势，采用快速部署全国性网络的策略，自2011年7月开始推出LTE服务后，仅用1年时间就已经完成了全国性的LTE部署，覆盖全国人口的99%；同时，SK电讯还部署了大量Wi-Fi和Femtocell网络来进行补充，分流网络流量压力，补充并完善LTE网络。作为韩国LTE市场竞争格局中的一匹黑马，LG U+更是仅仅用了短短9个月就实现了LTE在韩国的全境覆盖，大大超过SK电讯和KT的网络覆盖水平。

（二）LTE网络建设优先覆盖城市和人口密集区

美国、日本、韩国市场领先运营商的LTE网络部署均以主要城市和人口密集区域为起点开始部署，相比其他地区，大城市和人口密集区域的电信用户基数和数据业务需求量更大，有利于市场初期LTE用户的快速增长，产生规模效应。例如，美国最大的LTE运营商Verizon在2010年12月正式商用LTE时，起初是选择在美国的38个主要城市的市中心以及60个商用机场展开的，之后逐渐扩展到全美；AT&T在LTE商用之处也是选择在人口密集、用户需求庞大的的亚特兰大、芝加哥、达拉斯、休斯顿和圣安东尼奥市等5个主要城市；Juniper于2013年9月制作的全球LTE网络覆盖热点图也显示，美国的LTE覆盖主要集中在密西西比河以东的城市以及太平洋沿岸地区，这正是美国人口较为密集的地区。除此之外，韩国最大运营商SK电讯于2011年年在韩国人口最为密集的首尔开通LTE服务，并于2012年年初快速在韩国28个主要城市提供LTE服务，迅速覆盖了全韩67%的人口，占据LTE发展先机；日本运营商DoCoMo最先在东京、大阪、千叶、爱知、神奈川的部分地区推出，并在2011～2012年逐步扩展至日本其他主要城市和地区。与之相比，德国早在2010年年底就开通了LTE商用网络，但由于管制部门的要求，运营商LTE网络部署初期以覆盖偏远地区为主，致使LTE没有形成预期的市场影响力。

（三）美国、日国、韩国市场的领先运营商竞争重心已从覆盖转向提升系统容量和传输速率

Verizon和SKT等领先运营商的网络建设重点已转向系统扩容和网络升级。LTE网络系统扩容有3种手段：一是投入更多频谱资源用于LTE网络容量的扩容建设，例如，Verizon在网络覆盖超过全美90%人口后就将建设重点从覆盖转向系统容量提升，Verizon又收购了AWS频段用于FDD LTE网络的容量扩容建设，同时Verizon出售未使用的部分700MHz频谱换取部分覆盖美国西部市场的无线频谱，巩固了自己在无线频谱方面的优势地位；二是部署Small Cell基站实施升级扩容，Small cell由于体积小和组网灵活等特点非常适合室内深层次覆

盖以及室外信号较弱的区域，韩国 SKT 是第一个部署 LTE Femtocell 的运营商，2013 年，SKT 以约 4 万个 LTE SmallCell 覆盖了数据流量热点区域，完成了大量室内外的深度覆盖；三是扩展 LTE 回程网络容量，海外运营商广泛利用 PON 技术和微波承载技术实现移动回传，满足 LTE 网络对传输带宽的需求。韩国是 LTE 速率推进最为积极的国家，韩国三大运营商采用增加频谱、部署小型基站等各种网络升级手段有计划地提升 LTE 最大速率，已经从 2011 年的 75Mbit/s 升级到目前的 200Mbit/s 以上水平。

（四）发达运营商的 LTE 资费彻底颠覆 3G 时代

由于 LTE 相对于 2G/3G 网络在传输速率上有了非常大的提升，因此在资费上 LTE 与以往有很大不同，而且运营商也通过资费的创新，尝试适应新的市场环境及竞争。

LTE 业务的资费特点包括：

（1）流量包从 MB 进入 GB 时代，4G 资费套餐基本从 500MB 起步，大多数流量包单位为 GB；

（2）4G 数据资费单价大幅下降，但资费水平与 3G 业务基本持平，吸引用户选择高价值套餐，从而提升用户 ARPU 值；

（3）不封顶包月制逐渐退出市场；

（4）语音及短信业务在 4G 业务中的重要性大大降低。

从价格上来说，LTE 的单位价格下降，根据测算，LTE 业务的单位价格是 3G 的 1/5，一般运营商将 LTE 单位价格定在 3G 的 1/3 ～ 1/8 之间，这取决于 LTE 市场竞争的激烈程度。例如，英国 LTE 市场的竞争激烈程度较低，因此 Vodafone 的 LTE 资费主要定位在高端市场，业务门槛高，在相同价位的资费套餐中，LTE 套餐包含的流量是 3G 的 3 倍。而在 LTE 竞争非常激烈的韩国市场，SKT 的 LTE 资费门槛与 3G 相同，涵盖了高中低市场，在相同资费情况下，LTE 套餐包含的数据流量是 3G 的 5.5 倍，但同时语音业务量减少。

从创新角度来说，运营商也在积极尝试多种资费模式，如推出语音、短信不限量套餐、多终端分享套餐、根据服务质量进行定价等，具体见表 1。

表 1　LTE 资费创新

资费创新	描述	案例
数据业务为主，传统业务为辅	资费套餐以数据业务流量为主要业务，而传统业务如语音、短信不限量使用	• 美国 Verizon、T-Mobile、Sprint • 美国 EE
终端分享套餐	允许用于一个套餐中的数据流量可以多个终端共享，使多移动终端用户可以享受统一账单	• 美国 Verizon、AT&T • 韩国 SKT 等
根据不同服务质量定价	根据不同的服务质量，如不同速率进行定价	芬兰运营商 Elisa、瑞典运营商 Telia 采取网络下行速率分层计费，网速越高收费标准越高
定向套餐服务	通过捆绑增值业务，提供定向免费流量	如韩国 SKT 根据不同用户群提供不同的内容包捆绑套餐

（五）LTE 运营商积极采取策略应对 OTT 转型

随着移动互联网的发展和创新型业务的不断出现，大量的 OTT 业务使得运营商有管道化的趋势，这些 OTT 业务消耗了运营商惊人的流量，分流了运营商的传统业务和利润。OVUM 预计，OTT 将导致运营商 2016 年短信收入减少 540 亿美元，2020 年语音收入减少 4 790 亿美元。为了缓解 OTT 带来的巨大压力，运营商已经开始积极转型，采取各种方式应对管道化问题。4G 时代运营商都在积极应对 OTT 转型，但路径各有不同。第一类运营商选择与 OTT 合作同时开发新市场，这些运营商在互联网领域定位在为 CP/SP 及 OTT 服务提供商提供管道和平台，但确保自己牢牢控制网络、用户信息及计费平台，同时开发物联网、家庭网络、电子产品等新市场，典型运营商如 KDDI、Verizon，其中 Verizon 关闭了自有应用程序商店，还与 Gameloft 合作推出游戏中嵌入基于 LTE 语音的聊天功能，同时不断向物联网市场扩展；第二类运营商则选择向服务提供商转型，如 DoCoMo，通过并购等方式，获取更多资源并提供创新业务，从被动转向主动；第三类是全面与 OTT 公司竞争，如 SKT，在 OTT 市场已经取得一定的市场地位及主动权，通过公司架构整合、业务重新定位等适应新的竞争环境。

三、全球运营商移动通信业务创新方向与趋势

（一）高清、多屏、互动成视频业务创新方向

视频已经成为 4G 主要承载业务，用户需求从短视频向长视频转变。从美国、韩国的 LTE 用户调查可以看出，4G 网络承载的主要业务是视频，同时用户对 4G 业务的需求也更倾向于视频；根据美国 2013 年对智能手机用户的调查，有 30% 的用户会用手机看电影，27% 会看电视重播。这说明用户需求已经从原来的短视频逐步向长视频转变。

4G 时代视频的创新主要有 3 个方向。

（1）由单屏向多屏发展

几乎所有 4G 运营商都推出了基于多屏的视频或多媒体应用，如 SKT 的 hoppin 业务提供不同终端之间的续播功能，还可以提供预约下载等服务。LGU+ 的多屏服务还支持云存储等扩展应用。

（2）由标清向全高清发展

视频业务在 4G 网络上可以实现 2G/3G 无法支撑的全高清应用。在韩国，运营商已经将全高清作为 4G 业务的特色业务在市场上推广，如 SKT 推出了一系列的高清视频业务；BTV 业务提供 70 个频道的高画质视频内容和 20 个音乐频道的高品质音乐内容，还有实时视频内容及 VOD 点播，同时 BTV 业务用户可以在标清、高清和全高清（1080P）之间手动切换，解码率分别为 4Mbit/s、2Mbit/s 以及 1Mbit/s（或 500kbit/s、64kbit/s），标清视频解码率可以根据网络情况进行自适应；移动视频购物则整合各大购物频道，可同时收看 3 个频道并支持多视图功能，直接进行购买；另外，还推出了 LTE 高清直播业务，包括体育比赛、3D 电视等。

（3）由单向向互动发展

视频业务正从用户单向接收转变为双向互动。例如，韩国 SKT 的体育高清视频直播业务，不仅包括高清节目直播、视频回放、解说评论，还可以实时查阅职业球队排名和球员相关信息，并且与互联网信息实时对接。AT&T 的电视应用伴侣应用，用户只要将手机摄像头对准电视，就可以搜索出当前播放的节目，实现自动检测收视节目、在线好友分享、手势控制、移动设备搜索和电视内容回放等功能。

（二）游戏与增强现实、云计算、HTML5 等新技术结合

4G 时代，移动游戏也是一项典型应用，移动游戏通过与增强现实、云计算、HTML5 等技术结合提升用户体验。例如，AT&T 推出的 GeoGames 是一类新的增强现实视频游戏，可以在公园等开阔地带进行实战游戏；KT 推出了基于增强现实的小游戏 olleh catch，半年内用户突破 100 万人；Ubitus 公司的 GameCloud（云游戏平台）与多家 LTE 运营商（如 Verizon Wireless、NTT DoCoMo、LG U+ 和 One2free）合作推出云游戏，2013 年 3 月 GameCloud 游戏用户数量突破百万。此外，HD 游戏、HTML5 跨平台游戏以及与社交相结合的应用都是 4G 时代推出的典型应用。

（三）M2M 与 LTE 结合，向家庭、医疗领域进军

M2M 与 LTE 结合，是运营商 4G 时代开拓新市场的重要手段，尤其是家庭及医疗领域，多家运营商均推出了这类应用，抢占 M2M 市场。如 Verizon 融合医疗保健解决方案，推出了基于 4G 网络的融合健康管理平台、医疗警报手镯、LTE 移动路由器、移动临床医生、大数据项目“癌症知识行动网络”等应用；AT&T 则推出了针对家庭市场的 Digital life 业务，通过安装的感应装置和监控镜头，24 小时监测室内的各类环境安全，相关设备 7×24 小时根据用户的设置自动运行，可通过笔记本、手机、平板等设备掌控实时信息，并能够实现远程控制等。SKT 也提出了针对独居老人的 U-Care 业务，DoCoMo 则与欧姆龙合作推出多种医疗健康类应用。

（四）发挥 LTE 低延时优势，与云计算结合进行业务创新

LTE 与 3G 相比一个很重要的优势就是网络延时大大降低，同时结合云计算，可以实现很多以往无法实现的应用。针对这一特性，DoCoMo 和 AT&T

都推出了在线实时翻译业务，语音翻译技术基于云计算，能够通过网络系统自动识别两种语言并选取最恰当的翻译结果，对用户来说可以实时获得翻译服务。此外，很多运营商还推出了基于4G的云应用，如云邮箱、云备份、云分享等。

四、移动通信产业未来发展趋势

（一）全球LTE版图继续扩张，多频组网成为必然趋势

GSA数据显示，目前除了有300张LTE商用网络之外，还有152个国家的507家运营商正在投资LTE网络，其中有143个国家的471家运营商做出部署LTE网络的承诺，另外11个国家的50家运营商正在进行LTE技术的各种试验、研究等活动，这都显示了各个国家各个运营商对于LTE的热衷。用户方面，也迎来大规模发展期，基于亚太地区的大爆发，GSMA预测未来几年全球LTE用户复合增长率将达到100%，2017年全球LTE用户数将达到10亿规模，届时，全球LTE用户占移动用户总数的比例将从现在的不足4%，达到15%左右，LTE全球版图将持续扩张。

然而，由于LTE的大宽带属性，全球LTE频谱非常分散，目前LTE频段数目多达40多个，包括2G/3G频段的升级利用以及新增频段资源。即便是同一个运营商，一般也会分到不同频段的几块频谱，如日本KDDI同时运营850MHz和2GHz频段，韩国SKT分到的850MHz和1 800MHz频段，中国移动分到的1 800MHz、2.3GHz和2.6GHz频段。因此，未来运营商面临多频组网的挑战。在网络建设方面，可通过载波聚合方式解决多频组网问题，即通过聚合零散的频谱资源来提升频谱效率，预计到2016年所有多频LTE网络都将会支持载波聚合。在终端芯片方面，多频必然会提高终端成本和芯片设计复杂程度，这将是运营商多频组网面临的最大问题。

（二）VoLTE将在曲折中迎来快速发展期

VoLTE在承载全IP网络的语音业务方面拥有巨大优势和无限潜力，VoLTE的全面发展只是时间问题。首先，从无线网络演进趋势来看，2G/3G/4G多网络共存使得网络和运营的复杂度极高，这种局面最终将逐渐消失，网络全IP化的趋势不可阻挡，VoLTE语音解决方案能很好地适应IP化网络框架；从运营商的角度来看，VoLTE不再需要一个单独的语音网络，可极大提高网络效率，并进一步降低语音传输70%左右的成本，有益于运营商提高收益；从用户需求来看，用户对高清语音和视频通话的需求强烈，VoLTE可以借助LTE网络的优势缩短电话连接时间，提供更好的语音和视频质量，提高用户体验。多个主流运营商在2014年上半年已宣布VoLTE计划，同时随着VoLTE产业链的发展瓶颈逐步被打破，可能触发VoLTE的全面发展。据Strategy Analytics预测，2014年全球VoLTE用户产生的通话时长将占全球移动用户总通话时长的0.5%，到2018年该数字将增长到10%。

（三）数据业务资费策略愈加体现流量经营理念

LTE时代，运营商越来越重视将流量经营的理念渗透到增值业务资费策略中，通过流量的定向优惠，吸引用户使用运营商的移动互联网业务。

2012年3月，SK电讯宣布推出将用户年龄和使用形态一体化的专项服务——“移动Life Pack”，此举象征LTE服务的正式改革。原有LTE资费制度仅限于语音、数据和SMS等单一通信服务，而“移动Life Pack”则是将多种专项服务及信息与资费制度捆绑，提供一定的流量资费优惠，以便用户可以在日常生活中享受到LTE带来的全新业务体验。

DoCoMo也推出了增值业务打包服务——Osusume Pack，将100个左右流行的多媒体内容打包提供给用户，可不限流量接入，提供50GB容量的云存储和生活助手i-concier服务。

AT&T公司于2014年第一季度推出了“Sponsored data plan”（赞助数据计划），这是一个基于后向流量产品的新型资费模式。套餐允许应用提供商为用户使用移动终端产生的流量费用买单，使用户随时随地免费使用该公司的应用。凡是带有“赞助数据”图标的网站或应用，用户均可以随意访问而不必再担心产生流量费用。面向合作的赞助商，AT&T提供了功能强大的统一服务平台，该平台支持不同终端、操作系统，可以为赞助商企业提供计费、管理及分析工具。一是赞助数据服务十分丰富，支持赞助企业购置视频、音频、网页、文件、图像等各种

类别的数据；二是为赞助企业提供接入管理功能，帮助企业通过监控，更好地管理每一笔具体的支出；三是为赞助企业提供数据分析服务，帮助其查看和管理使用量、账单和收费等数据，以更好地了解每个赞助数据合约的效益。

（四）物移融合趋势深化，深刻影响未来产业发展

4G时代，物联网与移动互联网的融合趋势日益深化。当前，物移融合产业还处于发展的起步阶段，前景广阔但是市场化程度低。根据IDC预测，2020年全球物联网终端将达到250亿个，涉及智能建筑、公共设施、车联网、智能医疗等新兴市场。同时，相关领域的硬件和软件市场的门槛都在不断降低，通过产品和服务产生的数据信息价值在快速提升，价值创新的空间很大。

现在的物移融合市场还没有形成一个绝对的领导者，硬件企业、运营商、互联网企业，都试图在这个关键的时间窗口把握住机会，成为这一市场的领导者。当前，全球领先的运营商纷纷借助LTE技术开发新应用、新市场，尝试打造自己的物联网应用生态系统。运营商越来越重视将LTE用于汽车、金融、家庭安保和移动医疗等领域开拓物联网市场，如AT&T面向家庭市场推出数字生活服务，通过LTE网络及各种传感器（如玻璃破碎传感器、一氧化碳传感器、烟雾传感器等）实现视频监控、自动化控制及安全告警等服务，用户可通过智能终端、PC等多种终端进行控制；Verizon则开发了基于LTE的医疗手镯、用于救护车的LTE移动路由器等产品。

在开拓新市场的同时，运营商也注重打造自己的应用生态系统，如Verizon从LTE商用之初就与思科、爱立信、阿朗、三星等厂商共同成立了LTE创新中心，向开发LTE产品、业务和应用的第三方公司提供技术、人员、商用化以及资本支持，主要支持产品前期研发，包括概念验证、可行性研究、产品设计、原型机铸造以及实验室测试等，将业务创新的主导权下放给合作伙伴，不仅吸引了大批中小企业聚集，还使市场资本迅速向LTE产业汇聚。

（中国信息通信研究院　王彦龙）

TD-SCDMA 产业年度进展回顾

2014 年，中国移动的 TD-SCDMA 市场已经相当成熟，并且强化了 TD-SCDMA 和 TD-LTE 的共同发展，有力地推动了 GSM、WLAN、TD-SCDMA 和 TD-LTE 的四网协同。

一、成就最大 3G 网络，加强 TD-SCDMA 网络优化

（一）用户数量历史新高，成就最大 3G 网络

在"2014 中国 LTE 产业发展峰会"上，中国移动副总裁李正茂表示，经过 5 年的努力，TD-SCDMA 产业链取得了长足的发展与进步。数据显示，截止到 2014 年 10 月，TD-SCDMA 网络的用户数已超过 2.4 亿户，累计建设基站 54 万个。其中，中国移动的 3G 用户数在全国 4.82 亿的 3G 用户数中占比已超过 50%，圆满实现了"三分天下有其一"的发展目标。同时， TD-SCDMA 网络也已成为全球最大的单一 3G 网络。

TD-SCDMA 历史新增用户数据显示，2009～2014 年分别为 600 多万户、约 1 400 万户、3 100 多万户、约 3 700 万户、1.04 亿户、0.5 亿户，大致是逐年翻番的趋势，并且在 2013 年达到增长高峰，2014 年放缓，逐步让位于 TD-LTE 网络，如图 1 所示。

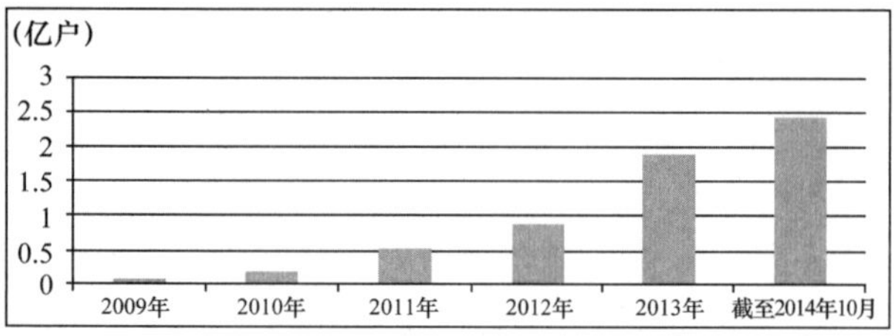

图 1 TD-SCDMA 历年用户数量

（二）技术持续创新，强化网络优化

自 2009 年 TD-SCDMA 网络商用以来，产业界进行的技术改进多达数百项，涵盖了产业链的各个环节和各个细节。目前，TD-SCDMA 网络基本实现了我国全部市地级、县市级以上县城及部分发达乡镇的覆盖，推动了系统设备在容量提升、性能提升、绿色节能等关键技术领域取得突破，核心技术指标已经达到国际领先水平。

针对 TD-SCDMA 及相应的各类关键技术问题，中国移动采取了一系列活动，2014 年解决各类问题超过 5 000 余个，对质量较差的站点进行剖析，排查设备故障，推动设备厂商创新，推动了无线管理平台等自主优化工具的应用等。

在推动 TD-SCDMA 创新方面，中国移动结合自身网络运营需求，并携手产业界，申请了几百项专利，创立了产业化测试方法体系，自主研发了关键测试设备，开创了产业化测试的先河，提出并规模应用了一系列业界领先的 3G 和 2G 网络融合及操作的技术标准。

二、发挥网络资源效率，确保数据业务感知

2014 年，中国移动将 TD-SCDMA 网络建设的重点放在了网络的优化与资源利用上，开展了一系列的优化工作。首先，持续优化 TD-SCDMA 网络结构，以减少 TD-SCDMA 网络重叠覆盖的情况，降低 TD-SCDMA 的网内干扰，力争为用户提供更好的数据业务体验。其次，开展了拆除空闲基站，为业务量过大的站点增加小区资源，为无覆盖区域增加网络资源覆盖等工作，充分发挥 TD-SCDMA 网络资源效率优势，以确保用户数据业务的感知。

在这一年中，中国移动很好地实现了提高 TD-SCDMA 系统的驻留比，并在确保数据业务感知、提升用户体验和提高设备利用效率等方面做出了卓

有成效的工作，更好地突显了TD-SCDMA精品网络的特点，为TD-LTE的大规模建设奠定了坚固的基础。

三、完成产业使命，验证国家战略

（一）推动行业自主创新，扶持国内企业发展

TD-SCDMA技术是我国通信产业探索自主创新的一次重要尝试，是我国首个拥有自主知识产权的国际标准，从网络建设、市场培育、终端产业等多方面推动TD产业迅速发展，实现了新编芯片、终端、系统、运营等全产业链的突破，打造形成了由本土企业主导、主要国际通信企业参与、具有国际竞争力的产业价值链，大大提升了我国通信产业的国际竞争能力。作为我国百年通信史上第一个拥有自主知识产权的国际标准，TD-SCDMA是我国通信行业自主创新的重要里程碑。

在发展TD-SCDMA的过程中，中国移动走了一条异常艰辛的道路，但在整个产业链的不懈努力下，TD-SCDMA最终取得了突破。中国移动牵头的“TD-SCDMA关键工程技术研究及产业化应用”项目荣获国家科技进步奖一等奖，这标志着带动我国信息通信产业的群体突破并提升中国信息通信产业基础工业国际竞争力的TD-SCDMA标准及其产业化在国家层面得到了认可和肯定。

过去，中国在很多技术领域的发展上奉行的是拿来主义，将在国外发达市场应用比较成熟的技术直接引入国内，快速实现普及推广，然而随着国内产业发展的不断提速，国外市场可以直接拿来的成熟技术越来越少，而且这些技术对于国内市场的需求也无法有效兼容适应，这就迫使国内需要加大研发投入，定向研发符合国内实际需求的新兴技术，这种研究性投入无法用短期的收益来衡量。

中国移动承担了发展具有自主知识产权的TD-SCDMA体制的国家重任，牵头建设并完善了TD-SCDMA网络，给大量中国企业提供了生存成长的机会。基于中国企业支撑TD-SCDMA研发的经验，从2008年之后，几家国外厂商在中国移动的市场份额被压缩到20%左右。华为、中兴等中国本土企业进入了企业的高速发展阶段，提升了在世界市场的竞争力。

（二）推动行业人才培养，拉动市场需求增长

在推动TD-SCDMA成熟的过程中，国内通信行业吸引、培养了一大批高质量的创新人才和制造工程师，这为国内ICT行业的长期发展和创新奠定了坚实的基础。从这个角度来说，TD-SCDMA承载的中国通信人的梦想和努力，无疑是成功的。

根据工业和信息化部统计数据，截至2014年年中，TD-SCDMA总投资达2 900亿元，销售收入超过1 800亿元，拉动GDP达3 000亿元，直接间接地创造了80万个工作岗位。

这只是TD-SCDMA产业价值的一部分，更重要的是TD-SCDMA对整个通信产业链的贡献。实践表明，TD-SCDMA网络为“3G自主创新、4G融入国际、5G引领国际”的持续创新发展奠定了扎实的基础。

四、继往开来：TD-LTE一周年

小荷才露尖尖角，早有蜻蜓立上头。在吸取了TD-SCDMA网络发展经验的基础上，其后续演进技术TD-LTE的建设也悄然进入了快车道。截至2014年10月底，中国移动已建成4G基站57万个，覆盖超过300个城市，基本实现县级以上城市和发达乡镇覆盖，人口覆盖率达到75%，并与美国、中国香港等27个国家和地区实现4G漫游，为越来越多的客户提供高速率、广覆盖的畅快体验。

TD-LTE网络的成功，离不开TD-SCDMA网络打下的良好基础；站在TD-SCDMA的肩膀上，TD-LTE网络将实现更快更好的发展。纵观2014年TD-SCDMA产业发展，可以清晰地看到，TD-SCDMA网络已经日臻成熟，并且在TD-SCDMA所打造的产业基础上，TD-LTE网络已经扬帆起航！

（中国移动通信集团设计院有限公司　赵培；中国移动通信集团公司信息安全管理与运行中心袁捷）

我国及国际 TD-LTE 产业发展分析

TD-LTE 是一种新一代宽带移动通信技术，是我国拥有自主知识产权的 TD-SCDMA 的后续演进技术，在继承 TDD 优点的同时又与时俱进地引入了 MIMO（多入多出技术）与 OFDM（正交频分复用技术）技术。相比于 TD-SCDMA，在性能方面，TD-LTE 在系统带宽、网络时延、移动性方面都有了跨越式提高；在应用方面，TD-LTE 是移动互联网的重要解决方案，能够满足用户移动无线宽带的需求，可以为用户提供高清视频下载、在线互动游戏、高清视频会议等丰富多彩的业务。

一、我国 TD-LTE 产业情况

2013 年 12 月，工业和信息化部向中国移动、中国电信和中国联通颁发了“LTE/ 第四代数字蜂窝移动通信业务（TD-LTE）”经营许可，这意味着国内 4G 牌照已经正式发放，我国移动通信正式迈入 4G 时代。

2014 年是中国移动 TD-LTE 部署加速、网络建设大规模向前迈进的一年。截至 2014 年 11 月底，中国移动的 TD-LTE 基站数已经超过 66 万个，覆盖超过 300 个城市，基本实现县级以上城市和发达乡镇覆盖，用户数突破 7 000 万，建成了全球最大的 4G 网络。2014 年年底，中国移动达到“双 7”目标，即基站数达到 70 万，用户数达到 7 000 万。2015 年，中国移动的 4G 基站建设数量将至少保持在 30 万个，预计 2015 年年底 TD-LTE 网络规模将达到 100 万个基站。

终端支持方面，2014 年 10 月底，支持中国移动网络的 4G 手机增加到超过 600 款，其中千元智能机从零起步增加到超过 300 款，200 多款定制手机和 M811、M812 等中国移动自主品牌终端陆续上市。数据卡、MIFI、CPE、数据卡、双卡手机、可穿戴等产品形态不断丰富，为用户提供了多种选择。

从 2014 年 4G 网络发展情况来看，TD-LTE 与 FDD LTE 的融合发展已成为必然趋势。继 2013 年 12 月工业和信息化部发放 TD-LTE 许可后，为了推动 LTE 融合发展，促进资源优化利用，2014 年工业和信息化部批准了中国联通和中国电信分别陆续在 41 个城市开展 LTE 混合组网实验。TD-LTE 与 FDD 的融合发展之所以广受关注，是基于以下几个事实：FDD 的频谱较为有限且带宽受限，低端频谱只能通过翻频获得，因此迫切需要 TD-LTE 的补充；将 FDD 和 TDD 对比还可以看到，FDD 上下行均衡，覆盖能力较强；TDD 上下行比例灵活，可集中于下行数据传送，适应移动互联网发展的需求。两者融合以后，能够利于把两种技术的优点发挥出来。

二、国际 TD-LTE 产业情况

TD-LTE 在全球发展势头迅猛。从 GSA 发布的 LTE 商用网络数据中可以看到，截至 2014 年 9 月 17 日，在全球 112 个国家的 331 个 LTE 商用网络中，TD-LTE 商用网络达到 40 个，遍布于 26 个国家。除此之外，还有 49 余张商用网络在计划部署之中。在已经部署的 40 张商用网络中，有 13 张 TDD 与 FDD LTE 的混合网络，见表 1。

根据统计（见表 2），全球范围内 TD-LTE 使用最为广泛的频段仍是 Band 40（2.3GHz 频段），其次是 Band 38 和 Band 41（2.6GHz 频段），Band 42（3.5GHz 频段）的商用网络也在近一两年内呈现出逐步增加的趋势。除此之外，全球各有一张商用网络分别采用 Band 39（1.9GHz）和 Band 43（3.7GHz 频段）进行部署。

表 1　截至 2014 年 9 月全球 LTE TDD 网络部署情况（来源：GSA“Status of the Global LTE TDD Market”，2014 年 11 月）

国家和地区	运营商	TDD 频段	组网方式
澳大利亚	NBN Co.	Band 40	TDD
澳大利亚	Optus	Band 40	FDD+TDD
巴林	Menatelecom	Band 42	TDD
比利时	b • lite	Band 42	TDD
巴西	On Telecomunicacoes	Band 38	TDD
巴西	Sky Brazil Services	Band 38	TDD
加拿大	ABC Communications	Band 42	TDD
加拿大	Sasktel	Band 41	FDD+TDD
中国	China Mobile	Band 39、40、41	TDD
中国	China Telecom	Band 41	TDD
中国	China Unicom Band	Band 40、41	TDD
哥伦比亚	DirecTV	Band 38	TDD
科特迪瓦	YooMee	Band 40	TDD
中国香港	CMHK	Band 40	FDD+TDD
印度	Aircel	Band 40	TDD
印度	Bharti Airtel	Band 40	TDD
印度尼西亚	PT Internux	Band 40	TDD
日本	Softbank	Band 41	FDD+TDD
马达加斯加	Blueline	Band 41	TDD
尼日利亚	Spectranet	Band 40	TDD
尼日利亚	Swift Networks	Band 40	TDD
阿曼	Omantel	Band 40	FDD+TDD
菲律宾	PLDT	Band 42	TDD
波兰	Aero2	Band 38	FDD+TDD
俄罗斯	Megafon	Band 38	FDD+TDD
俄罗斯	MTS	Band 38	FDD+TDD
俄罗斯	Vainakh Telecom	Band 40	TDD
沙特阿拉伯	Mobily	Band 38	FDD+TDD
沙特阿拉伯	STC	Band 40	FDD+TDD
南非	Telkom Mobile （8ta）	Band 40	TDD
西班牙	COTA Murcia4G	Band 38	TDD
西班牙	Neo-Sky	Band 42	TDD
斯里兰卡	Dialog Axiata	Band 40	FDD+TDD
斯里兰卡	Lanka Bell	Band 40	TDD
斯里兰卡	SLT	Band 38	TDD

（续表）

国家和地区	运营商	TDD 频段	组网方式
瑞典	3 Sweden	Band 38	FDD+TDD
乌干达	MTN	Band 41	TDD
英国	UK Broadband	Band 42、43	TDD
美国	Sprint	Band 41	FDD+TDD
瓦努阿图	WanTok	Band 40	TDD

表 2 截至 2014 年 9 月全球 LTE-TDD 商用网络频率使用分布统计（来源：GSA“Status of the Global LTE TDD Market”，2014 年 11 月）

3GPP 频段号	对应频段	TD-LTE 商用网络数量
40	2.3GHz	18
38	2 570～2 620MHz	10
41	2 496～2 690MHz	8
42	3.5GHz	6
39	1.9GHz	1
43	3.7GHz	1

根据 GSA 统计，截至 2014 年 10 月，全球已推出了 644 款 TD-LTE 终端。从终端类型来看，包括 269 款智能手机、215 款路由器、85 款 USB 调制解调器、37 款模块、31 款平板电脑、6 款 Femtocell 和 1 款相机等。终端支持度最高的频段为 Band 40（2.3GHz），共计 427 款终端支持；其次为 Band38（2.6GHz 频段），支持此频段的终端共计 422 款；支持 Band 41（2.6GHz 频段）的终端共计 261 款；支持 Band 39（1.9GHz 频段）的终端目前达到 250 款；终端支持度最低的频段为 Band 42/43（3.5/3.7GHz 频段），目前仅有 26 款终端支持。随着 TD-LTE 网络部署在全球范围内的进一步发展和推进，可以预计未来 TD-LTE 的终端形态和数量越发丰富。

（中国移动通信集团设计院有限公司 徐晓燕；中国移动通信集团公司信息安全管理与运行中心 袁捷）

4G的发展分析

自2009年全球首张4G LTE商用网络开通以来，LTE经历了最初萌芽期，目前已经进入了快速规模发展期。截至2014年9月底，共有112个国家和地区开通了331张LTE商用网络，已超过3G网络的一半，4G用户达到3.7亿户，相比2013同期增长率达到140%，LTE用户发展彻底进入爆发阶段。随着LTE发展步伐加快，全球LTE市场已经培育出如Verizon、AT&T、NTT DoCoMo、SK电讯、软银、KDDI、韩国电信和LG U+等发展较为领先、成熟的运营商，这些运营商在4G网络运营方面都有可圈可点之处，如充分利用LTE的高速率、大宽带、低时延的特性推出创新型应用，以应对OTT的挑战，如高清视频、虚拟增强游戏和语音自动翻译等。截至2014年10月上旬，最能标志产业成熟度的LTE终端产品数量达到2 218款，智能手机已超过千款，手机价格以前所未有的速度下降，人民币千元机甚至美元百元机大量出现，说明LTE芯片和终端产业链已完全成熟，进入到规模发展阶段。

2013年11月，工业和信息化部公布了我国TD-LTE的频谱划分结果，2013年12月我国4G牌照正式发布，这意味着拉开了我国4G商用的序幕。目前，我国已快速进入4G大规模建设期，三大运营商展开了激烈的竞争，主要是网络建设的投资。未来三年内，国内LTE累计投资额有望突破3 000亿元，其拉动的投资规模将可能达到万亿级。

一、LTE商用网络持续扩张，亚太成为增长主要推动力，频谱规划不断为网络建设释放活力

截至2014年9月底，共有112个国家和地区开通了331张LTE商用网络，已超过3G网络的一半，4G用户达到3.7亿户。受经济危机影响的欧洲，由于对新型移动应用需求低迷，在4G时代出人意料地衰落为“后进地区”，截至9月，只拥有全球4G用户的12.8%。亚太和北美作为移动互联网发展最为充分的地区，占据了4G用户82.3%的份额。而亚太已经以43.3%的占有率超过北美，成为4G用户最多的地区，且未来发展空间仍然巨大。

同时，各国仍在积极规划新频谱或者通过频率重耕释放原有频谱资源为LTE提供丰富的频谱资源，1 800MHz已经成为目前LTE部署最广泛的频段，APT700MHz将成为未来频谱关注焦点。据GSA统计，截至2014年2月14日，全球LTE商用网络中有43%的网络部署于1 800MHz频段，覆盖包括日、韩、澳等在内的61个国家，成为LTE部署最广泛的频段；2.6GHz（band 7）频段的次之，其比例达到27%。此外，全球有16%的LTE商用网络部署于700MHz，主要集中在LTE发展较为成熟的北美地区。2014年2月23日，由主流移动运营商、政府通信监管机构以及终端芯片厂商共同推进成立了全球700MHz产业联盟（Global 700M Alliance），这意味着APT700MHz频段将成为LTE商用部署最多、LTE生态系统最为成熟的频段之一。

二、4G技术持续升级，语音解决方案成为亮点，设备和终端产业竞争日趋白热化

目前绝大部分国家（包括我国）部署的4G都是LTE R9版本，在发展较快的国家有少数运营商开始部署LTE-A R10的部分功能，如载波聚合和VoLTE。但LTE-A仍将向R11-R13等更高版本演进，高阶MIMO（多天线技术）、LTE-Hi、三维MIMO、LTE-U等多种4G增强技术的研发和产业化将成为全

球移动通信企业决死必争的制高点。LTE-A商用步伐的加快，将进一步大幅提高4G网络传输速率。全球LTE领先运营商已积极开展LTE-A网络建设，进一步提升网络性能。根据GSA统计，截至2014年5月，全球共有5家运营商推出了基于载波聚合技术的LTE-A商用网络，另有超过40家运营商已部署LTE-A试验网络。英国运营商EE的LTE-A网络下行峰值速率已达到300Mbit/s；LG U+已经开通3载频载波聚合的LTE-A网络，下行峰值速率最高可达450Mbit/s；韩国SKT和KT也计划在2014年推出下行峰值速率达300Mbit/s的LTE-A网络。

目前，业界有3种不同的LTE语音解决方案——基于双待机终端方案、CSFB和VoLTE。CSFB是目前LTE运营商主流的语音解决方案。CSFB方案技术实现简单，对原有网络的改造量小，但是延迟相对较大，众多WCDMA运营商更倾向于选择CSFB作为LTE语音过渡方案。我国中国移动的TD-LTE网络目前也采用CSFB作为语音解决方案。VoLTE是运营商在LTE发展较为成熟时解决LTE语音业务的终极方案。与前两个方案不同的是，VoLTE完全不需要2G/3G网络的支持即可实现基于分组域的语音、视频通信业务，但VoLTE是基于IMS（IP多媒体子系统）的语音业务，需要在LTE网络上部署IMS系统。VoLTE可利用LTE的高频谱利用率、抗衰落性、高带宽等优点，实现高清语音和更短的呼叫时延，提升LTE的用户体验，加速推动用户从2G/3G向LTE的迁移。在LTE发展的初中期，运营商需要采用SRVCC以保证语音业务的连续性，在LTE发展较为成熟的时期，运营商可采用全VoLTE方案。目前，虽然VoLTE是发展趋势，但是进展较为缓慢。据GSA数据显示，截至2014年5月，全球已有8家运营商提供正式VoLTE商用业务，分别是韩国的SK电讯、KT、LG U+，美国的T-Mobile和AT&T，中国香港的HKT和香港和黄3公司，以及新加坡的SingTel。

据ABI Research报告显示，尽管整体无线基础设施市场继续呈现下滑趋势，但是LTE基站的销售却保持稳定增长，2013年LTE系统设备支出估计达123亿美元，基站的投资规模在2014年将进一步提高，亚太地区的日本、韩国和中国到2015年将拥有最大的LTE基站部署量，西欧和北美的部署速度稍缓，将排在次位。设备制造商方面，Infonetics的数据显示，引领着LTE及LTE-Advanced标准专利的爱立信和华为的LTE设备市场份额最大，2014年爱立信和华为的市场份额将近60%；中兴、诺西和阿朗3家企业的LTE设备市场份额均在12%左右，居于第二集团。未来3年，爱立信和华为继续保持其LTE设备市场的主导地位，两家企业市场总额稳定在60%左右；中兴成为全球增速较快的LTE系统设备供应商，未来市场份额将在15%左右；诺西也将保持较为稳定的市场份额，LTE系统设备市场的竞争仍将激烈，如图1所示。

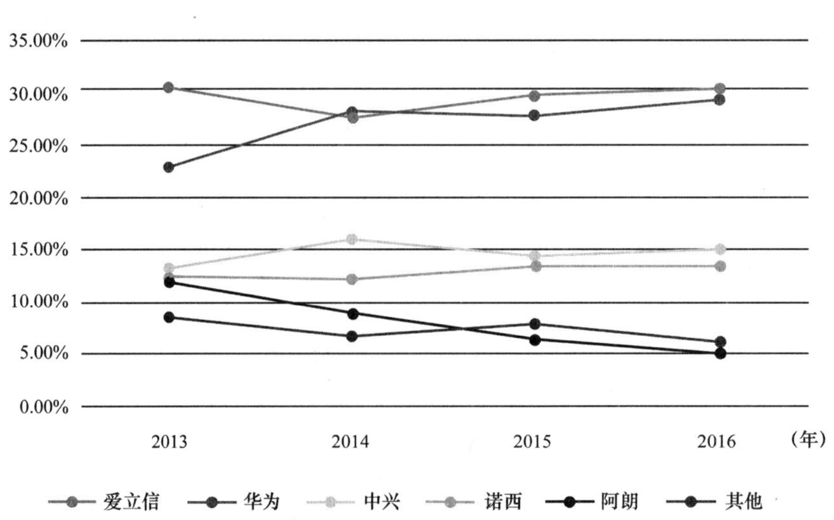

数据来源：Infonetics Research

图1 全球LTE设备供应商市场份额预测（以收入份额计）

目前，参与LTE终端基带芯片研发的厂商将近20家，远远超出2G/3G的厂商规模。目前，高通完全主导LTE设备芯片市场，全球设备制造商发布的1 563款LTE用户设备中，超过80%的LTE设备采用高通芯片，涉及厂商包括三星、LG、索尼、宏碁与华硕等。目前，频段不统一是当今全球LTE终端设计的最大障碍，LTE终端芯片需要支持LTE-FDD、TDD-LTE、WCDMA、HSPA+、TD-SCDMA、cdma2000和GSM等多种移动通信制式，支持频率从700MHz到3.5GHz等40多个频段。多模多频终端可提高规模经济，并增加LTE服务国际漫游的机会，多模多频必然成为未来终端芯片发展的主流。

全球移动芯片市场呈现"三阵营"竞争格局。处于第一阵营的国际领先企业在技术、产品、上下游、市场和IPR等方面拥有雄厚的综合实力，稳固占据高端，拥有4G市场80%的份额。我国部分企业处于第二阵营，在2G、3G中低端市场建立了较好的技术和产品研发、产业和市场服务等基础能力和影响力，但在4G先进技术和高端产品研发、上下游整合能力、市场控制力等方面还有明显差距。而我国的其他一些企业正在成为移动芯片的新兴力量，在技术上采取跨越战略，历经几年的巨大投入和埋头积累，已经建立起了先进的4G芯片开发和设计能力，弱势在于缺少作为开放芯片供货商的市场经验和服务体系。

三、中国成为全球4G发展的最大亮点，国内已经进入4G大规模建设期，并为"走出去"战略提供了难得机遇

2014年，中国成为全球4G发展的最大亮点，我国启动4G商用短短10个月时间，已经成为4G发展新的核心。在中国经济发展由高速进入中高速阶段的"新常态"之下，中国4G产业全面发展，大大加快了移动互联网、物联网、云计算、大数据、智慧城市等网络体系的建设进程，并逐步融入中国的产业与经济发展，对推动中国经济的转型升级起到了举足轻重的作用。

网络建设及运营突飞猛进。截至2014年12月，中国移动在内地超过340个城市开通4G网络业务服务，中国电信及中国联通获批开展LTE FDD/TD-LTE混合组网的城市也分别达到56个；2014年三大运营商累计建设4G基站接近100万个，4G用户规模超过9 000万户。

TD-LTE系统设备主导市场。随着中国移动TD-LTE标准制式4G网络快速建设的进程，以及中国电信、中国联通LTE FDD/TD-LTE混合试验网络的建设，中兴、华为等国内厂商成为三大运营商系统设备的主流供应商，爱立信、诺基亚、阿朗等国外厂商也积极参与网络建设，TD-LTE设备占据2014年中国移动通信设备的主要份额。

终端产品种类及容量迅猛增长。随着4G网络全面商用及硬件成本逐步降低，中国智能手机产业进入高速发展阶段。在三大运营商及手机厂商的共同努力下，LTE终端的种类及出货量快速增长，全频多模手机及各类数据终端同步发展，国内品牌全面爆发，国外品牌的优势仅体现在高端市场。

4G建网规模史无前例，2014年中国三大运营商在4G网络建设的投资超过2 500亿元。作为全球移动通信用户最多的运营商，中国移动2014年在4G网络建设上的投资达到2 000亿元；中国电信2014年全年资本开支为803亿元，其中用于建设4G网络的资金达到400亿元；中国联通2014年4G网络建设投资达到100亿元。

截至2014年12月，中国移动4G网络基站规模达到70万个，中国电信及中国联通的4G网络基站规模超过20万个，三大运营商4G网络基站规模接近100万个。中国移动在两年内建成全球基站规模最大的4G网络，在全球移动通信发展史中，其资金投入、建网速度、基站规模均达到史无前例的水平。

4G用户规模跨越发展。截至2014年12月，三大运营商4G用户规模达到9 000万户，中国移动的4G用户突破8 000万户，占全国4G用户量的90%，成为全球4G网络用户数量最多的运营商。

2014年，三大运营商在4G网络设备上的投资超过2 500亿元，中国移动在TD-LTE网络建设的投资达到2 000亿元。在全球移动通信市场发展速度日趋平缓的环境下，中国4G网络的大规模建设，给全球主流的移动通信系统设备厂商注入了活力，并进

一步巩固了华为、中兴等国内厂商在全球移动通信系统设备市场中的领先地位，设备厂商喜获大单。

2014 年，中国 4G 网络设备占据移动通信设备整体市场的份额超过 80%，基于中国移动 4G 网络建设进程的加快，TD-LTE 网络设备占据 4G 网络设备整体市场的份额也超过了 80%。

中外企业竞合发展。自 2012 年以来，中国移动进行了三次大规模的 4G 网络设备招标，中国电信及中国联通分别进行了两次较小规模的 4G 网络设备招标。截至 2014 年年底，国内厂商及国外厂商在中国三大运营商 4G 网络设备市场的份额分别为 70% 及 30%。2014 年 5 月公布的中国移动 TD-LTE 网络二期集采招标结果显示，按各厂商提供的载频数占据份额统计，国内厂商的份额为 74%，比一期集采份额有明显增长。

在华为、中兴等国内厂商大力拓展国内 4G 网络设备市场的同时，爱立信、诺基亚、阿朗等海外企业也积极参与了中国三大运营商 4G 网络的建设。2014 年 10 月，诺基亚与中国移动签署了包括 TD-LTE 网络设备在内的 9.7 亿美元供货合同，表明国外厂商将继续拓展中国内地的 TD-LTE 设备市场。

运营商集采催生市场。2014 年三大运营商在加快 4G 建设的同时，也加大了 4G 终端的集采力度。其中，中国移动 4G 智能手机集采数量超过 4 000 万部，TD-LTE 终端的销售量超过 1 亿部；中国电信手机集采数量达到 6 000 万部，手机销量达到 9 000 万部。

自 2014 年 9 月，国内 4G 手机出货量已经超过 2G 和 3G 手机出货量的总和，4G 手机成为国内手机市场的主流产品。工业和信息化部数据显示，2014 年 1～11 月底，4G 手机出货量累计达到 1.4 亿部，上市 4G 手机新机型 718 款，占同期上市新机型的 36.8%，五模 4G 手机价格降至 800 元，三模 4G 手机价格降至 400 元。

2014 年 1 月，中国移动与苹果公司终于达成合作，推出了支持 TD-SCDMA 及 TD-LTE 标准制式的 iPhone5s。2014 年 9 月发布的 iPhone6/iPhone6 plus，则支持中国移动的 TD-LTE 标准。国内主要手机厂商，均推出多款支持中国移动 TD-LTE 网络的产品。目前，全球已有 129 家终端厂商参与到中国移动 TD-LTE 终端产业链，支持 TD-LTE 的手机终端已经由最初的 20 余款增至 617 款，其中千元智能机达到 360 款，占比达到 60%。4G 手机最低价格降至 399 元，中国移动自主品牌 M811、M812 终端也已上市，数据卡、MiFi、CPE、双卡手机、可穿戴设备等产品形态不断丰富，为客户提供了多种选择。

截至 2014 年 9 月，共有 13 个国家部署了 39 张 TD-LTE 商用网络，用户突破 5 400 万户，达到全部 4G 用户的 14.6%。TD-LTE 已经成为全球 TDD 运营商部署宽带移动通信的最佳选择，全球 WiMAX 产业已明确将 TD-LTE 作为演进路线。这给我国移动通信产业在国际上的发展壮大提供了一个难得的突破口和舞台，目前我国企业已占据了全球 TD-LTE 网络设备 70% 的市场份额。TD-LTE 研发产业化采用了开放、国际化的发展思路。截至 2014 年 10 月，中国移动发起成立的 GTI（全球 TD-LTE 启动）论坛已经拥有 114 个运营商成员和 95 个制造商成员。

四、LTE 未来发展仍面临众多挑战

TD-LTE 标准与 LTE FDD 标准同步演进，且可为大量 TDD 频谱资源提供高效的使用方案，已在国际上被广泛认可。在目前部署的 TD-LTE 的 39 个运营商中，有 13 个采用 TD-LTE/FDD 融合组网，且囊括了 TD-LTE 产业阵营中所有网络规模较大、影响力较强的大型运营商。因此，运营商采用何种方式融合组网，TD-LTE 在融合网络中处于何种地位，对 TD-LTE 国际化发展前景将产生决定性的影响。首先绝大部分运营商仍将 TD-LTE 作为 3G/LTE FDD 网络的“补充数据通道”使用，这使得 TD-LTE 网络规模明显小于 LTE FDD。我国如果能在融合组网方面做出良好示范，可对全球施加正面影响。其次，相比 LTE FDD，TD-LTE 产业链整体实力仍显薄弱。在全球市场上已经有的 1 563 款 LTE 终端设备中，支持 TD-LTE 的终端数量不足 400 款。最后，FDD 阵营正在积极推进“单独下行”非对称频谱载波聚合方案，即建议在 3.5GHz 等新兴的 TDD 频谱，配置成 10:0 或 9:1 配比，这种分配方式名为 TDD，实际上无法部署独立的 TD-LTE 系统，这种方案主要是

已经拥有LTE FDD系统的运营商，希望将新分配的TDD频谱仅仅用于FDD系统，进行下行数据补充，这种方案一旦在LTE产业界获得认可，将对TD-LTE发展将产生重大负面影响。因此，我国要发展好TD-LTE，不但要注重自身网络建设和产业链完善，还需要引导TD-LTE/FDD融合发展，并利用国际舞台积极提升TD-LTE的国际影响力。

LTE商用发展将是一个较为漫长的过程，运营商原有网络升级与LTE网络建设仍将是长期共存的过程。因此，实现网络平滑演进，提供多种网络的融合能力，解决TDD/FDD与2G/3G的互操作及网络重选等问题，是运营商推进LTE建设时必须面对的一个重要问题。同时，把握3G和4G的发展节奏是我国运营商面临的一个现实问题，首先，LTE是3G性能上的演进与升级，3G市场发展的成熟能够促进LTE快速发展。美、日、韩3个国家在开始LTE商用时，3G用户渗透率都非常高，尤其是日本和韩国，分别达到了88%和79%。一方面，3G市场的成熟可以为LTE发展培育庞大而优质的用户群体；另一方面，3G市场的成熟使美、日、韩的运营商有更多的精力专注于LTE建设。其次，运营商需要从自身考虑，综合评估其自身技术演进路线、3G发展现状和财务情况，平衡好3G和LTE之间的关系，避免背上沉重的投资负担，并造成投资浪费。以欧洲为例，虽然欧洲商用LTE最早，但是高额的3G投资和漫长的回报周期削弱了欧洲运营商发展LTE的积极性，导致现在欧洲的LTE网络规模都较小，成为鸡肋。因此，我国运营商应及时灵活地调整LTE发展规划，把握发展规律，切勿盲目扩张LTE网络，也勿错失LTE发展关键节点。

随着LTE的大规模商用，LTE的良性发展不仅需要完善和提升网络质量，还需要网络、市场和终端的协同，其中突出表现之一就是4G的资费问题。目前消费者对4G的最大担忧在于资费，而平民化的资费才是4G普及的前提。早前流行的“一夜不关4G网络，房子归移动”的段子让部分用户对4G望而却步，这反映出流量的定价高于公众的普遍预期，造成了运营商4G业务在舆论上的被动，一定程度上对4G的推广产生了负面影响。除此之外，用户体验是LTE能否快速发展的重要指标，移动互联网时代更是面临OTT的威胁。目前，除了LTE语音解决方案不统一之外，LTE的其他业务应用也相对单一。LTE目前典型的业务应用主要集中于高清视频，但这种高清视频因为终端等因素并未被用户所广泛接受，且其他吸引人眼球的3D地图导航、3D在线游戏等仍处于酝酿阶段。因此，LTE需要在物联网和移动互联网发展融合之际，不断进行业务创新，发挥4G大宽带、低时延、高速率的优势，创造出更多新业态。

（中国信息通信研究院　王彦龙）

移动芯片产业发展分析

一、移动芯片产业发展现状

（一）LTE 成为拉动移动芯片产业发展的主要力量

在全球各国电信监管部门、运营商和设备制造商的共同推动下，LTE 的产业化和商用化发展迅猛，LTE 产业链迅速成熟。GSA 数据表明，截至 2014 年 9 月，全球 168 个国家的 584 个运营商参与部署 LTE 网络，其中 331 个 LTE 网络正式商用，如图 1 所示。截至 2014 年第 3 季度，全球 LTE 用户数已达 3.7 亿户，年底可达 4 亿户，远超过年初 3.35 亿户的预期，如图 2 所示。

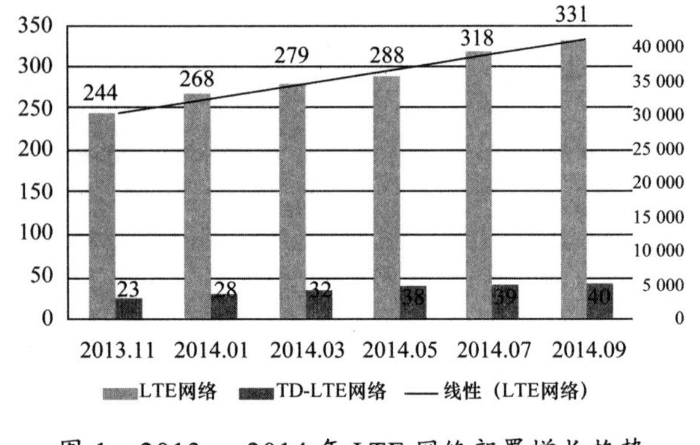

图 1　2013 ~ 2014 年 LTE 网络部署增长趋势

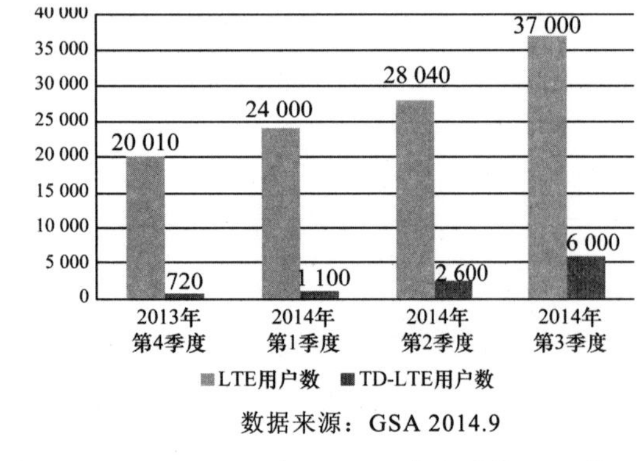

数据来源：GSA 2014.9

图 2　2013 ~ 2014 年 LTE 用户发展情况（单位：万户）

LTE 网络和用户的爆发增长，推动 LTE 终端芯片产业链快速成熟，截至 2014 年 9 月，LTE 终端数量达 2 218 款，其中智能手机超千款，达 1 045 款，如图 3 所示。工业和信息化部的统计数据表明，2014 年 10 月全国 4G 手机出货量 2 126.1 万部，达到了全部手机出货量的 63.3%，3G 手机出货量占比则下降到了 21.3%。

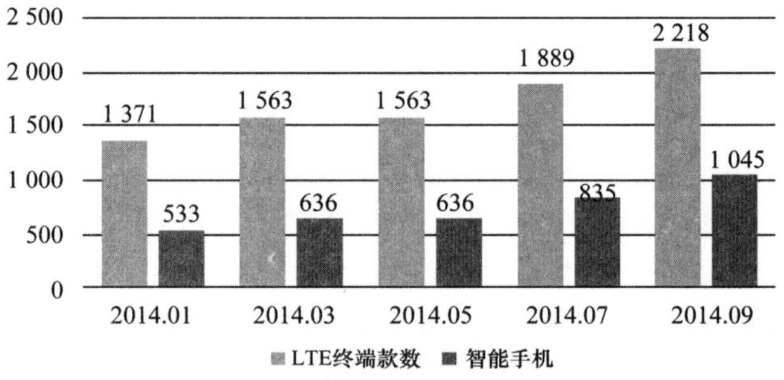

数据来源：GSA 2014.10

图 3　LTE 终端增长趋势

（二）全球移动通信芯片市场趋于集中

综合多家机构的研究数据，全球移动通信市场在 2014 年取得超过 5% 的增长，芯片总出货量将超过 23 亿颗，营收超过 210 亿美元。其中，市场需求逐渐向 3G 和 4G 市场芯片集中。2014 年 3G 移动芯片（含 TD-SCDMA、WCDMA 和 cdma1x）出货将超过 10 亿颗，占据近 43% 的市场份额。LTE 芯片依然快速增长，出货量将超过 5.6 亿颗，比上年增长 76%，占据 24% 的市场份额。3G 和 4G 移动芯片合计占据了 2/3 的市场份额。随着移动芯片在多模支持能力和工艺水平方面日益提高，行业门槛不断抬高，市场渐成少数芯片企业的舞台。高通、联发科等少数企业凭借在产品和服务方面的市场优势地位，市场份额逐步提高，其他厂商生存空间被极大压缩，多家国际知名芯片厂商（如 TI、博通等）纷纷选择退出。

（三）国内移动芯片市场取得一定突破

从多家机构给出的移动基带芯片市场出货量统计和预测数据看，国内芯片企业展讯市场排名继续提升。凭借在 TD-SCDMA 方面的技术优势和市场份额，展讯在2013年移动基带芯片市场占比中超过Intel，位居全球第三，并于2014年继续保持该位置。2014年展讯在全球基带芯片出货量大于3.5亿颗。

我国TD-LTE牌照的正式发放，也为国内移动芯片企业在LTE市场的发展带来助力。凭借在LTE、TD-SCDMA、WCDMA领域的技术积累，海思已于2012年与高通同期推出支持5模多频的LTE基带芯片，并在2013年年底将芯片工艺由40nm提升至28nm。展讯、联芯等国内芯片企业，均已推出28nm或40nm的LTE多模基带芯片，并达到商用水平。

二、我国移动芯片产业发展趋势

在LTE进入商用发展期之后，LTE-Advanced（LTE-A）技术成为提升终端芯片性能，适应新应用的技术演进方向。同时，制式和频段的多样化，也为移动芯片的发展提出了需求，指明了方向。

（一）多模多频仍是移动芯片研发的核心需求

移动通信2G/3G/LTE等多制式将长期并存，全球各个国家和地区通信制式的多样化及频段组合的多样化也会长期存在。国际主流芯片厂家均已开发出5模多频芯片产品。终端芯片支持5模甚至6模10个频段以上将是芯片企业满足市场需求和最大化规模效益的主要方向。截至2014年10月，在国内获得进网许可的634款4G手机共有11种模式组合。TD-LTE/TD-SCDMA/GSM 3 模、TD-LTE/LTE FDD/WCDMA/GSM 4模制式、TD-LTE/LTE FDD/ cdma2000/cdma 1x/GSM 5模制式三类手机占比最高，见表1。

表1　我国各种制式4G手机进网累计款数（截至2014年10月，来源：工业和信息化部电信研究院）

电话机	支持网络制式	小计
仅支持TD-LTE	TD-LTE/TD-SCDMA/GSM 3 模制式	443
	TD-LTE/TD-SCDMA/WCDMA/GSM 4 模制式	42
	TD-LTE/WCDMA/GSM 3 模制式	5
	TD-LTE/cdma2000/cdma 1x/GSM 制式	1
	TD-LTE/cdma2000/cdma 1x 制式	1
	小计	492
同时支持TD-LTE和FDD LTE	TD-LTE/LTE FDD/WCDMA/GSM 4 模制式	57
	TD-LTE/LTE FDD/cdma2000/cdma 1x/GSM 5 模制式	52
	TD-LTE/LTE FDD/TD-SCDMA/WCDMA/GSM 5 模制式	19
	TD-LTE/LTE FDD/cdma2000/cdma 1x 4 模制式	9
	TD-LTE/LTE FDD/TD-SCDMA/WCDMA/cdma2000/cdma 1x/GSM 7 模	4
	TD-LTE/LTE FDD/WCDMA/cdma2000/cdma 1x/GSM 6 模	1
	小计	142
总计		634

（二）LTE-Advanced成为主要演进方向，推动芯片工艺进一步升级

LTE-Advanced可有效地提高移动终端芯片的数据传输速率，更好地满足快速增长的移动互联网业务需求。从典型运营商上架终端的监测数据看，声明支持LTE-A的终端已有224款，如图4所示。国内企业海思于2014年下半年推出了支持LTE-A的芯片产品，而国内其他芯片企业，计划于2015年推出支持TM9和CA的LTE-A芯片产品。

为满足LTE-A的技术要求，基带和射频芯片需提升对大数据量的接收和处理能力，同时需平衡成本和功耗性能。虽然28nm工艺可较好满足LTE类型3（Cat3）和类型4（Cat4）终端芯片的需求，但从功耗、性能和芯片面积角度，更高能力等级（Cat6及以上）的终端芯片对20nm甚至16nm工艺节点提出了要求。

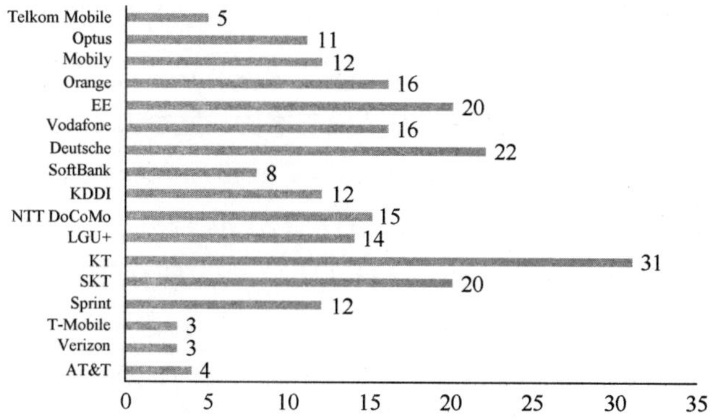

数据来源：工业和信息化部，2014.11

图4　国际典型运营商上架LTE-A终端款数（截至2014.11）

（三）芯片集成和一体化成为移动芯片发展的新趋势

随着终端支持的频段数量不断增加，射频芯片需要提供更多的发射/接收通道，并集成更多的射频前端器件。体积、性能、干扰成为越来越大的技术挑战。前端器件宽频化、集成化（PA、开关、滤波器等）设计，成为射频前端器件的发展趋势。基带芯片和应用处理器共同构成的片上系统（SoC）方案，基带和射频一体化方案，将继续在降低芯片成本和终端设计难度方面发挥重要作用。

（四）移动芯片企业向着合并和深入合作的方向发展

由于进入门槛低，大多企业选择 Fabless（无晶圆）模式，而芯片设计企业的迅速出现和成长，导致其产业竞争也越来越激烈。近期，高通收购英国芯片设计公司 CSR，以加强其在蓝牙、物联网领域的技术实力；Intel 公司与瑞芯微展开合作，联手进入移动通信领域。国内紫光集团接连收购了本土优秀的两家芯片设计企业展讯和锐迪科，实现优势互补，提出了打造世界级芯片巨头的目标。国内芯片企业未来可考虑在本土企业间开展深入合作，强强联合，扬长避短，以期在国际竞争中有所突破。

三、我国移动芯片产业发展面临的挑战和问题

尽管国内厂商已积极加大对 LTE 产业的投入和研发力度，但从目前已有的市场看，最先进移动通信制式的终端芯片市场仍被发达国家的几家主流企业主导。我国移动芯片产业整体竞争实力与国际移动芯片产业的差距仍然比较明显。

（一）关键技术能力缺失或落后、竞争力不足

在国家扶持和培育下，我国芯片企业大多在 TDD 领域（TD-SCDMA、TD-LTE）优势明显，但在 FDD 领域（WCDMA、LTE FDD）等方面存在短板。在向 LTE-Advanced 能力的发展中，为了提升移动终端芯片处理能力，芯片工艺的提升成了必然方向。从国际芯片市场来看，28nm 芯片已是 LTE 终端芯片的主流，领军企业已经向 22nm/16nm 迈进，而我国芯片企业除海思等个别企业外，大多要到今年年底或明年年初才有 28nm LTE 多模商用芯片面市。

（二）射频芯片企业关键元器件“空心化”现象严重

在国家政策的扶持和引导下，国民技术、锐迪科、广晟等一批具有较强技术能力的射频芯片设计企业发展迅速，并推出 TD-LTE 射频芯片产品，支持多模多频能力，满足商用要求。但大部分关键元器件均需依赖进口，产业“空心化”现象严重。国内材料工艺水平落后，元器件领域国外巨头专利壁垒严密，对我国产业突破核心技术造成了很大困难，严重制约了我国移动通信元器件的设计、研发和生产。同时，元器件企业多采用自己设计、自己生产的方式，产品研发投入大（上亿量级），我国企业普遍规模小，实力弱，亟须国家扶持。

（三）移动芯片企业面临较大的核心知识产权风险

以移动应用处理器芯片为例，我国芯片企业多采用 ARM 授权，而使用 ARM 公司的技术设计的芯片产品包括软核、硬核及架构，需要向 ARM 公司交纳一次性授权费，并且以后销售的每颗芯片均需缴纳一定的版权费。这些授权和版权费用的支出，不但增加了我国移动芯片企业产品的成本，而且加重了对国外 IP 核的依赖程度，在一定程度上降低了芯片产品的核心研发能力和市场竞争力。

当前，随着移动互联网和智能终端的发展，全球集成电路产业进入重大调整变革期。在新的历史时期下，国务院于 2014 年 6 月印发《国家集成电路产业发展推进纲要》（以下简称推进纲要），指导我国集成电路产业发展，加快产业实现升级转型。移动芯片，是目前集成电路产业发展的引擎和国际竞争与技术创新的热点，也是我国初步实现集成电路核心技术和市场应用的双重突破的重心。我国移动芯片企业应抓住此次难得的历史发展机遇，借助政策支持，利用市场优势，缩短核心技术短板，加强产业链各环节的协同，争取实现赶超。

（中国信息通信研究院　李文宇　宋丽娜　亓瑞倩）

移动网站的现状和发展趋势

2015 年 1 月 21 日，百度发布的《2015 年中国移动网站趋势报告》（简称《报告》）对未来移动网站发展的预测显示，2015 年适配移动设备的移动网站需求缺口最大的将会是生活服务、教育培训和新闻资讯，这三大板块将成为移动搜索的 3 个极，驱动整个生态的高速成长。

一、2015 年移动站点的三大“风口”

《报告》数据显示，移动搜索用户需求日益本地化和即时化：本地化意味着越来越多的用户需求在寻找本地资源，这与移动端对生活服务需求增强有关，而生活服务本身都带有地域和位置的属性，用户选择上更倾向于本地网站；即时化则意味着用户高时效性的需求越来越多，同时用户也更倾向于选择最新的内容。

在 2014 年，以语音搜索、图像搜索为代表的融合了新技术的移动搜索方式获得了越来越多用户的青睐，其增幅超过了移动搜索大盘。这一增长迹象对站长来说尤为重要，适时在某些应用和服务中引入创新交互技术，有助于站长抢占先机，获取更多的用户。

通过对 2014 年的移动端用户需求及整体资源的变化趋势进行分析，《报告》预计 2015 年需求缺口最大的类目将会集中在生活服务、教育培训与新闻资讯 3 个领域。这与上面提到的移动搜索用户需求的本地化和即时化有非常直接的联系。未来的移动站点针对这 3 个领域发力，就有可能站在移动互联网的“风口”上。

二、百度移动搜索日导流达 10 亿量级

《报告》指出，2014 年全年，百度收录的移动网站数量较 2013 年增长 105%，而百度移动搜索日导出 Web 流量达 10 亿量级，包含教育培训、生活服务、人物、新闻资讯在内的 4 个领域的搜索需求增幅均超过 100% 并跑赢移动搜索大盘，而以语音搜索、图像搜索为代表的以新技术驱动的搜索方式在增幅上也超过了移动搜索大盘。

根据市场调研公司第一象限提供的数据，百度依然以 79.8% 的市场份额牢牢占据移动搜索市场的领跑地位。《报告》显示，尽管在 2014 年智能手机日活跃用户数增长放缓，但百度移动搜索日响应请求数依然保持着高速的增长，其每天向第三方导出的 Web 流量已达到 10 亿量级。

百度移动搜索生态势能的爆发，还与用户的需求和行为变化紧密相关。《报告》显示，在 2014 年，移动搜索用户搜索次数增长最快的类目集中在教育培训、生活服务、人物和新闻资讯四大领域。其中，在线教育的用户搜索次数增幅最大，达到 191%；其次是生活服务增幅为 142%，其中细分领域的电影票异常迅猛，达到 194% 的增幅；排在第三、第四位的是人物和新闻资讯，增幅均跑赢移动搜索大盘。

领先的市场地位和用户基础让百度的移动搜索生态优势大幅增强，同时借力于百度移动搜索生态下的移动网站，百度移动搜索生态也获得了强大的自增长推动力。《报告》显示，截至 2014 年年底，百度收录的移动网站数量较 2014 年增长了 105%，这表明用户对移动网站的需求激增与移动端网站内容、应用资源的优质化达到了一个共振点，引发了市场端的强烈反应。

百度移动搜索不是一个孤立的产品，而是一个以整个移动互联网资源为基础、以网民的需求为导向，将最便捷的服务提供给网民的多方共赢生态系统。

（人民邮电报社　朱筠）

5G 试验网情况分析

面向下一代移动通信系统 IMT-2020 的技术研发工作正在拉开帷幕，以欧盟、韩国、日本和中国为代表的众多国家和地区以及各个组织都在积极推进第五代移动通信（5G）试验网的发展，力争掌握未来移动通信的主导权。

一、国际电信联盟的工作进展

ITU 早在 2012 年 5 月就已经开始了 IMT-2020 愿景建议书的起草工作和技术趋势研究报告的征集工作，建议书主要是关于 5G 需求及愿景，并计划于 2015 年 7 月完成；技术趋势研究报告的研究范围包括频谱、业务、用户体验、节能、终端和网络运营部署与安全等方面，并于 2014 年 10 月取得了重大突破。在需求方面，已基本确定 8 个 5G 关键能力，包括用户体验速率、时延、连接数密度、流量密度、用户峰值速率、移动性、能效和频谱效率。在技术方面，已完成未来技术趋势报告，归纳了大规模天线阵列、超密集组网和新型多址等潜在关键技术。在频谱方面，已完成 2020 年全球移动通信频谱需求预测， 并初步提出 6GHz 以下的候选频段。同时，ITU 还计划在 2015 年年底正式开始 5G 候选技术标准的征集与评估工作，预计 2018 年年底完成标准化工作，2019 年开始进行试商用。

二、欧盟、韩国、日本、中国以及中国台湾地区的研究动向

2012 年，欧盟推出全球首个大规模国际性 5G 科研项目“构建 2020 年信息社会的无线通信关键技术”(METIS)。METIS 由 29 个成员组成，其中包括 5 个设备制造商和五家运营商，此外还有欧洲众多的学术机构以及众多专家，共分为 8 个工作组。目前，METIS 已经明确了 5G 的定义，同时，METIS 还明确了 5G 技术目标，并提出了 5G 的 5 个应用场景。METIS 正处于第一阶段（2012 年 11 月到 2015 年 4 月底），主要探索新架构、基本原理和系统概念，达成早期全球共识，在概念、雏形和关键技术组成等方面形成统一意见。除此之外，2013 年年底，欧盟委员会携手“5G 公私合作”（5GPPP）联盟推出 5G 基础设施公私合作项目，主要研究未来十年 5G 通信基础设施的解决方案、架构、技术以及标准等。根据欧盟委员会的官方公布，预计在 2020 年之前将投入 7 亿欧元进行 5G 研发。

韩国政府于 2014 年年初宣布将于 2017 年启动 5G 测试，计划在 2020 年向用户正式推出 5G 服务。2013 年 5 月，由韩国科技部、ICT 和未来计划部（MSIP）共同推动成立了韩国“5G Forum”，旨在推动其国内 5G 的进展。具体的行动规划包括发展及提出 5G 国家战略规划、中长期的技术研究规划、服务概念及需求、培育工业化基石和促进国内外移动通信生态系统的建立。其成员包括 Samsung、LG+、ETRI、KAIST 等。在 2014 年 1 月 22 日举行的第三次经济部门长官会议上，韩国进一步确定了以第五代移动通信发展总体规划为主要内容的“未来移动通信产业发展战略”，并为此投资 1.6 万亿韩元（约合 90.3 亿元人民币）。计划在 2015 年 12 月进行 pre-5G 核心服务的试运行，2017 年 12 月提供 5G 核心服务的模拟服务，2018 年在平昌冬奥会期间试运行，并决定在 2020 年推出全面的 5G 商用服务。MSIP 正计划与韩国运营商 KT、SK 电讯和 LG U+，以及设备基础设施供应商 LG 电子、Ericsson-LG 和三星等加强合作以实现这个目标。

2013 年 9 月，日本电波产业协会（ARIB）在高级无线通信研究委员会（ADWICS）内成立了

“2020 and Beyond Ad Hoc”特别讨论会，旨在研究用于2020年及以后的无线通信系统。2014年9月，日本成立了5G促进论坛，目的是促进5G标准的研发、5G信息的搜集以及同全球5G相关组织的合作。日本总务省制定了2020年将5G技术实用化的时间表，并将其传输速率定为每秒10GB。日本政府还计划在2015年的财政预算中拨出研发费用，加大财政投入；2014年5月，日本总务省决定成立官民一体的高速通信技术研究协议会，汇集日本NTT DoCoMo、KDDI、软银移动等大型移动通信运营商与通信设备制造商等的各种资源，加快5G的开发，并争取在2020年投入使用，使日本成为世界上率先提供5G服务的国家。目前，日本的运营商DoCoMo已经提出了Phantom Cell的概念，并将高频段、大宽带和多种先进技术引入到5G的研究中，实现了最大23.5Gbit/s的传输速率。

2013年5月，我国工业和信息化部、发展和改革委员会和科技部共同成立IMT-2020推进组，以推动我国5G技术的研发工作，并首次提出了我国要在5G标准制定中起到引领作用的宏伟目标。5G推进组设立需求组、频谱组及技术组等多个推进组：需求组负责5G业务需求与场景分析，并已完成面向2020年的业务与用户需求白皮书初稿；频谱组负责频谱需求分析与规划建议，并已提出2020年我国移动通信系统频谱资源需求在1 350MHz～1 810MHz；技术组负责5G关键技术研究，已确定了首期主要技术研究方向，包括密集网络、终端间直接通信（D2D）、物联网（M2M）、Wi-Fi融合组网、新型网络架构、新型多天线/分布式传输、新型信号处理、高频段通信、频谱共享和网络智能化等。

2014年1月，中国台湾召开“5G发展产业策略会议”，会议宣布台湾将成立专责单位，长期投入发展5G，投资4G及5G发展基金150亿新台币，其中，每年至少投入20亿新台币进行5G研发，并预计在2014年5月推出“2020年TW-5G战略方案”。台湾经济事务主管部门副负责人杜紫军表示，5G以使用者体验导向为发展核心，除了技术突破，重点是全新的应用服务。未来台湾将秉持“深耕4G、布局5G”的理念，发展台湾的原创服务。

三、主流通信设备制造商已开始5G研发和技术实验

主流通信设备制造商大力开展5G研发，推动5G技术的快速发展。华为、中兴、大唐等国内的通信设备制造商均已发布5G白皮书，明确5G愿景、需求和技术路线，提出了大规模天线阵列、超密集组网、 新型多址和全双工等一系列潜在关键技术，当前正在深入开展技术研究与样机的研发。爱立信、诺基亚等欧洲的通信设备制造商也相继发布5G白皮书，提出对5G需求和概念的理解，并积极开展5G关键技术研究与验证。三星积极开展高频段通信技术研究，希望利用高频段的丰富频率资源提升5G的传输速率。日本NTT DoCoMo计划联手爱立信、诺基亚、阿尔卡特朗讯、三星、NEC和富士通6家通信设备制造商开展5G技术的验证实验。

四、我国提出的5G关键能力涉及的方面

目前，各个5G推进组织都在进行5G的愿景和关键能力的研究，我国IMT-2020推进组发布的5G白皮书中从社会职责和功能、终端用户和应用及运营3个维度描述了5G的未来愿景，指出5G是人类社会生态的无线信息流通系统，可以全面提升用户体验，使用户随心所欲尽享移动新生活，5G拥有支持广泛业务的能力和持续盈利的能力。基于5G的愿景，IMT-2020推进组、大唐电信和METIS均提出了5G的关键能力：

- 支持1 000倍的数据流量增长，单位面积吞吐量显著提升；
- 支持10 Gbit/s峰值速率，相比4G提升10倍以上；
- 联网设备数量增加100倍；
- 支持更高的频谱效率，相比4G提升5～10倍；
- 支持更小的时延和更高的可靠性，用户面和控制面时延相对4G缩短5～10倍；
- 支持更高的能耗效率，网络综合能效提升1 000倍。

（中国信息通信研究院　王彦龙）

5G的研究与未来发展分析

移动通信每十年出现新一代技术，随着4G进入规模商用，面向2020年及未来商用的第五代移动通信（5G）已成为全球业界的研发重点。作为下一个万亿规模的战略性新兴产业，5G引起了主要国家和企业的高度重视，纷纷加大5G研发支持力度，加快推进5G技术的发展。2014年，在国内外产业界的共同努力下，5G研究取得了重大突破，5G需求已初步形成共识，概念和技术路线逐步清晰，工作计划已基本确定，并即将进入国际标准制定阶段。

一、5G研究取得重要突破

（一）5G愿景与需求基本明确

移动互联网和物联网是5G发展的主要驱动力。面向2020年及未来，移动互联网将推动人类交互方式的再次升级，将为用户提供增强现实、虚拟现实、超高清（3D）视频等更加身临其境的业务体验。移动医疗、车联网、智能家居和工业控制等物联网应用将会爆发，数以千亿的设备将接入网络，实现真正的“万物互联”。移动互联网和物联网的飞速发展将会推动新一轮移动通信技术产业的革命。

5G将满足未来超千倍流量增长和超千亿设备联网的需求。预计2010～2020年全球和中国移动数据流量增长将分别超过200倍和300倍，2010～2030年全球移动数据流量增长将接近2万倍，中国增长将超过4万倍。到2020年，全球和中国移动终端（不含物联网设备）数量将分别超过100亿和20亿；全球物联网设备连接数将达70亿，中国接近15亿。到2030年，全球各类联网设备总量将超过1 000亿，中国将超过200亿。

5G关键能力比4G有10～100倍的提升。为满足未来业务的需求，5G的用户体验速率将达0.1～1Gbit/s，峰值速率可达数十Gbit/s，连接数密度可达100万连接/平方公里，端到端时延可达毫秒级，流量密度可达数十Tbit/s/平方公里，支持500km/h以上高速移动下的良好用户体验。为了实现可持续发展，5G频谱效率将比4G提高5～15倍，能效和成本效率将提升百倍以上。

（二）5G概念与技术路线逐步清晰

5G技术创新将会出现在无线和网络两个层面。传统的移动通信升级换代均以多址接入技术为主线。5G将不再以单一的多址接入技术为主线，而会以一组关键技术作为特征，包括大规模天线阵列、超密集组网、新型多址和高频段通信等新型无线技术，以及基于虚拟化技术的新型网络架构。

5G无线技术将沿着新空口和4G演进两条路线向前发展。其中，新空口重点面向5G新场景及新频段需求，需要对无线空中接口进行全新设计；4G演进将在4G技术框架上进行增强，主要面向传统蜂窝移动通信场景。此外，下一代无线局域网被认为是5G的重要补充，主要面向热点分流场景。

5G网络技术将向着虚拟化、扁平化和以用户为中心的方向发展。面对未来业务需求的挑战，5G将引入SDN和NFV等虚拟化技术，实现网络软硬件解耦、控制与转发分离，网络将更加扁平，业务内容进一步下沉，网络智能化、灵活度和可扩展性将大幅提升，各种接入技术将更紧密融合，并能够 以用户为中心提供灵活可定制的差异化服务。

（三）5G即将进入国际标准的制定阶段

ITU将于2015年中启动5G国际标准的制定工作。随着5G愿景、技术趋势和频谱等前期研究工作逐步进入尾声，ITU召集全球业界讨论确定了5G工作计划，将于2015年中启动5G国际标准制定工作，2017年年底启动5G候选提案征集，2018年年底启动5G候选提案评估，2020年年底完成5G国际标准的制定。

3GPP R14是启动5G标准研究的最佳时机。ITU主要提出5G国际标准的技术要求和评估方法，并对候选提案进行评估和确认，而候选提案的具体技术内容主要由移动通信行业标准组织3GPP产生。业界普遍认为3GPP R14阶段是启动5G标准研究项目（SI）的最佳时机，而R15阶段将启动5G标准工作项目（WI）。

二、演进、融合和创新是面向未来5G技术标准发展的三大路线

目前，面向未来5G技术的标准化路线尚不清晰，根据各个推进组和业界的动态，演进、融合和创新将是5G技术的三个主要路线：路线一是继续沿着2G/3G/4G的路线向前演进；路线二是与WLAN、蓝牙、DVB等其他宽带无线技术融合；路线三是寻找新的创新性技术。

移动通信市场用户换代是一个长期的过程，2G经过20多年的发展，2012年全球2G移动用户总数仍占58%以上；3G经过了10多年的发展，目前用户数快速增长，2013年全球3G用户总数超过2G；LTE经过近5年的发展，2013年全球用户数达到1亿。预计到2020年，LTE及其演进系统将成为最主流的移动通信系统。以4G LTE/LTE-Advanced为主的移动通信系统将持续增强和演进，在2020年的5G移动宽带系统中发挥重要作用。5G时代为一个泛技术时代，多业务系统、多接入技术、多层次覆盖融合成为5G的重要特征，同时，随着计算能力的提升，通信、信息以及消费电子业务应用通过互联网融合成为发展趋势，这将进一步推动各种业务系统和接入技术的快速融合，并催生新的业务应用。同时，创新的无线传输技术、频率使用方式以及网络架构与组网技术也将会逐渐成熟并走向商用，解决更长期的需求增长与频率、成本的矛盾，带来更高的通信能力和更好的业务体验。

先进的通信技术是不断变化的业务形态的基础，未来移动互联网和物联网的发展需要5G强大的技术能力作支撑。作为下一代无线通信技术，5G是一个多业务多技术融合的网络，5G拥有10 Gbit/s峰值速率、支持1 000倍的数据流量增长、支持更小的时延和更高的可靠性、支持高密度的连接等能力，这些关键能力可以满足用户任何业务应用的体验需求。首先，移动互联网业务的创新不断，并不断推动用户信息交互方式的进步升级，为用户提供增强现实、虚拟现实和3D视频等创新应用，人们对于业务体验要求也越来越高，用户期望能在任何时间、任何地点享受到一致的高品质业务体验，而5G超大宽带、超高速率、超低时延等特性在满足移动互联网发展带来的流量超千倍增长的同时，还将促进更多移动互联网新型业务的出现。除此之外，物联网扩展了移动通信的服务范围，从人与人通信延伸到物与物、人与物的互联互通，物联网不只对无线通信网络的容量提出了要求，更对无线通信网络能够接入连接的设备数量有了的数量级上提升的要求，车联网、移动医疗和智能家居等将会推动实现真正的“万物互联”，而5G超高的终端连接数密度将是万物互联最重要的促进因素之一。

（中国信息通信研究院　胡海波）

互联网与信息服务篇

互联网发展分析

一、网民规模与互联网普及

（一）网民规模

根据CNNIC统计，截至2014年12月，我国网民规模达6.49亿，全年共计新增网民3 117万人。互联网普及率为47.9%，较2013年年底提升了2.1个百分点。我国网民规模和互联网普及率如图1所示。

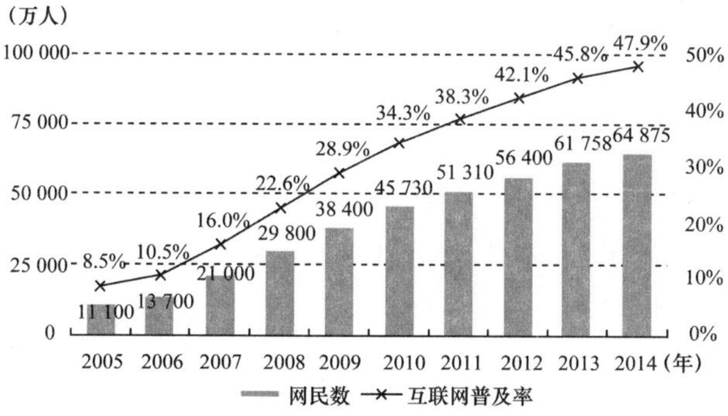

图1　我国网民规模和互联网普及率

（二）手机网民规模

截至2014年12月，我国手机网民规模达5.57亿，比2013年年底增加5 672万人。网民中使用手机上网的人群占比由2013年的81.0%提升至85.8%。

（三）互联网普及的区域特点

截至2014年12月，我国大陆31个省、直辖市、自治区中网民数量超过千万规模的达25个，互联网普及率超过全国平均水平的省份达12个。从分经济区域来看，东部地区的10个省份中，有8个省的互联网普及率超过全国平均水平，中部地区的6个省份中仅有1个省、西部地区的12个省份中有2个省和东北部三省中有1个省的互联网普及率超过全国水平，可见不同经济区域间互联网普及率差异非常明显。互联网普及率的省间差异（变异系数）如图2所示。

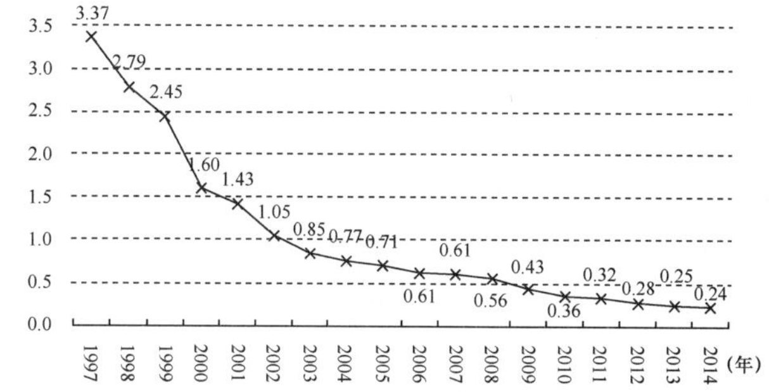

图2　互联网普及率的省间差异（变异系数）

通过变异系数[1]来反映省间互联网普及率的差异，可以看到，我国互联网普及的地区差异呈现稳定的下降趋势，截至2014年12月，互联网普及率的省间差异为0.24，相比2013年年底下降了0.01。实现互联网接入以来，我国在推进互联网全面普及的工作上取得了显著成效，但由于互联网普及率的省间差异仍然存在，因此进一步推动普及情况落后省份的互联网建设工作将成为一项长期工程。

二、互联网资源与应用环境

（一）互联网基础资源概述

截至2014年12月，我国IPv4地址数量为3.32亿，拥有IPv6地址18 797块/32；域名总数为2 060万个，其中“.CN”域名总数年增长2.4%，达到1 109万，在我国域名总数中占比达53.8%；网站总数为335万个，年增长4.6%；“.CN”下网站数为158万；国际出口带宽为4 118 663Mbit/s，年增长20.9%。

（二）互联网络接入设备

2014年，台式电脑、笔记本电脑等传统上网设备的使用率保持平稳，移动上网设备的使用率进一步增长，新兴家庭娱乐终端网络电视的使用率达到

[1] 变异系数，是一组数据的标准差与其平均值的比，反映该组数据变异程度的大小。省互联网普及率的变异系数越大，说明互联网普及率的地区差异越大。

一定比例。

通过台式电脑和笔记本电脑接入互联网的比例分别为 70.8%、43.2%，与 2013 年年底基本持平；通过手机接入互联网的比例继续增高，比 2013 年年底提高 4.8 个百分点，达到了 85.8%；平板电脑的娱乐性和便捷性特点使其成为网民的重要娱乐设备，2014 年年底的使用率达到 34.8%，并在高学历（本科及以上学历网民使用率 51.0%）、高收入人群（月收入 5 000 元以上网民使用率 43.0%）中拥有更高的使用率；随着网络技术和宽带技术的发展，网络电视融传统电视和网络为一身，其共享性、智能性和可控性迎合现代家庭娱乐需求，逐渐成为一种新兴的家庭娱乐模式，截至 2014 年 12 月，网络电视使用率已达到 15.6%。

（三）互联网络接入场所

2014 年，我国网民在家里、网吧、工作单位通过电脑接入互联网的比例与 2013 年基本持平，在学校通过电脑上网的比例略有增长，在公共场所电脑上网的使用率增长 3.4 个百分点，机场、咖啡馆、餐厅等公共场所无线网络环境的提供，使公共场所成为网民网络办公、娱乐地点的补充。

（四）城镇电脑网民家庭 Wi-Fi 接入情况

在家里使用电脑接入互联网的城镇网民中，家庭 Wi-Fi 的普及情况已达到很高水平，比例为 81.1%。家庭 Wi-Fi 的使用对家庭中高龄成员上网具有较强带动作用，推动城市互联网普及率的进一步提升。

（五）互联网络安全环境

2014 年，总体网民中有 46.3% 的网民遭遇过网络安全问题，我国个人互联网使用的安全状况不容乐观。在安全事件中，电脑或手机中病毒或木马、账号或密码被盗情况最为严重，分别达到 26.7% 和 25.9%，在网上遭遇到消费欺诈的比例为 12.6%。网络安全的维护需要政府、企业、网民三方群策群力，全体网民应致力于提高自我保护意识和技能，提高对网络虚假有害信息的辨识和抵抗能力，共建安全的网络环境。

三、个人互联网应用状况

2014 年，在移动互联网的推动下，个人互联网应用发展整体呈现上升态势：即时通信作为网民第一大上网应用，在高使用率水平的基础上继续攀升；微博、电子邮件等其他交流沟通类应用使用率持续走低；博客社交性退化，媒体功能突显，使用率呈现回升态势；电子商务类应用依然保持快速发展，手机旅行预订应用表现突出。2013 ～ 2014 年我国网民各类互联网应用的使用率见表 1，2013 ～ 2014 年我国网民各类手机互联网应用的使用率见表 2。

表 1　2013 ～ 2014 年我国网民各类互联网应用的使用率

应用	2014 年 用户规模（万）	2014 年 网民使用率 (%)	2013 年 用户规模（万）	2013 年 网民使用率 (%)	全年增长率 (%)
即时通信	58 776	90.6	53 215	86.2	10.4
搜索引擎	52 223	80.5	48 966	79.3	6.7
网络新闻	51 894	80.0	49 132	79.6	5.6
网络音乐	47 807	73.7	45 312	73.4	5.5
网络视频	43 298	66.7	42 820	69.3	1.1
网络游戏	36 585	56.4	33 803	54.7	8.2
网络购物	36 142	55.7	30 189	48.9	19.7
网上支付	30 431	46.9	26 020	42.1	17.0
网络文学	29 385	45.3	27 441	44.4	7.1
网上银行	28 214	43.5	25 006	40.5	12.8
电子邮件	25 178	38.8	25 921	42.0	−2.9
微博	24 884	38.4	28 078	45.5	−11.4
旅行预订	22 173	34.2	18 077	29.3	22.7
团购	17 267	26.6	14 067	22.8	22.7
论坛 /bbs	12 908	19.9	12 046	19.5	7.2
博客	10 896	16.8	8 770	14.2	24.2
互联网理财	7 849	12.1	—	—	—

表 2　2013 ～ 2014 年我国网民各类手机互联网应用的使用率

应用	2014 年 用户规模（万）	2014 年 网民使用率（%）	2013 年 用户规模（万）	2013 年 网民使用率（%）	全年增长率（%）
手机即时通信	50 762	91.2	43 079	86.1	17.8
手机搜索	42 914	77.1	36 503	73.0	17.6
手机网络新闻	41 539	74.6	36 651	73.3	13.3

（续表）

	2014 年		2013 年		
手机网络音乐	36 642	65.8	29 104	58.2	25.9
手机网络视频	31 280	56.2	24 669	49.3	26.8
手机网络游戏	24 823	44.6	21 535	43.1	15.3
手机网络购物	23 609	42.4	14 440	28.9	63.5
手机网络文学	22 626	40.6	20 228	40.5	11.9
手机网上支付	21 739	39.0	12 548	25.1	73.2
手机网上银行	19 813	35.6	11 713	23.4	69.2
手机微博	17 083	30.7	19 645	39.3	−13.0
手机邮件	14 040	25.2	12 714	25.4	10.4
手机旅行预订	13 422	24.1	4 557	9.1	194.6
手机团购	11 872	21.3	8 146	16.3	45.7
手机论坛 / bbs	7 571	13.6	5 535	11.1	36.8

（一）即时通信的基础地位进一步稳固

2014 年，即时通信作为第一大上网应用，在网民中的使用率继续上升，达到 90.6%。手机端即时通信使用也一直保持着稳步增长的趋势，手机即时通信使用率为 91.2%，比 2013 年年底提升了 5.1 个百分点。

手机即时通信由于其随身、随时、拥有社交属性和可以提供用户位置的特点，自身定位逐渐从以前单一的通信工具演变成支付、游戏、O2O 等高附加值业务的用户入口，以其庞大的用户基数为其他服务提供了巨大的潜在商业价值。

（二）手机网购带动网络购物继续快速增长

2014 年，手机购物市场发展迅速。CNNIC 数据显示，我国手机网络购物用户规模达到 2.36 亿，增长率为 63.5%，是网络购物市场整体用户规模增长速度的 3.2 倍，手机购物的使用比例提升了 13.5 个百分点达到 42.4% 。

手机购物并非 PC 购物的替代，而是在移动环境下产生的增量消费，并且重塑线下商业形态促成交易，引领网络购物发展，推动网络购物移动化发展趋势。

（三）手机旅行预订进入爆发增长期

2014 年，我国网民手机商务应用发展大爆发，手机网络购物、手机网上支付、手机网上银行等手机商务应用用户年增长分别为 63.5%，73.2% 和 69.2%，远超其他手机应用的增长幅度。而长期处于低位的手机旅行预订，2014 年用户年增长达到 194.6%，是增长最为快速的移动商务类应用。随着我国国民休闲体系的形成，手机旅行预订发展已经进入新阶段。

（四）微博客用户流失明显

截至 2014 年 12 月，我国微博客用户规模为 2.49 亿，使用率为 38.4%，比 2013 年年底相比下降了 7.1 个百分点。其中，手机微博客用户数为 1.71 亿，相比 2013 年年底流失 13%。

2014 年，随着腾讯、网易和搜狐等公司纷纷减少对微博客的投入，各个微博客服务商之间的竞争逐步趋缓，用户群体主要向新浪微博倾斜，这使新浪“微博”用户较以往略有提升，微博客一家独大的格局明朗。

（五）第三方网上支付倒逼传统银行改革

截至 2014 年 12 月，我国使用网上支付的用户规模达到 3.04 亿，与 2013 年 12 月底相比，网民使用网上支付的比例从 42.1% 提升至 46.9% 。与此同时，手机支付用户规模达到 2.17 亿，增长率为 73.2%。

2014 年，第三方网上支付已具备包括消费贷款、中小企业贷款、小额理财工具等在内的多种金融服务能力，对传统银行业务造成一定冲击。第三方网络支付业务的灵活性与创新性“倒逼”传统银行改革。预计 2015 年第三方网上支付业务与银行业务的竞合博弈将表现得更加突出。

（六）互联网理财热度削减，规模稳定

截至 2014 年 12 月，购买过网络理财产品的网民规模达到 7 849 万，在网民中使用率为 12.1%，较 2014 年 6 月使用率增长 2 个百分点。

由于收益率下滑和中国股市回暖带来的分流作用，互联网理财已基本结束了用户规模爆发式增长的态势，增速开始放缓，同时新产品的扩容速度也有所放慢。

四、企业互联网应用发展状况

（一）互联网使用状况

截至2014年12月，全国使用互联网办公[1]的企业比例为78.7%。从企业规模来看，7人及以下微型企业的互联网使用比例最低，为66.4%；50人及以上规模的企业，互联网使用比例均超过80%，达到了84.1%。

从企业所在的地区来看，东部地区企业的互联网使用率最高，达到85.1%；中部与东北部地区比例较低，分别为67.0%与56.6%；近些年，西部地区经济发展增速一直处在全国前列，企业计算机与互联网使用状况发展较好，达到74.3%。由于在本次调查中，东北部地区的第三产业企业较少，导致计算机和互联网使用比例偏低。

（二）企业互联网应用普及状况

根据本次调查，企业开展的互联网应用种类较为丰富，基本涵盖了企业经营的各个环节：电子邮件作为最基本的互联网沟通类应用，普及率最高，达到83.0%；互联网信息类应用也较为普遍，各项应用的普及率都超过50%；而在商务服务类和内部支撑类应用中，除网上银行、与政府机构互动、网络招聘的普及率较高以外，其他应用均不及50%，尤其是在线员工培训与网上应用系统，普及率一直处于较低水平。我国大部分企业尚未开展全面深入的互联网建设，仍停留在基础应用水平上。主要企业互联网应用普及率见表3。

表3 主要企业互联网应用普及率[2]

分类	应用	普及率（%）
沟通类	发送和接收电子邮件	83.0
信息类	发布信息或即时消息	60.9
	了解商品或服务信息	67.3
	从政府机构获取信息	51.1
商务服务类	网上银行	75.9
	提供客户服务	46.5
内部支撑类	与政府机构互动	70.6
	网络招聘	53.8
	在线员工培训	26.7
	使用协助企业运作的网上应用系统	20.5

（续表）

（三）电子商务使用状况

截至2014年12月，全国开展在线销售[3]的企业比例为24.7%。部分行业中，制造业，信息传输、计算机服务和软件业，批发和零售业的开展比例较高，分别达到38.4%、36.5%和34.9%，而建筑业，交通运输、仓储和邮政业，房地产业，租赁和商务服务业以及居民服务和其他服务业的比例较低，如图3所示。2014年，互联网O2O商业模式实现高速发展，这一商业模式将实体企业尤其是本地生活服务业和商业服务业与互联网紧密结合，线下企业已经成为互联网消费经济中重要的一环。在这一趋势下，未来将有越来越多的传统企业开展在线销售。

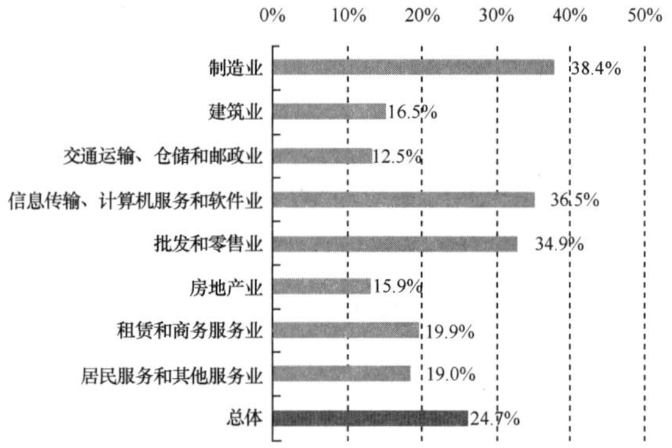

图3 部分行业中开展在线销售的企业比例

截至2014年12月，全国开展在线采购[4]的企业比例为22.8%。与在线销售的开展情况一致，在部分行业中，制造业，信息传输、计算机服务和软件业，批发和零售业的开展比例较高，分别达到34.3%、36.5%和33.8%，租赁和商务服务业也超过全国平均水平，如图4所示。

[1] 企业使用互联网办公，指企业各项活动中直接使用互联网，部分企业虽然利用互联网媒体进行广告宣传/推广，但本身并不直接使用互联网工作，不包括在内。任何具备互联网接入功能的设备（不仅仅是计算机）都可作为使用互联网的工具，这包括移动电话、PDA、游戏机和数字电视，可通过固定或移动网络使用。

[2] 本节中互联网应用的普及率，均指上网企业中开展某项互联网活动的比例。

[3] 本报告调查的在线销售，是指通过互联网接收订单的行为，包括通过网站、电子邮件等各种方式。

[4] 本报告调查的在线采购，是指通过互联网采购产品的行为，包括通过网站、电子邮件等各种方式。

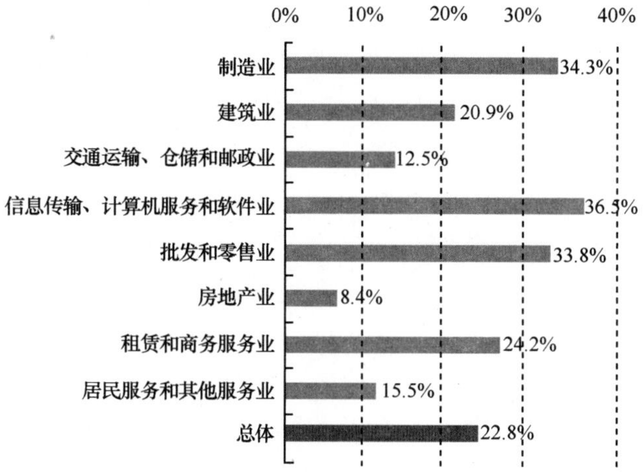

图 4　部分行业中开展在线采购的企业比例

（四）网络营销使用情况

截至 2014 年 12 月，全国利用互联网开展营销推广[1]活动的企业比例为 24.2%。在部分行业中，信息传输、计算机服务和软件业开展比例最高，达 35.9%。值得注意的是，批发零售业、房地产业、租赁和商务服务业、居民服务和其他服务业等第三产业，开展互联网营销的比例不高，与制造业、建筑业相比基本持平，甚至更低，如图 5 所示。

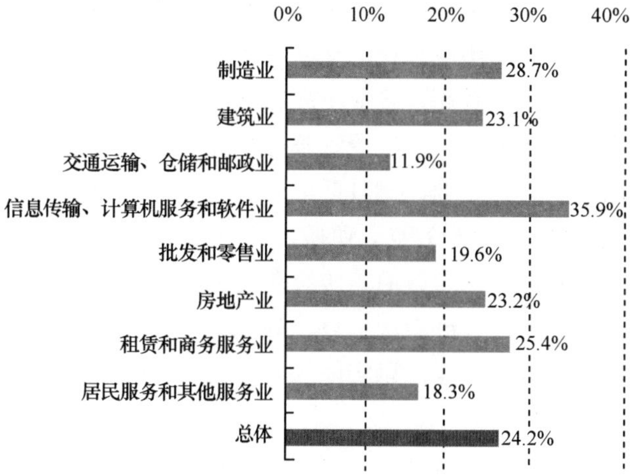

图 5　部分行业中开展互联网营销的企业比例

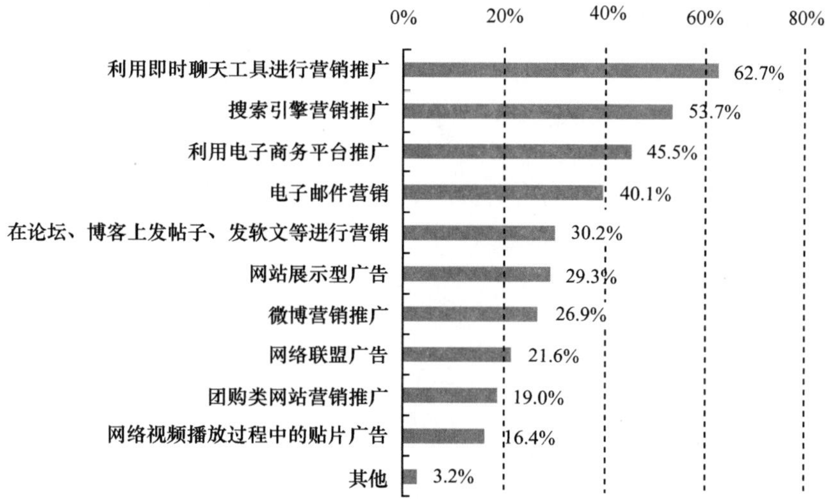

图 6　各种网络营销方式的使用率

调查结果显示，在利用互联网开展过营销活动的受访企业中，使用率最高的是利用即时聊天工具进行营销推广，达到 62.7%；搜索引擎营销推广、电子商务平台推广依然较受企业欢迎，使用率达 53.7% 和 45.5%，如图 6 所示。互联网在网民生活中的渗透范围不断扩大、渗透程度逐渐加深，企业开展互联网营销的方式也随之不断创新，组合式营销、口碑营销、病毒营销等新术语层出不穷，企业对单一、传统营销方式的依赖度逐渐降低，同时对移动营销出现巨大需求。

（五）企业互联网应用特点与趋势

1. 信息化基础设施普及已达到较高水平，但应用深度有待进一步建设

近些年，我国企业在办公中使用计算机的比例基本保持在 90% 左右的水平，互联网的普及率也保持在 80% 左右，在使用互联网办公的企业中，固定宽带的接入率也连续多年超过 95% 。基础设施普及

[1] 指利用互联网手段开展营销推广活动，包括企业自己或者通过代理 / 广告公司投放的广告或推广活动，包括付费推广和免费推广。

工作已基本完成，但根据企业开展互联网应用的实际情况来看，仍存在很大的提升空间。

一方面，采取提升内部运营效率措施的企业比例较低。原因之一在于企业的互联网应用意识不足，之二在于内部信息化改造与传统业务流程的契合度较低，难以实现真正的互联网化；之三在于软硬件和人力成本较高，多数小微企业难以承受；另一方面，在营销推广、电子商务等外部运营方面开展互联网活动的企业比例较低，且在实际应用中容易受限于传统的经营理念，照搬传统的方法。

对此，需要政府、传统企业和互联网服务企业三方合作，开展市场教育、降低企业互联网应用的技术和成本门槛，以实现互联网与传统经营业务的深度融合。

2. 互联网 O2O 商业模式兴起，传统企业触网成必然趋势

2014 年，互联网 O2O 商业模式发展迅速，作为线下商品与服务的直接供给方，传统企业在这一模式中起着至关重要的作用。一方面是传统企业主动利用互联网开展商业活动；另一方面是由大型互联网企业主导，为拓展其业务范围、增强 O2O 实力而联结传统企业的被动触网。在这一发展趋势下，传统企业在内部运营、市场推广与服务和产品销售方面，将会越来越多地与互联网深度融合。目前，互联网 O2O 商业模式仍处在形成与摸索阶段，传统企业的 O2O 转型仍未出现实质性的成功案例，且涉及的行业集中度显著，批零住餐和生活服务企业占比较高，尚未广泛惠及各行业的中小微企业。随着互联网与经济活动的全面结合、对传统商业模式的影响和改革程度进一步扩大，传统企业与互联网企业的分界将越来越模糊，互联网将成为企业日常经营中不可分割的部分。

（中国互联网络信息中心（CNNIC） 陈建功）

增值电信业务发展分析

一、增值电信业务市场整体发展情况分析

（一）市场规模增长迅速

近年来，我国增值电信业务市场继续保持较快的发展势头，持证企业数量和从业人员持续增加，市场规模进一步扩大。根据2014年第一季度增值电信企业年检数据，全国增值电信业务持证企业数量为30 981家，比2013年度新增4 002家，同比增长12%。在全国30 981家增值电信业务企业中，信息服务经营企业是最活跃的群体，占到总体经营企业数量的85%以上，此外，在经营增值电信业务的企业中，经营因特网接入服务业务企业、因特网数据中心业务企业和经营呼叫中心业务企业的数量也比往年有所提高，而经营其他业务的企业数量相对较少，在总体持证数量中不到3%。

根据2014年第一季度增值电信企业年检数据，我国增值电信业务显示出良好的增长势头。增值企业的增值电信业务收入近几年保持持续增长，全国增值电信业务企业收入3 066.9亿元，同比增长35.3%，其主要是受互联网信息服务收入大幅增加的影响；其中，跨地区增值电信企业业务收入总体规模达到495.9亿元，同比增长达到20.3%。

截止到2014年年底，在宽带接入技术广泛应用、网络流量资费大幅下调、互联网应用创新活跃等因素的作用下，我国增值电信业依然保持快速发展。统计显示，全国规模以上（增值业务收入300万元以上）企业全年完成增值业务收入3 129亿元，同比增长24.8%。

（二）市场特点

1. 行业规模保持高速增长，彰显巨大发展潜力

增值电信业务的发展大大增加了网络信息流量，提高了网络利用效率，使电信产业链的运转更加顺畅，形式更加丰富，同时也大大提高了电信产业链的整体价值和效用。此外，增值电信业务对社会的渗透力和应用价值也在不断增强，各类增值电信业务能够提供信息查询、电子邮件、数据处理、网络接入、呼叫中心、远程教育、移动定位、数据处理等多种电信应用服务，覆盖到金融、教育、医疗、能源、交通等各行业，以及人们出行、娱乐、休闲等日常生活的方方面面。

截至2014年12月底，规模以上增值电信企业完成增值业务收入3 129亿元，同比增长24.8%。信息通信行业价值继续加快向互联网行业转移，如果将基础电信企业提供的增值业务合并计算，以互联网信息服务为主的增值业务收入已经超过传统的语音、短信等业务收入，行业结构发生明显变化。

随着智能手机、智能电视等网络智能终端的不断渗透，手机上网和手机支付等用户行为习惯逐步形成，网络购物等新型消费模式和物联网在民生领域应用的不断推广，居民信息消费将呈现不断升级的趋势，以互联网信息为主的增值电信业发展潜力巨大。

2. 业务发展呈现区域集中的特征

增值电信业务的市场需求受经济发展水平、技术替代、用户收入和消费观念等因素的影响比较明显。我国地域辽阔，沿海与内地地区经济发展不平衡，增值电信业务发展呈现出区域差异性，体现为：一方面，经济发展地区指向性明显，无论是从用户分布、业务收入、投资规模还是经营企业的选址都向经济发达地区集中；另一方面，也与业务本身的地域性经营模式有关，经济发展水平差距以及相应支付能力和使用能力的差距，使得以互联网等新兴增值业务应用发展的地域集中呈现持续扩大趋势。

从企业数量来看，北京、广东和上海三地集中了全国50%左右的增值电信业务经营者；而西部地

区的增值电信业务经营者仅占全国的10%。从业务收入规模来看，北京、上海、广东、浙江、江苏5省市的省（市）内增值电信业务收入占到总收入的75%，其中广东省、北京市省（市）内增值电信业务收入均超过600亿元，上海市增值电信业务收入超过300亿元。这3个地区2013年度增值电信业务收入总和超过1 500亿元，约占全国省（市）内增值电信业务收入总和的65%。

3. 小微企业、民营企业占市场主体地位

根据2014年第一季度增值电信企业年检数据，增值电信市场持证企业数量继续明显增加，全国持证企业达到30 981家。其中，省内增值电信业务持证企业28 451家，同比增加约15%；跨地区增值电信业务持证企业为2 530家，同比增加约11%。在全国所有持证企业中，民营控股企业数量占主体总数的89.3%，稳居市场主体地位。

增值电信市场依然以小微企业为主，营业收入100万元以下的企业约占企业总数的40%；营业收入在100万～1 000万元的企业占企业总数的35%。按照中小企业划型标准规定，如果仅从营业收入的角度上看，有约75%的增值电信企业属于小微企业（营业收入小于1 000万元的企业），约占到总数的3/4。但在整个增值电信业务市场中，小微型企业虽然数量多，但收入规模普遍较小，行业收入主要集中在大型增值电信企业。

4. 增值电信企业从业人员构成逐步倾向于低学历，并主要集中在互联网信息服务业务

根据2014年第一季度增值电信企业年检数据，我国增值电信企业从业人员数量持续增长，新增从业人员约3万人，达到85万人，同比增长3.4%。根据跨地区增值电信企业年检数据，其中学历水平为硕士及以上的从业人员占比达到6.8%，比2013年度减少0.9个百分点；本科的从业人员占比为47.9%，比2013年度减少0.1个百分点；而专科及以下从业人员数占比达到45.3%，比2013年度增加1个百分点。可见，增值电信企业从业人员更加务实，更看重人员的工作能力和操作水平。

另外，虽然我国增值电信企业从业人员数量已超过80万人，但绝大多数增值电信从业人员集中在2 000人以下的增值电信企业。从从业人员的业务分布看，从事互联网信息服务业务的人员最多，达到36.5万人，占比达到42.9%；其次是从事移动网络信息服务业务和从事呼叫中心业务的人员，相应从业人员数占比分别达到23.2%和21.1%。此外，从事互联网接入服务和互联网数据中心服务的人员数占比也分别达到7.9%和1.8%。

5. 增值电信业务应用日益广泛

增值电信业务作为近年来新兴的业务，之前单纯的语音服务模式已经不能满足用户对通信的需求，人们普遍希望能够得到多样化、综合化、智能化、个性化的服务，这种需求随着用户数的高速增长越来越强烈。增值电信业务与人们的生活、工作和娱乐结合得越来越紧密，各种满足用户需求的技术、业务、运营模式不断创新推出，应用领域进一步拓宽。

社交网络、手机游戏、网络银行等目前已经广泛应用，而且越来越多的增值业务突破电信行业的界限，扩展到其他行业：移动行业应用在公安、交通、金融、石油等领域全面启动；远程教育与培训、远程医疗等行业性应用也慢慢成为增值业务取得良好经营业绩的重要原因。增值业务在行业信息化中正发挥着越来越重要的作用。现在，几乎所有的银行都可以通过短信实时地通知客户其账务发生的所有重要变动，或者其他的面向客户端的业务推广。此外，增值电信业务也成为公共信息服务的重要手段。随着我国电信市场的不断发展，各类增值电信业务在信息发布、远程推广等领域得到广泛应用。

二、业务发展情况分析

（一）移动网信息服务业务

根据2014年第一季度增值电信企业年检数据，在全国12 479家移动网信息服务业务企业中，跨地区移动网信息服务业务持证企业为2 305家，省内持证企业中企业数量最多的省份是广东，持证企业已经达到2 145家，远远多于其他省份，如图1所示。这与广东的社会经济发展和文化市场的繁荣密切相关。排名前5的省（市）是广东、四川、北京、河北和浙江，这5个省份持证企业数量远远多于其他省份，这也与这些地区的社会经济发展和文化市场的繁荣密切相关。

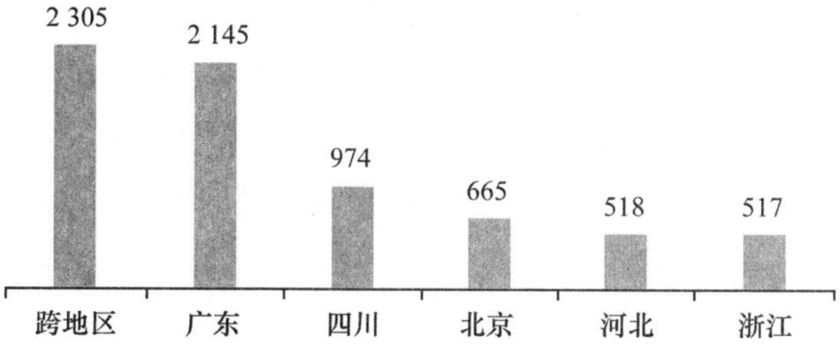

图 1　移动网络信息服务业务持证企业数量

同时，全国移动网信息服务业务收入为379.9亿元，同比增长11.3%，行业整体情况为盈利状态。从企业的个体情况来看，截止到2014年第一季度，开通业务的6 475家移动网信息服务中有3 327家为盈利企业，占企业总数的51.4%，而亏损企业为2 308家，如图2所示。

在全国移动网信息服务业务收入的379.9亿元中，跨地区移动网信息服务业务收入为226.3亿元，占总体收入的59.6%，省内业务收入为153.6亿元，占全国收入的40.4%。跨地区和各省移动网信息服务业务收入发展趋于平衡。

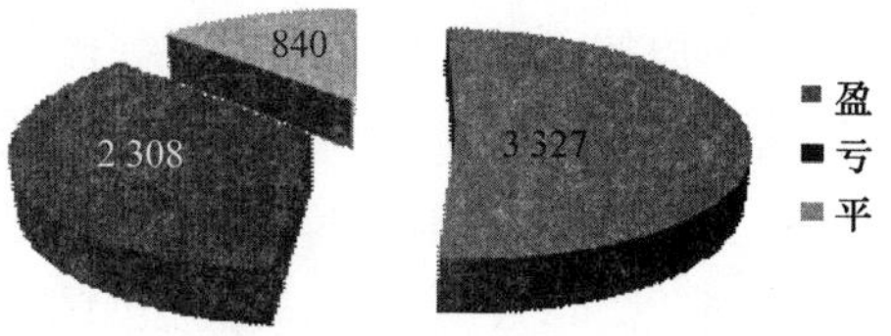

图 2　移动网络信息服务业务企业盈亏情况

（二）互联网信息服务业务

根据2014年第一季度增值电信企业年检数据，全国互联网信息服务业务企业共有20 905家，其中跨地区企业27家，省内企业20 878家，从事本业务的人员数达到354 710人。在全国20 905家互联网信息服务业务企业中，有5 545家企业的注册地址在北京，占总企业数的26.5%。注册地在广东、浙江、江苏的分别有4 514家、1 742家和1 406家，其余分布在其他城市，如图3所示。由此可见其集中度也较高。

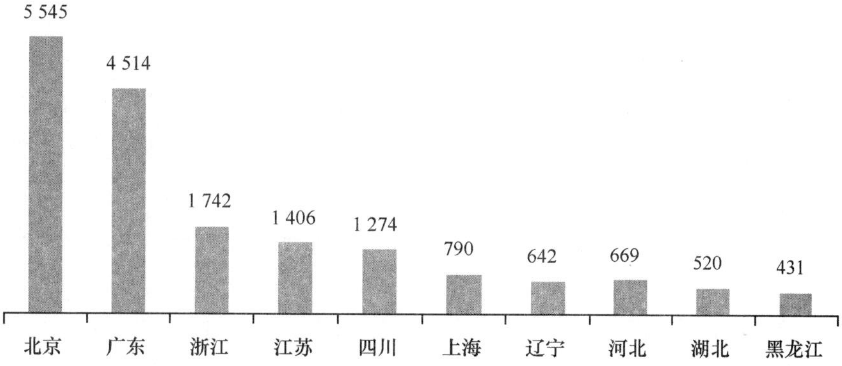

图 3　互联网信息服务持证企业数量排名前10的省份

在全国开通互联网信息服务业务的12 858家企业中，盈利的企业仅为4 850家，亏损企业达到6 406家，如图4所示，但行业整体处于盈利状态，说明该业务大部分的利润集中在小部分的企业中。

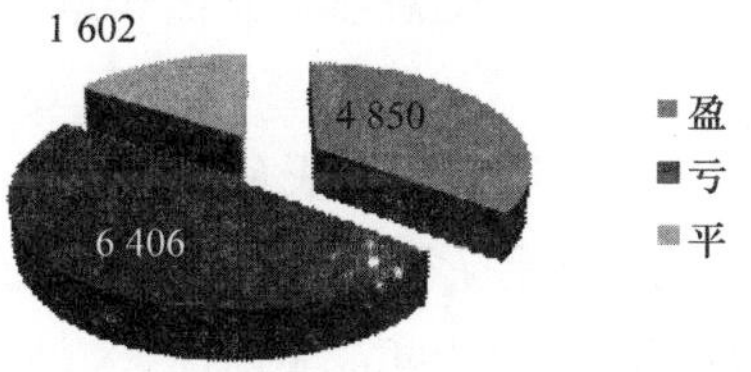

图 4　互联网信息服务企业盈亏情况

从业务营收上看，根据2014年第一季度数据，全国互联网信息服务业务收入1 952.9亿元，其中省内互联网信息服务业务收入为1 879.2亿元，占总体收入的96.2%，跨地区业务收入仅为73.6亿元，可见互联网信息服务业务收入主要来源于省内。此外，在省内信息服务业务收入的2 034.8亿元中，其中互联网信息服务收入为1 879.2亿元，互联网信息服务收入规模占整个省内信息服务业务收入规模的92.4%。

（三）移动转售业务动态

截至目前，虚拟运营商放号已经突破100万张，达到110万张左右。单个虚拟运营商中放号量最大的已经达到20多万张，第二名也达到了19万张，前三名加起来就有50多万张。

各个虚拟运营商均在不断开辟新市场，也都推出了各类子品牌。如苏宁互联的“巴萨定制”SIM卡，紧贴“世界杯”热点制造话题，进行品牌宣传和口碑传播；爱施德的“U友自由套餐”突破了传统主副卡必须同一归属地的限制，让身在异地的家庭用户也能享受到全家共享的业务。可以说，虚拟运营商自诞生以来，鲶鱼效应初显，通信市场已然发生变化。其提出的很多套餐“新理念”，在基础运营商4G套餐中也被广泛采纳推广。细分市场的突破是虚拟运营商初期乃至未来发展的关键，一些虚拟运营商，已经通过试水找到了各自的细分市场。

在营销手段上，相比于传统的运营商购机优惠、合约套餐和充值送话费积分等促销活动，虚拟运营商更多是围绕自身主业着手联动促销将市场、用户、自身业务进行了更加紧密的结合，推出了传统电信运营商提供不了的差异化选择。如苏宁在“双十一”将购物与通信结合，相互借力，共同发展。

三、增值电信业务发展趋势

（一）移动互联网业务进一步发展

以个性化彩铃业务为代表的传统移动网业务日益衰退，移动互联网应用覆盖范围日益广泛，用户规模持续扩大，移动广告、移动游戏业务增长迅速。截止到2014年第一季度全国移动网信息服务规模达到379.9亿元，同比增长11.3%，占增值电信业务收入的比重达到12.5%。移动游戏、移动广告等业务主导着移动互联网业务的快速发展，成为移动互联网业务中最赚钱的细分业务，并且随着移动应用更加贴近社会生活，移动互联网业务未来发展前景更加广阔。

随着移动互联网的进一步发展和延伸，将有更多的用户体验到移动互联网给自己生活方式带来的转变。对于个人用户来说，满足其成本需求、沟通需求、便捷需求和信息化需求等；对于家庭用户来说，满足其家庭安全需求、家庭娱乐需求、家庭咨询需求、家庭工作需求、家庭教育需求等；对于政企客户来说，满足其信息化需求、生产需求、营销需求、战略需求等。

（二）电子商务迅猛增长

国内电子商务市场依然保持迅猛增长的势头。随着一系列扩大内需、促进消费的利好政策相继出台，激烈的市场竞争推动了网络零售企业的能力提升和服务改善，为网络购物创造了更为舒适的环境。此外，随着信息消费和“宽带中国”战略的进一步落地，电子商务领域也将持续扩大开放，物流业的持续发展将推动配送系统的进一步健全，也将对电子商务市场的发展起到强劲的助推作用。

在目前网购消费者群体中，“80后”、“90后”年轻消费者占据了很大的比例，这些消费者在选取商品时往往更看重网站的口碑和其他用户的评价，这充分反映了我国网络购物用户消费心理已经从注重价格向注重品质和服务发生了转变。与此同时，网络购物环境的愈发成熟也使得网络购物领域的竞争更为有序，电商的营销策略更贴近用户。“双十一”网络购物节的成功将在未来引发节日促销的常态化。2014年11月11日，当天全国邮政、快递企业揽收快递包裹8 860万件，估计全行业处理的快件达到5.86亿件，比2013年同期增长近70%。日最高处理量接近1亿件，比2013年同期增长54%，是2014年以来日常处理量(3 309万件／天)的3倍。淘宝平台全天产生2.78亿张物流订单。充分发挥规模效应，在树立各自的节日营销品牌的同时，减少竞争的同质化，将可能成为未来网络购物领域竞争的新方向。

此外，随着移动互联网的深化发展，移动入口将对电子商务业务起到至关重要的作用。2014年11月11日，阿里、天猫“双十一”全天交易额为571亿元。其中无线客户端成交243亿元，占比42.6%。与2013年“双十一”相比，2014年唯品会、国美在线、京东累计下载同比增长最多，增速分别达到了185.06%、126.63%和82.63%。即使是稳占购物APP市场占有率第一的手机淘宝，2014年“双十一”的下载量仍然比2013年同期增加17.55%。

（三）个性化的信息服务将是未来增值业务发展的重点

增值电信业务不属于人们生活的必需品，人们往往可以通过其他途径来获取其带来的效应。从经济学的角度来看，它的需求弹性大，受收入、文化习俗和消费习惯的影响非常明显。用户的个性需求已经越来越突出，单一的大众市场逐渐消失，取而代之的是复杂的以特定团体或个人为主体的个性化市场。而现有的大多增值业务都以消费娱乐为主，内容同质化倾向严重，缺乏创新，增值业务的目标客户缩小为尝新的时尚年轻人。而在增值业务发展领先的国家，各种年龄、身份、喜好的人群都可以找到适合自身需要的应用和内容。

增值电信业务的市场需求受用户收入、文化和消费习惯的影响比较明显。与我国地域辽阔，东西部地区、沿海与内地地区的经济发展不平衡，以及各具特色的文化、习俗和消费习惯相对应，不同的用户对增值电信业务的需求呈现较大的差异性。因此，在内容和经营模式上体现特色的增值电信业务需求增长较快，增值业务需要根据不同的消费需求，为用户提供个性化的解决方案。

个性化的信息服务将是未来增值业务发展的重点，只有提供极具个性化、实用性的服务内容，才能使增值电信业务更具竞争优势，获得更长远的发展。

（四）网络与信息安全挑战与日俱增

当前，随着新技术、新业务的快速发展，其带来的网络与信息安全新问题也将不断出现并呈现出新的趋势。

第一，针对基础网络设施的探测、渗透和攻击事件不断被曝光，攻击类型不断变化；涉及基础网络设备的通用软硬件高危漏洞占比逐渐增大。第二，随着大数据分析的广泛运用，攻击者将找到避开统计分析和异常监测的方法。信息操作将成为攻击者的主要攻击策略。第三，公共网络安全方面，安全事件发生率较高，个人信息泄露、钓鱼网站、手机恶意软件发生率增加，网民因安全事件造成各种损失，特别是手机安全面临恶意程序和垃圾短信两大危害行为。

（五）行业发展进入新常态

在移动互联网、云计算等新技术、新业务的带动下，增值电信业正由以传统通信网络为中心的封闭模式向以互联网和终端为中心的交融、开放模式转变。传统的增值电信业务如短信、彩信、呼叫中心、因特网虚拟专用业务等发展放慢，而以网络游戏、电子商务、移动视频、互联网金融等为代表的互联网信息服务业、移动网信息服务业等新兴业务逐步成为主导。

市场格局逐步向寡头垄断演进。2013 年以来，互联网企业在资本市场上表现活跃，通过资本运作的方式加快产业整合，阿里巴巴、腾讯、百度等互联网巨头通过并购和入股在线视频、地图导航、在线旅游、手机浏览器、智能终端、线上餐饮、团购、电商等领域的其他互联网企业，在部分细分领域形成了垄断。这些规模型互联网企业拥有雄厚的资金、丰富的行业资源和消费者的高度认知，这对初创企业或者正处于快速成长期的企业具有极强的诱惑力，市场格局正在加速向寡头企业集中。

行业边界逐步向实体行业扩展。增值电信业正在不断向传统经济领域渗透，互联网已经对媒体、零售、娱乐产生了深刻影响，正在逐步融合金融、制造业、医疗、房地产等诸多领域。在未来一段时期内，增值电信业与实体行业的跨界融合将越来越多，覆盖范围越来越广，正在逐步成为促进信息消费、拉动国家整体经济增长的新引擎。

（六）行业监管面临新挑战

增值电信业正逐步形成寡头垄断的市场格局，这一方面有利于龙头企业进一步提升企业竞争力，提升行业示范作用和龙头效应，带动整个行业发展；但另一方面也会在一定程度上影响中小企业和初创企业的创新动力和生存空间。如何为中小企业营造有序的市场竞争环境，促进中小企业发展，成为行业监管新的课题。

此外，随着增值电信业向经济、社会、文化等各个领域的不断融合拓展，有些问题逐渐暴露：如网络与信息安全问题、违规经营问题、产品模仿抄袭严重的问题也成为制约增值电信产业发展的关键问题。如何规范企业行为，营造健康的市场环境，也是当前面临的重要挑战。

目前增值电信业的业务种类呈现出多样化的态势，涉及的业务领域也不再单一，单一的行业主管难以有效完成监督与服务。随着跨界融合的深入和其他行业的反向渗透，这个挑战将在未来一段时期内显得越来越突出。

（中国信息通信研究院　彭浩熹　刘在东　万杰　曹磊）

电子政务发展特点与趋势分析

一、2014 年我国电子政务发展特点

（一）电子政务已经成为国家治理体系和治理能力现代化的重要组成部分

大力推进电子政务发展是推进国家治理体系和治理能力现代化的重要组成部分，是深化行政管理体制改革和建设服务型政府的战略性举措。近年来，中央及地方国家机关电子政务稳步发展，业务应用持续深化，制度建设不断完善，服务能力明显提升，为提高政府履职能力提供了有力保障。

2014 年，中央及地方国家机关基本完成了以组织机构与人才队伍组建、基础设施、网络平台搭建为主要目标的电子政务起步发展阶段；绝大多数中央国家机关的电子政务发展都已经进入以政府网站升级、业务应用系统建设、信息资源体系建设等为主要目标的电子政务普及发展阶段；已经有部分国家机关开始着手进行以信息资源综合开发利用、实现资源共享、业务协同应用为主要目标，以服务导向为主要特征的电子政务深化应用发展阶段。

电子政务在全面普及对探索信息技术的应用领域、带动社会其他领域信息化发展方面起到了重要的作用，对加快政府职能转变、提高行政质量和效率、增强政府监管和服务能力具有十分重要的意义。目前，电子政务已经成为政务部门履行职能不可或缺的重要手段，在社会管理与公共服务中发挥了日益重要的作用。总体来看，我国实行“政府先行”的信息化战略是成功的，中国电子政务建设在组织保障、人才体系、基础设施、重点应用、产业支撑等各个方面已经具备一定的基础，为下一步电子政务的深化应用奠定了较好的基础。

（二）中央网信办成立，信息化和电子政务发展有了集中统一的规划和管理

2014 年年初，中央网络安全与领导小组的成立，体现了党中央、国务院对电子政务工作的高度重视，中国的电子政务工作迎来了良好的快速发展契机，标志着中国信息化和电子政务发展有了集中统一的规划和管理。

中央网络安全与领导小组办公室的成立，对于落实“建设网络强国”战略有着重要的作用。中央网信办自成立以来，严格按照习近平总书记对于电子政务工作的“统一谋划、统一部署、统一推进、统一实施”的要求，坚持以“建设网络强国的战略部署要与‘两个一百年’奋斗目标同步推进”为指导，为实现“建设网络强国”的总任务进了大量的工作，开展了卓有成效的调研，研讨、制定下一步中国电子政务发展的战略规划与具体步骤，并基本在全国各地区、各行业建立起由中央网信办统一领导的电子政务管理队伍，为中国电子政务下一步的发展奠定了坚实的基础。

（三）电子政务和信息化的国际排名提升，国际交流不断加深

2014 年中国在联合国电子政务报告中位列第 70 位，相较于上一次调查（2012 年）上升 8 位，这是中国在近 10 年来排名首次上升。中国电子政务排名的提升，与决策者及政府推动网络信息建设和电子政务发展的决心与行动密不可分。近年来，各地区、各部门认真贯彻落实党中央、国务院的决策部署和要求，加快推进电子政务，取得了积极进展，应用发展成效不断显现，电子政务创新为民服务和社会治理的应用不断深化；在线服务能力稳步提高；电子政务技术服务能力不断提升。目前中国的电子政务正朝着集约、高效、安全、服务的方向发展，电子政务促进政府职能转变和法治政府、服务型政府

建设的作用进一步发挥。

2014年11月19日，世界互联网大会在中国乌镇召开，会上讨论了包含电子政务在内的众多互联网发展问题。为了深入探讨互联网时代政府的治理能力以及公共服务的发展水平，由国家互联网信息办公室和浙江省政府联合主办的首届世界互联网大会“互联网与政府 • 公共服务创新论坛”。会上，来自联合国、欧盟、阿拉伯国家联盟、中国、新加坡、意大利、土耳其等的国际组织代表、政府官员、专家学者共11名演讲嘉宾分别从不同领域、不同角度、不同层次进行了热烈的讨论和交流。本次论坛的议题涵盖了东西方世界不同发展水平国家及地区的代表性发展理念，国际性强，覆盖面广；演讲嘉宾针对政府公共服务创新这一话题从不同角度展开讨论，观点集中，启发性强；不同的社会思想碰撞在一起，促进了各种做法和经验的互学互鉴，适应互联网时代政府转型的发展要求。

以在美国华盛顿召开的第七届中美互联网论坛为契机，中国国家互联网信息办公室主任鲁炜一行，在美国西海岸展开了密集的考察行程——在硅谷到访了苹果、百度、谷歌等公司，与亿贝（eBAY）公司、雅虎、领英（LinkedIn）、红杉资本等公司高管举行会谈；考察西雅图期间，参观了微软和亚马逊两大公司，并与企业高管举行了多场会谈。在此次美国行中，鲁炜一行考察团展现了中国坦诚开放的姿态，愿就中美网络关系进一步深入沟通交流、建立互信机制，赢得了海内外好评，从道义上为中国的国际形象加分，也为中国在国际互联网治理体系构建中的话语权再增实力。

（四）新技术、新媒体的应用不断广泛和深入

2014年，越来越多的党政机关力争采用最新的移动互联网技术与新媒体传播技术，加强政民互动，提升为民服务能力。各级党政机关开设了政务微博、政务微信和政务服务APP。相关政务服务应用的活跃程度也不断提升，内容更加丰富，与民众的互动越来越频繁、越来越实用，已经成为政民互动、引导网络舆论的主要阵地，成为践行创新为民服务的具体体现。其中，商务部、外交部、公安部、气象局、药监总局等部委开通了政务微博，关注“粉丝”过百万，如公安部的“微博打拐”和“打四黑 除四害”、气象局的“气象微博”、商务部的“商务微新闻”等都已成为广大公众普遍关注的政务渠道。中华人民共和国中央人民政府门户网站（简称中国政府网）官方微博和官方微信在新华微博、腾讯微博和微信正式开通，成为国务院政府信息公开的又一重要平台。作为中国最高级别的信息平台，中国政府网官方微博和微信使民众可以通过手机轻松获取国家最权威的资讯信息。

作为倾听民间声音、与民间互动交流的重要渠道，政务微博、微信受到了各级政府的高度重视，开通的级别也越来越高，越来越多地将政务微博、微信列入到政府政绩考核机制中。网络新媒体传播技术的广泛应用在引导网络舆情、进行政民互动、提供部分网上办事、权威信息发布、解决民众实际问题等方面起着越来越大的作用与影响力，着实成为了沟通中央国家机关与广大民众、企业的桥梁与纽带。

二、2015年我国电子政务发展趋势

（一）中央网信办将进一步发挥顶层设计和统一规划的作用

当前，我国已经进入全面深化改革的攻坚阶段，电子政务是推进国家治理体系和治理能力现代化的重要组成部分，也到了全面深化改革发展的关键时期。2015年，中央网络安全与信息化领导小组办公室将进一步发挥顶层设计和统一规划的作用。

在中央的统一领导和部署下，中央网信办将在国家信息化发展战略、下一步国家电子政务发展规划与工作重点、国家电子政务的顶层设计以及统筹协调等方面，坚持统一领导，深化依法治国，推进惠及民生，提升治理能力，促进我国电子政务领域的改革创新与进一步发展。同时，中央网信办还将紧紧围绕习总书记对信息化“四个统一”的工作要求和“依法治国”的战略部署，就我国信息化的发展战略、国家电子政务下一步的战略发展规划以及如何进一步统筹推进国家电子政务发展等问题，做出更为突出的贡献。

（二）信息化与电子政务的国际交流将会常态化

2014年的世界互联网大会是第一次由中国举办的世界互联网盛会。当前，全球新一轮信息革命已

经来临，2015年，随着世界互联网大会的常态化，中国作为最大的发展中国家将会为世界搭建一个具有广泛代表性的开放平台，汇集全球网络界领军人物共商发展大计，让最先进的世界文明成果与最悠久的中华文化交流融合，让现代信息文明与传统历史文明交相辉映。

2015年中国互联网仍将高速发展，中国的电子政务和信息化将在平等相待、相互尊重的基础上，就互联网发展和管理方面展开更为深入和广泛的交流和合作，以增进相互了解，实现共同发展。同时，中国政府在认真吸取世界各国发展和管理经验的基础上，立足中国国情，坚定不移地走有中国特色的互联网发展和管理之路。

此外，2015年我国政府将进一步加强在电子政务领域的企业合作与政府合作。国家机关网站资源的优化整合与用户服务界面的改善，使公众与企业能够更加方便、快捷、及时、有效地获取中央国家机关的基本公众服务，促使为民服务应用更加人性化、个性化，大大提升了为民服务应用的实用性、便捷性，增强了民众对电子政务以及政务服务的满意程度。同时，国家机关也将听取企业和公民建议，学习企业管理中的信息化经验，加强各级政府间的学习和交流，努力促进信息化水平再上新台阶。

（三）依法治国理念将会在电子政务发展中得以贯彻落实

党的十八届四中全会着重提出“依法治国”理念，随着大数据思维与大数据应用技术不断传播与普及，政府掌握的政务信息不断呈几何级数增加，政府已经成为了名副其实的“大数据”拥有者和“集散地”，依法治国理念将会在电子政务发展中发挥更为重要的作用。

目前，由于中国有关政务信息公开与数据开放的立法工作的缺失，有关机构之间的协调失当，部门、个人责任不明确，安全保障与技术措施不到位等原因，导致中国政务信息公开与数据开放内容的有效性不够，开放程度不足。面对全球政务数据开放的趋势，促进政务信息公开与数据开放也将成为中国电子政务未来发展的重点，将会从政务信息公开与数据开放的立法工作，增强政府信息与数据的有效性与价值性，坚持“以需求为导向”、增强政府与民众的互动等维度进一步提升政务数据的开放力度与综合利用水平。

随着依法治国精神理念在电子政务领域的不断落实，政府将更好地向社会公众开发，更好地利用、开放政务数据，进一步提高社会参与度和透明度，促使民众能够更加便捷地在线获取信息，受到更少限制地对信息进行使用和处理，从而提升政府的管理效率，提升社会治理能力，增进民众福祉。

（四）面向群众的基本公共服务的电子政务应用将成为发展重点

党的十八届三中全会提出了“推进国家治理体系和治理能力现代化”的治国理政新理念。2015年，在新的技术条件下，如何发挥电子政务在建立国家现代治理体系和治理能力现代化中的作用，如何运用信息化手段提升政府履职能力，成为电子政务的首要任务。治理方式创新的核心在于“提供民众基本公共服务”与“实现政民的有效沟通互动”。因此，2015年面向群众的基本公共服务的电子政务应用将成为发展重点。

党政机关将进一步推进电子政务业务与应用系统建设以及新技术新媒体的应用，政府网站将进一步成为政府信息公开、政民互动、政务服务的主要渠道，这既与社会治理方式创新的目标与核心相一致，其本身也是社会治理方式创新的主要方式与内容。我国政府的电子政务工作，一方面将继续完善、优化、升级业务系统与应用系统，推进相关信息资源的共享与开发，提升业务办理效率与社会管理水平，为社会公众与企业提供更好、更便捷的基本公共服务；另一方面，将进一步完善部委网站的政民互动功能，综合利用政务微博、微信、移动政务客户端等新技术、新媒体，加强与公众的沟通与互动，为现代治理体系的实现提供良好的网络环境与社会舆论环境，不断推动、促进社会治理方式的创新与实现。

（五）信息资源的综合开发与数据开放将成为重点发展领域

大数据是一项立足全局、面向未来的重大战略，事关经济社会发展全局。《“十二五”国家战略性新兴产业发展规划》提出支持海量数据存储、处理技术的研发与产业化。党的十八届三中全会着重提出：

“全面深化改革的总目标是完善和发展中国特色社会主义制度，推进国家治理体系和治理能力现代化。”2015 年，随着大数据时代的到来，信息资源的综合开发与数据开放将成为重点发展领域。

大数据作为未来社会发展的潮流，在提升决策水平、提高政府服务效能、增强国家治理能力等方面必将发挥十分重要的作用。但在实际运行过程中，大数据仍然面临着数据安全、信息所有权以及信息公开等方面的挑战。为充分发挥大数据的效能，提高国家治理能力，2015 年，国家会继续朝着建设“大数据强国”的战略路径，提高大数据的开放性、协同性与参与度，完善大数据立法，建立健全面向公众和应用导向的大数据公共服务体系，搭建需求导向的大数据开放共享平台，同时还应重视数据共享的协同成本，提高数据共享的效率、效益和效能。

（六）将进一步促进、支持国产化与自主可控的软硬件发展

信息与数据安全是网络安全的基石，实现自主可控存储是夯实国家网络安全基础的必经之路。为保障国家信息安全，如鲁炜主任所说，要“真正把安全的‘大楼’构筑在自家的地基上，把重要的数据存储在自家的仓库里”。因此，2015 年我国将会进一步促进、支持国产化与自主可控的软硬件发展，这显然可以成为维护国家网络安全的先手棋。

经过近几十年的发展，尽管国产软硬件与国外顶级产品相比仍有一定的差距，但已经能够达到“可用、好用”的水平，包括浪潮天梭 K1 服务器、银河飞腾系列大型国产超级计算机在内的一系列国产软硬件的技术实力，能够满足需求并跻身世界前列。路由器作为控制网络数据流动的中枢环节，前期“思科预置后门”事件引发了业内的高度关注。“棱镜门”事件之后，相关部门对政府、金融、电信、电力、能源、证券、铁路、军工企业等系统进行了信息安全大检查，发现了大量的网络攻击窃密活动，挖掘出多种设备“后门”或漏洞。美国的思科路由器前期在国内被广泛使用，涉及政府、军警、海关、税务、金融等要害部门，而检测发现，思科路由器存在可远程操控的预置式“后门”。

因此，在实现网络安全方面，要紧紧抓住实现数据存储国产化的关键点——硬件的自主可控。“保障信息安全，实现核心软硬件国产化自主可控”，被国家层面提高到空前高度。基于这一方针，针对信息安全领域，2015 年国家层面将推出多重措施。

（国家行政学院　丁艺）

即时通信业务发展现状分析

一、即时通信业务特征与原理

即时通信（以下简称 IM）是指使用智能终端（如 PC 终端、智能手机等），通过互联网或移动互联网，采用多种媒体格式（包括文本、图片、文件、语音、视频等）进行一对一、一对多或多人群组间的通信，其主要业务特征如下：

- 以文本为基础，可扩展到语音、视频交互（此时 IM 具有编解码功能）；
- 可提供语音通话，部分 IM 还可提供语音短信息；
- 具备实时、准实时的业务交互能力，部分 IM 还提供离线信息接收能力；
- 群组特征明显，信息传播速度快、范围广；
- 随着移动互联网的发展，IM 和位置 / 社区业务、通信录等功能相融合，与智能手机终端的耦合度增强，部分新型移动 IM 已实际具备实名制特征。

根据服务终端类型、业务特征及业务主体类型，可将 IM 分为以下 3 类。

（1）基础类 IM

典型的代表为微软 MSN 及腾讯 QQ。在随后的发展中，基础类 IM 向垂直网站（典型产品如淘宝阿里旺旺）及企业客户市场（典型产品如腾讯 RTX）进行了延伸，但总体延伸范围较专一，影响不大。基础类 IM 业务基于互联网提供服务，对电信市场影响相对较小，主要是分流了少量语音及短信业务量。

（2）跨网络 IM

是指能够实现互联网与电信网文本、语音等互通的“落地”即时通信服务。此类服务需要电信运营商参与业务的提供，典型代表为实现语音落地的 Skype 及实现即时消息和短信互通的中国移动飞信。

（3）新型移动 IM（OTT 业务）

是指利用安装并运行在移动智能终端的应用软件，借助用户通信录和用户位置信息，通过移动互联网以消息（包括文字、图片）、文件、音视频形式向用户提供实时或准实时通信功能的信息服务。新型移动 IM 通过与用户手机号码的捆绑实现用户的实名制，典型代表为国外的 KIK、WhatsApp 及国内的腾讯微信。

新型即时通信业务网络和业务功能逻辑架构如图 1 所示。

在网络方面，新型即时通信业务主要利用接入网、互联网骨干网向用户提供业务。接入网根据接入技术的不同可分为固定宽带接入网、无线局域网（WLAN）及移动通信网分组域等。同时，由于目前部分新型移动即时通信业务提供即时消息与短信、PC-Phone 的 VoIP 等互通业务，因此也涉及了移动通信网的电路域。互联网骨干网主要由基础运营商提供，新型移动即时通信业务提供商租用 IDC/ISP 的设施服务。

在业务方面，即时通信业务功能集群向用户提供服务。即时通信业务功能集群由即时消息服务器、好友关系服务器、群组服务器、互通服务器等组成，分别负责文本、语音、图片等消息的存储和转发、用户之间好友关系的管理、群组用户的管理和群内消息的分发及互联网即时通信与传统电信网业务的互通等功能。目前部分同一企业内不同移动即时通信业务实现了基本业务的互通，如微信与手机 QQ。不同企业之间的移动新型即时通信尚未实现业务的互通。

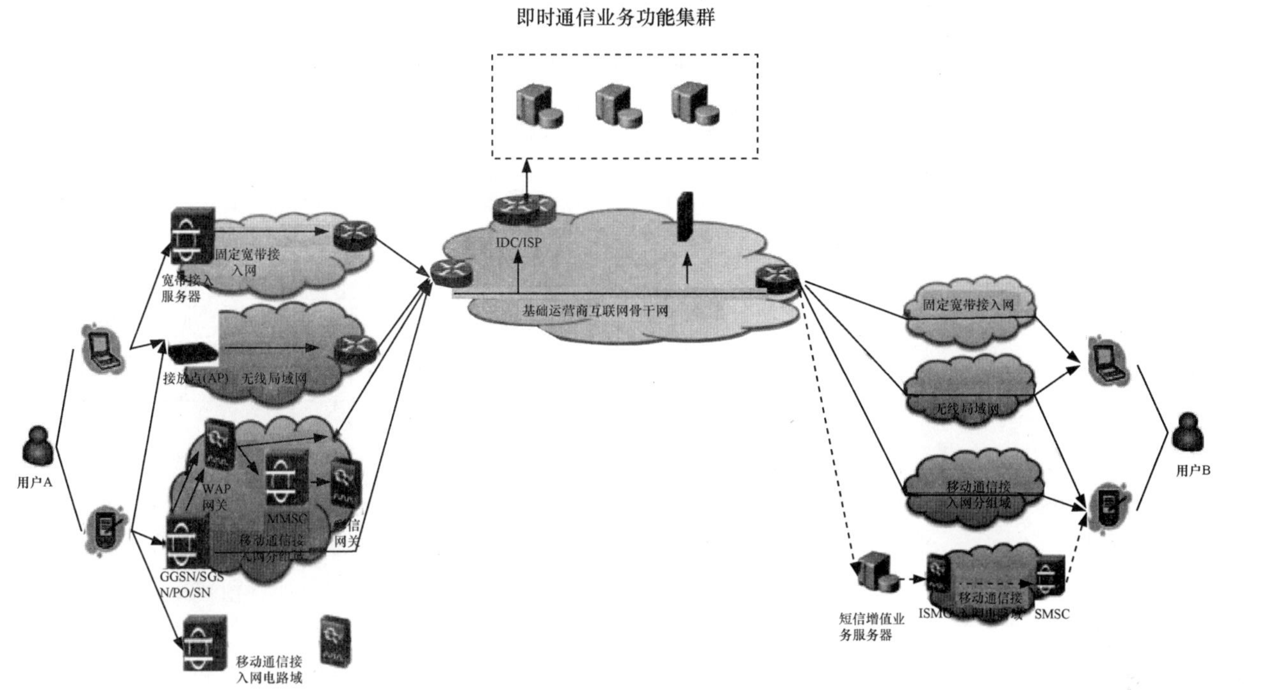

图 1 新型即时通信业务网络和业务功能逻辑架构

二、国内外新型即时通信业务发展现状及特点

截至 2014 年 10 月，国内外典型新型即时通信业务用户发展情况见表 1。

表 1 国内外典型新型即时通信业务用户发展情况

	业务名称	业务提供商	用户数	OTT VoTP 用户数（语音和短信 OTT IM 按 40% 的用户使用率估算）
国内	手机 QQ	腾讯	5.76 亿	2.3 亿
	微信	腾讯	5 亿	2 亿
	易信	中国电信	1.2 亿	4 880 万
	来往	阿里巴巴	2 300 万	900 万
国外	Viber	美国 Viber 公司	1.3 亿	1.3 亿
	Skype	美国微软公司	3.4 亿	3.4 亿
	Line	日本 NHN Japan 公司	1.81 亿	7 300 万
	Kakao Talk	韩国 Kakao Talk 公司	1.2 亿	4 800 万
	Whatsapp	美国 Whatsapp 公司	6.4 亿	2.56 亿

国内外新型即时通信业务功能发展比较，见表 2。

表 2　国内外即时通信业务功能比较

	Line	KaKaoTalk	WhatsApp	Viber	Kik Messenger
多媒体短信（语音 / 视频 / 文本）	支持	支持	支持	不支持视频	不支持视频和语音
免费通话	支持	支持	支持（即将推出）	支持	不支持
视频通话	不支持	不支持	不支持	不支持	不支持
群组聊天	支持（限 100 人）	支持（无限制）	支持（限 30 人）	支持	支持（限 10 人）
社交平台	支持	支持	不支持	不支持	不支持

此外，从 2014 年开始，新型即时通信业务还出现以下发展趋势。

（1）用户规模急剧增加，具备电信级规模服务能力

新型即时通信业务覆盖的用户规模急剧增加，微信用户规模已经超过 4.5 亿人，移动 QQ 用户规模已经达到 5.6 亿人。而截止到 2014 年 6 月，中国电信用户规模 1.8 亿人，中国联通用户规模 2.95 亿人。新型即时通信业务提供商在用户规模上已经具备了电信运营商的服务规模。

（2）语音功能开始向“多方语音”演进

新型即时通信业务提供商除提供双方语音通话业务外，还提供多方语音通话、群语音通话功能。

（3）语音业务将会继续演进，Wi-Fi 通话是其未来发展方向之一

Wi-Fi 通话业务是在 Wi-Fi 网络环境下，向智能终端用户提供高质量视频通话服务的系统。它所实现的功能包括：终端用户可以点对点发起和接听视频通话，如果网络环境不允许则通过后台中转视频流实现用户之间的视频通话。

Wi-Fi 通话和 OTT 语音业务的不同点：一是不用使用软件，即可直接拨打电话；二是可与电信网实现互联互通（在运营商允许的情况下）。

以苹果、谷歌为代表的互联网公司凭借技术、业务和商业模式的创新，大举进入基础电信服务领域。苹果 FaceTime 已实现了视频和音频通话，又在新版 iPhone 中新增了 Wi-Fi 通话功能。谷歌公司近日宣布推出最新版的 Hangout 应用程序，能够允许美国和加拿大的用户通过 Hangout 可以彼此之间拨打免费电话。

苹果公司开发的 Wi-Fi 通话服务具备更加强大的竞争力。一方面苹果的 Wi-Fi 通话不需要一个独立的应用程序来建立呼叫，用户可通过手机的常规拨号程序，在无感知的情况下通过 Wi-Fi 网络完成通话；另一方面，苹果 Wi-Fi 通话技术的服务质量达到“运营级”水平，其呼叫是通过运营商核心网络进行管理的。

即时通信业务与其他基于智能终端的移动互联网应用所面临的安全问题并没有本质上的不同，也包括网络攻击、恶意代码和非法入侵及用户个人隐私泄露等；但话音属普及性较广的服务，其用户规模、业务量和服务范围较易实现快速发展。因此，移动互联网应用所面临的安全问题，其影响能力与程度将可能因 OTT 语音通话业务的出现而被迅速放大。

我国现有电信业务监管体系尚未将即时通信语音通话业务纳入监管范围，因此对话音业务提供商并没有提出与基础电信企业相同的实名登记、溯源、特殊通信等监管要求，同时现阶段采用的技术手段在网络层对语音业务进行有效控制的难度较大。这是当前阶段在鼓励其创新发展的大前提下安全监管所面临的主要挑战。

三、国外电信运营商应对新型即时通信业务的策略分析

从全球范围来看，运营商自身也在积极探索 OTT 带来的机遇和挑战。各国的运营商根据本国的

监管力度，市场竞争状况，主要有限制、鼓励、合作和竞争4种不同的应对态度。尽管各国运营商对待OTT的态度不尽相同，但是都在积极探索新的盈利模式和开发新的收入来源。

（一）限制策略

为了保护自身的语音和短信业务，部分运营商对OTT厂商采取完全抵制的态度。

阻断OTT业务和收取额外费用是最直接的做法。欧洲的运营商普遍采取阻断Skype和收取额外费用的做法。法国第四大电信公司、第二大宽带服务商Free允许其旗下500多万互联网用户屏蔽网络广告。韩国也批准移动运营商阻断Kakao Talk或额外收费。

另外，国外运营商还以安全的理由开始拒绝某些与自己业务存在竞争关系的OTT业务。例如，Verizon最近正式宣布对谷歌钱包业务进行屏蔽，Verizon称，阻断谷歌钱包并不是因为该业务与自己的iSiS竞争，而是因为安全功能的整合出现障碍。

（二）资费策略

资费策略主要有两种模式：一种是为应对OTT业务资费低廉特点，电信运营商被迫降低短信、语音等服务的资费，或者电信运营商上调移动数据资费或削减移动数据业务补贴；另一种是直接向OTT企业进行收费。

欧洲运营商向Skype这样的VoIP业务收取额外费用，一般为每月10欧元至15欧元；2013年2月，谷歌公司与法国电信达成协议将补偿法国电信的网络建设费用。韩国通信委员会根据该国电信运营商的提议，正在组织针对KakaoTalk业务收取额外费用。北美电信运营商取消不限量数据套餐。如AT&T取消新用户30美元不限量套餐；Verizon停止向新入网用户提供29.99美元不限量套餐。荷兰三大运营商调高移动数据流量资费。

（三）合作策略

运营商与OTT合作推出增值服务。OTT厂商和运营商可以利用各自优势，OTT可以帮助运营商弥补服务短板，运营商可以帮助OTT扩大用户群。典型的合作方式是，运营商推出针对性的流量套餐包，如OTT视频和语音流量包。如印度Reliance与WhatsApp推出每月0.3美元的套餐包，无限使用WhatsApp。Facebook于2013年2月25日宣布与全球18家运营商合作，将让部分国家的用户以微小或者零数据流量发送Facebook信息。

（四）竞争策略

运营商通过Web提供更多增值服务，替代一部分OTT的功能。而运营商在独立开发或者收购APP公司，方面并不具备优势，这种策略风险是最大的。目前较为流行的方式是运营商之间结成同盟，联合运营应用软件服务。如GSM协会联合多家运营商推出了类似微信的Joyn服务品牌。

另外一些运营商积极开发自己的OTT业务。法国电信Orange公司于2012年11月底推出一款名为“Libon”的免费即时通信应用。该应用内置了大量移动业务，包括高清VoIP通话、文字短信及可视语音邮件。重要的是，该应用并不只限于Orange的用户，所有人都可从App Store下载。

在国内，三大运营商都推出过相关产品，中国移动的飞信和飞聊、中国电信的天翼live和翼聊、中国联通的沃友等，但更多是出于战略的考虑，由于种种原因，目前在产品迭代、运营、用户数量等层面都与国内的微信有不小的差距。

电信运营商应对OTT即时通信业务策略分析见表3。

表3　电信运营商应对OTT即时通信业务策略分析

策略	方式	典型案例	优缺点分析
限制策略	限制用户使用	韩国监管机构允许运营商对OTT业务进行阻断	限制策略不适应当前的发展，易受到用户抵制
资费策略	（1）降低语音资费 （2）上调移动数据业务资费 （3）直接向OTT企业收费	（1）美国Verizon停止向新签约的智能手机用户提供不限量数据套餐 （2）荷兰三大运营商KPN、T-mobile荷兰和沃达丰荷兰于2011年8月开始上调移动数据业务资费	资费策略属于无奈之举，并非主动应对，不仅易受到用户抵制，而且发展效果不好

（续表）

策略	方式	典型案例	优缺点分析
合作策略	运营商和 OTT 业务提供商合作推出新业务	香港电讯盈科和微信团队合作，推出 8 港币无限使用微信服务	OTT 可以帮助运营商弥补服务短板，运营商帮助 OTT 企业扩大用户规模
竞争策略	通过独立开发或者收购 APP 厂商，运营商之间联合推出类似 OTT 的服务	西班牙电信推出"Tu Me"服务；欧洲五大运营商联合推出"Joyn"服务	自行开发 APP 风险较高，运营商缺乏互联网基因

总结 4 类策略不难看出，在应对 OTT 短消息 / 语音业务冲击的不同阶段，电信运营业实际经历了从被动应对到主动调整的转变，但真正有效的手段较少。这一方面说明产业融合是大势所趋，另一方面说明电信运营业只有在产业变革中真正通过创新实现有效的转型才能应对互联网的冲击。

从上述 4 类策略的实施效果看，阻断策略只是权宜之计，已不适应当前形势，破坏网络中立原则，易受到监管机构及消费者的抵制；资费策略不适用当前的发展情况；合作策略和竞争策略符合客观规律，但本质仍是被动跟随，缺乏初始创新能力，目前实际效果并不明显。

四、即时通信业务对整个通信产业的影响

在全球 ICT 产业快速发展的形势下，即时通信业务已逐步演变成为移动互联网时代基础通信的有效补充，尤其是 OTT 语音业务的出现使得即时通信语音业务的表达形式和交互价值大大超越了传统通信，其商业模式具有较强的生命力。在国内，随着移动互联网的快速发展和智能终端的普及，这种趋势也将快速显现，将对我国 ICT 产业格局带来重要影响。

（一）释放消费者通信需求，提升消费者福利

OTT 业务由于其价格低廉等特点，释放广大消费者对通信的需求，提升消费者福利，主要体现在：一是 OTT 语音业务降低语音通信消费成本，吸引大批用户，特别是在国际通信、个人通信领域释放了普通大众对远程、点对点交流的深层需求；二是 OTT 语音业务通常与其他信息结合在一起，具备传输文字、图片、视频的能力，在一定程度上可替代传统通信业务，业务体验也与传统业务类似。

（二）对传统移动语音业务带来较大冲击，并会逐步显现

受到包括被 OTT 语音业务替代在内的多种因素的影响，我国移动语音业务量增速持续下降。2014 年 1～8 月，全国移动电话去话通话时长 19 534 亿分钟，同比增长 2.1%，其中，移动本地和移动长途去话通话时长同比增长 1.7% 和 3.3%，均和 1～7 月持平。移动语音业务量和用户增速差距进一步缩小，由 1～7 月的 4.5 个百分点缩小至 3.9 个百分点。每用户月均贡献的移动语音业务量持续下降，移动本地去话 MOU 值为 149.7 分钟 /（月 · 户），移动长途去话 MOU 值为 45.5 分钟 /（月 · 户），同比分别下降 6.1% 和 4.6%。

2013～2014 年各月移动语音业务量和移动用户同比增长比较如图 2 所示。

从移动语音收入情况看，语音业务收入降幅扩大。2014 年 1～8 月，三家基础电信企业语音业务收入实现 3 380.9 亿元，按可比口径测算同比下降 2.0%，比 1～7 月降幅继续扩大 0.5 个百分点，占电信业务收入比重降至 42.7%。

2013～2014 各月语音、非语音、移动数据及互联网收入占比情况如图 3 所示。

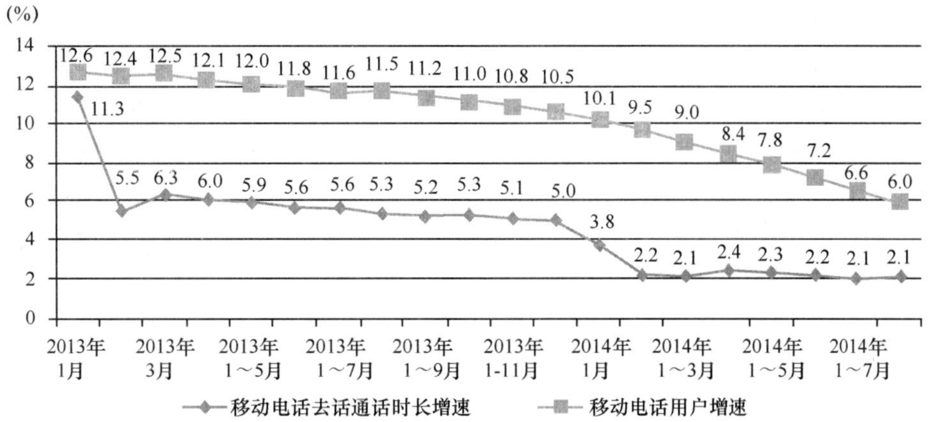

图 2 2013～2014 年各月移动语音业务量和移动用户同比增长比较

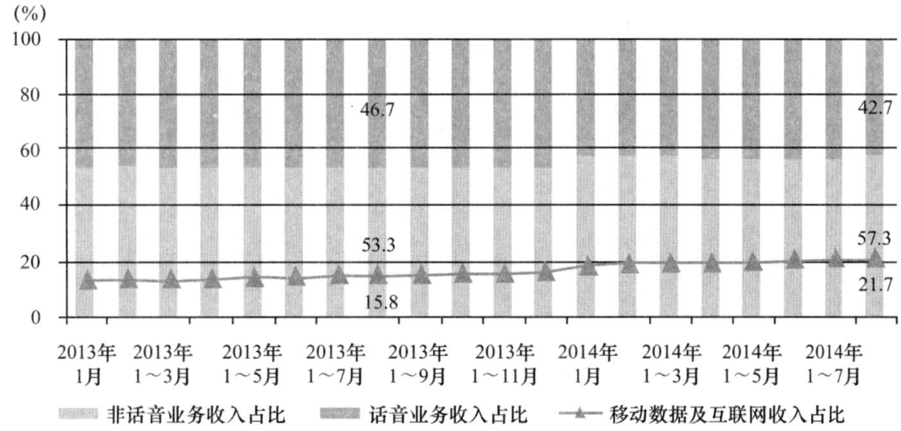

图 3 2013～2014 各月语音、非语音、移动数据及互联网收入占比

从全球趋势看，国外移动语音业务收入受到新型移动即时通信话音业务的影响，业务收入下滑比较明显。2012 年，全球移动语音收入占比下降 0.99%，固定语音收入占比下降 2.12%。

OTT 语音业务在业务形态上与移动语音业务类似，将进一步给移动语音市场带来冲击，但现阶段冲击十分有限。首先，OTT 语音业务的推出时间相对较短，而微信等新型移动即时通信业务的单向语音消息、双向视频通话等功能已经对移动语音市场形成了冲击，现阶段 OTT 语音通话业务只是进一步挤压移动语音市场。其次，OTT 语音业务要求通话双方“永远在线”，且与其他应用或电信网不能互联互通。另外，OTT 语音业务必须安装客户端，需要用户双边授权，无法做到全网覆盖，无障碍沟通，在客户细分上难以兼顾公众市场和行业市场，在安全、服务质量保障与电信电话网有较大的差距。而随着网络基础设施的逐步完善、用户使用习惯的养成和社交关系的形成，OTT 语音业务对电信运营商语音市场的冲击将进一步显现。

（三）进一步影响运营商投资意愿和投资能力

电信运营商在 OTT 时代被进一步管道化。尽管全球移动数据流量大爆发带动运营商的移动数据收入也保持着高增长，但是并没有抵消传统业务收入下降带来的影响，运营商的利润并没有随之明显增加。在此情况下，QQ 语音业务虽然提供了类似基础语音业务的体验，但由于不需要承担网络普遍接入、用户普遍服务、紧急呼叫等基础运营商的公益性服务，使得其资费较低，加速运营商不断投资扩容而收入增长缓慢的趋势，从而使得投资回报率下降，电信运营企业网络建设投资意愿不断下降，将会给电信业务的普遍服务能力带来进一步挑战。

运营商在3G时代的盈利能力显著低于2G语音时代，如果运营商被管道化的趋势进一步加剧，电信运营商对新建和升级网络的积极性和投资能力都受到影响。从国外已商用的4G LTE网络来看，运营商的资本开支的强度（绝对额）和资本开支的密度（相对收入的百分比）都不及3G时期。

（中国信息通信研究院　胡海波）

互联网金融发展规范分析

在2015年全国“两会”上，不少人大代表、政协委员都对互联网金融发展及其风险防控建言献策。民建中央选取了自2013年以来出现“井喷式”发展并引发社会各界广泛关注的互联网金融作为重点专题开展调研，调研组对互联网金融最发达的广东省、浙江省、上海市和北京市进行实地走访、现场考察，并召开座谈会，了解互联网金融发展的实际情况，听取四地政府部门、人民银行、司法机关、商业银行、金融院校以及互联网金融企业的看法及诉求，进行了大量的互动沟通和情况研究。

一、发展基础和现状

互联网金融没有改变传统金融的本质，没有对传统金融产生革命性和颠覆性的改变，只是传统金融在互联网领域的延伸。互联网金融是把互联网、移动互联网、大数据和云计算等现代信息技术应用于金融而产生的新兴的金融服务业态，是金融与信息技术的融合创新。而后，金融服务更加透明、开放和普惠，定价也更加市场化，降低了传统金融机构的服务成本，极大提升了金融机构的服务效率，传统金融也得以从抵押融资和担保融资转为大数据信用融资。

我国互联网金融主要由传统金融机构和非金融机构组成。传统金融机构主要将传统金融与互联网技术和平台相结合，借助互联网渠道为客户提供服务，最典型的如四大国有银行的网银。非金融机构主要是以电商为代表的互联网企业，利用互联网技术进行金融运作，有电商平台模式如阿里金融、京东宝贝等；有基于互联网平台点对点的贷款融资模式如P2P、众筹，目前已经超过2 000家；有交互式营销模式，即把传统营销渠道和网络营销渠道紧密结合起来共建开放共享的互联网金融平台。其中，P2P和众筹符合支持中小微企业发展的金融创新要求，也更符合党的“十八大”以来我国金融改革的方向。

二、对外冲击与自身风险

我国互联网金融对传统金融产生了巨大的冲击。它打破传统金融行业垄断，新兴经营体和民间资本加入进来；分流银行部分存款，银行出现存款恐慌；影响风险定价，商业银行、证券公司和保险公司不得不提高回报率，增加经营成本；改变常态化的货币供应，增加央行的货币供应渠道；深远影响贷款业务，银行失去部分优质客户并减少利润来源。

互联网金融须解决几个主要问题：一是互联网金融法律制度缺失，无监管根据，部分行为和产品游离于“罪”与“非罪”的边缘；二是存在灰色监管地带，分业经营、分业监管的模式对界限日益模糊的互联网金融管也不是、不管也不是，出现了“野蛮生长”的局面；三是账户管理真实性和安全性存疑，在互联网平台开立账户甚至不需要现场核实；四是资金划转和沉淀归集的数量巨大，被挪用现象普遍；五是征信交换困难，互联网金融机构还没有接入央行的征信系统，互联网金融企业之间也没有信用信息共享机制；六是存在较为突出的虚拟信用、信息披露不充分以及缺失宏观市场统计和监控的依据等问题。

由于风险主要集中在网络借贷和众筹企业，本着对互联网金融兴利除弊的原则，须消除几个主要风险：一是成立的经营性网络借贷平台没有入门门槛、不需要金融监管部门介入，部分机构则可能越界触碰非法吸存、非法集资的底线；二是众筹企业没有明显的监管规定，不需要报批，很容易游走在非法集资的边缘；三是网络金融超市在市场准入与监管政策方面为空白，欺诈行为频发，消费者权益无法保障；四是在外部监管缺位的情况下，互联网金融企业普遍存在道德风险和内部风险，以及产品开发和资产负债匹配风险。

三、监管应坚持的原则和措施

我们认为，中央应大力支持务实性监管，以“先有事实，后有监管，在发展中规范，在规范中发展”为监管的总原则：一是坚持互联网金融应服从宏观调控和金融稳定的总体要求，符合维护市场公平竞争的秩序要求，坚持监管应有利于互联网金融服务于实体经济的本质要求，把握互联网金融创新的界限和力度；二是采取务实性的分类监管原则，注重监管一致性，按照互联网金融企业的功能，防止监管套利，不搞一刀切，做到分层次监管、原则性监管与规则性监管相结合，特别是注重防范系统性风险；三是加强监管协调，有效控制风险的传染和扩散，强化互联网金融消费者权益保护，强化行业自律，加强信息披露，强化市场约束，严厉打击金融违法犯罪行为。

具体对策建议如下：第一，构建中国互联网金融体系，加大对互联网金融基础设施的投资力度，打造中国金融业在全球竞争的独特优势。第二，构建多层次的互联网金融监管体系。尽快建立起正规监管与行业自律相结合、跨部门跨地域的多层次互联网金融监管体系。第三，加强互联网金融消费者权益保护。建立健全互联网金融消费纠纷解决机制，强化对金融消费者特别是互联网金融消费者的教育，提高消费者的风险意识和自我保护能力。第四，完善互联网金融风险管理的协调机制。制定统一的监管标准，处理好创新与监管的关系，以及地区之间的协调关系。第五，采取功能监管为主的务实性监管和有针对性的分类监管，避免监管真空和重复监管。第六，设置我国互联网金融企业的从业门槛。不再沿袭传统金融牌照制度的做法，但是对进入互联网金融的企业提出最低资本金的要求，在互联网技术安全、信息披露、高管任职等方面设置一定的规范和标准，通过技术安全标准、高管任职资格、信息披露规范等建立现代公司治理结构、完善内控等。第七，采用负面清单和底线思维监管互联网金融。通过负面清单和红线边界理清互联网金融创新的底线、边界，减少监管套利的空间和进行前瞻性管理。第八，完善征信体系，搭建信息共享平台。把互联网金融信用信息纳入央行征信系统，向互联网金融企业开放征信系统接口，降低互联网金融产品的信用风险，提高金融市场资金的配置效率。第九，秉承监管一致性的原则，对吸收货币市场基金协议存款的银行征收法定存款准备金，进一步规范我国互联网金融的发展。第十，将地方政府金融服务局作为各地网络金融监管的主管部门，承担防范区域网络金融风险防范的监管责任。

（明鉴）

第三方支付市场发展分析

2010 年 6 月，中国人民银行发布《非金融机构支付服务管理办法》，规定自 2010 年 9 月 1 日起唯有经过中国人民银行批准的非金融机构方可从事支付业务，以期清理整顿第三方支付市场，为支付业务提供健康有序的发展环境。截至 2014 年年底，央行已经发放了 269 张牌照，其中最后一批于 2014 年 7 月 15 日发放，一共 19 张。

269 家公司入市为第三方支付市场带来了百花齐放的局面，同时企业之间的竞争愈演愈烈，并购、重组不断上演，而监管机构也加强了整顿力度，以确保市场的合规性。

一、规模快速增长，格局依旧垄断

（一）市场规模飞速增长

随着我国电子商务环境的不断优化、支付场景的日渐丰富，以及金融创新的逐渐活跃，网上支付业务近年来取得了快速增长，受此推动，第三方支付机构的互联网支付业务也取得了较快增长。根据 iResearch 艾瑞咨询的统计数据，2014 年中国第三方互联网支付交易规模达到 80 767 亿元，同比增速达到 50.3%，这一速度高于 2013 年的 46.8%。预计未来几年，第三方互联网支付市场仍将快速增长，到 2018 年交易规模将达到 22 万亿元，具体如图 1 所示。

与第三方互联网支付市场相比，第三方移动支付的增长更为迅速。2014 年第三方移动支付市场交易规模达到 59 924.7 亿元，比 2013 年增长 391.3%，2013 年这一增速甚至高达 707%。移动支付已经连续两年保持超高增长。2014 年移动支付市场快速增长主要有 4 方面原因：第一，移动互联网时代用户上网习惯从 PC 端逐渐迁移到移动端；第二，移动互联网的普及使得用户从年龄、学历、收入等各维度都呈现长尾化趋势；第三，支付场景的拓展使得移动支付成为网民继银行卡、现金外新的最常使用的支付工具；第四，宝宝类货币基金的规模化和现金管理工具化带动了移动支付用户黏性的增长。

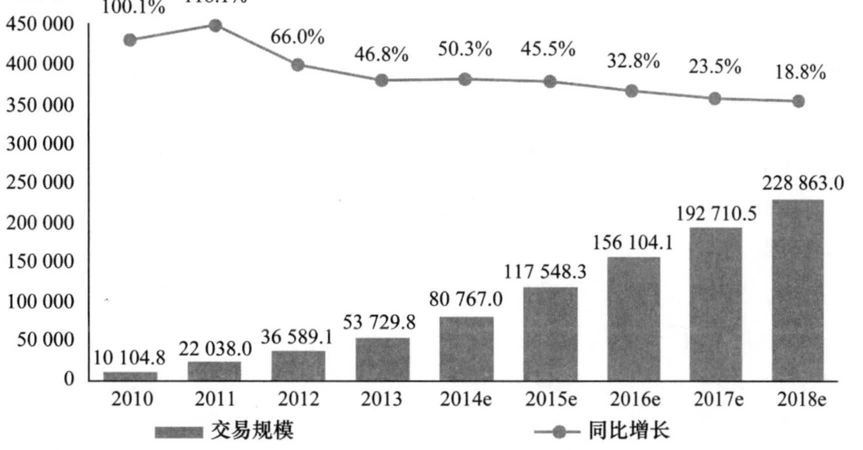

注：互联网支付是指用户通过桌式电脑、便携式电脑等设备，依托互联网发起支付指令，实现后壁资金转移的行为。

图 1　2010 ~ 2018 年中国第三方互联网支付交易规模

展望未来，预计从2015年开始第三方移动支付的增速将有所放缓，到2018年第三方移动支付的交易规模有望突破18万亿元，具体如图2所示。

（二）交易行为趋于多元化

在2014年第四季度第三方互联网支付交易中，网络购物占比为31.4%，基金占比为14.7%，航空旅行占比为10.6%，电信缴费占比为4.3%，电商B2B占比为7.4%，网络游戏占比为2.4%，其他占比为29.2%。总体来看，2014年第三方互联网支付交易结构变动较小，网络购物、基金占比略有小幅上升。

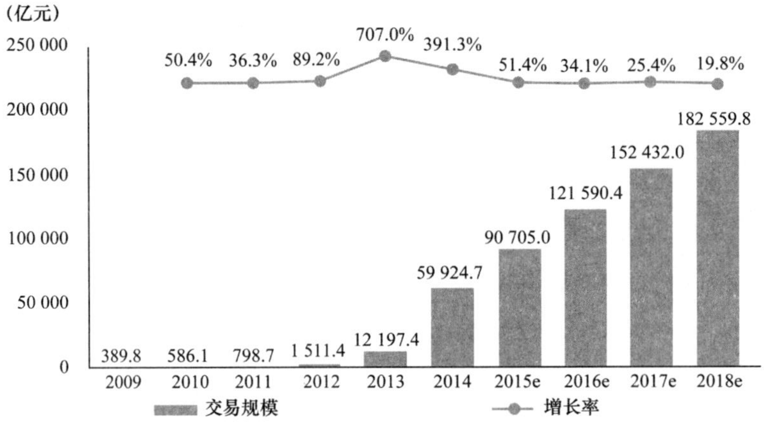

图2 2009～2018年中国第三方移动支付市场交易规模

从交易规模来看，每个行业都有所上升，只是增速不同造成了市场份额的微幅调整。受“双十一”促销的影响，第四季度网购增速较快，占比有明显提高；网游增速基本维持在行业平均水平，变动幅度较小。相对于第三季度，第四季度航空旅行增速回落，占比出现了小幅下降。受到股市利好及央行降息的影响，相较于第三季度，天弘增利宝申购规模有了较大幅度提高，基金申购逐渐回暖。

就第三方移动支付来看，2014年其交易规模结构呈现较大变化，移动消费占比攀升，用户移动支付行为更为多元化。受宝宝类货币基金等互联网金融产品交易带动，2014年各季度移动金融交易规模占比飞速提升，2014第一季度占比接近50%，其余均在35%～40%。与此同时，移动消费所占比重逐渐增加，到2014第四季度已经达到23.4%。

移动互联时代的到来为移动支付创造了新的使用场景，也使用户对移动支付和多种支付场景产生了理念化的新关联。例如，2014年下半年，网民对于余额宝等货币基金的认识已经从生息逐渐转化为方便支付行为的现金管理工具；同时，移动支付也与社交、搜索等紧密结合，呈现出小额高频的支付特点。移动支付越来越成为继现金、银行卡外重要的支付组成部分。

（三）竞争格局微调，支付宝仍稳占鳌头

虽然目前已经有269家企业获得了第三方支付牌照，但是市场上并未产生充分竞争的格局，阿里巴巴旗下的支付宝占据了绝对优势，腾讯旗下的财付通也有不错的表现。

在2014年中国第三方互联网支付交易规模市场份额中，支付宝占比为49.6%，财付通占比为19.5%，银商占比为11.4%，快钱占比为6.8%，汇付天下占比为5.2%，易宝支付占比为3.2%，环迅支付占比为2.7%，其他占比为1.6%。

2014年中国第三方移动支付的市场集中度更加明显，支付宝、财付通占据了93.4%的市场份额，其中支付宝的市场份额为82.8%，财付通的市场份额为10.6%，具体如图3所示。不同于传统的第三方互联网支付，同时拥有庞大用户群和应用场景的互联网企业在移动支付市场掌握了绝对的市场份额优势。从网购支付通道慢慢成长起来的支付宝，在支付用户量级、黏性和场景铺设的速度和力度等方面都保持遥遥领先。财付通凭借微信支付腾飞，在用户和支付场景方面有了质的飞跃，前景值得期待。

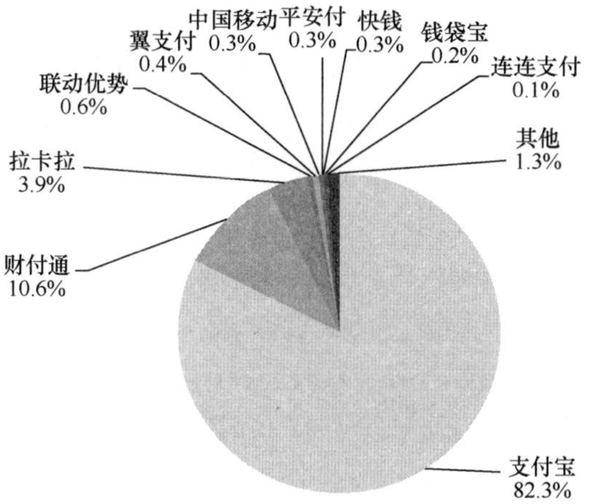

图 3　2014 年中国第三方移动支付市场结构

值得注意的是，尽管2014年移动支付在市场份额上呈现集中趋势，然而各个参与者都积极布局，发挥自身的资源和优势，走差异化发展的道路。例如，拉卡拉着重建设和发展社区电商和小微金融服务的场景；伴随着移动互联众应用的崛起，联动优势、快钱、连连支付等开始侧重in-APP支付；翼支付在存量客户的发掘和新用户的拓展方面表现不俗；移动和包、壹钱包等应用依托母公司的资源和特色逐步发展。

二、市场乱象隐现，央行加大监管力度

第三方支付业务在我国起步不久，在高速发展的过程中，一些问题也不断暴露出来。例如，国内获牌的第三方支付机构是收单市场的重要参与方，有的公司的经营业务在未报监管批准的情况下，已延伸至存款、理财、信贷、国际结算等传统银行业务。而这还只是第三方支付市场乱象的一个表现，第三方支付机构准入门槛过低，管理水平与银行业管理要求相距甚远，实施上存在较大的风险隐患。对此，监管机构着手整顿收单市场，规范市场的合规性。例如，2014年对汇付天下、富友、易宝、随行付给出处罚，责令其退出部分省市的收单市场，瑞银信则被央视暗访。从2014年7月至今，央行甚至没有新发放第三方支付牌照。

另外，第三方支付市场发展前景广阔，各企业抓紧布局，寻求资本或者实业支持，试图借模式创新、互联网金融创新抢占市场份额，促使第三方支付市场竞争不断加剧。受此带动，市场上对第三方支付牌照的需求日渐高涨，近期已有多家公司表示已向央行递出牌照申请。

市场需求高涨，市场监管却日趋严格，第三方支付企业发展遭遇瓶颈。在这样的情况下，第三方支付市场竞争将更为激烈，并购浪潮出现端倪，那些经营压力较大的企业，开始选择出售牌照或者与企业合作来寻求外援。例如，京东收购网银在线，平安收购壹卡会和上海捷银，万达收购快钱，海印股份控股商联支付，华控赛格入股成都支付通，第三方支付行业的并购大潮已经拉开帷幕。

三、未来发展趋势分析

（一）行业加速洗牌

未来几年内，第三方支付市场竞争将更为激烈，行业集中程度加强。第三方支付从其业务类型上看大体可以分为线上和线下两种，其中线下主要为银行卡收单，线上主要为互联网支付和移动电话支付。目前线上的交易量处于暴增阶段。虽然银联商务、支付宝、财付通三大巨头优势明显，但未来第三方支付市场的竞争越来越激烈，移动支付成为第三方支付巨头争夺的焦点。行业面临新一轮洗牌，预计行业格局将在未来三年内定型。

（二）第三方移动支付加速向城镇和乡村渗透

随着智能终端的普及和功能的升级，以及4G网络的扩建，我国广大的城镇和农村人口将享受到移动互联网带来的种种便利。类似其他行业的发展趋势，第三方移动支付也会呈现出从一二线城市向三四线城市辐射，以及从城市向乡镇村辐射的趋势。目前主流的移动支付运营者已经将渠道下沉列为未来主要的方向之一，预计2015年移动支付在我国城镇和乡村地区的渗透率将会快速增长。

（三）手机钱包将逐步接近实体钱包的适用范围

2015年，支付宝、财付通、拉卡拉等企业均会继续抢占线下支付市场，无论是打车、餐饮、商超，还是医疗、交通、金融等领域，更多的实体场景将能接受手机钱包的付款方式。扫码支付将比NFC更

早在线下市场蔓延。未来，苹果、三星等手机厂商也将纷纷进入中国的移动支付领域，NFC近场支付将为线下移动支付的发展带来更多的想象空间。

（四）移动支付用户小额高频化趋势更明显

2013年第四季度到2014年第四季度，微信支付同比增长332.8%，尤其2014年第一季度环比增长183.9%，远高于其他季度的增长。带动这一增长的，主要是2014年春节期间的“抢红包”活动。“抢红包”让众多长尾用户尝试了移动支付，形成了向移动支付的转化。支付宝、财付通等企业再趁热打铁推出培养用户小额高频的使用习惯的营销活动，真正将这部分长尾用户培养成有效用户，从而完成移动支付的质的飞跃。

（五）移动支付将成商户营销分析的重要工具

相比2014年，2015年的春节“抢红包”活动除了个人对个人的P2P模式之外，还增加了B2C类的红包，企业通过支付宝红包、微信红包等方式向用户发放代金券、优惠券等，完成了一次用户主动发起的“反向营销”。预计2015年，将有更多的线上线下移动支付消费场景的拓展，将有更多商户通过“服务窗”、“支付返券”等方式获得营销客户和客户信息管理的渠道。

（《通信世界》舒文琼根据iResearch艾瑞咨询的统计报告整理撰写而成）

医疗健康信息化情况分析

2015年1月13日，阿里健康与广药旗下的白云山签署战略合作协议，双方表示将在医药电商、医疗健康服务和大健康产业等三大领域积极对接，全面合作，打造医药健康产业跨界合作的典范，推进医药健康产业信息化发展。与此同时，马云旗下的云锋基金以唯一的外部人股东身份入主了白云山百亿元的股权融资。

可以很清楚地看到，互联网企业资本正在跑步进入医疗健康产业市场。有专家粗略统计，整个2014年互联网资本在医疗健康领域的投资项目超过了80个，总融资规模接近7亿美元，比之前4年的总和还高，其中不乏“BAT”、360这样的互联网旗舰型企业。他们延续着在金融、电商、打车、教育、银行、O2O、影视等领域的竞争势头，把战火烧到医疗健康领域。而运营商也依托着管道、呼叫平台、渠道的优势在医疗健康信息化领域深入拓展。可以预见，医疗健康信息化产业在经过前些年的布局后，2015年将开始“加速跑”。

一、互联网企业瞄准“平台＋大数据”

纵观2014年互联网企业投资的医疗健康类项目，主要包括穿戴式设备类、医疗服务类、医疗应用类和健康应用类4个种类。无论是哪一类应用服务，互联网企业的“平台＋大数据”的方向都比较明确。

阿里规划的医疗健康信息化业务方向主要包括支付宝“未来医院”计划、阿里健康、药品监管码和天猫医药馆。“未来医院”计划就是要打造一个移动就医平台，把繁琐的就医程序简单化。未来患者在线上就能直接完成挂号、候诊、缴费、查看检验报告以及医患互动等。未来患者可在手机端进行叫号查询，并根据实时叫号情况安排前往诊室的时间，省掉在诊室门口的漫长等待。当患者的检验报告或诊断报告结果出来后，患者可直接在手机端查看。另外，当医生开具完处方后，患者可直接在支付宝系统进行缴费，无需再去窗口排队等候；将诊疗卡与支付宝进行绑定，未来与医保的结算问题也会随着生态演进得到解决。就诊完成后，患者还可以对就诊医院进行评价。阿里健康基于收购获得的网售牌照和药品监管码体系资源，致力于与大型药企合作推出药品真伪查询服务，并试点让用户通过拍处方上平台比价购药。专家认为，从医疗就诊到药品购买，阿里打造的移动医疗将形成一个全方位的闭环服务，满足病患用户全方位的需求。而用户及药企的大量数据将沉淀在平台上，后续互联网企业完全可以依托大数据对用户推出针对性强的个性化服务。

2014年9月，腾讯宣布战略投资医疗健康互联网公司丁香园，短短两个月之后又联姻挂号网，致力于打造基于微信的“全流程就诊平台”。患者只需要扫描微信二维码或搜索相关“医院名称”添加关注，填写简单的个人信息捆绑就诊卡，即可用手机完成预约挂号、缴费、候诊队列查询和检查报告查询等就诊流程。腾讯微信还携手各地卫生局，宣布统一预约挂号的“××健康通”微信公众服务号，努力打造“口袋里的医院”。全部接入联网后，市民将可以享受本地多家医院的预约挂号、健康档案查询、微信支付等全流程服务。

百度主要布局两个维度：第一是打造数据平台概念，吸引更多第三方的软硬件公司将数据传上来，构建一个开放导流的“连接型”生态；第二是将资源主要投给了内部的“数据挖掘”和“深度学习”，进行技术储备，期望未来创新出新的更具竞争力的商业模式。

二、三大运营商发挥管道优势，务实推进

相比较互联网企业大手笔的投资收购，国内三大运营商推进医疗健康信息化显得更为务实。他们依托高速光纤网络以及 4G、3G 网络，与急救中心、医院合作推进预约挂号、移动应急医疗以及远程诊疗等服务，并把医院等合作对象作为集团用户，为其搭建医院 Wi-Fi 网络和移动办公系统，打造移动查房等服务。比如：中国移动北京公司与北京市红十字会 999 急救中心、北京协和医院、北京大学人民医院联合搭建了急救医疗信息化协同平台。该平台将成为一个覆盖急救指挥中心、急救车辆、医护人员以及接诊医院的全方位立体化急救医疗信息系统。中国电信与贵州、宁夏和西藏等边远省份一起，与解放军总医院、北京协和医院等国内著名医院试点搭建远程医疗合作平台。

在务实推进的同时，运营商面向移动互联网的广阔市场，利用自身的渠道及用户优势，整合支付能力，推进基于 APP 的医疗健康类应用以及电商服务。中国电信在上海与万达信息合作，基于万达全程健康 O2O 的服务，线上进行流量合作、APP 预装，线下利用门店渠道推广万达移动医疗服务、远程诊断、药品电商、网上药品的配送服务。中国电信还在上海医疗行业信息化应用基地推进掌上医疗 APP、健康小屋 APP 的应用。中国联通在上海、福建、广东等地大力推广"云健康"等医疗健康信息服务产品，并与鸥桥公司合作提供健康监护服务。用户通过手机客户端，就能很详细地了解自身健康状况，如果发现问题，可快速获得医疗服务。

三、公司化运作破解运营商体制机制的制约

互联网企业与运营商两大阵营，究竟谁能够在未来医疗健康市场获得更好的发展？

纵观两大阵营，各自优劣势明显。互联网企业凭借着支付宝、微信等平台积累的数以亿计的庞大用户群，以及对用户需求的精准把握，搭建子平台进行用户更多样的需求满足显得顺理成章，这些用户本身 APP 使用黏性就已经形成。可以说，互联网企业拥有着无可比拟的平台入口优势以及更丰富的大数据运营经验，在支付渠道方面也占有优势。此外，由于没有太多短期化的考核指标，互联网企业的商业模式更灵活，他们可以在不断优化满足用户体验及需求的基础上，扩大用户群，增强使用黏性，在适当的时候进行后向或与前向结合的商业运作。运营商的优势在于高速率和高安全性的基础网络，以及丰富的渠道优势。运营商的光纤宽带和移动宽带网络可以助力其为医疗结构打造"远程可视化诊疗"服务，而且运营商有着数十万家自有与合作营业厅，在社区里活跃着数以万计的客户经理，这种线下的服务能力是互联网企业所不具备的。

专家认为，要推进医疗健康信息化发展，整合卫生部门、医院等外界资源是非常关键且具有挑战性的工作。随着微信、支付宝用户群的持续扩大，运营商在用户群方面没有太大的优势，随着 O2O 的兴起，运营商的网络优势也不再明显。互联网企业凭借着专业团队的统一运营，对用户需求把握得更好，对医疗机构的资源整合更深入，对市场的响应更快。而运营商受制于各省割裂化的市场团队以及短期 KPI 的考核，难以进行更整体、更长远的布局，冗长的业务运作流程也不能更好地适应快速发展的市场。运营商急需对现有的体制机制进行创新，成立专业化的公司进行统一推广运营不失为一条可行之路。

（人民邮电报社　蒋水林）

智慧城市建设发展分析

从全球来看，智慧城市已经在经济相对较为发达的地区掀起发展热潮，像美国，欧盟，亚太地区的韩国、日本、台湾以及新加坡都在积极推动智慧城市发展。我国智慧城市提出时间不长，不过目前全国各地均掀起智慧城市发展热潮。客观来看，各地正处于探索的初步阶段，尚未形成成熟、稳定、具有推广意义的发展模式。

一、智慧城市的内涵及特征

智慧城市是迈向信息社会的城市信息化发展理念，是城市信息化的高级阶段，是信息技术在城市发展各个领域的不断深化应用，依托信息技术的进一步深度普及和创新应用的城市发展模式，以智慧的方式，借助智能的手段，全面提升城市发展质量和市民文明素质。

目前，业界对智慧城市的定义和内涵并没有统一的认识，对智慧城市的理解也各不相同，但对智慧城市内涵的认识主要划分为3种类型。

（1）技术视角的“智慧城市”：强调智慧城市的技术特征。这种观点主要是从智慧城市技术发展的角度描述智慧城市的特征。

（2）应用视角的“智慧城市”：强调以技术为支撑的应用解决城市发展中的问题。该观点强调智慧城市是信息化发展的高级阶段，加大信息技术创新在城市各领域中的应用，提升城市运行系统的效率和水平。

（3）整体发展视角的“智慧城市”：强调智慧城市作为一种新的城市发展模式，是目前对智慧城市内涵的主流认识。这种观点把智慧城市作为全方位城市经济、城市管理、城市服务功能的重要路径，不仅重视经济产业和民生服务的提升，更把人力和教育资本、社会关系资本以及环境和自然因素作为智慧城市发展的重要考虑因素。

综合以上3个观点，智慧城市是指在城市运行和发展的各个环节，充分利用信息感知、通信网络、数据活化等各种信息通信技术，使城市管理更科学，使市民生活更美好，使经济发展更具竞争力。信息通信技术是手段，改善城市运行管理，提高群众生活水平以及城市对企业的吸引力是智慧城市发展的真正目标。从技术维度看，智慧城市具有四大特征。

（1）状态透彻感知。通过物联网的感知技术，结合视频监控、网络舆情监控等方式，全面采集城市中的人流、物流、信息流状态，形成城市智慧的泛在信息源。

（2）信息泛在互联。通过发展下一代互联网、新一代移动通信，融合电信网、互联网和移动互联网，实现信息的实施传递和广泛互通。

（3）系统高效协同。利用各种信息资源库和公共服务平台，结合高集成、智能化的智慧城市运行智慧中心，加强行业、部门间的资源整合、信息共享，使城市各个系统和参与者进行高效协作，达到城市运行的最佳状态。

（4）决策科学智能。利用云计算、大数据服务等技术，结合数学模型，对城市海量信息资源和数据进行智能分析和处理，为科学决策提供支持。

二、全球智慧城市发展现状

目前，全球已有超过100个城市正在进行智慧城市的试点、规划和建设，其中北美、欧洲和亚洲部分地区是智慧城市发展较为活跃的地区，美国、欧盟等传统信息科技强国以及日本、新加坡、韩国等亚洲经济实力较强的国家都积极推出智慧城市战略并付诸实施。中国、印度、墨西哥、马来西亚、泰国等发展中国家也纷纷出台智慧城市发展计划，目的是赶上智慧城市的建设步伐。全球智慧城市发展表现出多元化、本地化和层次化的特点。

（一）美国智慧城市发展

总体来看，美国智慧城市发展主要依靠市场推动，并且其发展在全球范围内领先。目前，美国只有个别城市制订了智慧城市发展战略，例如，智慧圣地亚哥采取政企合作方式，参加者包括圣地亚哥政府、圣地亚哥电力煤气公司、通用、UC San Diego和Clean TECH等，主要支持节能减排和可持续发展，目标是实现33%的能源采取清洁能源；帮助用户实现实时电力能耗管理；实现双向通信的智能电网；进行成果展示。

（二）欧洲智慧城市发展

2010年欧盟提出了“欧洲2020”战略，确立了未来10年的发展方向，其中明确提出了到2020年要完成减少碳排放20%的目标。由此，欧盟的一些城市开始以节能减碳为主题来发展智慧城市，例如荷兰的阿米斯特丹、西班牙的巴塞罗那以及马拉加等。

（三）亚洲智慧城市发展

亚洲智慧城市主要集中在发达国家和地区，比如日本、韩国、中国台湾、新加坡等。

日本横滨智慧城市以能源、建筑、交通运输几个领域为重点，通过引入新技术等方式降低碳排放。日本福冈县北九州智慧城市建设的主要目的是降低能源消耗。日本柏叶智慧学园城由未来的设计中心（FDC）推动，希望提高能源效率，彻底实现资源节约。

韩国智慧城发展涵盖于u-City战略，目前已覆盖22个城市，即针对新都市进行全新改革，使整个新城镇随处可见智能化应用。例如，仁川自由经济区的松岛新都、板桥优质生活新市镇等。另外，又针对既有城市特色，加入各项智能化应用，以提升城市的效能，例如首尔、济州岛、釜山等。其中智慧首尔涉及智慧基础设施、智慧政务、智慧生活、智慧经济四大领域。

三、典型智慧城市发展现状

（一）美国纽约

美国纽约通过立法实现政府数据开放，实现智慧城市应用市场化方向发展。2012年2月29日，纽约市通过了《开放数据法案》，这是美国历史上首次将政府数据大规模开放纳入立法。根据《开放数据法案》，到2018年，除了涉及安全和隐私的数据之外，纽约市政府及其分支机构所拥有的数据都必须实现对公众开放，并且使用这些数据不需要经过任何注册、审批程序，数据的使用也不受限制。

纽约市的开放数据平台，已经有2 090组数据上线。这其中既包括按邮政编码分区域的人口统计信息、用电量、犯罪记录、中小学教学评估等历史数据，也包括地铁公交系统的动态实时运行数据；既包括小区噪声指标、停车位信息、住房租售、旅游景点汇总等与公众生活密切相关的数据，也包括饭店卫生检查、注册公司基本信息等与商业密切相关的数据。

政府数据公开有助于提高城市安全和运行水平。和许多城市一样，纽约也被交通拥堵、社会治安、城市卫生等问题困扰。随着详尽犯罪记录数据的开放，不仅开发出了提示公众避免进入犯罪高发区域和提高警惕的手机应用，从而降低犯罪发生的概率，而且还能将犯罪记录信息和动态交通数据结合起来，起到指导调配警力的作用。公共交通系统的动态数据公布后，随之也出现了很多的学者和商业机构对其进行深度挖掘，不仅创造出了手机应用为公众出行提供实时建议，而且为地铁系统在客流高低峰时段、热点站和普通站之间的调配提出了更优的方案。

（二）荷兰阿姆斯特丹

荷兰阿姆斯特丹通过与企业、政府合作，以项目的形式，借助新技术实施，在阿姆斯特丹进行能源节约的演示，核心目标是减少碳排放。如果小范围的演示被证明是经济可持续，并具有较高的效率，则可以进一步扩大到国家甚至欧盟层面。阿姆斯特丹智慧城市由Liander和AIM最初推动，不断有新的合作伙伴加入，包括IBM、埃森哲、飞利浦、思科、Vodafone等，目前共有71家合作伙伴（包括阿姆斯特丹当地政府机构和组织）。在资金来源方面，由政府和企业各自出资，成立基金会来运营和管理。

阿姆斯特丹智慧城市建设内容见表1。

表 1　阿姆斯特丹智慧城市建设内容

类　型	工　程	内　容
可持续生活	Geuzenveld	在 Geuzenveld 安装一定数量的智能电表，由 Liander 主导，共 8 家参加者
	West Orange	IBM、思科等主导的智能电表项目
	eManagement Haarlem	Liander 主导的电力消费模式测试
	Onze Energie	风力发电融资项目
可持续工作	Smart Challenge	针对一些公司职员进行电力能源节约竞赛
	ITO Tower	埃森哲荷兰公司所在大楼节能项目
	Monumental Buidings	纪念性建筑节能项目
可持续交通	Ship to grid	由阿姆斯特丹港口主导的项目，建立充电点为小型船只充电
	Meotje Watt	建立电力汽车充电站
可持续公共空间	Climate Street	一条大街上公共设施和中小商店的节能项目
	Smart School	6 所学校的能源节省竞赛
	Zon Spot	建立融合风力发电和 WiFi 的网点

数据来源：通信信息研究所

（三）奥地利维也纳

作为首届世界智慧城市奖的获得者，维也纳通过“智慧城市维也纳计划”，着重于智慧城市与城市总体规划的结合，分别制定短期、中期和长期计划，以降低能源消耗和改善气候环境质量。具体来讲，维也纳智能城市发展规划包含多个发展计划，如“城市供暖和制冷计划”。维也纳市人口占奥地利总人口的 20%，但能耗只占全国能耗的 12% ～ 14%，这主要得益于该市的智能供暖和制冷系统。

在城市供暖方面，维也纳禁止用填埋的方式处理垃圾，而主要将固态垃圾和废水回收利用，通过燃烧和气化技术使垃圾转化成新能源，满足地区暖气和热水需求，同时又减少二氧化碳排放。目前维也纳市共有 3 座大型专业现代化垃圾焚烧厂和 1 座世界领先的污水处理厂；在城市制冷方面，维也纳为大医院和办公建筑接入了采用节能技术的城市制冷系统，这使得维也纳目前城市的制冷系统能源需求只占到传统制冷系统的 10%。

为建设更智慧、可持续发展的城市，维也纳还提出许多大胆的智能建设项目，如“2050 年智能能源计划”、“2020 年道路计划”以及“2012 ～ 2015 年行动计划”，并且一直不断评估建设项目的进展情况。同时，还与社会各界合作，汇同多方力量，努力把维也纳打造成节能减碳、土地合理利用、交通畅通的欧洲领先的智慧城市。

（四）韩国首尔

韩国首尔市将努力打造“首尔开放数据广场”，以促进信息技术和公共服务产业的进步和发展。“智慧首尔 2015”计划指出，目前公共数据已成为具有社会和经济价值的重要国家资产，首尔市政府下大力气构建智慧城市所需的基础设施。首尔市网络系统被称为 U-Seoul，由正在普及的公共免费无线网络、连接市政府和各区政府的专用政务网络和监控探头网络几个部分组成。该系统使用的一个范例是保护中小学生免遭侵害的 U-Seoul 安全服务。通过移动终端，家长可以方便掌握孩子的位置；中小学生如果在路上遭到侵害，可以通过监视探头下的按钮报警，警察会根据探头位置第一时间到达。

首尔市计划根据开放应用程序接口的利用情况和数据的再利用情况，向市民和企业进一步开放有用数据。首尔市预计，这些公开的公共信息产生的经济价值将达到 1.2 万亿韩元（1 美元约合 1 119.6 韩元），能够帮助私营企业创造多元化的商业模式和价值。首尔市正在推广建立在NFC（近距离无线通信技术）基础上的支付系统。目前首尔大约有700万部带有NFC功能的智能手机，可以在约2.2万家商户使用，涵盖了超市、便利店、加油站、咖啡厅及百货商场等。

（五）新加坡裕廊湖区

新加坡裕廊湖区作为“智慧互联”试点，在向全国推广应用前对创新方案的可行性进行评估，实现智慧城市尖端技术与创新解决方案试验验证。新加坡资讯通信发展管理局（IDA）于2013年年中发起了针对在裕廊湖区进行的“智慧互联”智慧城市试点及试验的“征求合作计划”。裕廊湖区是新加坡市区重建局2008年发布的经济增长2010～2015年总体规划中确认的新兴增长地区之一。选择这一地区建设智慧城市不仅能分散市中心密集的商业活动，为当地居民提供更近距离的工作机会，还将有效缓解交通压力。

鉴于此，IDA邀请企业递交在裕廊湖地区试点、试验尖端技术与创新解决方案的提案，旨在为企业提供一个展示其应对跨领域城市挑战能力的平台，同时，通过局部试点为政府机构智慧城市部署提供试验床，在向全国推广应用前对创新方案的可行性进行评估。此举旨在开发一个智慧的、互通的、可持续的区域，在当地建设增强连通性的基础设施和传感器，以获取即时数据和遍布的ICT连接，从而能够通过分析获取相关数据，进而改善当地居民的生活质量，并帮助政府机构及其他组织更有针对性地进行规划设计，提高运营效率以及规划能力。从长远来看，这还将有助于创建一个被验证有效的方案集合，以彰显新加坡在智慧城市方面的技术能力。

四、国外智慧城市发展模式分析

通过全球智慧城市发展研究可以发现，海外智慧城市建设理念与实践呈现多元化的发展态势，并且各有侧重与特色。

（一）从发展重点来看

美国注重通过市场化机制实现信息技术的创新应用来推动智慧城市发展；欧盟国家智慧城市发展普遍关注节能低碳以及城市生态环境；亚太地区国家主要通过国家层面的信息化战略推动智慧城市各方面全面发展，通过智慧城市发展拉动经济快速增长。

（二）从发展驱动力来看

欧美非常注重节能减排，低碳经济是其发展的重要战略，并且欧盟本身在节能减排、系统能源技术方面较为领先；美国则是在IT信息技术和产业链上位居全球龙头地位，发展智慧城市，进行信息技术创新是美国在21世纪保持和夺回竞争优势的重要方式；亚太国家经济经过之前快速增长阶段后已开始停止不前，从而寄希望于ICT技术的发展给国民经济带来新的增长点。

五、我国智慧城市发展现状

近年来，我国的城镇化进程快速发展，尤其是最近10年，以每年平均1.3%以上的速度递增，2012年城镇化率达到52.6%。城镇化已经成为我国现代化建设的历史任务和未来30年扩大内需的最大潜力所在。智慧城市恰是在信息化、城镇化历史进程的交汇下产生的城市发展新理念和新模式，对于推动我国走集约、智能、绿色、低碳的新型城镇化道路、提升居民幸福感具有重要意义。智慧城市已经成为各地推进新型城镇化的重要抓手和承载信息消费的巨大消费市场。

（一）我国智慧城市宏观发展环境

我国工业和信息化部、科技部、公安部、住房和城乡建设部、交通部、国土资源部、国家测绘地理信息局、国家旅游局等部门，分别从技术研发、标准制定、试点示范等不同方面开展相关工作参与智慧城市建设，具体情况如图1所示。

工业和信息化部与浙江省人民政府、国家标准委签署了《共同推进浙江省信息化和工业化深度融合和“智慧城市”建设试点战略合作框架协议》。近期，工业和信息化部在中欧部长级对话框架下，启动中欧绿色智慧城市试点合作项目。住房和城乡建设部于2012年年底印发《国家智慧城市试点暂行管理办法》和《国家智慧城市（区、镇）试点指标体系（试

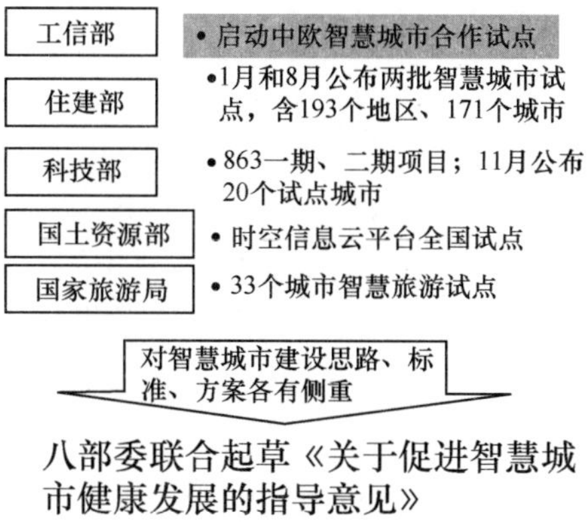

图 1 各部委推动智慧城市的相关举措

行）》，并于2013年1月和8月公布两批智慧城市共计193个试点，涉及171个城市。科技部设立国家863计划智慧城市一期、二期项目，推动建立我国自主的智慧城市共性关键技术与标准体系，近期公布了首批20个科技部智慧城市试点城市。公安部选取473个地方开展了城市报警与监控系统建设试点工作，启动了全国范围内的“平安城市”建设，许多地方将“平安城市”作为智慧城市建设中的重要组成部分予以总体规划和推进。交通部在北京、重庆等10个城市开展了“城市公共交通智能化示范工程”建设，并在哈尔滨等25个城市开展了两批“城市出租车服务管理信息系统试点工程”建设。国土资源部制定的国土资源信息化“十二五”规划将构建覆盖全国的“智慧国土”作为愿景，并已启动“智慧国土”关键技术及服务平台建设模式的相关研究。国家测绘地理信息局于出台《智慧城市时空信息云平台建设试点技术指南》，并组织开展智慧城市时空信息云平台建设的全国试点工作。国家旅游局在2012年和2013年启动了两批智慧旅游试点工作，分别确定了18个和15个城市为“国家智慧旅游试点城市”。

（二）我国智慧城市发展现状

我国已经全面展开智慧城市发展建设工作。截至 2013 年，智慧城市在全国呈现全面开花的态势。4 个直辖市、15 个副省级城市，241 个地级城、51 个县级市均提出或在建智慧城市，智慧城市总数量达到 311 个，占县级及以上城市的 47%。这些城市中，在 2013 政府工作报告或者国民经济“十二五”规划中正式提出建设智慧城市的全国地级以上城市共 52 个。北京、广州、南京、佛山、固原等 23 个城市正式发布智慧城市相关专项规划或行动计划。

从当前我国智慧城市的发展来看，呈现以下特点。

1. *智慧城市向县镇一级延伸，同时出现智慧城市群落*

当前智慧城市并不局限在一二线城市或东部沿海地区，成为不同等级、规模、区域城市 (镇) 探索城镇化的选择和途径。

一方面，智慧城市从大中型城市，向中小城市甚至乡镇延伸发展，全国县级市提出建设智慧城市达到 51 个，其中，福建、广东、山东等东部沿海省份的县级市数量最多，分别达到为 9 个、6 个和 5 个。住建部公布的首批 90 个国家智慧城市试点中县、镇占 6 个；第二批 103 个智慧城市试点中，县、镇所占数量进一步扩大到 20 个。另一方面，智慧城市的研究范围和实践向省级城市群延伸。如江苏、山东、福建等省已经提出智慧城市群的设想，从全省统筹的角度开展智慧城市的整体设计和布局。浙江省选择省内 13 个地市依特点分别开展特色应用试点示范。

2. *东部成为智慧城市发展主要区域，中西部智慧城市数量不断增加*

东中西部城市均将发展智慧城市作为推动新型城镇化的抓手和实践探索。其中，东部地区起步更早，投入更大、建设目标和任务范畴更广，中西部以智慧城市作为推动城市跨越发展的契机

由于经济发展水平和信息化基础相对领先，智慧城市仍主要集中在东部和中部地区。东部九省提出建设智慧城市的地级及以上城市 82 个，区、县和乡镇总数为 52 个，江苏、浙江、福建的所有地级市均提出或在建智慧城市，山东、辽宁地级市建设智慧城市的比例分别为 88% 和 57%。东部所提出智慧城市的地级城市中，人均 GDP 超过 8 000 美元的地级市超过一半，人均 GDP 不足 4 000 美元的地级市仅 7 个。中部十省提出建设智慧城市的地级市 109 个，占中部全部地级市的 80.5%。西部十二省提出建设智慧城市的地级市 64 个，占西部全部地级市的 76%。

3. *新城区和园区成为智慧城市建设突破点*

由于新建城区与老旧城区相比，信息共享、业

务协同难度降低，并且智慧城市建设与新城市政设施规划、土地规划以及基础设施建设可以同步开展、同步实施，这对于一个运作复杂的城市而言是一个突破口，因此智慧新区成为全国智慧城市建设实践的新热点，2012年基于新城区提出智慧城市建设的城市数量超过47个。住建部公布的两批国家智慧城市试点中，新建城区试点达15个。同时，城市通过发展产城融合为特征的智慧园区，汇聚资源，集约发展。住建部的两批智慧城市试点中，共有12个工业区、商务区和高科技园区成为当地智慧城市的发展重点。

4. 智慧项目建设资金多元化构成

据不完全统计，住建部启动的两批试点共设置重点项目2 100余项，平均每个试点10项，主要集中在城市公共信息平台（公共基础数据库）、智慧水务、智慧交通、智慧城管、地下管线、智慧能源、智慧医疗、智慧园区等领域，建设周期为3～5年。项目资金财政投资占25%，银行贷款占25%，自筹占11%，社会资金占39%，年度政府财政投入与期初财政收入比为1%到5%。大部分项目建设运行采用政府购买服务模式，吸纳了社会资本投入。

（三）我国智慧城市发展与国外的异同

我国与国外智慧城市发展存在明显不同。差异主要体现在四大方面。

（1）目标与理念不同

国外更强调绿色低碳、信息化应用水平和能力提升，而我国更注重城市功能全面提升。

（2）项目形式不同

国外通常按照行业设计智能项目，强调智能化技术深度应用，而我国通常设计综合性工程，通过信息化建设更有效率的城市。

（3）总体设计不同

国外较少出台城市层面的系统规划，而我国多以全面的智慧城市规划和行动纲要引领智慧城市建设。

（4）对智慧城市的成效验证重点不同

一般只关注单项工程的效益，效果好把握，易控制，而我国智慧城市建设往往是巨大系统，难以短期评估建设成效。

造成智慧城市建设发展差异的部分原因，是我国一些城市存在盲目发展、贪大求全现象，但深层次的主要原因是我国与国外发展阶段不同、信息化发展水平不同、政府能力和体制不同。发展阶段方面，国外工业化条件较好，城市发展已经进入绿色发展阶段，强调便民服务和绿色低碳发展；而我国仍处于工业化发展的中前期，智慧城市建设是在工业化、城镇化尚未完成的情况下开展的，又面临新一代信息技术带来的信息化机遇与挑战，城市在政府行政、社会管理、公共服务、基础设施、生态环境等方面面临突出矛盾，同时也面临资源环境的刚性约束。信息化发展水平方面，国外信息化法律法规健全，信息资源开发利用较为充分；相比较而言，我国信息化基础相对薄弱，信息资源的开发利用严重不足。在政府能力和体制方面，国外政府权力有限；而我国政府管理边界更大，也承担了更多的管理功能。

因此，我国智慧城市的发展与建设不能照搬海外智慧城市的模式，必须走出一条具有中国特色的智慧城市发展之路。

（中国信息通信研究院　孙路阳）

国内外智慧家庭市场情况分析

百度百科是这样定义智慧家庭的："智慧家庭是智慧城市的最小单元，是以家庭为载体，以家庭成员之间的亲情为纽带，利用物联网、云计算、移动互联网和大数据等新一代信息技术，实现健康、低碳、智能、舒适、安全和充满关爱的家庭生活方式。"简言之，智慧家庭是一种新的生活方式。

一、智慧家庭的本质

第一，智慧家庭是产业链各参与环节对"家庭使用场景"的战略重构。这种重构包含两种方式。一种是，原先就存在的客户需求，且有相应的产品满足该客户需求。随着终端创新、物联网、云计算等技术发展，用户体验有了质的提升，用户交互更加人性化，新的业务功能和使用场景随之产生。例如，基于云存储的手机、PAD和电视机之间的多屏互动；再如，异地家庭成员之间视频通话同时进行照片和视频等富媒体信息的分享、共享和讨论等。另一种重构方式是，原先家庭场景中虽有此需求但并没有相应产品，而通过智慧家庭，可以将某些需求和产品引入家庭使用场景中。如在线教育、在线购物、远程医疗等，原来都要到专业机构去获得相应服务；而有了智慧家庭之后，便可以在家里接受一对一名师辅导、实现3D虚拟现实逛街和接受家庭医生咨询服务了。因此，智慧家庭并非是从无到有的需求创造，而是通过以上两种方式将与我们家庭生活有关的各个子系统逐一重构。这种重构注定了智慧家庭并非是一个大一统的市场，而是由若干个子市场组成的混合市场。每个子市场之间无论行业属性、发展阶段还是发展模式都可能存在着天壤之别。

第二，智慧家庭是产业链各环节沿着"智能单品——互联互通——平台及应用服务"的纵深拓展。智能单品的兴起是第一步。以传感技术、自动控制为基础的智能单品，如智能路由器、智能电视、智能插座、智能手环等，满足的是家庭成员对于通信、娱乐、健康等单一方面的需求。而只有当多类型的智能单品在家庭中达到一定的渗透率，智慧家庭的第二个发展阶段，智能设备之间互联互通的需求才会被打开。这种互联互通包括两层含义：一层是智能设备在家庭内部的互联互通，即通过总线、无线、电力线等组网技术实现的家庭内部组网；另一层是智能单品通过通信技术与互联网实现连接；两者共同组成了智慧家庭的网络接入市场。如果说智能单品是为了完成数据采集，那智能设备之间的互联互通则是为了实现数据的传送和共享，而只有当采集和存储的数据达到一定规模之后，基于云计算和大数据的数据平台化运营和应用服务创新环节才会迎来快速发展，整个产业链由此进入第三个阶段：平台运营及应用服务阶段。

综上所述，可以预见的是：无论是创新产业、资本运作还是市场发展，都将横向沿着智慧家庭的各个细分市场（从家庭通信向家庭娱乐、家庭安防、家居控制、能源管理、健康医疗、室内环境监测……）、纵向沿着产业链演进路径（从智能单品、互联互通、平台运营及应用服务）依次展开（见表1）。

表1　智慧家庭创新与投资布局

家庭场景	通信	娱乐	安全	家居控制	能源管理	健康医疗	室内环境
智能单品	智能路由器、家庭网关	智能电视 智能机顶盒	智能摄像头	智能空调、智能冰箱、智能窗帘……	智能插座	智能手环、智能手表	空气监测设备
互联互通	家庭组网	多屏互动	家庭监控及报警	中央控制	中央控制	健康数据监测	环境数据监测
平台运营及应用服务	家庭私有云	内容平台	社区安防	自动控制	能源管理	健康管理	环境改善管理

二、国内外智慧家庭市场发展情况

从全球市场来看，智慧家庭主要由安防监控、家庭娱乐、家庭健康和以能源管理为主的智能家居 4 类业务驱动。根据 IDC Consulting 乐观估计，2016 年全球智慧家庭市场规模总计将达 2 400 亿美元以上。其中，家庭安防监控单体市场规模最大，为 1 100 亿美元，占到整体市场规模的一半，如图 1 所示。其他智能家居、家庭娱乐等领域增速较快，家庭健康领域则处于起步阶段。

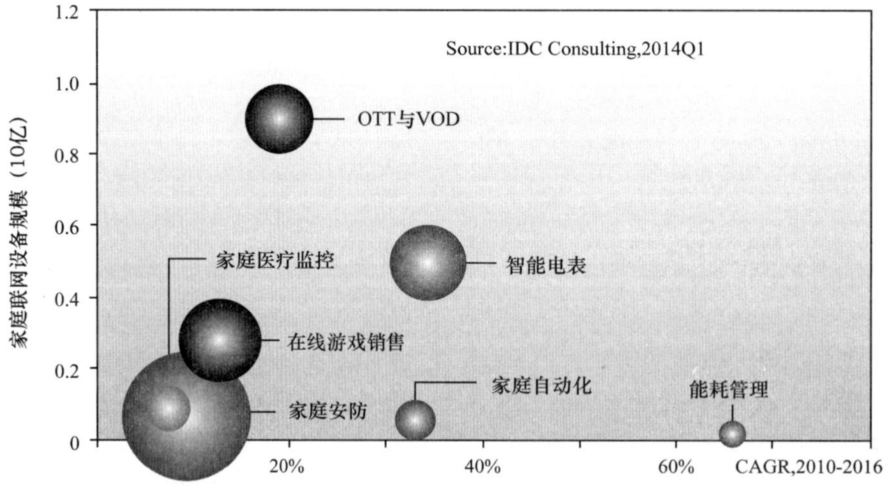

	智能电表	家庭自动化	能源管理	医疗监测	家庭安防	OTT/点播	在线游戏
2016年终端出货量（百万）	490	50	12	2	60	900	260
2016年市场规模（亿美元）	330	95	20	124	1100	310	379
2010～2016年复合增速	34%	33%	65%	7%	8%	20%	12%

图 1　2016 年全球智慧家庭各细分市场规模预测

从区域市场来看，北美地区无疑是智慧家庭的主导市场。2012 年北美市场规模约占全球市场的 80%。预计到 2016 年，这一比例将有所下降，但仍会占 60% 的市场规模。北美家庭安防市场是智慧家庭领域中发展最为成熟的一个垂直细分市场。安防服务提供商往往直接对接城市公共专业服务机构、专业安保服务公司、保险公司进行整体解决方案的销售，具有完整且成熟的商业模式。欧洲国家近年来推行能源战略，更加关注能源管理和远程医疗等绿色细分领域。以中国为代表的亚太地区，则以家庭娱乐作为切入口，积极拓展家庭安防、家庭融合通信、综合信息及智能家居等新兴领域，如图 2 所示。

（一）家庭通信需求分析

目前三大电信运营商所推行的家庭客户通信产品基本上是面向个人通信需求的，而所谓家庭套餐也仅仅是个人通信产品的简单叠加和资费优惠，并没有真正围绕家庭通信需求和使用场景展开。笔者认为，我们至少可以沿着以下两条线展开家庭通信产品的重新设计。

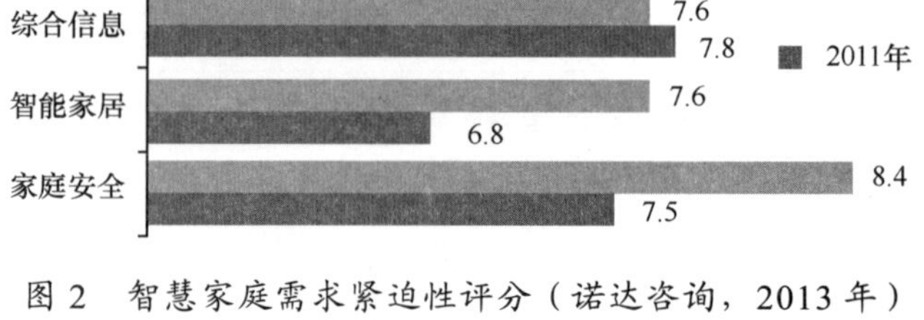

图 2　智慧家庭需求紧迫性评分（诺达咨询，2013 年）

一是围绕同一居住地的家庭场景展开。如家庭虚拟网组网以及基于家庭内网的多终端管理和信息安全产品。目前的家庭内部组网更多是技术型家庭成员的自发行为，连接的也多是路由器。但对于大部分的小白客户，是无法独立完成家庭组网的。另外，家庭内部多终端的互联互通，内容分享，即多屏互动也是一个刚需。二是围绕分开居住的家庭成员之间的通信需求展开。如多方视频以及视频通话，同时对家庭旅行照片、视频、各种评论和讨论内容等富媒体的分享和共享。

（二）家庭安防需求分析

家庭安防十多年前进入国内市场，但发展得一直不温不火。主要由安防系统厂商或者集成商与地产公司合作，将家庭安防系统或者集成了家庭安防系统的智能家居系统打包进商业地产，销售给高端家庭客户，即通过前装市场进行产品销售。面向普通家庭的安防产品以门禁对讲为主，功能相对简单，产品溢价低，厂商不甚积极，市场也一直没有打开。

结合诺达咨询和MIC咨询的调研数据来看（如图3和图4所示），国内家庭除了关注家庭防盗问题之外，对家庭幼儿及老人监护、家庭设备使用安全都存在着广泛的关注。只不过顾虑到价格和隐私保护问题，需求受到了抑制。其中，面向家庭幼儿和老人的监护以及紧急状况处理的需求的付费意愿高达40%，其主要需求群体为家中有65岁以上长辈及9岁以下子女的家庭客户，其中以与年长父母分开居住的消费族群需求最为强烈，是一个大有可为的细分市场。AT&T的ForHealth就是面向独居老人的一个产品。其所属的EverThere可穿戴式医疗报警装置，可及时检测佩戴者是否跌倒，并自动向AT&T紧急调度中心发布警报，将急救队“引领”到穿戴者所在的位置（通过GPS和定位辅助）。

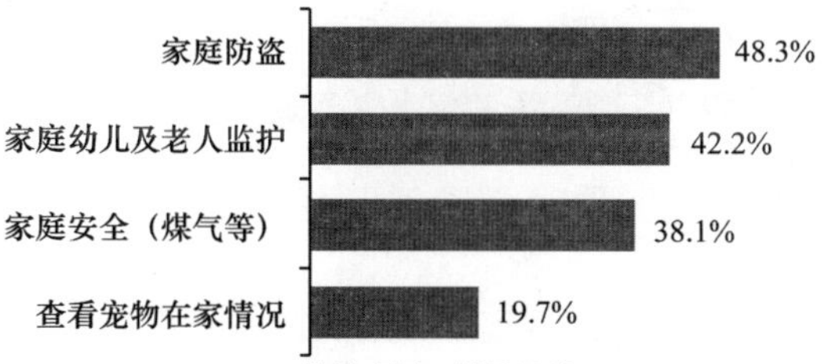

数据来源：诺达咨询

图3　国内家庭安防细分市场

阻碍用户使用家庭监控的主要因素：
□ 价格高　77.6%
□ 隐私受侵犯　62.0%

最愿意付费的家庭安防服务：
□ 老人、孩子单独在家时的监护　40.7%
□ 老人、孩子配戴感应装置且有紧急状况专人前往处理　40.2%

数据来源：MIC咨询

图4　阻碍用户使用家庭安防产品的原因

（三）家庭娱乐需求分析

家庭娱乐（家庭视频和电视游戏等）是国内智慧家庭发展的突破口和主战场，原因有三。第一，基于电视机的视频和游戏等娱乐需求是刚需，具有巨大的用户量。几乎所有的家庭都有娱乐需求，尤其是视频需求。根据AC尼尔森发布的数据，2011年中国家庭平均每月观看视频的时间为131.5小时，远远超过家庭教育、家庭健康等应用的使用时长。第二，参与企业最多。最近几年智慧家庭领域的新进入者，大部分都以家庭娱乐尤其是家庭视频业务作为切入点。互联网企业中，乐视、小米推出了智能机顶盒和智能电视，百度通过旗下的爱奇艺推出了智能电视和智能机顶盒，阿里收购华数进入互联网电视领域。所有的广电系企业包括百事通、华数、CNTV等公司都在互联网电视领域发力。国内六大传统家电厂商也已经全部进入了互联网电视领域。第三，发展速度最快。IPTV起步较早，到2013年年底电信运营商共计发展了3 000万用户。2011年互联网电视在国内兴起。据思锐达传媒统计，国内电视出货量为4 500万台/年～5 000万台/年，2013年智能电视渗透率已超50%，达2 500万台；预计2015年渗透率将超90%，即2015年国内智能电视机出货量约为4 500万台左右。而存量电视机的OTT化速度也在加快。

预计电视游戏将成为智慧家庭的下一个增长点。腾讯科技对中国电视用户的调研数据显示，70%的电视用户在电视上玩游戏，其中30%为重度用户。普华永道的数据显示，尽管2012年中国仍禁止游戏机生产和销售，但中国电视游戏机（playstation、XBOX、WII）出货量仍然达到400万台；2013年4月，淘宝网销售电视游戏机26 426台。相关市场调研显示，2014年电视游戏市场达390亿元，未来将超越端游接近手游。近期国内推出的主打电视游戏功能的盒子产品包括完美世界与金亚科技的完美盒子、华为的TRON游戏机、中兴和九城的FUNBOX、小霸王和阿里巴巴的云智能体感游戏。此外，百事通与索尼合作的playstation将在中国推出，360和乐视在电视游戏上开展合作。目前国内50%的游戏开发团队已经开始安卓电视游戏移植工作，投资热钱也纷纷进入这个行业。

（四）家庭资讯需求分析

诺达咨询的调研数据显示，国内家庭客户对家庭综合信息服务需求强烈，如图5所示。其中，超过一半的家庭对生活常识及窍门、健康知识、育儿知识、科普知识、汽车知识等生活知识类信息感兴趣；超过45%的家庭客户对周边商家服务资讯、价格资讯、天气预报、财经资讯、社区资讯等资讯感兴趣。虽然家庭资讯整体需求体量较大，但用户之间的需求差异性颇大。即使是需求最强的生活知识类，实际上不同用户的关注重点也不同。而用户需要的这些信息分散在众多的提供商，市场上恐怕很难找到一个企业能提供以上用户需要的绝大部分信息。因此，家庭资讯市场看起来进入门槛很低，实际上运营难度很高。预计这一细分市场很难出现垄断型企业，或将出现平台型运营商以开放合作的方式聚合各类信息向家庭客户提供，或将出现众多按照各细分垂直领域做单一信息资讯的服务提供商。

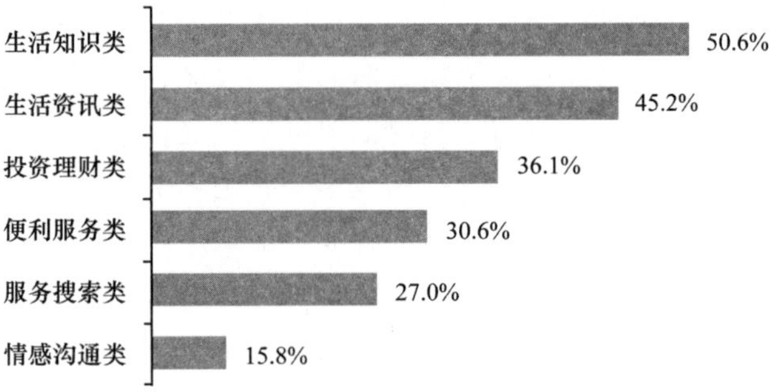

图5　家庭客户综合信息服务的需求

综上所述，国内家庭融合通信市场期待更多体验创新，智能家居后装市场需要更关注老人及幼儿等细分市场，家庭娱乐产品普及迅猛，市场快速转型，家庭资讯市场长尾特征显著，运营难度高。

三、智慧家庭产业链研究

智慧家庭涉及多个细分行业，参与主体众多，既有来自传统行业也有来自互联网行业的。因此，智慧家庭产业链较长，各环节参与者的竞合关系也比较复杂。简单来说，智慧家庭产业链可以大致包括上游的芯片与技术提供商以及智慧终端类产品提供商、中游的系统及解决方案集成商、下游面向最终消费者的平台及服务运营商，涉及技术、硬件、软件与运营服务等多个领域，如图6所示。

上游整体围绕智能单品展开，包含芯片、传感器、智能终端及相关技术，是目前产业链上利润最高的部分。与传统设备通过键盘技术实现数据交互有所不同，智能单品广泛运用传感技术，通过各类光学、声音、图像、重力、生物、环境等专业传感

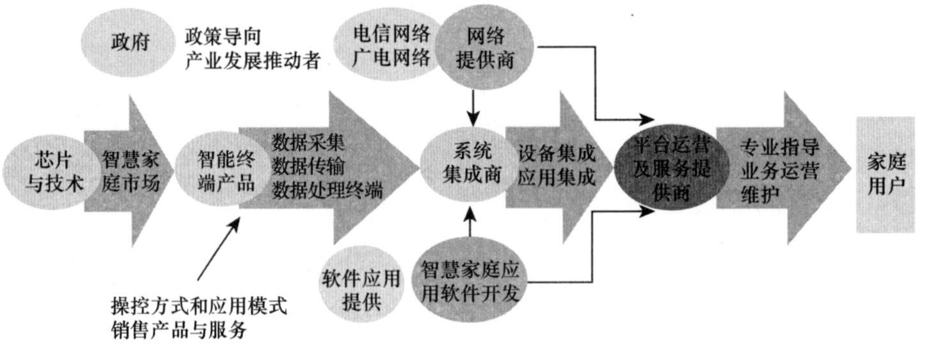

图6　国内智慧家庭产业链示意

器自动收集来自现实世界中的数据，成为家庭互联网甚或是全球物联网的数据末梢，承担着连接物理世界和虚拟世界的重要使命。因此，全球各大互联网公司纷纷介入该领域，或以产品合作方式，或以资本运作方式，开始布局传感器产业。

中游系统集成参与方主要可分为以下三类：智能控制系统厂商、安防子系统厂商和传统家电/IT厂商。其中，智能系统厂商是系统集成领域的主要参与者，通常和地产开发商合作，进行个性化工程订单，空间较大，代表厂商有Control 4、ABB、施耐德等国际巨头，其优势为技术积累、系统集成经验丰富，产品定制化程度高，能满足用户个性化需求；其劣势为对终端消费者陌生，需开拓普通家庭市场。安防子系统厂商从安防监控系统渗透到系统集成环节，工程项目为主，金额较大，代表厂商有Honeywell、海康威视、大华等，其优势为以安防产品为核心，容易打开高端用户市场；其劣势为对用户消费电子产品使用习惯不熟悉。家电/IT厂商具备自己的终端产品，提供一体化服务，从自身擅长的家庭娱乐、通信系统扩展至整个系统，代表厂商有长虹、联想、华为、海尔、格力等，其优势为贴近用户，口碑好，渠道优势明显；其劣势为系统集成能力较弱，品类较单一，无法满足用户多样化需求。国内目前有两个推荐性标准：由海尔主导的E家佳以及由联想主导的闪联，但由于是非强制性标准，系统集成厂商各自为战，没有形成统一的工业标准，设备互不兼容，导致用户只能使用一整套的设备，缺乏选择性。

下游平台服务提供环节上参与者众多，具备后续服务能力的参与者主要包括互联网公司、电信运营商和一些初创公司。互联网企业利用增值服务盈利模式，采用“云+端”方式。国内互联网企业主要以“点”链接、利用智能终端产品如OTT TV，智能路由器等抢占入口；国外互联网企业以标准+硬件合作伙伴的模式，通过对第三方认证，搭建平台。国内运营商早期多以融合通信及IPTV等数字娱乐视频业务为主；国外运营商则积极拓展安防监控、智能家居、能源管理、远程医疗等业务。初创企业如Nest、SmarTings等凭借出色的创新产品吸引用户，功能以健康环保、能源管理和监控为主。

四、国内外智慧家庭运作模式

纵览国内外，不仅电信运营商密切关注智慧家庭领域发展，各大主要互联网公司也都在积极尝试并开拓智慧家庭市场，特别是伴随三网融合的全面应用和推广，围绕智慧家庭客厅市场的争夺战更是逐渐升温，各方围绕自身优势大打融合牌，电信、广电业务层面相互渗透融合，互联网内容商向终端延伸，互联网公司纷纷部署家庭客厅战略，智慧家庭产业边界越来越模糊。新的发展预示着新的契机，新的业务形态孕育新的产业生态，在产业重构的过程中，德国电信、美国Verizon、AT&T等电信运营商均开始积极探索，凭借网络优势聚合产业链力量，以融合信息服务，确立自身在产业生态中的价值，引领智慧家庭业务发展。

（一）德国电信：推统一智能家庭业务平台Qivicon（智慧家庭雏形）

德国电信认为智能家庭市场是一个新兴且不断增长的市场，在未来数年内将急剧增长。主要基于以下判断：一方面，家庭所使用的智能终端数量将快速增长；另一方面，家庭公众对各类家庭智能业务充满兴趣，存在巨大的消费潜力。公司预测到2020年，50%的德国家庭将使用智能家庭业务，其市场价值超过50亿欧元/年，其中将有36%来自服务收入。

德国电信将智能家庭业务作为其未来的一个重要营收来源。2012年引入Qivicon平台，通过合作伙伴联盟B2B正式向家庭用户提供整体智能服务，并推广智能家庭业务。

1. 商业模式

通过组建B2B联盟规避自身“短板”。组建智能家庭业务平台，与B2B联盟推出各类智能家庭业务，德国电信提供用户安装、呼叫中心、客户服务及小额支付等服务，与联盟企业通过合作分享方式获取收入，其收入分成比例一般在30%～40%。主要联盟合作伙伴包括德国公用事业、易昂电力集团、eQ-3电子、梅洛家电、三星、tado、Tunstall电子读物、Rockethome音乐、wattvolt、Urmet智能家电和移动互联网公司。

2. 运营策略

建统一平台，智能家庭业务平台“Qivicon”汇集多方实力。德国电信作为提供后端解决方案的角色，包括向家庭用户提供智能客户控制终端，向厂家提供应用集成软件开发维护平台，向厂家提供门户网站服务，宣传他们的解决方案，甚至还向合作厂家提供客户安装、小额支付等服务。合作伙伴则负责所有零售功能，包括客户营销和客户支持等。通过Qivicon统一平台，不断扩充与家用有关的厂家加入到B2B联盟，各厂家提供可在智能终端上运行的应用软件系统；Qivicon成为德国强大的消费品牌，覆盖家庭内宽带、移动、娱乐、消费云和各类电子电器应用服务。

3. 主推三大智慧家庭业务

一是智能机顶盒业务。类似机顶盒的“Smart Connect Box”，集成多家家电和供暖厂商的软件系统，用于控制房间的供暖、家电、照明、用电、安全监控等，厂家可以不断升级自己的软件版本。智能家庭用户可通过自己的智能手机或者平板电脑获取房屋中照明、用电、各个家电运行情况等信息，同时对这些设备进行远程控制。数字电视业务及其新内容拓展。2012年开始推出“电视无处不在”（Entertain To Go)）服务计划，为其Entertain IPTV用户提供通过PC、笔记本电脑、平板电脑和智能手机上观看40个频道的服务，月资费仅为5欧元。

二是数字内容业务。包括音乐、视频、游戏和电子出版物等。其数字音乐服务叫“Musicload”；电子读书平台叫“PagePlace”，做为一个开放平台；其内容依靠独立的合作出版商。目前，平台上可查询到内容组合的数字图书、杂志和报纸，包括超过8万册图书、700多份杂志和报纸。

三是“易访问”业务（near access）。包括多类电脑安全访问应用服务，如互联网安全访问、内容分级控制、内容云存储等。特色服务是“Mediencenter”（用户多媒体云盘）服务，其核心技术是利用其“Telekom Cloud”云平台，为消费者提供一个达到25G的多媒体和个人数据的存储空间，并向任何互联网终端开放。

（二）美国Verizon：借自身网络和平台优势，探索智能家庭应用

Verizon预计未来几年，医疗保健、汽车及能源管理等领域的无线服务将能给该公司带来数亿美元的收入，并于2011年10月结合美国家庭用户需求，正式推出“家庭监控”业务，并发布基于云平台的移动医疗服务，突出家庭监控、健康医疗领域解决方案。该业务可让用户通过电脑或智能手机远程控制恒温器、门锁和灯具，并通过网络摄像机监测家里发生的情况及家庭能源使用情况，如图7所示。目前已提供的基于多终端的家庭监控业务包括家庭监控、支持家庭在线监控、监控录像、事后查看；能源报告，可以跟踪家庭水、电、煤等使用情况，并形成分析报告；设备控制，对于家庭的设备进行远程控制，包括开关门、开关灯、家电的开启等。温度控制，对于家庭的温度监控和控制。

图7 美国Verizon家庭物联网产品

（三）美国AT&T面向家庭用户推出Digital Life业务

美国AT&T一直被认为是在家居智能化领域中，拥有开发人员和设备平台最活跃的移动运营商之一。2013年4月发布产品Digital Life(数字生活)，提供家庭自动化和能源管理解决方案，如图11所示AT&T还成立了专门的研发小组，为该系统提供技术支持。AT&T数字生活采用全IP，全无线平台解决方案，利用AT&T的软件即服务模式，支持为服务提供商提供专门的关键能力，让他们能够根据其商业需求进行部署。

面向家庭用户的家庭安全监控服务，主要通过和美国有线电视巨头康卡斯特（ComcastCorp）合作，进入家居安防和自动化领域，提供移动远程锁门和开门，远程监控摄像头查看家里的状况，远程关闭水龙头服务。可以24小时监视家中的安全状况，门锁、水龙头等的情况，并且支持通过移动端控制。如果出现门锁、水龙头没有关好的情况，可以通过

应用来关好。目前应用已经支持 iOS、Android 和 Windows Phone 操作系统，同时提供不同的收费分档，套装的费用是 29.99 美元 / 月，外加 149.99 美元的初始安装费用或者 39.99 美元 / 月的套餐，用户还可以选择不同的感应器，通过智能家居切入智慧家庭业务领域。这项新的数字化系统无疑为 AT&T 带来了新的发展机会，成为其新的业绩增长点。

（四）日本 NTT 推出 Home ICT 计划，创建安全家庭生活

日本的智慧家庭与家庭自动化以往多以家电网络化为主轴，个别厂商推出了网络家电产品，但因价格昂贵，且应用标准众多，因而推广不易。随着网络环境的相对成熟，带来了服务发展的机会，因此，NTT 出面主导，籍由产业合作、共同研发，建立一个业界通用标准与平台架构，提升了厂商投入智慧家庭及家庭自动化的意愿，并加速相关服务的推进，其推广计划名为“Home ICT”，服务内容分为家用服务及商用服务。在家用服务方面，松下、夏普、NEC、巴法洛等公司提出，计划通过与家庭内家电设备（如电脑、电视、移动电话）的网络连接，创造监控、节能、数位医疗及线上购物等新价值。用户外出时，可以通过手机确认家中门是否上锁，可远程控制家中照明、感应器及各式家电等；照片或影片在家庭电器间可远端共享；家庭用电量可显示在荧屏上，并实现节能控制；可存储身体健康数据，以图像化显示，专家可远程指导等。在商用服务方面，如富士 Xerox 提出，籍由集中管理办公室电脑，或是伺服器、多功能复合机等，提供中小企业与 SOHO 族，便利以及能提升营运率的服务。NTT 面向家庭用户的提供的主要业务如下。

（1）家庭安全监控：家中的每个摄像头，电器都有一个 IP 地址；远程通过互联网可以遥控摄像头，灯等电器；安全方面使用者必须通过相对应用户名和密码才能访问；摄像头支持红外感应，当有外人入侵时会引发报警及 Email 通知；支持定时录像，定时拍照等功能，用户可以查看某一时间段家里的情况。

（2）老人看护：日本已经步入老龄化社会，老年人的看护问题是日本社会关注的重点。使用老人看护系统可以每天远程替老人测血压，可以把握老人每天睡眠的健康状态；在老人家中放置许多带有 IP 的仪器，如放在床上的感应器等，所有这些都通过家庭网关上传到互联网上；亲人或医生通过用户名密码访问看护。

（3）多用途的 AV 家电连接终端：通过 IP 网络几个家庭可以互相观赏对方的节目，访问对方硬盘里的文件，最大支持四方通话，可以通过电视直接拨打视频电话，可以通过输入密码与对方一起欣赏同一个节目。

（4）儿童监控：整个日本境内包括学校门口，公园门口，十字路口等安装摄像头，每个摄像头有一个固定的电话号码，儿童随身携带一个 IC 卡，当经过该摄像头时，与摄像头接连的装置就会给父母发 E-mail，E-mail 里包含摄像头的电话号码，拨打该电话号码可看到孩子情况，同时在电脑上可看到孩子出入的时间、地点信息。

（5）守护孩子的机器人：这些机器人可以陪孩子玩，两个眼睛是摄像头，机器人背后通过 PCMCIA 接口插各种无线网卡，连接上互联网作为监控摄像头，家长可以随时通过机器人监视孩子的情况，可以给机器人发 E-mail，机器人会执行 E-mail 里面的操作指令，如说唱歌、摇脑袋等。

就合作方式上来看，NTT 通过 Home ICT 计划拓展光纤网络用户数，开发新市场，增加营收；对合作厂商而言，主要看好电信运营商现有的广大客户群，以及能提供的服务与支援能力，可谓互补双赢。

（五）中国电信家庭客户品牌“天翼 e 家”，率先引入“智慧家庭”概念

中国电信于 2012 年提出面向家庭用户的客户品牌由“我的 e 家”升级为“天翼 e 家”，主推“智慧家庭”融合业务，让“智慧”从城市走进千家万户，“智慧”生活触手可及。品牌突出分享无限亲情，“有分享，才 e 家”，旨在让中国家庭在温馨、欢快、智慧、科技的舒适环境中共享家庭信息，体验零距离亲情，让亿万家庭感受智能化的生活乐趣。品牌主张家庭成员间的亲情沟通与分享，主要以融合通信业务为主，提供融合各类通信业务与服务，提升现代家庭娱乐和通信的便捷性，实现天翼宽带、天翼 3G、Wi-Fi 等多接入手段的无缝覆盖，家庭成员多人，多终端共享高速上网。新品牌内容涵盖应用的

可扩展性，例如包括iTV等电影电视宽带互动影视，基于云技术电视、手机、计算机等多屏互动，手机遥控家电，全球眼视频监控等“智慧家庭”等应用，也包括“数字家庭”、“智能家居”、“家庭信息化”等信息生活体验概念。2014年7月24日，中国电信联合业内电视机厂商、芯片厂商、终端商、渠道商和应用提供商等共同发起成立智慧家庭产业联盟，并推出全新产品品牌“悦me”，聚焦悦me盒（智能机顶盒）、悦me网关（智能网关）、悦me电视（智能电视机）为广大家庭客户提供信息化服务综合解决方案。

（六）中国移动家庭客户品牌“和家庭”，业务处于试点阶段

中国移动本身不具备发展IPTV的条件，因此在互联网电视上投资力度较大，并成立了专门的OTV互联网电视项目组，在浙江、江苏等地试点。面向家庭客户提出“和家庭”品牌，主要提供智慧家庭一系列解决方案，以家庭开放平台为基础，通过家庭有线和LTE无线宽带网络，以“魔百盒”为终端载体，为家庭用户提供涉及家庭生活各个方面的综合应用服务，希望借此实现过去单纯以手机为主的个人市场向电视、计算机、手机、PAD等多屏互动格局的家庭市场的延伸。

“和家庭”主要包括家庭娱乐、家庭通信、信息服务、生活应用在内的一系列智慧家庭解决方案。以“魔百盒”（Mobile box）为终端载体，提供计算机、电视、手机、Pad等多屏的门户与接入，为用户提供涉及家庭生活方方面面的综合应用服务。特点包括：为用户提供从窄带信息服务到视频通话、智能家居、多屏家庭云、数字内容等宽带多媒体服务，实现一站式服务；向业务提供商、服务提供商、终端厂商等合作伙伴开放家庭账号、计费结算、网络适配、终端适配等各种基础能力，有效提升家庭业务的创新、引入和服务管理水平，降低合作伙伴的开发成本。重点加强家庭业务探索，关注以电视终端为抓手的娱乐应用。据悉，目前该业务并未正式对外发布商用。中国移动基于物联网技术的“宜居通”，目前已在全国二十几个省份开通，可以实现家庭防盗、电器远程遥控等智能需求，实现门禁系统与用户手机的物物互联，用户可以随时了解家庭的安全状态。

（七）中国联通家庭客户品牌“沃家庭”

中国联通面向家庭客户推出“沃家庭”品牌，但未引入智慧家庭的概念，就其产品提供来看，产品采取“宽带+固话+手机”的捆绑组合模式，在产品结构、业务形态方面和电信“天翼e家”系列类似。由于自主开发和提供解决方案的能力较弱，因此在省公司层面分别选择有实力的合作伙伴联合推出家庭内容应用产品，产品类型集中于IPTV、高清视频、视频监控等基于视频的重点高带宽应用产品，主要目标是带动家庭宽带业务的发展。仅在小范围试点智能家居业务，例如：“沃智能家居”是由中国联通与其合作伙伴共同打造的一款基于物联网的智能家居。“沃智能家居”的技术支持为GKB全宅手机控智能家居控制系统，结合中国联通的网络软硬件设施，通过手机、计算机、iPad或控制面板，实现远程遥控用电设备，而且无论远在哪个角落，都可以实现全球控制。

（中国电信股份有限公司上海研究院　张云华　吴建江　邓竹祥）

网络与信息安全篇

通信网络与信息安全形势与发展分析

一、2014 年网络与信息安全总体形势

（一）网络空间战略持续深入推进，区域性网络联盟合作逐步深化

美国网络空间战略从顶层设计走向稳步实施，分别出台了《促进关键基础设施安全行政令》和《网络安全框架》，着力强化网络基础设施的战略地位，将其作为国家安全、经济安全的重要保障。日本国会通过《网络安全基本法》，并决定将现行政策会议升级为战略总部，全面提升战略能力。欧盟等 50 多个国家也相继出台了网络空间战略，网络攻防竞赛正在升级，防御系统建设、网络安全立法、安全产业发展获得各国的高度重视。同时，区域性网络联盟合作逐步深化，北约将集体防御"宗旨"从现实层面延伸至网络层面，欧盟进一步强化网络空间的合作，中国与东盟网络安全合作开始起步。

（二）资源和数据保护受到广泛关注，大型互联网企业对网络安全的影响力日益增加

目前，资源和数据保护受国际社会空前关注。2014 年 3 月 14 日，美国迫于压力宣布向全球多利益相关方移交 IANA（互联网数要分配机构）职能管理权。2014 年 9 月 24 日，在全球互联网治理大会上，基于多利益相关方宣言基本原则得到了大多数国家的支持。各国对数据保护立法空前重视，俄罗斯、巴西、欧盟等国对数据跨境流动的政策也从开放转向封闭。以大型企业为主体的技术路线竞争已成为产业链最高端的竞争，美国已形成了以"八大金刚"为代表的互联网企业集团，在全球范围广泛布局，主导着信息通信的发展方向，信息通信技术差距将会成为制约国家安全的掣肘因素。

（三）我国安全工作战略地位突显，统筹加强，安全受到广泛关注

习近平总书记在中央网络安全和信息化领导小组第一次会议上强调："网络安全和信息化是事关国家安全和国家发展、事关广大人民群众工作生活的重大战略问题；没有网络安全，就没有国家安全"。进一步突显了安全工作的战略地位，为新时期做好网络安全工作指明了方向。网络安全和信息化领导小组成立之后，网络安全工作得以全面统筹加强，形成了从国内到国际合作、统筹发展与安全的总体思路，我国从网络大国向网络强国的转变开始提速，网络安全和信息化的"一体之两翼、驱动之双轮"的关系更为清晰统一，"共同、综合、合作、可持续"的安全观已成为搭建安全合作新框架的国际理念。

（四）网络安全形势依然不容乐观，老问题犹存，新风险不断

为加大公共网络环境的治理，工业和信息化部于 2013 年开展了防范治理黑客地下产业链的专项行动，2014 年开展了全国范围内的打击治理移动互联网恶意程序专项行动，取得了显著成效。尽管木马僵尸、飞客蠕虫、网站篡改、安全漏洞等公共互联网环境主要安全威胁数量在近三年有升有降，变化幅度有所放缓，但移动应用安全形势仍不容乐观。具有恶意扣费、资费消耗、信息窃取、诱骗欺诈等恶意行为的应用严重侵犯了用户的利益。根据 360 互联网安全中心的监测数据，2014 年移动恶意程序、用户感染恶意程序数量较 2013 年大幅增长，特别是 Android 移动应用。2014 年，在所有手机恶意程序中，通过自动联网、上传和下载数据、安装其他应用等方式消耗用户手机流量和资费类的恶意程序感染比例最高，占感染人次总数的 79.9%；其次为隐私窃取和恶意扣费类，感染比例分别为 7.36% 和 5.57%。

此外，新技术和新业务发展带来的新安全风险不容小觑。一方面，云计算、大数据、SDN、移动支付等新技术和新业务不断涌现，云储存、云平台的兴起正带动基础设施不断虚拟化，制造业正在历

经从封闭到开放的网络融合，网络空间不断扩展。另一方面，网络攻击方法和入侵途径也不断进化升级，僵尸木马等传统安全威胁有增无减，DDoS 攻击、APT 攻击等新型网络攻击层出不穷。保障网络安全不仅迫切需要新型威胁应对技术的快速突破，也需要传统安全防护技术手段的升级。

二、2014 年网络与信息安全热点分析

（一）高危安全漏洞频发，考验威胁应对机制

2014 年，以心脏流血、Bash 漏洞（又称破壳漏洞）为代表的全球性高危漏洞集中爆发。4 月 8 日，网络安全协议 OpenSSL 被爆出“心脏流血”漏洞，攻击者可读取系统内存，获取用户账号和密码。“心脏流血”漏洞影响广泛，涉及网银、购物网站、电子邮件、即时通信等应用。世界上大约 2/3 的网络服务器由于使用安全协议 OpenSSL 而受“心脏流血”漏洞影响，我国境内约有 3.3 万 HTTPS 服务（443 端口）受到影响，涉及包括百度、阿里、腾讯在内的 3 万多家互联网公司。9 月 25 日，在 Linux、Unix、Mac OS 和 MS-DOS 等操作系统广泛使用的 Bash Shell 被爆出存在 Bash 漏洞。由于缺乏对参数的合法性判断，攻击者可利用该漏洞执行恶意代码，甚至远程控制装有特定版本操作系统的网络设备。该漏洞影响范围遍及全球约 5 亿台服务器和其他联网设备，我国有近 2 万个银行、金融、电力、航空等现网系统受到威胁。信息技术和产品安全漏洞的影响范围日渐扩大，对我国漏洞、后门识别和验证技术、网络安全威胁共享机制以及漏洞修补能力提出挑战。

（二）个人信息泄露态势愈演愈烈，个人信息保护任重道远

从全球信息泄露事件的数量来看，2014 年个人信息泄露数量较 2013 年有大幅度增长。据网络安全公司 SafeNet 统计，截至 2014 年 9 月，全球公开的数据泄露数量近 1.8 亿条，超 2013 年同期 5 倍以上。从信息泄露事件涉及的领域来看，2014 年全球在金融、政府机构、商业以及公共服务等领域均发生了严重的数据泄露事件。例如，摩根大通、欧洲央行、联合包裹速递服务公司 UPS、日本航空公司、美国社区卫生系统等均声明出现过数据泄露事件。当前，个人工作、娱乐以及生活对互联网日益依赖，企业掌握个人信息的规模快速增加，包含了大量涉及用户各类账号密码、社会关系、消费习惯等的高价值信息，个人信息泄露风险隐忧巨大。

（三）网络攻击加速蔓延，万物互联引发严峻安全挑战

随着万物互联时代的来临，联网终端数量正以前所未有的速度增长。据 Gartner 预测，不包含 PC、平板以及智能手机在内的物联网终端将于 2020 年增长至 260 亿台（支），比 2009 年的 9 亿台增长近 30 倍。“互联网 +”的概念已经深刻影响到各传统行业，以 GE 为首的一大批工业企业开始有意识地运用互联网技术，加快推进生产方式和发展模式的深刻变革。但与此同时，网络攻击也正逐步向各类联网终端渗透，车联网、智能医疗、智能家居和工控系统等领域已面临严峻的网络安全威胁，2014 年已出现 Tesla、福特翼虎、丰田普锐斯、奔驰 C180 等智能汽车可实现远程车辆控制，实施开锁、控制方向盘、紧急制动等危害乘坐者生命财产的安全行为。传统的安全防护技术手段难以直接移植并应用至物联网和工业互联网等新一代网络中，万物互联时代亟需重塑网络安全保障思路，加紧构建和完善网络安全保障体系。

三、2015 年网络与信息安全展望

（一）突破核心技术，增强安全可控能力

当前信息产业创新和发展环境不断优化，信息产业正处于黄金发展机遇期。国内骨干企业和研究机构将把握机遇，继续开展对国产 CPU、操作系统等基础通用技术的攻关，加大高端服务器、路由器等关键基础网络设备的研发投入，深入开展网络安全监测预警、漏洞后门挖掘、APT 攻击应对技术等网络安全核心技术研究，为我国在大数据、物联网、云计算、工业互联网等新兴技术领域占得先机打下坚实基础，并通过成熟自主可控产品的试点示范，加速带动民族品牌产品的功能、性能与安全性提升。

（二）安全产业迎来发展机遇

企业级安全市场将呈现高增长态势，安全服务

市场将进一步扩大。根据IDC（中国）预计，未来3～4年，中国安全产业年均复合增长率将接近20%，远远超过国际平均水平，中国安全服务市场规模的复合年增长率达到23.6%。根据Gartner预计，云安全服务市场将迎来高速发展时期，安全产品提供商转型安全服务商，IAM（身份和访问管理）、云加密、SIEM（安全信息和事件管理）漏洞评估增长强劲。在大众消费市场，国内互联网公司仍将占主导地位，企业之间的竞争将日趋加剧。奇虎360、腾讯、百度、金山等主要安全服务提供商将挖掘、利用各自的比较优势拓展用户群，市场竞争有望加剧。云平台使安全技术措施和手段得以聚合，基于云平台的深度安全事件分析能力、安全态势感知能力将使安全产品更加智能。

（三）两化融合深入发展催生新型网络安全需求

当前，互联网与工业的融合发展正推动工业迈入智能制造时代，呈现出新的特点：在生产工具层面，利用智能传感和嵌入式计算等技术实现智能化；在生产控制层面，利用软件平台和应用工具实现管理平台化；在产业组织方面，利用信息网络实现协同化。信息技术在推动生产模式与产业生态转变的同时，带来了新的安全风险，催生了新的网络安全保障需求：一是智能生产线部署的海量感知节点有可能成为网络攻击的目标，被攻击俘获实施信息窃取和恶意篡改，甚至进行深层渗透；二是智能通信网络信息传输的轻量级协议、开源化软件需求，导致传统复杂加密算法和数字签名等手段无法有效应用，以及被攻击的风险；三是具备统一控制和远程监控等功能的工业云平台将是智能制造的神经中枢，保障其网络安全至关重要；四是网络互联互通与深度信息共享，对智能制造体系的网络安全防护提出更高要求。

（四）网络信任体系建设将会有较快进展

一是法律的不断完善将奠定“基础防线”。《网络安全法》已被列入国家立法工作计划，《电子签名法》将继续发挥网络信任体系基础法的作用，最高法院也已就个人隐私和其他个人信息作了司法解释，相关法律工作都将作为“基础防线”，构成网络信任体系的重要支撑。

二是PKI认证体系仍将不断推进，形成网络空间信任的基础框架。PKI认证已在电子商务、电子政务等领域开展了大量应用。未来有望建设国家级PKI体系，实现国家级的CA策略管理、证书互认和证书备份等，形成身份认证管理的基础框架。

三是eID有望从另一方面助推网络空间身份管理体系的完善。截至2014年10月底，我国已发行eID载体700万张，2014年内制发2 000万张，未来发展空间广阔。

四是基于评价的信用管理成为网络空间信任体系雏形，淘宝、京东、大众点评网等已积累了丰富的基于用户评价的信用管理经验，这些应用于商业领域的信任模型是我国网络信任体系的重要补充。

（中国信息通信研究院网络与信息安全领域团队）

信息安全发展的趋势分析

在中国，网络与信息安全产业是我国为数不多的由国内厂商主导的新兴产业，国内生产服务商拥有约60%的市场份额。随着政府和社会重视程度的不断提升，以及未来物联网、大数据、云计算、SDN、移动互联网等技术的普及应用，各种新威胁、新挑战将层出不穷，这一比重还将扩大。

一、盘点2014年：国产力量增强

2014年，我国网络与信息安全问题依然严峻，是事关国家安全、国家发展和社会稳定的重大战略问题。从技术层面来看，随着我国移动互联网、大数据、云计算的发展，无论是互联网还是移动端，涉及信息安全的问题频出，网民对安全上网的呼声也越来越高。

可以看到，在2014年，信息安全已经成为一个全民关注的热门话题：国家政策层面支持力度加大；在乌镇举行的首届世界互联网大会上，信息安全被热议；国内重要行业IT系统“去IOE”从口号走向行动；众多国内企业纷纷加大信息安全领域的投入……

2014年2月，中央成立了由习近平总书记任组长的中央网络安全和信息化领导小组，标志着信息安全已上升至国家战略高度。

在国内信息安全市场，关于“保障信息安全，实现核心软硬件国产化自主可控”已被上升到国家层面，提高到空前高度。

二、我国IT安全市场将持续增长

在信息安全众多的细分市场中，IT信息安全市场投入逐渐增高，国内市场呈现蓬勃发展的态势，市场规模逐步扩大。IDC研究报告预测，到2015年我国IT安全市场增速将达到15.3%，规模达到14.349亿美元。

IDC统计显示，从2013年开始，我国IT投入完全超越日本，成为除美国外全球第二大IT支出国家。但是我国信息安全方面投入只占总体IT投入的1%，而美国是4%，日本为6%。这其中很重要的一个原因是美国和日本更加重视IT安全的投入，尤其是对安全服务的投入巨大。

目前，我国IT安全市场还是以安全硬件为主导，安全软件和服务的占比很小。在IT安全硬件市场中，下一代防火墙将取代传统防火墙，在未来4年，其复合增长率将超过40%。预计到2018年，下一代防火墙将引领网关类防火墙以及UTM市场。

在以云计算、大数据、移动以及社交为核心的IT第三平台时代，我国IT安全硬件的市场需求将持续强劲，政策性驱动以及需求性驱动将加速此市场的发展。政府、通信和金融仍然是购买能力最强的3个行业。

不过，目前安全服务市场呈现新的变化，客户从以前买IT安全硬件的模式渐渐转变为购买服务。预计中国的安全服务市场，包括专业咨询服务、云安全服务、专业培训服务等将在中国蓬勃发展。据IDC预计，到2015年，我国信息安全服务的市场规模有望达到6.835亿美元。

三、2015年的形势依然严峻

尽管我国高度重视信息安全市场，而且发展速度也很快，但与世界信息安全产业依然有很大的差距，尤其是硬件市场。

在专业信息安全企业方面，虽然企业的数量快速增长，但还是缺乏“国家级”龙头企业。数据显示，我国信息相关企业超过700家，出现启明星辰、绿盟等多家走向国际化的企业。但我国信息安全企业平均年产值不到 3 000 万元，超亿元产值企业只有十余家。

在 2014 年 11 月举行的首届国家网络安全宣传周产业日上，工业和信息化部软件服务业司司长陈伟表示，国内信息安全产业在规模上明显和国外大的安全公司有距离。同时，在市场占有上，国内市场逐渐形成竞争优势，但还没有在国际市场形成优势。此外，在研发投入方面，国外的投入是我们的数 10 倍。

在这样的背景下，国内信息安全威胁也日益加重。在 2014 年 10 月 30 日国务院新闻办举行的新闻发布会上，国家互联网信息办公室主任鲁炜曾经表示，中国是网络攻击的受害国，每个月有 1 万多个网站被篡改，80% 的政府网站受到过攻击。

面对新的安全威胁挑战，政府、通信运营商、网络安全厂商、互联网厂商、终端企业等产业链各方都在提前准备，并开始加强合作，实现端到端防护方案。

其中，工业和信息化部对产业链提出新的要求，计划强化互联网行业管理和网络安全保障。如在提升网络信息安全保障能力方面，工业和信息化部部长苗圩表示，2015 年将发展信息安全技术和产业，提高专业化信息安全服务能力；完善认定电子签名法律效力的机制；深化基础通信企业网络与信息安全责任考核；开展互联网新技术新业务安全评估专项检查等。

在 2015 年，我国“去 IOE”必然会造成国内市场的重新分隔，而在部分领域，国内供应商尚不足填补该市场空白，这就会造成产品、服务的衔接问题。随着时间的推移，国外的企业也会逐步实现中国政策的配合要求，从这个角度来看，2015 年国际安全厂商和国内安全厂商一方面继续激烈竞争，另一方面也会逐步加强合作。

四、信息安全市场将呈现五大趋势

尽管国内信息安全政策驱动国内产品的国产化，但是当前信息安全愈加复杂，相关事件影响力持续上升。同时，新兴的技术趋势驱动 IT 安全市场朝新的方向发展。云计算、大数据、社交网站和移动终端将成为未来 IT 安全领域的主要发展方向。

一是策略合规成为安全市场增长的第一驱动力。从 2007 年 6 月发布信息安全等级保护到现在，国家先后出台若干信息安全产业发展的规划和策略，这导致信息领域国产化成为重要目标。

二是 DDoS 卷土重来带来全新挑战。数据中心依然是 DDoS 攻击的重灾区，利用僵尸网络发起的 DDoS 攻击依然占网络攻击事件的绝大多数。同时，应用层的小流量、慢速 DDoS 攻击越来越普遍，移动终端将成为 DDoS 的攻击源。此外，针对 IPv4 和 IPv6 的网络及应用的混合攻击会在未来几年内成为新型的 DDoS 攻击威胁。

三是新应用促使边界安全网关产品升级。以前，高性能 NAT 发展下，网关产品取代路由器；如今，智能、应用识别、流控成为新的刚需。因此，高性能网关是基础的保障，还需要高精度动态应用识别及管控、多功能集成化深度应用防护、智能安全分析、应用流量的统一管控等能力。

四是基于大数据的分析技术将应对 APT 的复杂性。针对 APT 攻击安全防护由实时性向精准性和持续性发展，智能安全分析能力将成为安全防护的关键要素，历史数据、机器学习、数学模型成为安全分析的新宠。

五是企业级移动安全备受重视。中国企业级移动安全市场总体上还处于起步阶段，随着移动应用的普及，BYOD 用户量的增加，企业客户对于移动设备管理（MDM）、移动应用管理（MAM）以及移动安全平台管理的需求会越来越多。企业级移动安全市场即将腾飞，IDC 预计，2017 年中国企业级移动安全软件市场规模将达到 5 770 万美元，复合增长率为 49.5%。

（《通信世界》 黄海峰）

移动支付发展现状与趋势

随着移动互联网的快速发展，基于移动互联网的应用将越来越丰富，除了游戏、视频等这些移动娱乐类应用外，与用户生活密切相关的公共事业缴费、在线理财、航空酒店和移动电子商务也将从PC端逐渐转移到手机等移动端，这些移动互联网应用的发展对移动支付的需求越来越迫切。移动支付成为各种移动互联网应用价值实现的重要实现管道，其地位和紧密结合程度不断提高。

一、移动支付的业务形态和内涵不断延伸

受益于移动电子商务市场迅猛发展，移动支付也得以迅速发展。在我国移动互联网市场中，通过移动互联网方式支付的移动电子商务收入占比快速攀升，成为移动互联网中发展最快的业务。

从业务服务角度看，移动支付几乎已渗透到移动互联网中的各个业务服务环节。

• 充值服务：手机充值缴费、充值卡购买；

• 交通和商旅等服务：如公交票、地铁票、机票、火车票、商旅服务等；

• 金融和保险服务：转账、查询、汇款、缴纳水电煤气、小额保险等；

• 实物商品交易：各种B2C或C2C业务中的实物商品购买；

• 电子产品交易：互联网邮箱服务、在线游戏、软件下载、在线杀毒等；数字点卡、影音娱乐、电子图书、电子报刊等。

移动支付可谓是互联网支付在移动互联网领域的延伸，但同时也引发出很多创新的支付形态，比如微信支付、二维码支付和条码支付等。

在移动支付业务发展中，用户规模是至关重要的一点。只有形成了一定的用户规模，才能吸引更多的商家在该业务平台上销售商品和服务，移动互联网业务也才能真正开展起来。微信用户只有具备微信支付账户才能发放红包，而抢红包的用户也只有具备了微信支付账户才能使用红包和二次发放红包。微信支付这种红包发放方式，充分利用了用户间的扩散效应，使得微信支付用户规模以指数速度迅速扩散。

移动支付使得线下线上结合得更加紧密。通过二维码等新型的移动支付方式购买线下商品，省去了去收银台排队等待的环节，切合了用户需求。这些新型的移动支付服务加大了通过移动支付线下商品或服务的优惠力度。线下商品和服务通过移动互联网方式支付的比例迅速提升。

条码支付是支付宝为线下实体商户提供的一种现场支付解决方案。条码支付使得线下实体商户无需借助银行系统和POS机就能够实现非现金交易。微小商户可用支付宝账号登录“在线收银台”，输入收款金额，然后使用条码枪扫描或输入用户手机上的条形码向对方发起收款，消费者在手机上完成付款确认。相比传统收银方案，条码支付具有即时到账无账期、收款机动灵活、成本低廉等优势。

此外，与移动互联网应用相结合还产生了融合位置信息、社交网络的移动支付应用创新，如Square是融合位置信息、社交网络的移动支付创新最成功的业务提供商之一。Square取得成功的关键因素之一也是融合了位置信息和社交网络，为用户带来更丰富的业务体验。

二、移动支付业务新的产业格局正在形成

（一）运营商和金融机构在移动支付产业链上的主导地位正在被打破

在传统移动支付产业链中，如图1所示运营商和金融机构往往占据着主导地位，第三方支付机构由于掌握的用户资源少，缺乏相关经验，在产业链

中的地位一直不高。

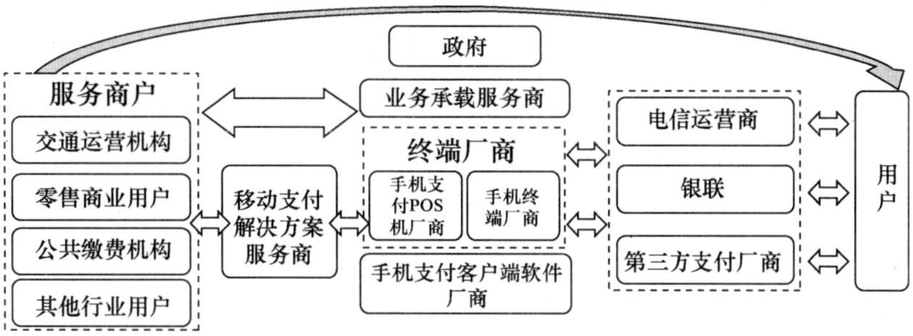

图 1　移动支付产业链

在移动互联网的环境下，一些有移动互联网背景的第三方支付机构借助着其在移动互联网思维以及在移动互联网市场上积累的经验，推出了一些非常切合用户需求的移动支付。同时，这些第三方支付机构借助着其母公司在移动互联网应用积累的用户资源，移动支付业务规模迅速扩大，如腾讯推出的微信支付。

可以说，OTT 对传统移动运营商带来的冲击正在延伸到移动支付领域。在移动支付中，运营商和金融机构在移动支付产业中的主导地位正在被打破，第三方支付机构对传统移动运营商和金融机构的冲击加大。

（二）开放式的生态系统正在形成

传统移动支付生态系统往往为封闭式的生态系统，在这个系统中，运营商或金融机构占据主导地位，终端提供商、支付方案解决提供商、商家等都为运营商或者金融机构提供移动支付业务服务。在这个封闭式的生态系统中，要求传统运营商或者金融机构具有绝对的主导权，并且有丰富的移动支付运营经验，否则移动支付业务很难开展起来。这也是全球移动支付的成功案例少之又少的原因所在。

Google 曾经试图建立一个开放式的移动支付生态系统，但从 Google 的发展思路和规划上来看，Google 要在其建立的生态系统中占据绝对的主导地位。虽然 Google 试图建立的是一个非常庞大的移动支付生态系统，但从严格意义上来讲，Google 想建立的这个生态系统还不算是一个开放式的生态系统。也正因为如此，Google 的移动支付业务也没有最终发展起来。

移动支付所建立的生态系统，我们说是一个开放式的生态系统。在这个系统中，没有所谓的主导者。在这个系统中，产业链的众多参与者各自拥有独特的推广资源，也都具备向最终用户提供服务的能力，并且都在努力寻找创新突破口。产业链间的合作增强，真正形成优势互补、资源整合。

三、移动支付未来发展趋势

总体来看，移动支付的未来发展前景是非常关阔的。根据移动支付当前发展现状，以及产业的一些最新动态，我们判断，移动支付的未来发展趋势有如下几点。

（一）将带动移动支付进入应用驱动的新阶段

移动支付发展之初是以技术为主要驱动力的。也就是说，技术的创新是带动整个产业发展的主要带动力量，是先有移动支付新技术，才有相应的应用推出，而不是有了消费者对移动支付应用的需求才有技术的发展。由于技术驱动阶段的移动支付业务没有应用的驱动，因此用户对移动支付业务的需求不大，移动支付业务的推广非常困难，发展非常缓慢。

移动支付业务发展起来之后，由于推出了一些非常贴合用户需求的支付业务形态，带动着移动支付产业正在向应用驱动型转变。当前的移动支付业务的发展模式是，满足用户需求的移动支付应用创新为先，进而促进技术与产业的创新。应用创新是拉动力，技术创新是推动力。应用创新和技术创新之间互动，推动移动支付产业的发展。技术创新和应用创新两个方向可以被看作是既分立又统一、共同演进的一对“双螺旋结构”。

未来几年内，移动支付的发展仍将是以应用创新为主要驱动力。商业模式创新虽也在不断创新中，但短时间内还不能成为移动支付创新的主要推动力量。技术和应用在交错中不断发展和融合。当技术和应用达到一定的融合程度时，将引发更加大范围的商业模式创新，移动支付业务也将迎来又一个质的飞跃。

（二）近场移动支付将进入深度融合阶段

长久以来，近场非接触应用（包括支付应用和非支付应用），以及与移动互联网应用的融合仍处在浅层次的融合阶段，仅仅将不同行业近场非接触应用（包括支付应用和非支付应用）融合在一张智能卡中，不同近场非接触应用之间没有太多联系。目前，尚未见到近场支付与移动互联网应用相结合比较成功的案例。

但从最近苹果、一些金融机构的最新动向来看，有将近场非接触通信技术引入到移动支付中来的态势。

2014年9月9日，苹果在发布苹果支付（Apple Pay）时，同时公布了一大批美国知名的零售商，包括了迪斯尼、Nike、麦当劳、梅西百货公司、办公用品品牌Staples以及Walgreens。这些零售商将配备NFC支付设备，支持用户使用苹果两款新手机和苹果手表支付。苹果支付将在2014年10月18日正式启用。这种服务将可允许iPhone 6和Apple Watch用户在网购或到上述实体商店购物时直接使用这些设备进行支付。

我国的建设银行也于2014年3月，联合四川移动推出移动支付借记卡，用户可在移动营业厅免费更换NFC-SIM卡。用户通过移动心机自带的“手机钱包”客户端将银行卡和SIM卡合二为一，用户可以只凭手机就能在网点办理金融业务、ATM存取款、POS机消费等；卡内还具备电子现金闪付功能，只需轻轻靠一下就完成支付。持移动支付手机的客户可在成都市内家乐福、屈臣氏、廖记棒棒鸡、舞东风等商户贴有“闪付”标识的POS机上直接刷手机进行消费。

未来，第三方支付机构也会将近场非接触技术引入到移动支付平台上来。

在产业各界的大力推动下，近场非接触技术与移动支付的融合必将进一步深入，还将会迸发出一些移动支付新的业务形态。

（三）移动支付应用融合将向更深层次发展

移动支付与传统的现金、银行卡等支付手段，以及之前的移动支付方式最大的不同就是将支付与移动互联网相结合。也唯有与移动互联网业务应用相结合，才能真正发挥出移动支付的优势，进而实现移动支付的快速发展。远程移动支付的发展充分印证了这一观点。通过远程移动支付与移动互联网应用的深度融合，远程移动支付摆脱了多年的发展困境，步入快速发展的轨道。

移动支付业务的融合是其未来发展和创新的方向之一。前面提到过，近场移动支付之间以及近场移动支付与移动互联网应用之间的融合将从当前的浅层次融合向更深层次的融合方向发展。远程移动支付与移动互联网的融合程度还将更加深入。同时，远程移动支付与近场移动支付，线上移动支付与线下移动支付的融合也将向融合方向发展。

（中国信息通信研究院　宋颖）

移动支付安全研究

一、基本架构

移动支付是用户使用移动终端对电子商务活动中产生的消费进行支付的方式，主要有 4 种实现形态：运营商计费、NFC（近场通信）支付、刷卡支付和 APP（应用）支付。典型的移动支付系统一般包括移动支付业务平台、客户端 / 移动终端和外围系统三部分，如图 1 所示。

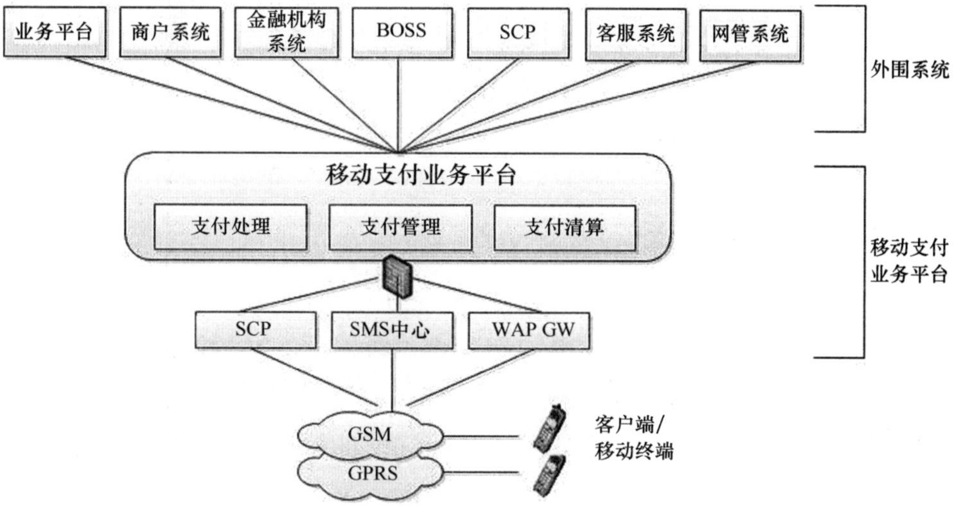

图 1　典型的移动支付系统架构

移动支付系统主要包括如下功能。

（1）支付处理为手机支付业务系统的业务逻辑处理系统，主要功能包括：手机支付远程支付功能、现场脱机支付功能、风险控制功能等；

（2）支付管理主要包括用户管理、商户管理、机构管理、订单管理、银行管理、报表管理、对账规则管理、风险管理、统计分析、计费管理等功能；

（3）支付清算主要负责手机支付业务系统对账、清算以及结算功能。

客户端 / 移动终端主要提供应用操作界面及下载服务。

外围系统包括用户、商户、银行、BOSS 等具体业务的支撑系统，如金融机构系统实现充值、提现等业务功能；BOSS 系统管理通信用户的个人用户资料信息，并提供计费功能；商户系统和业务平台负责完成具体应用（如缴费、电子票、公共事业缴费、物品购买等）的业务逻辑的处理。移动支付业务平台通过开放协议（HTTP/WAP、SSL、短信网关）或私有协议与外围系统进行信息交互，执行用户发起的注册、支付等命令，完成移动支付的功能。

二、安全风险

受智能手机运行环境安全缺陷、移动互联网恶意程序泛滥、用户安全意识薄弱等多方面因素的影响，移动支付存在以下诸多安全隐患。

（一）支付系统安全机制缺陷

移动支付的主要参与者包括用户、商品或服务提供商、银行，整个过程中又涉及资金的流转，因此，如何设置逻辑严密的业务流程，采用合适的身份认证机制和数据加密机制，使得用户、商家、银行之间能够在安全环境中完成整个支付流程，显得尤为重要。在公开的支付系统入侵事件中，支付系统安全缺陷是主要的原因，黑客可以通过业务漏洞控制支付业务周边系统，进而渗透到BOSS或网管等重要的运行支撑系统中，网络安全中的防火墙、入侵检测等安全措施均可以被绕过。常见的移动支付系统安全缺陷见表1。

表1 常见的移动支付系统安全缺陷

支付系统安全缺陷	攻击原理及防范措施
弱口令	黑客利用弱口令进入支付系统周边支撑系统，如后台管理系统等，上传木马控制支付系统。应定期更换口令
SQL注入	利用Web业务系统的过滤不严格漏洞，盗取数据库密码，进入业务系统。应加强输入过滤
认证绕过	黑客利用支付系统只在客户端进行验证的缺陷，通过截取数据包，修改认证结果进入支付系统。应采用客户端和服务器端联合认证
信息泄漏	支付客户端没有对用户账号和身份进行必要的屏蔽，在转账、密码找回等环节泄漏用户信息给黑客。应对敏感信息进行必要的屏蔽
短信发送	支付业务短信发送网关管理不善，可以被利用制造短信炸弹。应对具有转播能力的短信发送功能实施严格的权限管控
支付接口数据篡改	支付接口设计缺陷，黑客可以在网络中拦截支付并修改支付数据提交给银行，用1分钱可以购买任意价格的商品。应该加强物品价格和支付价格的验证机制

（二）终端操作系统漏洞

操作系统是移动终端的重要组成部分，终端功能实现的诸多安全隐患均与操作系统相关，目前主流的移动终端操作系统均不可避免地存在系统安全漏洞。美国国土安全部（DHS）及联邦调查局（FBI）的最新内部通报文件显示，目前全世界已经有超过44%的Android系统智能手机都有安全漏洞并且极易遭受恶意软件的侵害，而苹果iOS操作系统的高危漏洞数量比Android更多。黑客往往会利用操作系统的漏洞，轻而易举地盗取用户的机密信息、获取root权限控制终端、修改终端应用软件、伪装成合法用户使用应用软件，甚至直接完成移动支付。

（三）手机恶意软件

在经济利益的驱使下，一些不法分子通过创建恶意仿冒的山寨应用、在正常应用中植入恶意代码、假冒权威机构发布恶意程序下载地址等手段，诱骗用户安装使用手机恶意程序。有些恶意程序静默地发送业务订购短信，耗费用户账户余额。还有一些恶意程序在用户不知情的情况下运行于后台，将用户的账号、支付密码和交易验证码等机密信息传输到黑客控制的地址，使黑客得以控制用户账号，修改账户密码，转出账户金额。

以“假面银贼”木马软件为例，如图2所示，它能够模仿手机淘宝应用窃取用户的支付信息，屏蔽来自银行或电信运营商的支付短信确认，进而隐秘地盗取用户钱财。

图2 木马启动后伪装的界面

（四）不安全的通信信道

移动支付用户手机如果连接入预置的“免费Wi-Fi”陷阱，不法分子可以在短时间内利用数据包分析工具窃取用户手机上的支付宝密码、网银密码、信用卡账户密码等敏感信息，将用户账户中的资金转移出去。

（五）终端丢失与卡安全

移动终端上往往存储着短信、通讯录、备忘

录、照片等个人信息，一旦终端丢失，将导致存储于移动终端的所有用户信息泄露。此外，不法分子还可能利用已经安装于用户终端的支付软件或NFC芯片，结合用户终端收到的短信验证码等信息，以用户的身份执行移动支付操作，给用户带来经济损失。

三、防护建议

针对上述安全风险，建议重点采用以下措施加强移动支付安全防护。

（一）加强移动支付业务安全评估工作

在支付业务上线、运营的过程中，定期进行业务安全评估工作，排除常见的移动支付系统业务漏洞和基础安全漏洞，掌握系统安全态势，积极应对新出现的安全挑战。建议对表2所列要点进行重点安全评估。

表2　移动支付业务安全评估重点内容

评估对象	安全评估内容
终端安全	重点评估客户支付信息泄露、用户登录流程绕过、密码找回功能常见缺陷、超时登出、与服务器交互参数修改等项目
平台与软件安全	重点评估sql注入漏洞检测、struts2等组件漏洞检测、上传漏洞、nigix解析漏洞、文件遍历漏洞检测
业务流程安全	传播内容是否违规、计费流程是否合规、与银行接口是否可以篡改、购物车数量/单价/运费是否可以修改、登录模块是否有错误次数限制等
安全管控	弱口令、空口令检测；DNS区传送检测；密码管控机制

（二）加强支付类应用软件的安全防护

终端操作系统漏洞难以彻底清除，支付类应用软件需加强自身安全防护，防止不法分子利用漏洞开展攻击。一方面，可通过加固技术，防止关键信息暴露或遭受篡改；另一方面，应对官方发布的正版应用进行认证标识，帮助用户甄别山寨应用，远离钓鱼威胁。

（三）建立应用软件安全审核机制

移动终端应用软件能够通过应用商店、网站、论坛等诸多方式下载获取，为防止论坛、网站提供的应用捆绑恶意代码，扰乱终端支付环境，需建立完善的应用软件审核机制。应用程序需要先通过测试、审核、认证等环节才能上线发布。此外，对于已经发布的应用程序，需开展跟踪拨测，防止应用升级和联网带来的新生安全风险。

（四）采用端到端的安全加密方法

手机支付过程中，支付密码等信息皆在互联网上传输，一旦加密机制不够严谨，黑客便会乘虚而入，窃取甚至篡改网络中的重要信息。因此，对于涉及支付安全的关键信息，需采用端到端的加密方式。

（五）建立可靠的身份认证机制

为防止移动终端被不法分子盗取使用，移动支付系统需建立安全可靠的身份认证机制，有效识别是否是用户本人操作。除手机验证码之外的多因素认证手段应广泛采用，如指纹认证、手机U盾等。

（六）增强用户移动支付安全意识

主管部门和运营单位应该通过安全教育，加强用户利用手机支付的安全意识，主动识别、屏蔽诈骗行为，不随意安装来源不安全的应用，不随意泄露个人用户信息，主动安装手机安全卫士等个人安全防护产品等。

移动支付有随时随地满足用户支付需求的便捷特点，随着支付安全技术的发展和完善，将作为金融基础设施融入人们的日常生活中。终端运行环境的安全可靠是移动支付安全的基本前提。未来的移动支付安全除了在数据传输等环节采用完善的加密体系外，还应该引入指纹认证、声音认证和人脸识别认证等多因素认证手段，增强支付流程安全。当前，我国关于移动支付安全的标准与相关法规尚不完善，需要政府、银行、运营商加强合作，为用户提供安全的支付环境，推动移动支付行业的可持续发展。

（中国移动通信集团公司信息安全管理与运行中心邱勤、袁捷；中国移动通信集团设计院有限公司　陈涛）

云服务安全分析及监管策略

一、云服务成为ICT领域最具活力的增长点之一

当前，云计算在互联网领域所产生的巨大作用已经毋庸置疑。根据Gartner的统计，2014年全球云计算服务市场规模达到1 528亿美元，增长率达到17.9%，其中典型的IaaS/PaaS/SaaS服务的市场规模达到425亿美元。在这个新的千亿美元的市场中，绝大多数的用户或买单者都是互联网服务的提供商。云计算充分体现了互联网“快速迭代”的特征，是当前ICT产业技术和应用创新最活跃的领域之一，同时其服务范围也从最初单纯的资源出租向包括IT资源、网络资源、软件资源、应用管理等在内的信息化整体解决方案的方向发展。亚马逊是目前全球最大的IaaS提供商，也是最大的云服务提供商，据估计AWS 2014年业务收入将达到50亿美元左右，约占全球IaaS市场的1/3。根据公开的数据，仅到2013年年底，AWS上托管网站数量就达到了1 160万，年增长率达到了71%，这一数量是我国网站总数的近4倍。在国内，阿里云作为最大的云服务提供商，其用户数量已经超过百万，2013年“双十一”活动中，有75%的交易业务量是利用阿里云平台完成的，而2012年只有20%，云平台也成为淘宝和天猫店主们的主要业务平台，80%以上网店的进销存管理系统都基于名为“聚石塔”的云服务。

在互联网之外的其他领域，云计算也正在不断抢占IT设备制造商的传统市场，从产品到服务的迁移不断加速。这其中，政府是最受关注、最具影响力的机构。各国政府近年来纷纷制定国家战略和行动计划，加速政策改革和创新，将政府采购作为重要的支持政策，通过政府的示范先导，培育和拉动国内市场。一方面，加快政府部门内的IT系统向云计算的迁移，改造日趋复杂的政府信息化系统，可以节省庞大的IT经费支出；另一方面，政府采购中所形成的安全标准、服务规范、管理制度等都将成为其他行业采用云服务时的重要参考。

二、云服务安全事件带动安全市场快速增长

2014年，全球范围内的云服务数据泄露问题严重，美国的eBay、iCloud和iPhone以及我国的支付宝、快递行业等相继曝出重大数据泄露事件，各行业数据泄露事件呈逐年上升趋势。随着物联网、移动互联网、云计算、大数据等技术的信息化发展和应用，网络攻击逐步向各类业务系统和个人用户信息渗透，例如云服务系统中存储的大量企业和个人信息是攻击者的关注焦点；随着大数据时代的到来，丰富和集中的数据更加容易被滥用或窃取。虽然世界各互联网发达国家均重视网络数据保护并出台相关的保护举措，但是网络数据承载日益重要的价值以及数据跨国界流动等特点使得数据安全保护仍然是世界性难题，拥有6亿多网民的中国更是信息窃取、网络攻击的主要受害者，面临着巨大的网络安全压力。

2014年，云安全联盟（CSA）发布的《云故障事件统计报告》显示，亚马逊、谷歌、微软、索尼、苹果和Facebook 6家公司出现的云服务故障接近统计的50%。不安全的接口、数据丢失或泄露是导致云服务故障的两个最主要因素。

云安全服务市场正在快速增长。以安全驱动业务的强烈需求，数据安全、移动安全和云安全成为2014年的最大热点。Gartner发布的报告“2014年全球云安全服务市场趋势”中预测，随着越来越多的企业，尤其是中小企业采用云安全服务，云安全服务市场，包括安全邮件/Web网关、身份和访问管理

IAM、远程漏洞评估、安全信息和事件管理将迎来高速发展时期，2017 年该市场规模将高达 41.3 亿美元。

从 Gartner 的统计数据可以看出，2014 年基于云的安全服务市场规模达到 26 亿美元，2015 年将增长到 31 亿美元，2016 年将增长到 36 亿美元。云安全将保持强劲增长，但是收入机会将有所不同。

企业投入最多的云安全服务——安全邮件网关服务 2014 年的市场规模达到 8 亿美元，2015 年将爬升至 9.42 亿美元，2017 年将达到 10 亿美元。但是其年度增长速度与其他云安全服务如身份和访问管理（IAM）的增长相比较为缓慢。

目前，IAM 总体市场规模约 5 亿美元，2015 年将增长至 8.6 亿美元，2017 年约 12 亿美元，年复合增长率高达 28.3%。IAM 所属的认证即服务 AaaS 市场中最主要的增长动力来自多功能身份即服务 IDaaS。

IAM 云安全服务的主要增长动力来自中小企业的日益增长的需求，包括扩展基础 IAM 功能，为越来越多的访问 SaaS 应用和内部 Web 应用的员工提供服务。越来越多的中小企业开始部署 IAM 云服务取代原来内部部署的 IAM 工具，而大企业则倾向以混合云和内部部署的方式使用 IAM。

此外，IAM 市场的云单点登陆服务（SSO）和云加密服务都是云安全市场新的增长热点。未来最抢手的云服务将仍然是电子邮件安全、网络安全服务、IAM。不过，在 2013 年和 2014 年，最强劲的增长仍在基于云的特征标记和加密、安全信息和事件管理（SIEM）、漏洞评估和网络应用防火墙。

考虑到成熟度、问价接受度和本地 IT 基础架构等方面的差异，不同地区的云安全系统部署率还存在着相当大的差异。与预置部署相比，相关业务社区、地方性法规和问价等方面的成熟度都影响着专门向这种交付模式投入开支的水平。隐私仍然是阻碍所有云服务模式的重要因素，尤其是在那些执行强有力监管要求的地区和国家（例如欧洲，有自己数据保护立法）。

三、国际云计算安全应对措施进展

（一）国际云安全标准化进展

在国际上，从事云计算安全标准的部分主要机构以及其制定的标准如下。

ISO/IEC JTC1：《开放虚拟机格式》、《云计算安全与隐私管理系统》、ISO/IEC 27017《基于 ISO/IEC 27002 的云计算服务的信息安全控制措施实用规则》、ISO/IEC 27018《公共云计算服务的数据保护控制措施实用规则》、ISO/IEC 27036-4《供应商关系的信息安全—第四部分：云服务安全指南》、ISO/IEC 27009《ISO/IEC 27001 在特定行业 / 服务的认可的第三方认证中的使用和应用》。

NIST：《云计算参考体系架构》、《完全虚拟化技术安全指南》、《云计算安全障碍与缓和措施》、《公共云计算中安全与隐私》、《通用云计算环境》、《美国政府云计算安全评估与授权的建议》（FedRAMP）。

ENISA：《云计算——信息安全保障框架》、《云计算——信息安全的好处、风险和建议》、《政府云的安全和弹性》。

CSA：《云计算面临的严重威胁》、《关键领域的云计算安全指南》、《身份隐私与接入安全》。

ITU-T：《云安全、威胁与需求》、《电信领域云计算安全指南》。

CIO 委员会：《美国政府云计算风险评估方法》。

The Open Group：《云安全和 SOA 参考架构》。

OASIS：《身份在云中的使用》。

DMTF：《云管理体系结构》。

（二）数据安全是云服务管理的重点

随着互联网数据流量的高速增长，数据已被看作是与石油等处于同等重要地位的新兴战略资源，数据主权也提高到国家安全和主权的高度，很多国家从国家安全层面给予高度重视。云计算的发展将吸引各行业领域将内部的信息服务外包给云计算服务商，将会出现大量经济运行、社会服务乃至国家安全相关的信息和数据向主要云服务企业集中的趋势，这一数据集聚效应带来了不可知的、潜在的国家信息安全和用户信息安全风险。目前在云计算领域处于优势地位的仍是一些发达国家的跨国企业，因此，发展中国家普遍担心数据信息向跨国企业聚集，并开始采取措施加强数据的安全管理。

第一，加强个人信息保护立法，保护个人数据安全。近几年来，各国掀起了个人数据保护立法的新高潮。截至 2013 年中期，有不同种类的数据隐私法律的国家大约有99个。其中，墨西哥2011年对云计算进行了特别规定，要求云服务提供者的隐私政策应当符合法律规定，云服务的外包应当透明，云服务提供者要确保个人数据的安全，云服务合同中应当包含隐私政策披露和数据保护安全措施等内容。

第二，部分国家禁止云计算的相关数据跨境流动。几乎所有的国家都通过立法，授予相关机构拥有索取存储在其管辖范围内的云服务数据的权利；甚至为避免重要数据在境外被其他国家获取，一些国家还对重要数据的跨境存储和流动采取了限制措施。印尼在其《公共服务法》（Public Services（“Law25”））中提出数据中心本地化的要求。该法要求提供公共服务的电子系统运营商（electronic system operator）必须在印度尼西亚境内建立数据中心。除此以外，印度尼西亚政府管制规则要求电子系统运营商必须把交易数据存储在印度尼西亚境内。

（三）支撑政府采购云服务的制度和法律环境不断完善

各国通过建立制定标准、规范合同、采购管控、评估认证等制度环境进一步提高云计算服务的安全水平和服务质量，保障政务应用的安全性和可靠性，也为其他国家提供了十分有益的参考。美国、日本、欧盟等发达国家和地区在数据隐私保护法的基础上，通过政府云计算战略、信息安全管理法规等文件对政府采购云服务的相关规则做出了规定。

政府采购云服务的制度体系包括建立标准、规范合同、评估认证、采购管控和管理制度等多个环节。

建立标准：美国NIST编制了标准《800-53 REV3，Information Security》，英国编制了标准《HMG Information Standards No. 1 & 2.》，以上标准对云服务的安全和服务质量等方面提出了具体要求。

规范合同：英国建议在与服务提供商的合同中应包括服务器地点等与云计算环境安全相关的条款；日本规定应将云服务的安全特性、服务水平等方面的要求事项等写入协议书。

评估认证：美国FISMA法案规定为政府提供云服务的提供商必须通过测试认证，美国医疗行业要求第三方机构对云服务提供商进行监督审查。

采购管控：英国建立政府云服务采购机制，所有的公共ICT服务的采购和续用都必须经过G-Cloud委员会的审查；日本规定云设备采购要通过信息安全委员会的安全审查。

管理制度：美国建立了较为完善的政府采购云管理制度，包括开展周期性评估、SLA监控和服务质量的管理等。

（四）第三方评估和认证成为保障云服务质量和安全性的必要手段

在各国为政府采购云服务所建立的制度体系环境中，第三方评估和认证成为保障云服务质量和安全性的必要手段。目前，美国、德国、日本和韩国等多个国家的第三方组织已开展了云计算评测活动。

2010年，美国云计算管理办公室PMO的安全工作组提出FedRamp（Federal Risk and Authorization Management Program）认证项目，进入政府采购清单目录的云服务商，必须经过FedRamp的认证。FedRamp认证基于NIST SP 800-53 REV3标准，由美国标准研究所（NIST）负责标准的维护。目前，IaaS通过认证进入采购清单的有12家，EaaS有22家。

2012年，英国政府开通“云市场”（Cloud Store）网站，启动G-Cloud认证工作，供政府部门选择、采购各类云计算服务。G-Cloud认证标准基于ISO27001和《HMG Information Standards No. 1 & 2.》。2014年年初，“云市场”上已有1 200家提供商的13 000多项云服务通过了认证，可供英国的政府部门选择使用。

从2008年开始，在日本信息通信部的支持下，FMMC（Foundation for Multimedia Communications，多媒体通信基金会）开展了名为“云服务的信息披露认证体系”的公共云服务认证，ASPIC（ASP-SaaS-Cloud CONSORTIUM）作为协作单位，负责具体认证标准的制定，目前包括ASP/SaaS、IaaS/PaaS和数据中心三类认证。ASP/SaaS认证于2008年开始启动，已认证174项服务；IaaS/PaaS认证于2010年12月开始启动，已认证169项云服务；数据中心认证于2012年9月启动。

欧盟委员会在2012年9月发布了《释放欧洲云计算潜力》的报告，其中提出建立涵盖标准符合性、互操作性、数据可迁移性等内容的云服务认证体系。根据这个报告，欧盟成立了“欧洲云合作指导委员会”（The Steering Boardof the European Cloud

Partnership）推动相关工作。另外，ETSI 和 ENISA 正在制定云服务数据、安全和服务等方面的标准，并于 2013 年开始实施“可信赖云服务供应商”认证。

四、我国云服务安全面临的挑战和监管策略分析

（一）我国公共云服务安全面临的挑战和问题

在国家推动各地政府兴建云计算基地的大背景下，基于云端的安全解决方案不断被引入云项目。尤其是针对中小企业的诉求，安全软件公司不断跟国内知名的基础软硬件厂商合作，以期在最短时间内将领先的云技术引入中小企业用户。

国内大型数据中心不断兴建，包括网络、数据及虚拟化的安全解决方案需求也成为 IT 投资的重点。并且随着移动安全的趋热，云安全也由缓慢落地步入兴盛。与国外相比，国内大型企业银行、政府、制造等行业，用户倾向于在其私有云内实现数据的安全保护。集团性企业通过总部数据中心的云安全技术来管理其在全国各地分支的数据安全，包括邮件管理、上网行为和入侵检测等管理。

云安全相对于中小企业而言更具有吸引力，尤其是 SaaS 在中国市场快速落地及物联网的不断被关注，中小企业越来越倾向于云服务。在公司初期通过在免费的云基础环境下或是掏少量的服务费，这样的模式尤其顺应他们对 IT 的需求同时又能放心地管理其业务。这也是云安全兴起的主要推力之一。用户选择云计算服务商的首要考虑因素如图 1 所示。

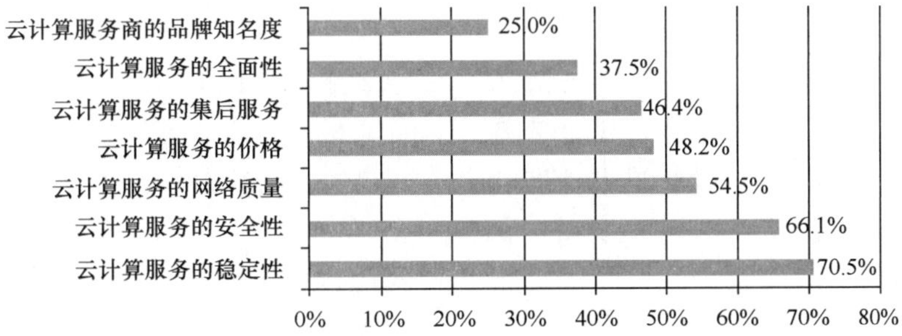

图 1　用户选择云计算服务商的首要考虑因素

我国云服务市场规模较小，仅为美国的 1/30，运行时间短，未经历大规模用户及服务环境的安全考验。我国在安全防护能力、安全应急处置经验以及安全预警预案等方面也不成熟，未来规模增长后，能否应对新出现的问题还存在不确定性。

在云服务核心软硬件技术方面，全球各国都处在美国的阴影之下。微软、亚马逊已经开始涉足我国的云服务，我国产业安全乃至国家安全将受到威胁。云服务商在选择厂商、用户选择云服务商时没有标准可依，标准制定上的短板很大程度上阻碍了我国云安全产业和整个云计算产业的发展。

此外，未针对云服务制定网络数据保护、数据跨境流动等方面的法律法规。我国公共云服务安全的 7 类问题如图 2 所示。

（二）国内云计算安全标准化处于起步阶段

我国云安全标准处于起步阶段，尚未正式出台，主要由 CCSA 和 TC260 两个组织制定。

中国通信标准化协会（CCSA）于 2011 年 9 月，在网络与信息安全技术工作委员会（TC8）的安全基础工作组（WG4）下成立了云计算安全子工作组，专门负责云计算安全方面的标准研发工作，组织制定了多项云计算安全方面的标准和研究报告。正在制定的标准有：在云计算的总体架构方面有《云安全标准体系研究》、《公有云安全基线要求》、《云计算安全威胁和需求》等；在访问控制方面有《云计算身份识别与访问管理应用场景及技术要求》、《云计算的可信技术研究》等；在云中隐私和数据保护方面有《公有云数据安全要求》、《公有云中隐私保护措施》等；在行业云方面有《基于云计算的电子政务公共平台安全》、《基于云计算的居民健康服务平台安全框架》等；在基于云计算的 IDC 方面有《基于云计算的互联网数据中心信息安全技术要求》和《基于云计算的互联网数据中心信息安全管理要求》；在云计算应用安全方面有《云计算应用安全运营技术要求》等。

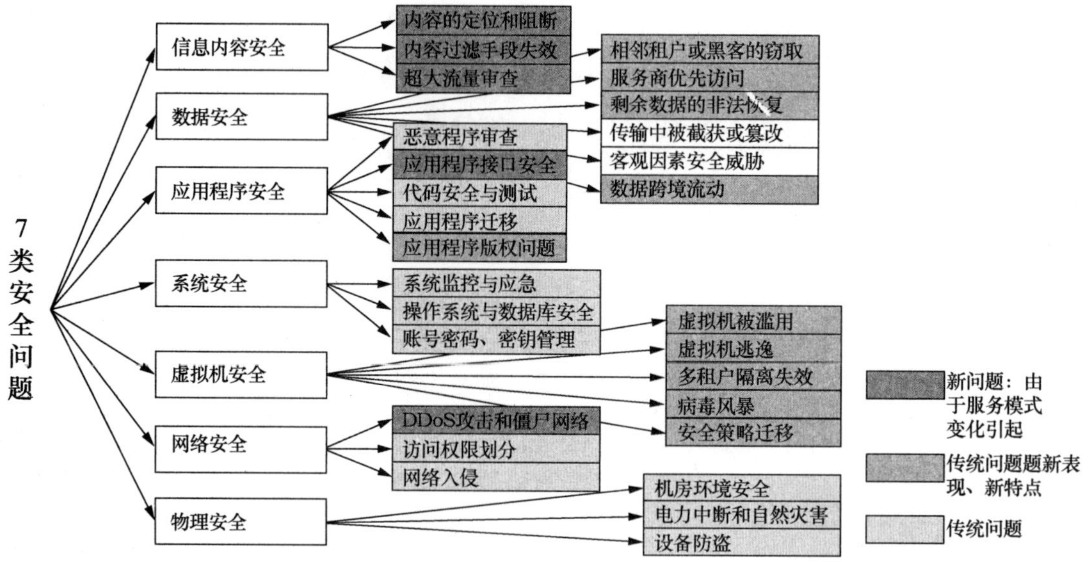

图2　我国公共云服务安全的7类问题

全国信息安全标准化委员会（TC260）在信安标委内部立了专门对云计算及安全进行研究的课题，正在制定的标准有《云计算安全及标准研究报告V1.0》、《政府部门云计算安全》、《基于云计算的因特网数据中心安全指南》等。

（三）可信云服务认证工作

从国内外发展的经验来看，云计算信任体系的建立对于促进云计算的健康发展至关重要。现阶段应支持标准组织及产业组织开展针对云服务可用性、安全性、数据保护、可迁移性等关键方面的标准研制和评估认证，并鼓励企业开展符合标准的可信云建设，增强用户的信心。

根据中国信息通信研究院对国内云计算市场的调查，半数以上的用户对云服务的安全性、可靠性和服务质量等方面存在疑虑，这在很大程度上影响了云计算应用的进一步推广和深化。从调查来看，目前云服务的提供商和使用方均希望建立一定的信用制度，并通过开展服务商自律活动来引领公共云服务市场的健康快速发展。因此，中国信息通信研究院成立的“云计算发展与政策论坛”设立了“可信云认证工作组”，在参考全球各国云服务认证经验的基础上，研究并提出了一套与我国市场发展状况相适应的云服务信用体系，并以此为基础开展了可信云服务认证。

可信云服务认证以培育市场、鼓励创新为目的，以云服务为评估对象。评估内容包括三方面：企业信息披露；云服务承诺的完备性和规范性；云服务承诺的真实性。

评估与认证的对象合理分类是关键问题。在实践的过程中发现，按照IaaS、PaaS、SaaS的分类方式在操作上存在较大难度，于是结合实际提出了按照云服务产品线进行认证的分类方法，将认证对象分为云主机、对象存储、云数据库、块存储、云引擎和云分发等，并陆续制定评估认证方法。此外，“云计算发展与政策论坛”和数据中心联盟已经完成了《云计算服务协议参考框架》的起草工作。

可信云服务认证已经根据第一版本的标准完成了对20个云服务的评估，这20个云服务覆盖云主机、对象存储和云数据库三大类，涵盖了10家典型企业，包括中国电信、中国移动、阿里巴巴、百度、腾讯、新浪、京东、蓝汛、世纪互联和UCloud。从业界的反应来看，认证评测工作既实现了增强用户信心、培育市场的初衷，又提升和规范了云服务商的服务能力和承诺，社会反响良好。

可信云服务认证已初步显现了积极效果，可以将其作为推进我国云计算发展、完善公共云服务监管和保障网络信息安全的重要基础性手段，应加快探索和推进相关工作。

（中国信息通信研究院　胡海波）

下一代网络安全解决方案分析

随着网络的泛化和无边界化，网络安全问题会越来越严峻。单就恶意代码一项，就呈现出爆炸式增长的趋势。目前全球已经有50亿恶意样本，每天还将以300万种的速度增长。

如果把恶意代码问题看作天灾的话，那么现代网络同时还面临着“人祸”。“棱镜门”事件揭露了网络数据被监听的事实，暴露出国家安全、网络安全形势严峻。

无论数据是被恶意代码破坏，还是被黑客监听，最终都使得安全问题回归到了安全体系如何建设这一根本命题。

一、网络安全现状

地下黑色产业链的发展，使得制作黑客工具、控制用户终端、盗取用户信息、滥用互联网资源、攻击受害系统等行为形成产业化，并快速壮大，对互联网安全造成严峻挑战。

新型安全攻击方式增长迅猛，传统技术难以应对。利用0Day进行攻击案例迅速增长，而APT攻击方式向更加多维化的方向发展，综合运用各类攻击手段的能力、复杂度继续提升。

网络IP化、IPv6、云计算、物联网的智能化发展趋势，产生了更为复杂的安全问题。

运营商网络往往规模庞大，安全脆弱点多，安全体系建设难以达到更好的效果，图1是运营商网络的一个典型拓扑。

在这样的网络结构下，运营商骨干网、短信系统长期受到攻击，用户信息被盗取，难以被发现。国家安全部门发现运营商重要系统中被植入特种木马的事例也逐渐增多，在这种安全趋势下，新的安全威胁对旧的安全体系发起了挑战。

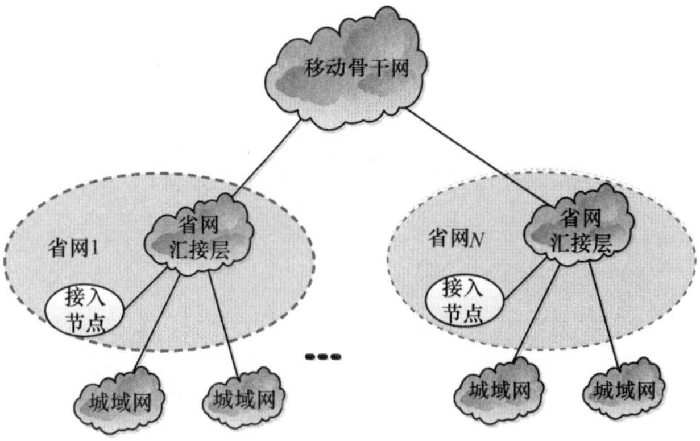

图1　运营商网络

二、防护措施

（一）基于P2DR安全模型的早期安全防护体系

早期的安全体系建设就是基于P2DR模型，包括4个主要部分：Policy（安全策略）、Protection（防护）、Detection（检测）和Response（响应），如图2所示。

图2　P2DR安全模型

（1）策略：根据风险分析产生的安全策略描述了系统中哪些资源要得到保护，以及如何实现对它们的保护等。策略是模型的核心，所有的防护、检测和响应都是依据安全策略实施的。

（2）防护：通过修复系统漏洞、正确设计开发和安装系统来预防安全事件的发生；通过定期检查来发现可能存在的系统脆弱性；通过教育等手段，使用户和操作员正确使用系统，防止意外威胁；通过访问控制、监视等手段来防止恶意威胁。采用的防护技术通常包括数据加密、身份认证、访问控制、授权和虚拟专用网（VPN）、防火墙、安全扫描和数据备份等。

（3）检测：它是动态响应和加强防护的依据，可通过不断地检测和监控网络系统，来发现新的威胁和弱点，通过循环反馈来及时做出有效的响应。当攻击者穿透防护系统时，检测功能就发挥作用，与防护系统形成互补。

（4）响应：系统一旦检测到入侵，响应系统就开始工作，进行事件处理。响应包括紧急响应和恢复处理，恢复处理又包括系统恢复和信息恢复。

该安全体系的好处是基于风险评估理论，将安全看作一个动态的整体，通过策略与响应使得安全问题形成闭环，但是该安全体系并没有对安全威胁的本质进行分析，是安全体系的初级阶段产物。

基于该安全体系，产生了一些如防火墙、入侵检测等初期的安全产品。

（二）基于木桶原理的近期安全防护体系

随着安全威胁的不断发展和对安全理解的不断加深，人们开始对安全本质进行思考，出现了基于木桶原理的安全防护体系，如图3所示。

图3 安全的木桶原理

木桶原理简单来说就是整个系统的安全系数取决于最弱的一环，即短板理论，因此整个安全体系的建设就是寻找整个网络的所有安全边界，然后将这些安全边界进行防护，避免安全短板的出现。

安全领域近10年的时间都是靠边界思想指导安全体系建设的，用网关防护类产品确定网络入口的安全边界，用网络版防病毒确定终端的安全边界，用系统加固系统确定服务器的安全边界，用风险管理制度确定人的安全边界。

传统的安全防护思想就是基于木桶理论为用户构建一个完整的线式防御体系，但是攻击却是点式的，任何一点被攻陷，整个安全体系就会崩溃，因此基于目前的理论基础，安全体系建设本身就是一个花费大量力气，但成效却不明显的举措。这会使安全防护的成本变得极其昂贵。

（三）基于大数据安全的下一代安全防护体系

基于木桶理论的安全体系属于被动的威胁防御思想。事实上，真正有效的安全体系是基于主动的威胁发现思想，主动出击，主动感知威胁。

不管威胁如何演变，威胁总是遵循图4的模型。

不管网络的安全风险点有多少个，威胁入侵只有两条路径：一条是从外网向内网的威胁入侵路径；另一条是从内网向外网的威胁扩散路径。从外网向内网威胁入侵的最经典事件是黑客攻击和APT攻击，而从内网向外网威胁扩散的最经典事件是U盘病毒。

从理论上看，只要对这两条关键威胁路径进行监测和管控，就能遏制威胁产生的态势，以最小的安全成本解决企业的安全问题。

而基于大数据安全的云＋端＋边界的安全模型，能够很好地解决这一安全问题。安全模型如图5所示。

云＋端＋边界的安全防御体系，是为了适应新的威胁的下一代智能防御体系，整个体系包括大数据安全、边界安全和端安全3个关键部分。

大数据安全是指基于大数据技术构建的安全威胁捕获和分析平台，分为公有云和私有云两部分。在互联网环境下，使用公有云；对于隔离网环境，则使用私有云。边界安全是指基于大数据安全技术的未知威胁发现技术。端安全是指基于大数据安全技术的终端安全管理与防护系统。

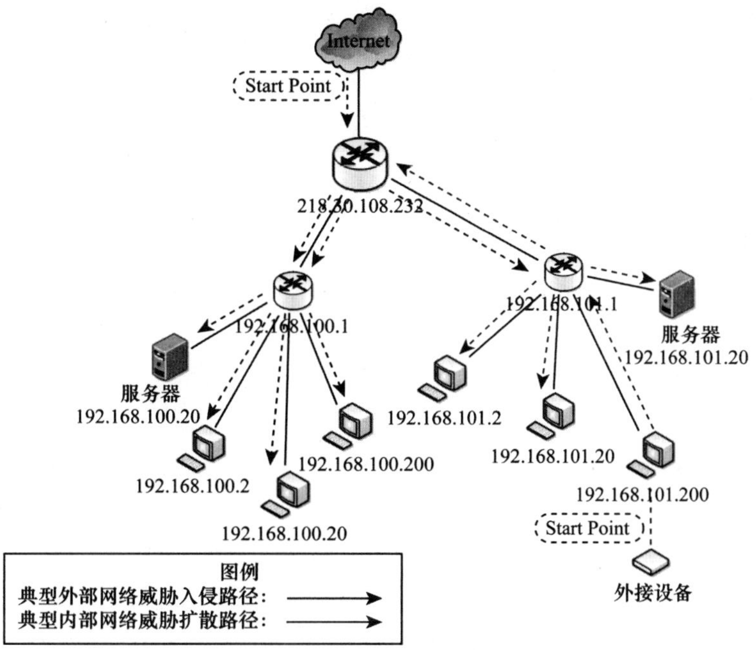

图 4 威胁入侵模型

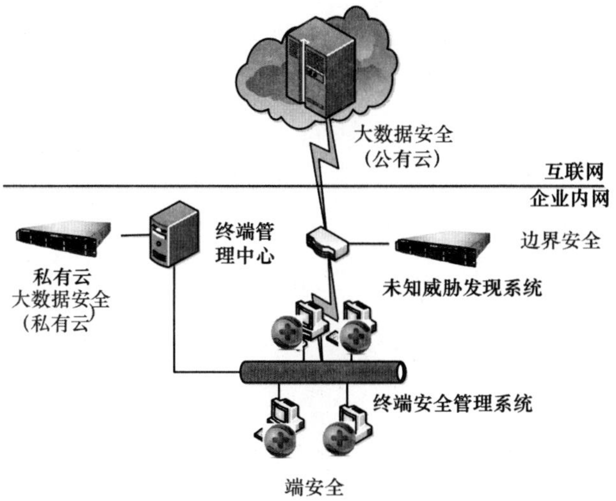

图 5 云 + 端 + 边界安全模型

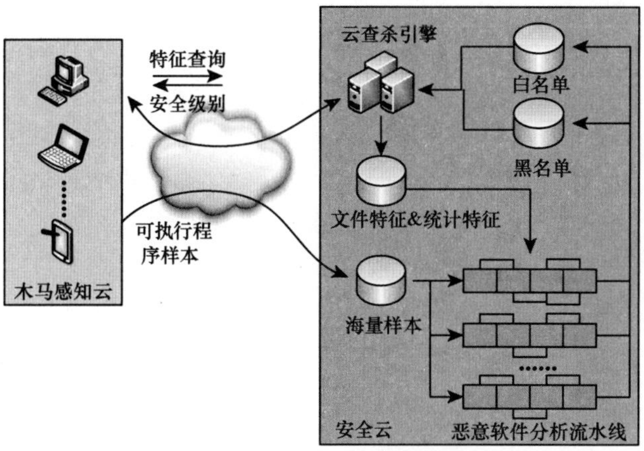

图 6 大数据安全分析模型

大数据安全就是我们常说的云安全体系，一般的云安全模型如图 6 所示。

基于终端的木马感知云，将大量的可疑样本收集到安全云中，首先进行海量样本分拣，然后将分拣后的样本放入恶意软件分析流水线，最终将分析后的样本进行黑白名单的分类，最后将产生的大数据安全数据提供给云查杀引擎使用。

由于该系统是一个生态的自循环系统，因此可以在最短的时间内发现世界上新产生的威胁，将这些威胁分析整理，用于边界防护和端防护，从而能够对企业网络进行很好的安全防御。

运营商的网络规模庞大，结构复杂，如果采用传统的基于木桶理论的边界防护的安全体系，无疑是一件不可完成的任务。而基于大数据安全的下一代安全防护体系，则能够利用有限的成本迅速发现新的威胁，有效地解决网络的安全问题。

（北京奇虎科技有限公司　张晓兵）

新一代信息技术发展篇

云计算技术的发展分析

一、云计算技术快速演进

（一）云操作系统 OpenStack 一统江湖

云计算资源管理是云计算技术的核心之一，目前大多数提供公共云服务和私有云解决方案的企业均采用了基于开源平台研发的方式。可以说，目前开源云计算资源管理技术的发展代表了该领域的发展方向。从目前开源社区的发展来看，OpenStack 社区参与企业最多、应用范围最广、平台功能最完善，已经在某种程度上成为云计算资源管理技术的“事实标准”。我们就以 OpenStack 为基础，分析一下云计算资源管理技术当前的发展特点。

OpenStack 是一个由 NASA（美国国家航空航天局）和 Rackspace 合作研发并发起的，以 Apache 许可证授权的自由软件和开放源代码项目。OpenStack 是一个开源的云计算管理平台项目，由几个主要的组件组合起来完成具体的工作。OpenStack 支持几乎所有类型的云环境，提供实施简单、可大规模扩展、丰富、标准统一的云计算管理平台。OpenStack 通过各种互补的服务提供了基础设施即服务（IaaS）的解决方案，每个服务提供 API 以进行集成。OpenStack 是一个旨在为公共及私有云的建设与管理提供软件的开源项目。它的社区拥有超过 130 家企业及 1 350 位开发者，这些机构与个人都将 OpenStack 作为 IaaS 资源的通用前端。

从应用领域来看，OpenStack 正在从面向私有云环境向公共云部署拓展。随着 OpenStack 社区的不断壮大，对 OpenStack 本身的应用需求也在不断扩展，KeyStone（身份管理）、Ceilometer（计费与审计）等模块的加入，OpenStack 也在向支持公共云服务平台方向转变。据 OpenStack 社区的统计，目前全球有超过 20 家公共云服务企业采用 OpenStack 作为其基础平台，如美国的 RackSpace、HP，欧洲的 CloudWatt、Internap 等，中国电信、UnitedStack 等企业也在利用 OpenStack 开发公共云服务平台。

从资源调配能力上来看，OpenStack 正在从管理虚拟机的有限功能向管理包括物理机、虚拟容器在内的多类型资源发展。随着虚拟容器技术（LXC）等的发展，尤其是 2014 年虚拟容器管理平台 Docker 的发展，云平台对于管理资源的类型趋于多样化。OpenStack 也从最初只能管理虚拟机、块存储设备、对象文件，发展为可以与 Docker 等新的资源管理平台兼容，在 Nova 模块中加入了对 Docker API 的支持。并且在未来的 Kilo 版本之中，还希望通过 Ironic 模块的加入，将把物理机的管理能力引入进来，这样 OpenStack 就从管理虚拟资源拓展到可以管理物理资源，可能促使其从“云操作系统”向“数据中心操作系统”转型。

从系统能力来看，OpenStack 正在从简单提供基础资源向与大数据等应用结合的方向发展。OpenStack 最初的定位是提供 IaaS 能力，即提供基本的 ICT 资源服务，如计算、存储和网络等。从 Juno 版本开始，Sahara 正式成为 OpenStack 的核心模块之一，Sahara 提供了利用 Nova 等虚拟资源进行 Hadoop 集群自动部署的能力，这使得 OpenStack 与大数据分析能力进一步融合，企业可以利用 OpenStack 平台方便地实现大数据分析能力。在下一个 Juno 版本之中，还将通过 Designate 等模块加入 DNS 服务、加密存储服务等能力，OpenStack 与上层应用的结合将更加紧密。

私有云供应商借助开源力量，迅速提升产品能力，并积极发展 OpenStack 兼容的混合云和公有云服务，成为生态构筑的另外一条路径。

（二）底层软件技术也在酝酿新的变革

虚拟化和服务器操作系统是云计算的基石，在经历了近20年的发展后，正在根据云计算的需求发生变革，其中比较重要的两个技术是容器技术Docker和面向数据中心的服务器操作系统CoreOS的发展。

1. Docker

Docker是一种Linux容器工具集，它是为“构建（build）、交付（ship）和运行（run）”分布式应用而设计的。作为DotCloud公司的开源项目，其首发版本的时间是2013年3月。该项目很快就受到欢迎，这也使得DotCloud公司将其品牌改为Docker（并最终将其原有的PaaS业务出售而专注在Docker上）。Docker 1.0在2014年6月发布，而且延续了之前每月发布一个版本的节奏。

Docker利用了一些Linux核心工具，比如cGruops、命名空间和SELinux来支撑容器之间的隔离。起初Docker只是LXC容器管理子系统的前端，但它在0.9版本中引入了libcontainer，这个原生的Go语言库提供了用户空间和内核之间的接口。

Docker容器是基于联合文件系统（union file system）的，比如AUFS，利用它可以跨多个容器来共享一些组件，如操作系统镜像和安装的库文件。这种分层的方式也被Dockerfile DevOps工具充分利用，可以缓存那些已经成功完成的操作。这就省掉了那些安装操作系统和应用程序的时间，大幅度加速了测试周期。另外，在容器之间共享库还能减少占用的内存。

Docker容器是从镜像开始的，镜像可以是本地创建的、本地缓存的，或者是从注册库中下载的。Docker公司运营着Docker Hub公有注册库，上面有官方的数据仓库，是为不同的操作系统、中间件和数据库而创建的。组织和个人可以在Docker Hub上发布镜像的公有库，也可以将其注册成私有库。由于上传的镜像文件可以包含任何东西，所以Docker Hub提供了一种自动构建工具（之前被称为“可信的构建”），镜像构建于一个Dockerfile，它作为镜像内容的清单。

容器和虚拟机的对比，Docker容器要比虚拟机有效率得多，这是因为它们可以共享内核和相关的库。同样的原因，容器所占用的内存也要比虚拟机少得多。容器也减少了对存储的占用，因为部署的容器会共享镜像的底层。容器也表现出比虚拟机更低的系统负载，所以同样的应用，在容器中的性能通常会相当或者更好。容器只是在隔离特性上比虚拟机差，虚拟机可以使用ring-1特权的硬件隔离技术，如Intel的VT-d and VT-x。这种隔离技术可以防止虚拟机破出（breaking out）和彼此交互。容器没有任何形式的硬件隔离，这使得它容易受到漏洞的利用。

2. CoreOS

“Linux for Massive Server Deployments”这是CoreOS官方对自己的介绍。CoreOS被设计用做集群系统的大规模部署，在linux世界里有大量的发行版可以做为服务器系统使用，但是这些系统大多部署复杂，更新系统更是困难重重，这些都是CoreOS试图解决的问题。

CoreOS由以下3个部分组成。

（1）最小化的Linux内核：CoreOS一个独特的设计是它拥有两个root分区，一个被用作启动分区，另一个被用作更新分区。系统更新将会被安装到更新分区，并会自动切换。在更新安装的过程中，为保证应用不会受影响，CoreOS会使用Linux cgroups来限制磁盘 网络等IO使用。运行中只需100M内存，启动时间只需要几毫秒，运行效率大大提高。

（2）服务发现组件etcd：etcd负责节点间的服务发现和配置共享。etcd是在构建服务的地方增加更多的机器和服务使自动扩展变得非常容易。这相当于给操作系统内置了集群管理功能，从而使得CoreOS是第一个面向云的操作系统。

（3）支持容器管理docker：CoreOS使用docker作为容器管理工具。CoreOS没有软件的包管理工具，在CoreOS中运行的所有应用程序都要使用docker打包。

二、我国云服务发展总体情况分析

我国的云服务市场从主要是向中小用户提供普通公有云服务，目前发展为向政企用户和中小用户细分市场提供专业化云服务，如图1所示。

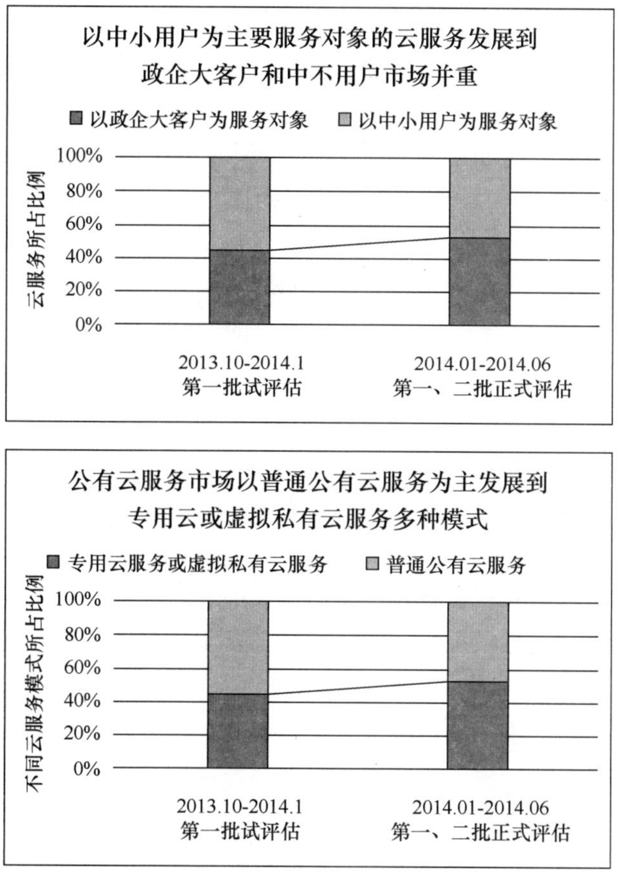

图 1 国内公共云服务应用发展态势

国内主要 IaaS 服务商有六类：一是互联网商，包括阿里巴巴和腾讯等；二是通信运营商，包括中国电信和中国移动等；三是 IDC 运营商包括世纪互联等；四是通信设备制造商，包括华为和浪潮等；五是 CDN 服务商，包括蓝汛和网宿等；六是创业云服务商，包括 UCloud 和青云等。在云服务类型方面，国内云服务商的服务类型和国外云服务商的服务类型保持一致，能提供云主机服务、对象存储服务、云数据库服务和块存储等方面的多种服务。在云服务可用性方面，根据可信云服务认证的 2014 年 7 月的评测结果，云主机服务的可用性，有 50% 的云服务商的能达到 99.95% 的可用性，对象存储和云数据库的可用性普遍可以达到 99.9%。在云服务的弹性和计费方面，根据可信云服务认证的评测结果，国内云服务商都可以实现云主机的增减，但是只有部分云服务商可以做到内存、CPU、带宽等维度的弹性，且大部分云服务商的资源调配速度在分钟级。国内用户仍习惯于套餐模式的计费方式，所以国内云服务大多按照套餐包年或包月来计费的。

与国外云服务商相比，在云服务规范方面，通过可信云服务认证的云服务商的云服务的服务协议和服务等级协议与国际水平相当。在云服务类型方面，国内外水平一致。在云服务可用性方面，由于国外云服务商的用户数规模比国内大得多，所以在相同的可用性下，国内云服务的云计算架构和故障恢复仍需提高相关技术和能力。在云服务弹性和计费方面，国内云服务普遍可以实现云主机的增减，部分云服务商能够实现 CPU、内存和带宽的弹性，在云计算弹性的维度和速度方面，与国外云服务商稍有差距。国内云服务大多还是选择固定套餐的计费模式。

三、云服务加速向政府和行业扩散

从整体来看，全球云应用稳步发展，云应用的企业稳步增加，云应用的内容不断丰富。

根据北桥创投在 2012 ～ 2014 年的调研结果，采用云服务的企业数量稳步增长，从 40% 提升至 49%。其中，SaaS 采用率整体最高，3 年采用率依次为 55%、63% 的 74%；IaaS 采用率增长最快，3 年的采用率依次为 35%、45% 和 56%；安全始终是企业应用云服务时的最大担忧，每年均有半数企业认为云服务存在潜在安全风险。

在国内，地区综合性政务云平台开始出现并投入使用。2014 年 6 月，基于阿里云平台建设和运营的“浙江政务服务网”正式开通运行，这是全国首例融合了全省各级各类政府部门业务应用的政务云平台。浙江政务服务网主要面向浙江全省百姓提供行政审批等各类政务服务，整合了浙江省 40 余个省级部门、11 个地市和 90 个县（市、区）共 3 300 多个部门的政务服务资源，收纳了 6 万余个政府审批流程，覆盖了老百姓最常办理的婚育收养、教育培训、纳税缴费、就医保健等政务服务，允许百姓通过支付宝等常用网络付款方式进行在线支付，让百姓通过一个网站就能方便完成各类政务事项。2014 年 10 月，贵州省政府云平台“云上贵州”正式开通运行。云上贵州平台将主要面向贵州省政府部门和企事业单位提供云服务，重点在电子政务、工业、智能交通、食品安全、智慧旅游、环保和电子商务等领域形成规模化的云应用和云服务，降低机构IT成本和提升机构IT效能，同时统一的云平台还能够加强不同机构间数据资源的整合、共享、开发和使用，推动全省大数据产业的发展。2014年10月，北京市海淀区综合性政务云平台正式上线，该平台整合了海淀区现有的政务、医疗、教育等信息系统，其中，在政务云服务方面，海淀区将逐步把所有面向企业的审批审核事项以及面向市民的服务事项迁移至该云平台上，实现网上统一办理；在医疗云服务方面，海淀区将通过统一云平台推动区内三甲医院、二级医院和社区医院形成医疗共同体，实现全区市民电子病历、电子健康档案、电子影像、检验检测、公共卫生等数据的共享；在教育云服务方面，海淀区将依托该平台建成智慧教育信息系统，为区内教师和学生提供均衡化、高质量的教育教学服务。

三家综合政务云平台均采用"国内服务器（浪潮、华为等）+阿里云平台+阿里建设运维+第三方政务云应用"的方式部署运营，是未来其他地方政务综合云平台建设运营的示范。地区综合性政务云平台能够更好地集中区域内各级各类政府机构/企事业单位的IT业务应用，更有效地发挥政务云平台的区域优势，推动区域内的云应用创新。

除地区综合性政务云平台外，由地方政府、经信委以及一些职能部门推动的地方公共政务云应用案例已有30余例，政务云主要应用场景集中在网站托管（IaaS）、资源租用（IaaS）、内网办公应用（如办公应用/邮件/即时通讯/云虚拟桌面DaaS云应用等）和行业云平台（如卫生厅医疗云、网吧管理云平台等）等领域。

四、云服务市场信用体系初步建立

2014年8月19日，微软Azure云服务在全球发生大范围宕机。微软多地数据中心承载的Azure服务中，均有6个以上的主要Azure组件出现运行故障，导致Azure云服务中的虚拟机、自动化和站点恢复等功能中断。多处数据中心同时出现云服务故障的事件并不常见，微软云服务团队的紧急处理，9小时后解决了故障。2014年9月底，为了升级Xen环境中的一个重要补丁，亚马逊、Rackspace、IBM Softlayer先后重启和升级云计算平台。其中，亚马逊于9月25日向云服务用户发布公告，表示将对AWS云平台进行重启，升级将在10月1日前全部完成，预计此次升级对云用户的影响范围将保持在10%以内。Rackspace和Softlayer分别在9月27日和10月1日向用户发出通知，进行了云平台重启和升级工作。2014年11月2日中午，腾讯云服务位于上海和广州两地的服务器出现故障，故障时间大约持续了2小时。

为保障和降低云应用存在的潜在风险，云服务商从服务和企业自律层面提升云服务质量和用户安全外，同时，业界云认证、云保险等支撑体系的完善亦十分重要。

云服务商需要重视企业自律和服务提升，在云故障发生前、发生中和发生后均需采取对应的保障措施。在事故发生前，云服务商需要对可能出现的故障进行预测，通过技术手段尽可能避免或者减小故障影响，并尽早通知用户以便用户及时应对；在事故中，云服务商需要第一时间组织高能力技术团队，对故障进行排查和解决，尽快恢复云服务；在事故后，云服务商需要对事件进行总结，制定详细措施避免同类故障的发生，并对受到故障影响的用户进行补偿。

云认证是指由认证机构证明云计算产品、服务、管理体系符合相关技术规范、相关技术规范的强制性要求或者标准的合格评定活动。国外知名云服务认证机构和标准主要有美国的政府云认证FedRAMP、英国标准协会（BSI）云认证、云安全联盟（CSA）认证以及ISO27001等。国内行业联盟可信云服务认证是对云服务在可信度方面的评估，在云服务在数据安全、服务质量和权益保障三方面的完备性、规范性和真实性情况的评估，至今共有32家云服务商的67项云服务获得认证。

（中国信息通信研究院　栗蔚）

大数据服务信息技术分析

信息工业技术的发展，催生了梦想的诞生与实现。一直以来，人类都希望机器能够具有人类智慧高效地完成工作，而这样的愿望，今天已经延伸至信息安全领域。

什么叫具有人类逻辑的信息安全？比如，某位员工已经出差到外地，其账号却在公司办公室中登录内网访问重要资料，网络管理人员知道这一切的时候首先会想到：这名员工的账号被盗了，公司的商业机密正在被窃取。之所以得出这样的结论，是由于按照正常的逻辑判断，将“出差”与“本地访问IP地址”联系在一起，在情理上是矛盾的。我们希望，机器也能够如同人类一样进行“逻辑思维”。结合大数据技术，今天这种智慧型的解决方案已经成为下一代信息技术的发展趋势。

一、大数据，信息安全分水岭

大数据技术在今天已经成型并已经运用多年。在国外，不仅思科和IBM这样的传统巨头在进行相关研发，一些新的企业，如Fireeye、Splunk等，也都凭借大数据在IT业界崭露头角。

环顾国内，很多公司也在进行大数据相关技术的研究并已取得不错成果。在这些公司中，包括杭州合众信息在内的一些顶尖公司正走在这样趋势的最前沿。“言而优则唱”，长期的信息安全实践使得这些公司在数据结构分析方面具有先天优势。来自杭州合众的官方数据，其与大数据处理相关的实时数据同步系统（RDS）产品已经在全国房地产个人住房、保障房信息、公积金信息上报集中项目中占据了主要份额。在已经建成的60多个联网城市中，有45个城市采用了其RDS产品进行实时数据同步，并取得了极佳的社会价值。

信息安全应用环境的变化，是这些公司对大数据研究痴迷的原因。但基于大数据的信息安全是一个综合了多项技术的新兴事物。其不仅需要有信息安全开发经验，而且需要对数据分析、文件系统等有较深的理解，更需要企业有较深的业务和应用背景来构建大数据的整体逻辑。而以此为基础，安全企业可以将经验拓展到更为广泛的领域。

大数据业务的开发需要具备多方面的业务储备。

（1）数据处理能力

数据处理是数据挖掘和分析的前道程序。数据处理的目的是从大量的、杂乱无章的、难以理解的数据中抽取对于特定的人群有价值、有意义的数据。

（2）数据分析能力

由于事务型数据和决策支持型数据的处理性能不同，因此需将决策支持型数据处理从事务型数据处理中分离出来，再从事务型数据库中导入数据仓库，继而采用OLAP（联机分析处理）工具、数据挖掘工具等进行分析、智能决策，提高决策的科学性及完善各种管理流程。

（3）开源系统

开源技术将以成本的降低和企业级的IT自由度破解大数据之忧。性能方面，随着开源技术对数据掌控能力的不断加强，开源技术将在稳定性、安全性上得到不断完善和提升；创新方面，围绕开源技术的模式创新和服务创新已逐渐形成，更快地适应大数据时代的业务变革和转型升级。

分析调研机构Gartner很早之前就已经表态称，基于大数据分析的安全绝对是防范高级攻击的有效手段，但其“比较复杂”的体系构架让很多专业的信息安全公司难以涉足。实际上，在已经颇有些红海味道的信息安全领域中，基于大数据的安全已经成为了一道展现实力的分水岭。

二、受到资本市场追捧

直到今天，Gartner 的态度依然没改变。在 Gartner 研究副总裁 Anton Chuvakin 近期撰写的博客文章中，尽管其依然承认基于大数据的安全技术具有良好的发展态势，但是由于复杂度太高，95% 的企业还未采用这一技术。

布局未来，这是对当前着眼大数据技术的信息安全公司最为可靠的描述。实际上，一直在进行产业萌芽投资的资本市场，对大数据领域一直持以认可态度。成立于 2004 年的 Fireeye，在 2013 年上市后首日股价大涨 80%。业内普遍认为，其在 2011 年前后转向 APT 防御与大数据方向，这一战略极大地推动了公司的发展。

在国内，机构与投资人都对大数据保持着持续关注。光大证券分析认为，国内公司在大数据领域的机会在于对细分行业市场的理解。实际上，这同实际产业状况不谋而合。以合众信息为例，除了主营信息安全业务以外，其另一项重点业务——大数据的分析和处理所瞄准的就是政府行业。合众信息的资料显示，其所提供的政府大数据服务，指的是服务于各个政府部门且根据部门业务需求搭建的大数据平台。平台不但提供大规模云平台技术支持、维护管理，还会根据数据特点组织大数据模型，提供满足业务实战要求的数据集成处理、应用开发集成。而整套系统的成功部署，已经为客户带了客观的经济效益。

大数据，似乎这是一个听起来已经被重复了无数次的老概念，但是其所承载的是人们对于信息技术的向往与憧憬。这种憧憬的实现，毫无疑问是一个漫长且艰辛的过程。不过，我们相信，在逻辑思维的道路上的那群人会坚定不移地走下去。

（北京启明星辰信息安全技术有限公司）

ICT 产业发展趋势分析

2014 年，全球的 LTE 用户规模同比增长了 45%，达到 4 亿左右，而中国的 LTE 用户已经突破 8000 万，月均用户增长率超过 50%。预计 2020 年，全球的 LTE 用户将达到 35 亿，占整个移动宽带用户的 42% 左右，如图 1 所示。

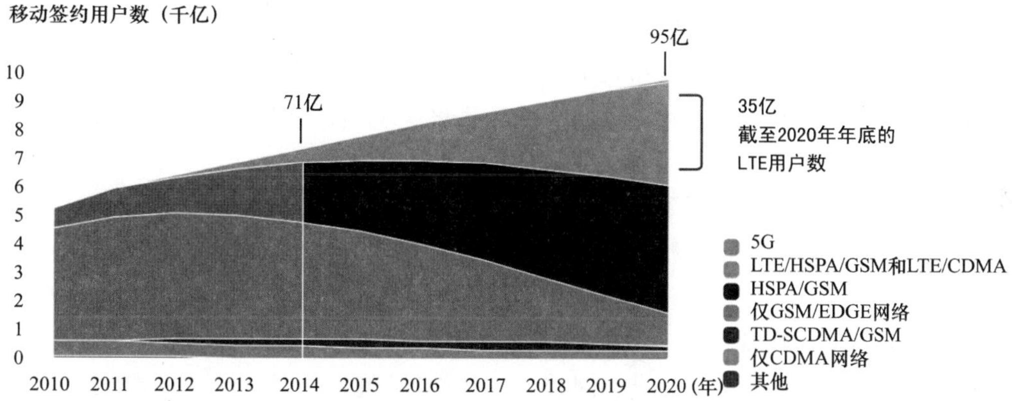

图 1　全球 LTE 用户增长趋势

从 2015 年开始，ICT 产业的发展将呈现以下显著趋势。

一、万物互联的两个发展方向：面向个人生活的连接日趋丰富和复杂，连接无处不在；面向生产领域的工业互联网开始萌芽

在以 LTE 网络为代表的宽带网络和云计算的推动下，终端的互联从个人基本需求开始，逐渐扩展至个人生活外延。互联终端的范畴也从智能手机发展到融合传感功能的可穿戴设备。继续向外，应运而生的智能家电、智能汽车、智能住宅等纷纷标榜其互联互通的能力，并日益呈现规模化发展。可以被连接的都将会被连接。最先出现的改变有望在以下几个方面。

（一）智能家居

网络社会使得我们的生活正以前所未有的程度互联互通，但住房的智能性尚明显落后于连接的普及性。爱立信的调查显示，消费者希望住房成为日常生活的得力助手：厨房是否漏水，冰箱工作是否正常，孩子是否已经回家……

（二）分享经济

互联网实现了信息的高效分享，网络社会中蕴藏着分享经济的巨大潜力。它能够让消费者不必拥有、却可享受拥有的好处。在爱立信消费者研究室的全球调查中发现，超过 50% 的智能手机用户对租用他人的休闲设备、房间和家用电器持开放态度。

网络社会催生的“工业互联网”，将使得涉及工业生产各个流程的诸多关键部件彼此之间实现通信连接。而基于云的智能计算使得这些冰冷的工业部件有了“智慧”，各个部件之间也因此具备了互相适应和自动纠错的能力，使得这些钢铁能够更加高效和灵活而充满智慧地应对工业生产的诸多环节，为个性化生产和制造奠定了技术基础。

工业物联网对网络和连接的需求是刚性的。工业互联网对网络连接的需求体现在不同场景下的不

同类型的连接需求，而其中最为普遍的就是机器通信（MTC）的连接类型。

二、网络社会的血液：数据流

如同石油是工业社会的血液一样，数据流随着其承载的信息越来越丰富，正在日益成为网络社会重要的基础性资源。数据流如同网络社会的血液一样，不断催生新的应用，不断推动创新发展，不断促进行业融合。而随着应用的井喷，又反过来生成了新的流量，不断为网络社会注入新的血液。这种循环发展的结果，是数据流量以几何级数的增长。爱立信预计，2014～2020 年，移动数据流量有望以 40%的复合年增长率增长，到 2020 年，移动数据流量将较 2014 年增长 8 倍。

流量货币化将是网络社会流量资源重要的商业模式。将流量直接作为网络社会虚拟资源的货币有以下几方面的好处。

（1）有助于真实界定互联网虚拟资源的真实价值。

（2）基于流量的定价方式，有助于促进不同类型的虚拟资源之间自由交换。

（3）以流量作为虚拟资源的定价货币，有助于促进 ICT 产业的融合发展。

在网络社会中，运营商的网络平台具备“流量银行”和“流量交易结算平台”的基础功能。依托这两个功能平台，运营商将能够真正将流量变成利润和价值，从而真正实现“流量”效益，并在未来不断扩展的 ICT 价值链中占据价值的制高点。

三、可编程网络

网络社会所开创的终端类型、应用以及用户需求的复杂性对目前的网络架构而言是巨大的挑战，更不用说即将到来的工业互联网所带来的迥然不同的网络用例。每一种应用都有不同的网络 KPI 要求，每个用户、应用和行业对连接的需求都不尽相同，“尽力而为”（Best Effort）并非总是恰到好处。未来的网络架构应该首先能够识别这些来自不同需求的应用类型，进一步能够为这些不同类型的应用自动选择最优的业务链（Service Chain）。例如，联网的自动驾驶汽车与坐在汽车后座玩游戏，二者的网络需求有巨大的差别。

软件定义网络（SDN）及网络功能虚拟化（NFV）等新兴技术的成熟应用将在增加网络可编程方面发挥重要作用。可编程网络可以实现主要网络功能和节点的虚拟化，并在网络上为各个应用创建虚拟的逻辑网络切片。逻辑网络切片将一个物理网络分成多个虚拟网络，从而实现多种业务在共享一套宽带网络基础设施的同时保持业务实现的相对独立。

未来的可编程网络的实现将主要依赖以下各方面的发展和演进。

（1）网络功能虚拟化：与传统网络结构中将网络功能固化到各个节点不同的是，未来的可编程网络将实现网络资源虚拟化和网络功能抽象化。

（2）SDN 技术。

（3）跨域协调和配置管理域：应用端到端实现的每个环节会涉及网络中各个功能域。如何使得这些离散于整体网络中处于不同状态的资源对一个应用所需求的网络性能得到正确的理解，并能步调一致地保证该应用端到端的符合要求的呈现？这是这一管理域的主要使命和功能。

（4）开放架构：可编程网络实际上改变了运营商在整个价值链中的位置。运营商的网络不仅仅是一个业务实现的管道，实际上成为了业务实现的工具箱，这将使运营商和业务提供商一起成为应用价值设计和实现的成员。

四、从大数据到活数据：以活数据为中心的价值运营

数据必须“活”起来才对电信运营有意义，数据必须考虑时间维度才能真实刻划用户的行为。相比传统的大数据，考虑了实时性的活数据能更好地描述用户或者事件的行为和属性，如图 2 所示。活数据能使得运营策略的建立更加符合客观现实和具有预见性，是价值运营建立的基础。

活数据必须形成带有预见性的洞察才能真正影响客户的体验，客户体验是价值运营的核心。在网络社会高歌猛进的时代，尤其是随着可编程网络的引入，运营商与其说是网络提供商，不如说是业务

提供商。在此背景之下，用户对业务的体验是运营商运营的核心价值。与传统的大数据技术强调的3个V相比，爱立信认为，活数据必须增加以下几个方面才能为价值运营提供支持。

（1）数据的充分性：基于活数据的价值运营，需要以整体的概念和更加横向的角度对产生于不同环节、不同子域的数据进行尽可能多的关联分析，并将其置于统一的平台，服务于不同的目标

（2）数据的准确性：业务流程中各个环节的数据对于描绘客户的体验并不都是准确的。因此，从海量数据中进行准确的挖掘，并辅以实时的观测和反馈，才能获取真正影响客户体验的因素，进而形成具备洞察力的策略。

（3）数据的可执行性：这些数据洞察的结果要最后形成最佳的客户体验，需要企业的组织、系统和流程能够敏捷响应，例如快速把产品创意实现并上架销售，在云上快速部署应用来应对容量的弹性变化，“即买即用即服务”从而快速实现价值等。数据只有最终被执行，价值才能最终变现

从数据洞察到策略生成，从策略生成到部署实施，从策略部署到改善用户的业务体验，良好用户体验生成的活数据又反过来影响策略的形成。依次循环往复，以活数据为核心的价值运营闭环体系得以良性运转，如图3所示。

五、走向5G

5G是演进而不是革命，使通信、媒体、机器类通信等遍布全球。5G网络的目标是更高效、更快速，并且能够支持更多用户、更多终端设备、更多服务和新应用场景。

未来5G的演进主要包含以下技术要点。

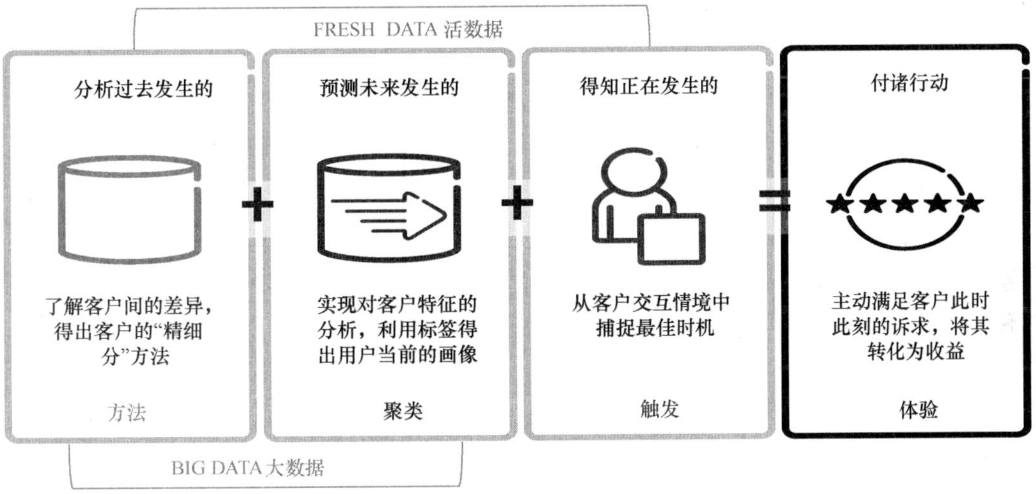

图2 活数据的功能

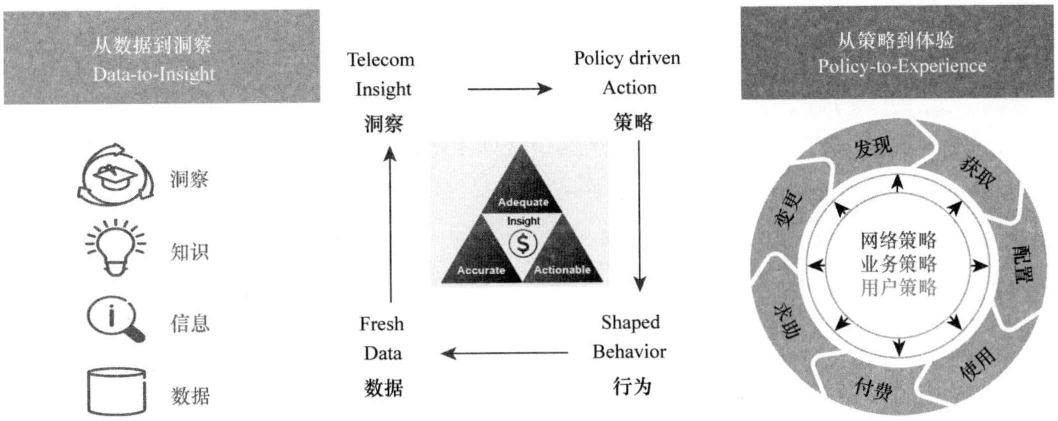

图3 以活数据为核心的价值运营体系

（1）频谱：满足未来的服务需求仍然需要更多的频谱，提高 6GHz 以下频谱的利用率虽有所帮助，但只有利用更高的频段（10GHz 及以上），才能开发更多的频谱资源。

（2）虚拟技术：现代虚拟化技术（如网络功能虚拟化，NFV），加上现有的存储和计算工具，可以实现网络关键资源集的虚拟化和抽象化。SDN、NFV 等技术的总体目标就是将功能、网络及基础设施转变为服务，而非垂直整合系统的僵化功能。通过一切即服务（XaaS）解决方案，运营商能够降低业务提供成本和快速响应用户需求。

（3）多样化通信方式：5G 通信不再采取“一刀切”的模式，而是要根据具体情况采用合适的模式。

（4）自组织网络：目前，自组织网络（SON）的理念主要是可以让基站自动进行自我配置，这一理念将会在 5G 系统中得到进一步发展。Advanced SON 技术不仅会应用于物理网络单元，也可以使运营商在多种无线接入技术的环境下均衡网络负载，并支持流量定向及频谱分配动态。

（5）毛细网络：毛细网络采用短程无线技术，为功能或用途相同的设备组提供本地连接，并通过毛细网关连接全球通信基础设施。毛细网络可以有效地将功能相同、地理位置一致的一组传感器单独连接，实现分流。

从工业革命到信息技术革命，再到网络社会，时间的间隔越来越短，其中孕育的创新和发明更是不可同日而语。对于每一个 ICT 成员来说，迫切需要掌握如何运营这些活数据的能力，使其成为实现商业价值的核心，更快更好地共建一个万物互联的网络社会。

（爱立信通信有限公司）

智能卡IC产业关键技术发展分析

一、国内智能卡IC产业发展情况

2013年，国内智能卡IC产业发生了几个标志性事件。

一是金融IC卡出现爆发式增长，发卡量是2012年前累计发卡量的近4倍，且加入国密算法的PBOC3.0在银行商用推广实施，国内芯片安全检测认证体系已建设完善，多家国内芯片商金融IC芯片通过检测认证。

二是移动支付技术标准实现统一，SWP-SIM卡成为三大运营商及银联共同认可的最终产品形态，并开始规模商用发卡。

三是金融社保卡、二代身份证等电子证卡类行业应用卡规模商用，以及苹果、三星等手机加入指纹识别功能，使生物识别技术，特别是指纹识别技术的应用需求爆发初露端倪。

四是微信支付等互联网支付、余额宝等互联网金融快速发展，使大众对手机支付等电子支付的安全需求快速上升并成为关注焦点。

五是信息安全成为国家安全战略的一个重要组成部分，国家对集成电路产业的投入加大，新一轮集成电路产业扶持规划逐步出台。

2014年，集成电路产业的政策扶持力度加大。从产业链环节来讲，扶持重点是晶圆制造环节和芯片设计环节。

二、国内智能卡IC产业发展中存在的关键技术问题与瓶颈

（一）国内智能卡IC产业的芯片工艺比国外工艺相对落后

目前国内主流的E^2PROM工艺还处在0.18μm，大唐微电子公司率先使用中芯国际0.13μm工艺研发了双界面芯片并实现商用，但与NXP、ST等国际芯片企业使用的90nm工艺仍存在差距。总体来看，国内foundry智能卡芯片工艺还落后于国际先进水平。

（二）国内RF及配套PMU技术起步晚，技术水平待赶超

经过近几年的奋起直追，国产芯片在非接RF方面已达商用要求，但在机卡兼容性完善方面还有待提升，以在未来赶超世界先进水平。

（三）实现高性能条件下的低功耗系统设计技术水平有待提升

随着工艺的提高，芯片的工作频率不断提高，功耗不断增加，高功耗对集成电路设计的约束越来越大。目前在高端芯片设计中功耗约束排在性能之后名列第二，而手持设备中功耗约束已成为芯片设计的首要约束。

（四）指纹等生物识别传感器芯片水平有待提升

生物识别技术，特别是指纹识别技术呈现快速发展趋势，但从目前来看，指纹传感器绝大多数采用FPC公司等国外技术，国内的指纹传感器芯片、指静脉传感器芯片还处于起步阶段，离国际先进水平还有不小的差距。

（五）非接读卡器芯片、CLF芯片的性能和兼容性效果有待提升

目前在金融等领域，使用的非接读卡器芯片超过95%以上为国外芯片。随着移动支付NFC在手机终端中的大量使用，CLF芯片的使用量将快速增长。由于CLF芯片需要支持读写器模式、P2P模式、卡模式3种模式，因此设计与产品化难度较大，目前CLF芯片市场基本都采用NXP、ST等国外芯片，国内多数芯片企业还未研发CLF芯片，而且后续随着CLF成为多数手机的标配，CLF芯片与手机基带芯片的合一也将成为主要趋势。

（六）高速加解密协处理器技术有待提升

随着信息安全要求的提升，加解密算法的使用越来越普遍，RSA算法已经要求使用2 048位，甚至4 096位，其他SM2等算法由于安全性能的提升，

也需要使用更高位数。算法速度的提升需要 CPU 使用更高的频率，并需要专用加解密协处理器，但手机等设备又要求低功耗，所以如何设计更高速度、更低功耗的加解密协处理器成为后续国产芯片要解决的关键技术问题之一。

三、对国内智能卡 IC 关键技术发展趋势的思考

（一）工艺与设计结合的虚拟 IDM 成为 IC 产业技术竞争的关键一环

从智能卡产业的发展历史可以看出，芯片的技术竞争力与芯片工艺、芯片设计能力两者直接相关，缺一不可。NXP、英飞凌、三星等国际芯片企业之所以能在芯片技术竞争中取得优势，与其都有自己的 foundry 先进工艺直接相关。近几年国内芯片设计企业也认识到 foundry 工艺的重要性，并着手与国内主流 foundry 形成战略合作。如大唐电信成为国内第一大 foundry 厂中芯国际的第一大股东，着眼进行芯片制造工艺方面的战略合作。未来的国内智能卡 IC 设计企业，谁能与国内的主流 foundry 厂形成战略合作，谁就将在产品技术竞争中取得先发优势。

（二）同等工艺水平下的 IP 整合设计能力、IP 自有研发能力将成为产品技术竞争力的关键环节

各芯片设计商的 IP 整合设计能力、IP 自有研发能力将成为产品差异性效果竞争、成本竞争的关键点。如芯片安全 IP、RF 射频 IP、存储器 IP、加解密协处理器等方面，各企业都有所不同，并成为其竞争的关键武器。

（三）智能卡芯片存储器要求更高安全、更稳定的技术升级，电信智能卡 IC 方面，M 级大容量存储器 SWP 芯片将成为主流

由于金融、行业应用对存储器稳定性、安全性的高要求，E^2PROM 仍将是电子证卡类芯片的主流，即使未来部分使用 Flash 工艺，也将与现有 Flash 工艺有所不同，新型 Flash 将要求有更长的使用年限和擦写次数支持，同时也将对一次写入不可修改等方面提出新要求。从 2014 年下半年开始，随着国内 foundry 配套的 M 级存储器的成熟以及 PBOC3.0 对国密算法的要求，国内 SWP 芯片将逐步切入并占据 SWP 芯片市场。

（四）手机芯片与安全 SE 芯片、CLF 芯片、指纹识别芯片等出现集成合一趋势，手机解决方案商与智能卡安全芯片商技术融合将产生更大的创造力和更强的竞争力

基于手机等移动支付终端的可信安全环境配套芯片的需求上升并将快速发展。未来手机基带芯片、NFC 的 CLF 芯片、安全 SE 芯片、指纹算法芯片、SIM 芯片等多颗芯片，出于高性能、低成本的考虑，多芯片的集成合一将成为趋势。像大唐半导体公司这样既有手机基带芯片、连接性芯片设计能力（联芯公司），又有智能卡安全芯片设计能力（大唐微电子公司），可通过产品的多芯片整合集成以及总体安全解决方案设计，在未来的竞争中取得技术组合优势。

（五）芯片高安全防护条件下的高性能、低功耗设计能力成为未来技术竞争的关键难点

考虑到安全性，在硬件设计方面，芯片设计厂家进行了芯片设计的全方位安全防护，但在安全增强的同时也带来了对产品性能的影响。为提升芯片性能，芯片工艺需要不断提升，随着工艺的提高，虽然动态功耗不断下降，但静态功耗却在迅速提高，从而使总功耗不断提高。因此，未来芯片设计商谁能在未来的竞争中实现高安全、高性能、低功耗三要素的有效平衡优势，谁就将在未来的产品技术竞争中取得优势。

（六）生物识别技术，特别是指纹识别技术将快速发展壮大，并将与智能卡芯片技术进行融合

随着二代身份证、社保卡、健康卡等行业应用对于身份识别安全方面人卡绑定要求的普及，手机终端加入指纹识别功能，以及手机支付中以生物特征识别取代传统的 OTP、密码口令等作为安全支付的手段，具有使用便利、安全的生物识别技术将快速发展壮大并逐步普及，智能卡中将加载指纹、虹膜、人脸等生物识别信息，读卡机具中将加入配套的生物识别传感芯片、算法处理芯片，生物识别技术将与智能卡芯片技术融合发展。

（七）国产 32 位 CPU 技术将走向成熟，并在多领域规模商用

随着国家信息安全要求的提高以及国产 32 位高性能、低功耗 CPU 技术的成熟，国产 32 位 CPU 将逐步取代国外的 CPU 成为智能卡芯片领域，特别是金融、行业安全应用芯片领域的重要一员，并将实现规模商用。

（大唐半导体设计有限公司　刘津）

物联网发展现状分析

一、发达国家纷纷开展新一轮物联网战略布局

（一）美国

继美国政府提出制造业复兴战略以来，美国逐步将物联网的发展和重塑美国制造优势计划结合起来以期重新占领制造业制高点。美国竞争力委员会（Council on Competitiveness）指出“数字技术、纳米技术变革正在开辟美国制造业的广阔创新空间”。自2011年以来，美国政府先后发布了先进制造伙伴计划、总统创新伙伴计划，将以物联网技术为根基的网络物理系统（Cyber-Physical System，CPS）列为扶持重点，并引入企业与大学的技术专家共同制定其参考框架和技术协议，持续推进物联网在各行业中的部署。在此过程中出现了“工业互联网（Industrial Internet）”的概念，美国总统创新伙伴项目（PIF）提出政府和行业合作，创造新一代的可互操作、动态、高效的“智能系统”——工业互联网，其内涵是基于物联网、工业云计算和大数据应用，架构在宽带网络基础之上，实现人、数据与机器的高度融合，从而促进更完善的服务和更先进的应用。美国国家标准与技术研究院（NIST）组织其工业界和ICT产业界的龙头企业，共同推动工业互联网相关标准框架的制定，通用电气（GE）公司联合亚马逊、埃森哲、思科等企业共同打造支持“工业互联网”战略的物联网与大数据分析平台。

（二）欧盟

欧盟建立了相对完善的物联网政策体系，积极推动物联网技术研发。近年来，欧盟对物联网科技创新的重视程度越来越高，相关物联网政策已经涵盖了技术研发、应用领域、标准制定、管理监控、未来愿景等各个领域，发布了信息化战略框架、行动计划、战略研究路线图等，并试图通过“创新型联盟”快速推动物联网融合创新在多个领域中的深度渗透。欧盟在第七科研框架计划（Framework Program 7，FP7）下，设立了IoT-A、IoT6、openIoT等一系列项目对物联网进行了研发，在智能电网、智慧城市、智能交通方面进行了积极部署。欧盟在2013年通过了“地平线2020”科研计划，旨在利用科技创新促进增长、增加就业，以塑造欧洲在未来发展的竞争新优势。“地平线2020”计划中，物联网领域的研发重点集中在传感器、架构、标识、安全和隐私、语义互操作性等方面。

（三）德国

德国联邦政府在《高技术战略2020行动计划》中明确提出了工业4.0理念。工业4.0作为未来十大行动计划之一，政府将投资超过2亿欧元，从而巩固德国在工业制造领域的优势地位，引领未来全球的工业发展。在2013年4月汉诺威工业博览会上，德国正式发布了关于实施“工业4.0”战略的建议。工业4.0将软件、传感器和通信系统集成于CPS，通过将物联网与服务引入制造业重构全新的生产体系，改变制造业发展模式，形成新的产业革命。

（四）韩国

继《韩国IT融合发展战略》之后，韩国政府持续推动传统产业与ICT的融合创新，并为ICT融合发展确立了法规制度、组织机构和市场监管基础，以确保韩国企业在全球化市场中的差异化竞争优势。近年来，韩国政府通过在汽车、造船、服装等行业设立IT融合革新中心，已经撮合三星等IT企业通过物联网技术与现代汽车等制造企业缔结战略合作项目，规模开展了智能化融合产品的联合研发与产品生产。2013年10月，韩国政府发布了ICT研究与开发计划“ICT WAVE”，目标是未来5年投入8.5×10^4亿韩元（80亿美元），在内容、平台、网络、

设备和安全五大领域发展十大 ICT 关键技术和 15 项关键服务，其中物联网平台被列入十大关键技术。韩国科学信息通信技术和未来规划部（MSIP）还在 2014 年推出物联网国家行动计划，进一步推动 ICT 与其他产业的融合。

二、全球物联网应用呈现加速发展态势

受各国战略引领和市场推动，全球物联网应用呈现加速发展态势，物联网所带动的新型信息化与传统领域走向深度融合，物联网对行业和市场所带来的冲击和影响已经广受关注。总体来看，全球物联网应用仍处于发展初期，物联网在行业领域的应用逐步广泛深入，在公共市场的应用开始显现，M2M（机器与机器通信）、车联网、智能电网是近两年全球发展较快的重点应用领域。

车联网是市场化潜力最大的应用领域之一。汽车厂商、芯片厂商、通信设备厂商、电信运营商、互联网企业等纷纷加大车联网投入，发挥各自资源优势，在车联网产业的不同环节 布局发力。2014 年苹果正式推出基于 iOS 的 CarPlay 车载操作交互系统，将 iPhone 中常用功能投射到汽车中控台，利用触控、语音识别技术在两屏间切换；谷歌成立“开放汽车联盟”，将 Android 设备和汽车仪表盘无缝集成；特斯拉在华首批交付，基于 Linux 的特斯拉车载操作交互系统（TelsaOS）旨在打造全新的汽车体验，并支持通过蓝牙配对与 iPhone 进行整合；百度推出车联网产品 Carnet，只需一根 USB 线，就能够将用户的智能手机与车载系统无缝结合。车载信息服务平台成为发掘多元化车载信息服务的竞争焦点。中国移动与德国电信设立车联网合资公司，向车主提供基于 4G 高品质的车载信息服务。阿里巴巴与上汽集团签署“互联网汽车”战略合作协议，借助电商平台和大数据处理技术，打通物流、资金流和信息流。腾讯推出“路宝 APP+ 路宝盒子”，为车主提供一站式的汽车生活服务，可实现智能瞬时油耗分析、油费展现、历史行程花费分析，随车诊断汽车故障信息等功能。

移动互联网丰富多彩的 APP 应用对人们生活方式的改变有目共睹，不过基于手机终端的应用创新已显疲态，物联网创新时代大幕已拉开，首先进入的是智慧硬件创新大赛阶段。2014 年基于可穿戴设备和智能硬件的应用创新持续火爆，出现了随心所欲的手环（电子身份证）、智能翻译眼镜（即见即翻译）、想不到的试衣方法 （ 虚拟试衣 ）、社区医疗新模式（远程慢病监测）、具有医疗 X 透视功能的谷歌眼镜、智能手表、智能插座、智能灯泡、智能水杯、防丢神器、睡眠监测等。在家居生活、健康医疗、运动休闲、娱乐生活各个方面，物联网带来的巨变萌芽初现，人们的生活正朝着科幻片的方向发展。智能硬件、可穿戴设备的兴起，不仅吸引了大众的眼球，而且引发新一轮创业潮，给年轻的大学生创业者提供了机会。

三、物联网与移动互联网在终端、网络、平台及架构上融合发展

物联网与移动互联网正在各个层面融合发展。终端层面，操作系统是融合发展的技术轴心。当前，主流移动终端操作系统不断提升对传感、交互技术的支持，同时通过提供终端与周边设备之间的控制接口，力图成为体域、家居、车域等环境中周边设备的控制中心。例如，谷歌通过开放配件应用程序接口（AOA API）支持安卓终端基于 USB、蓝牙、Wi-Fi 等通信协议，实现与周边设备之间的互联协同。操作系统的应用范畴已超越了智能手机和平板电脑的边界，针对可穿戴设备、智能电视、家庭网关、车载系统等新型设备进行定制与裁剪。网络层面，3GPP 正在研究机器类通信（Machine Type Communications，MTC）和智能终端对现有网络架构的影响。 平台层面，通过 RESTful、MQTT、Socket 等协议向第三方开发者开放数据读取或控制能力成为发展重点，随着物联网的开发工具包（SDK）及调试工具等逐渐出现，与应用程序商店、社交网络、微博、搜索引擎等的融合成为物联网感知信息分发共享的未来方向。架构层面，互联网理念和 Web 理念不断向物联网渗透，ITU-T 已经发布了基于 Web 的物联网架构标准即 Y.2063；oneM2M 架构采用 Web 化理念，一切可访问的数据、对象、实体均抽象为资源（Resource），由统一的 URI 进行标

识；IETF 制定的资源受限物体应用层协议（CoAP 协议），即是 REST 风格面向资源受限网络的 Web 协议。

四、物联网产业加速发展，国际巨头瞄准物联网增长机遇

从全球来看，物联网整体上处于加速发展阶段，物联网产业链上下游企业资源投入力度不断加大。基础半导体巨头纷纷推出适应物联网技术需求的专用芯片产品，为整体产业快速发展提供了巨大的推动力。应用领域业务融合创新带动产业发展势头明显，工业物联网、车联网、消费智能终端市场等已形成一定的市场规模。

（一）基础芯片领域动作不断，国际厂商纷纷布局物联网芯片

以 ARM、Intel、博通、高通、TI 等为代表的半导体厂商纷纷推出面向物联网的低功耗专用芯片产品，并且针对特殊应用环境进行优化。Intel 发布 Quark SoC X1000、Atom E3800 两个系列的物联网处理器，旨在提供浴室体重秤、工厂机器人、楼宇通风系统等物联网行业应用。同时，Intel 借助之前收购的 McAfee 嵌入式控制和 WindRiver 智能设备平台，开始在物联网嵌入式智能终端领域全面布局。高通公司发布全新面向物联网的低功耗芯片和 QCA400X 系列网络平台，应用领域包括主流家电、消费电子产品，以及用于家庭照明、安全和自动化系统的传感器及智能插座。

（二）物联泛终端不断演化，催生高集成度创新终端

随着软硬件技术的不断发展和芯片性能的不断提升，微型化、低功耗、低成本的光线、距离、温度、气压等微机电系统（MEMS）传感器、陀螺仪在物联终端中被广泛内置，识别、增强现实、3D 显示等技术被应用于认证识别。操作系统针对物联网能力不断提升，Android 支持 11 种传感器应用编程接口以及人脸识别等功能，WP8 增加了运动感应、NFC 支付、手势识别功能。以智能腕表、智能眼镜等为代表的移动互联网和物联网融合产品不断创新，谷歌、苹果、索尼、三星、Intel 等巨头以及初创公司 Pebble 等纷纷加入智能可穿戴设备的研发争夺中。据 BI Intelligence 预计，未来几年，谷歌眼镜产品销量将一路攀升，到 2018 年年底预计年销量将达到 2 100 万。

（三）产业巨头跨界合作，打造开放生态系统

以物联网核心企业为主导，国际产业联盟纷纷成立，成为打造产业整体生态系统的重要推动力量。跨界融合创新活跃，产业巨头“结盟圈地”。高通、Linux 基金会、LG、夏普、海尔、松下、HTC、Silicon 联单 Image、TP-Link 等企业发起成立 AllSeen 产业联盟（AllSeen Alliance），通过建立开放软件架构和 SDK 嵌入软件，方便第三方开发者创新。运营商加强合作，持续做大 M2M。荷兰 KPN、西班牙电信、日本 NTT DoCoMo、澳大利亚电信、俄罗斯 VimpelCom、新加坡电信和加拿大的 Rogers 等 7 家运营商共同成立 M2M 联盟，利用虚拟运营商 Jasper 的 M2M 平台，为跨国企业提供覆盖多个国家的无缝 M2M 业务。该联盟还将统一 SIM 卡和网络接口标准，并将应用拓展到更广泛的领域。

（四）国际巨头掘金物联网市场，瞄准物联网增长机遇

英特尔唯恐在错过互联网、移动互联网之后再次错失物联网，转型最急切且成绩斐然，2014 年第二季度物联网业务营收为 5.39 亿美元，Quark 处理器和 Edison 主板是其物联网重要部分。半导体公司博通发布物联网芯片 bcm20737，思科组建物联网事业部，对物联网投资数亿美元。IBM 新款处理器 TrueNorth 可能成为物联网的大脑，美国国防部高级计划研究局已经在 TrueNorth 项目上投资 5 300 万美元。微软在英特尔 Galileo 平台上推出精简版 Windows，希望成为物联网操作系统，方便开发者开发便携式产品，且在物联网设备上运行的 Windows 软件能把数据传输给 Azure 提供数据服务。

（中国信息通信研究院　孙路阳）

车联网发展分析

车联网即是互联汽车，它既可以用来描述汽车互联的技术，也可以指汽车互联所提供的服务。它是可以解决车车互联（V2V）、车人互联（V2M）、车路互联（V2R）甚至汽车与互联网的连接（V2I）的解决方案，也是物联网在交通领域的应用。

一、车联网将引发全行业沸腾

实际上，北美与欧洲早已开始深耕车联网，其重视程度完全超乎我们的想象。2014 年年中一则新闻令人震惊：Google Earth 的路面测绘相当一部分是由 Google 自行研发的“无人汽车”完成的，也就是说在某些特殊改装下，汽车已经可以实现无人驾驶。反观国内，大多数国产汽车甚至连自动泊车的功能都没有实现。

根据 GSMA 与市场研究公司 SBD 联合发布的报告：2018 年全球车联网市场将达 390 亿欧元，是 2012 年的 3 倍，其中 86% 来自内嵌 SIM 技术的汽车移动互联；未来 5 年内，内置相关系统的汽车出货量将增加 6 倍。这份报告还预计，到 2025 年，由于嵌入式移动通信技术市场的快速发展，每一辆新生产的车辆将具有一定的移动互联功能，移动安全、保安、信息娱乐、交通信息、导航、车路故障诊断等业务也将蓬勃发展。可以说，车联网市场的崛起，涉及互联网公司、移动互联网公司、互联网硬件公司、通信企业、汽车企业和内容提供商等，未来的几十年车联网将引发全行业沸腾。

目前，我国车联网行业在市场增长与用户增长之间有着相当大的空白，这反映出我国市场与欧、美、日较成熟市场的差距。车联网市场成熟程度也带动其他行业向相关方向探索，例如，美国在 2012 年就已经出现了车联网类保险 PAYG（Pay As You Go），在安吉星（Onstar）上提供保险服务。

二、车联网需要五角色协同

现阶段车联网体系五个重要角色，分别是网络提供商、内容提供商、设备提供商、汽车制造商与车载信息服务提供商（TSP）：汽车制造商提供工业设计后的汽车；设备提供商指前端市场的智能电子终端的提供商，未来互联网硬件公司可担任此角色；网络提供商指类似于通信运营商的可提供完整车联网连通解决方案的角色；TSP 是车联网的骨架，它在结构上连接其他 4 个角色，是将 4 者能够提供服务结合的核心角色；内容提供商是车联网的灵魂，它向用户直接提供各类服务，是用户感知最重要的一项。

现在市场上并不存在极为优秀的 TSP，未来 TSP 的业态将有可能有一定的变形，比如 TSP 平台化直接面向内容提供商与设备提供商。

三、车联网的层次

车联网作为物联网在交通领域的应用，从逻辑上可分为 4 个层次，分别是感知控制层、网络通信层、平台层和应用服务层。

感知控制层包括互联汽车各个部件传感装置、自动控制器件与路侧感知终端等。特斯拉的新车型可以实现远程点火、刹车甚至自动驾驶，这是从发动机到刹车全方位的传感自动化的结果。感知控制层发展的瓶颈在于汽车制造工艺更新换代的风险，以及现有生产线的替换所带来的高成本等。

网络通信层涵盖传感装置上传到车载智能终端、智能终端联网方面。然而，各个汽车厂商的感知控制层向上的 OBD 接口并不统一，无法实现移动互联网式的跨越性发展。实际上，车载智能终端联网对于通信运营商提出了非常大的资源投入与技术要求，一方面高速行驶的终端对网络环境要求较为苛刻；另一方面车路互联（V2R）也对路侧、车端信息交互提出了要求。

平台层包含互联网端所有收集信息并进行存储、处理的平台，这一层次包含云存储技术、云计算技术、大数据技术和中间件技术等。实际上，这一部分要求平台方具有相当雄厚的技术实力，是在长尾理论中占据全市场利益前 1/2 甚至 4/5 的那些，而上方的应用服务层是竞争激烈的市场长尾部分企业。

应用服务层所涉及的服务主要是车联网五角色中的 TSP 与内容提供商，也是最直接影响用户感知的因素。就目前的发展情况来看，车联网的发展是封闭的，以汽车制造商为主力，互联网痕迹太轻，可以说甚至连一个像样的浏览器都不存在；另外，所谓的“第四块屏”以显示和第一代触摸技术为主（即以点按为主，不存在滑动、长按、pinch 等操作），用户体验较差。

四、车联网可分四步建设

基于上述五角色分配与四层次划分，车联网建设构想也可分为四步建设。

感知控制层以汽车的改造为主，分为两大部分：一部分是汽车各类传感器的加装，发动机等关键部件自动控制更新换代；另一部分是车载智能终端的接口开放与改造。

前一部分关于各类传感器与自动化控制改造需要由汽车制造厂商的供应链、生产线来进行大规模改造，而相应的智能设备也需要汽车厂商与前端市场协调与整合。值得一提的是，在车联网的发展过程中，智能终端必将开放标准接口：一方面因为这是互联网特点的必然结果；另一方面因为摩尔定律下智能终端更新换代远比汽车要快。

网络通信层建设有两个方案：一个是将车联网平台建设到运营商大网之内；另一个是将车联网平台在运营商网络中独立。二者各有利弊。将车联网建设在移动大网之内可以充分利用运营商现有的网络硬件传输资源，也可以利用到运营商前期各类相关服务，譬如 LBS 服务、实时交通信息等，这些网络同时也具有电信运营商级别的安全性。

将业务平台建立于业务平台之外将提升汽车制造商对于业务平台的把控力度，但也有不可忽视的弊端：一是技术难度较高；二是汽车制造商在这种方案下将有较少的话语权。以现阶段的情况来看，运营商并未进行车联网的基本网络建设，这种方案适合车联网发展的中后期。

应用服务层即内容提供商、后期 APP 开发者的接口层，这其中包含大量社会传统、新兴互联网公司的创新与服务。平台包括基础功能接口、云存储和大数据分析等。

五、大数据提升车联网边际效应

从车联网的 4 个层次可以知道，大数据采集于感知控制层，通过网络通信层传输到平台层进行存储和分析等，这其中包括车况信息、用户行为、环境分析结果等。这些数据可以进一步优化汽车的工业设计，分析用户行为以营造更好的人车互联（V2M）和全环境大数据处理等。值得一提的是，用户行为模式的分析将深化用户体验，从技术上说可以为应用服务层提供更多的可用接口，从商务上说行为模式意味着重大的商机。美国某咨询机构研究发现 80% 的司机在加油后都会去附近的超市购物，实际上也意味着加油站附近的超市接受率也会大大提升。

对用户行为大数据的采集、分析，即车联网的数据化，将带来不可估量的边际效应。手机从刚能上网发展到现在移动互联网 APP 丛生，甚至创业公司都以 APP 为唯一输出产品，APP 市场大致分为“效率”“游戏”“摄影”和“影音”等；车联网关于用户行为的大数据不仅可以为其上运行的 APP 提供基础，还可为保险公司或其他组织行车的具体风险提供分析依据，车联网大数据的积累还利于整个行业未来的发展。

（中国移动通信集团设计院有限公司北京分院　刘岂骥　茹琤）

中国通信服务
CHINA COMSERVICE

中时讯通信建设有限公司

中时讯通信建设有限公司（下称“中时讯”）是中国通信产业服务有限公司（股票代码：0552HK）旗下具有独立法人资格的全资子公司。中时讯为原广东省邮电管理局下属企业，经过六十多年的伟大创业和发展，整合了广东地区12家通信企业，经过多年转型、创新，中时讯成为位居同行业前三名的国际化公司。

公司注册资金为2亿元，总部设在广州市，下设十六个分支机构，拥有各类管理和专业技术人员近3000人。业务范围覆盖全国及中东、非洲、美洲、亚太地区。自2010年以来，中时讯进入跨越式发展阶段，业务收入每年增长超两亿元。自2012年起，公司收入已达15亿元以上，其中40%以上来自集团客户、广东省外及海外业务。

中时讯拥有“通信工程施工总承包一级资质”、“建筑智能化一级”、“安全防范一级”、“计算机系统集成二级”等行业内领先资质，已通过ISO9001：2008质量管理体系认证。公司一直致力于为客户提供智能化集成技术领域的优质服务，通过项目总承包、一体化管理等项目管理解决方案，让客户实现价值最大化。历年来获得近百项部、省和市优质通信工程奖项，得到各运营商、集团客户的高度认可。

秉承“同心戮力、思行合一”的企业精神，公司以市场为导向，以客户价值为核心，发挥管理优势和产业优势，不断进行服务创新，承担社会责任，实现可持续发展，成为世界领先的集成解决方案提供者。

总经理 黄伟如

黄伟如总经理和许小勇书记共商企业发展大计

飞星畅游
万"纤"世界
专注产业升级
专业光纤光缆制造
江苏南方通信
Nanfang Communication
www.jsnfgroup.com
400-8818975
江苏南方通信科技有限公司
地址:江苏常州市武进区洛阳镇岑村路1号
电话:+86-(519)-88798788
电邮:chinanftx@126.com
传真:+86-(519)-88792646
邮编:213104

通信设备制造及建设运维篇

通信设备制造业发展分析

一、宏观经济环境分析

（一）全球经济发展形势持续温和复苏

2014年以来，全球经济持续温和复苏。从国际经济形势来看，美国经济增长低于预期，但国内消费增长强劲，整体进入良性的正反馈增长阶段；欧洲经济复苏进程缓慢，各地区间经济增长依然不平衡；日本经济回暖但低于预期，国内消费增长依旧乏力。总体而言，2014年全球经济仍处于复苏进程，我国宏观经济的外部环境基本稳定。

我国通信设备制造业对外依存度持续下滑。2014年，通信设备制造业出口交货值占工业销售产值的比重（对外依存度）为47.7%，远远高于全国规模以上工业总体出口交货值占销售产值比重，比2013年同期下降1.1个百分点，整体呈现下滑趋势。受信息安全战略的影响，我国通信设备市场国产化趋势日渐明显，我国通信设备制造业对外依存度持续下滑。未来随着4G建设全面展开，物联网、云计算、大数据等技术的不断成熟，智慧城市建设加速和信息安全战略的不断提升，国内通信基站和智能终端设备市场需求将大幅上升。国内通信设备市场需求大幅上升将提高通信设备制造业的内需占比，导致通信设备制造业对外依存度持续下滑。2013～2014年通信设备制造业对外依存度详见表1。

表1　2013～2014年通信设备制造业对外依存度

	出口交货值（亿元）	工业销售产值（亿元）	对外依存度
2013年1～12月	8 254	16 901	48.8%
2014年1～2月	1 157	2 402	48.2%
2014年1～3月	1 896	3 992	47.5%
2014年1～4月	2 556	5 373	47.6%
2014年1～5月	3 265	6 838	47.7%
2014年1～6月	4 046	8 502	47.6%
2014年1～7月	4 766	10 272	46.4%
2014年1～8月	5 561	11 946	46.6%
2014年1～9月	6 595	14 004	47.1%
2014年1～10月	7 532	15 765	47.8%
2014年1～11月	8 566	16 186	52.9%
2014年1～12月	9 670	20 261	47.7%

2014年，总体稳定的国内外宏观环境，使得通信设备制造业成为电子信息制造业中主要运行指标反弹最快的行业。通信设备行业实现销售产值、出口交货值、内销产值分别增长16.6%、16.9%和16.4%；分别高出全行业平均水平6.3、10.9和1.5个百分点，主要指标增速继续位居各行业之首。2014年，全行业生产手机17.6亿台，增长7.5%；移动通信基站3.5亿信道，增长105.7%；程控交换机3 123.2万线，增长14.8%。2010～2014年通信设备制造业出口交货值比较如图1所示。

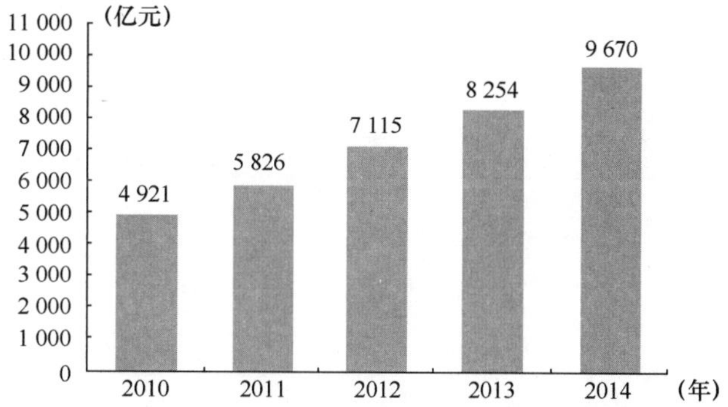

图1　2010～2014年通信设备制造业出口交货值比较

从全球总体宏观环境来看，通信设备制造业各项产、销指标均保持较快的增长，随着国际经济发展环境持续稳定服务，通信设备行业海外需求增长较快，出口增速持续增长。

（二）4G、信息消费不断扩大内需，我国通信设备市场迎来新一轮利好

2014 年以来，我国继续出台系列措施，规范和促进通信设备行业发展：为了促进“宽带中国”战略实施，加快提升城市宽带发展水平，推动我国城镇化和信息化同步发展，工业和信息化部和国家发展和改革委员会于 2014 年 10 月 9 日联合发文确定了“宽带中国”示范城市（城市群）名单，在先试先行的带动作用下，将刺激通信传输设备市场的需求；为了把握 LTE 网络建设契机，全面推进 IPv6 在 LTE 网络中的部署和应用，加快基于 IPv6 的下一代互联网建设，工业和信息化部和国家发展和改革委员会委于 2014 年 11 月 2 日发布了《关于全面推进 IPv6 在 LTE 网络中部署应用的实施意见》，将催生通信网络建设需求；为了进一步深化电信领域改革，促进民间资本投资和扩大信息消费，工业和信息化部根据我国宽带接入市场的具体情况和特点，于 2014 年 11 月 26 日发布了《关于开放宽带接入市场的意见（征求意见稿）》，将激发宽带传输设备市场的需求。

二、我国通信设备制造业发展现状分析

（一）我国通信业收入增速持续回落，电信固定资产投资增速降幅收窄

2014 年，通信主营业务收入累计实现 11 541.1 亿元，同比增长 3.6%，增速比 2013 年同期回落 5.1 个百分点，也比 2014 年前 3 季度回落 2.0 个百分点。通信业务总量累计完成 18 149.5 亿元，同比增长 16.1%，增速比 2013 年同期上升 8.6 个百分点，也比 2014 年前 3 季度回升 1.1 个百分点。

工业和信息化部公布的数据显示，2014 年，全行业固定资产投资累计完成 3 992.6 亿元，达到自 2009 年以来投资水平的最高点；投资完成额比 2013 年增加 238.0 亿元，同比增长 6.3%，增速比 2013 年提高 2.4 个百分点；固定资产投资增速保持稳步增长，主要是因为 4G 牌照的发放和 4G 商用的推广，引发了通信行业上下游产业链的投资热潮。同时，工业和信息化部积极开展和部署创建“宽带中国”示范城市（城市群），也导致移动通信网络和光纤宽带基础设施建设的不断提升。2013～2014 年通信固定资产投资完成额及同比增长率变动趋势如图 2 所示。2014 年通信行业主要通信能力指标增大情况评见表 2。

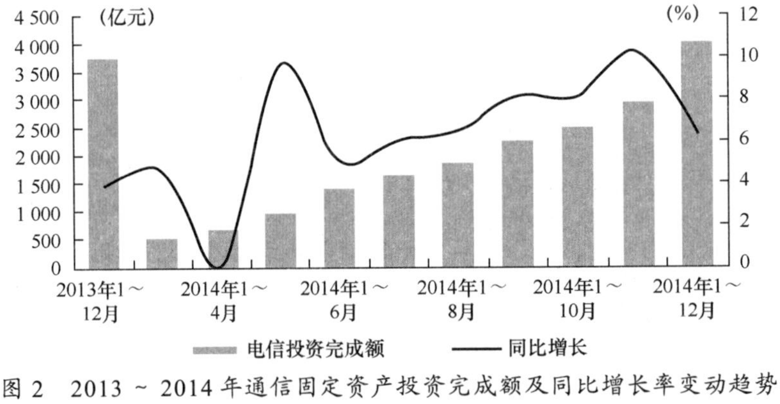

图 2 2013～2014 年通信固定资产投资完成额及同比增长率变动趋势

表2 2014年通信行业主要通信能力指标增长情况

指标名称	单位	2014 年年末到达	同比增速（%）	比 2013 年年末新增
光缆线路长度	万公里	2 046.0	17.2	300.7
其中：长途光缆线路长度	公里	93.6	4.5	3.8
互联网宽带接入端口	亿个	4.01	11.5	0.42
其中：光纤接入 FTTH/0 端口	亿个	1.63	—	0.45
移动基站数	万个	339.7	—	98.8
其中：3G 基站数	万个	128.4	—	19.1
WLAN 接入点（AP）	万个	604.5	—	30.9

（二）通信设备制造业运营情况平稳

2014年，通信设备、计算机及其他电子设备制造业运行呈现出以下特点：行业景气指数持续小幅下滑，且预期指数低于即期指数，短期内行业景气指数回升压力大。行业固定资产投资增速先降后升，随着FDD牌照的发放、智慧城市政策的逐步落实，未来行业固定资产投资仍将保持快速发展的趋势。行业产销增速同比继续保持较快增长，其中行业增加值同比增长12.2%，高于工业总体增速3.9个百分点；工业销售产值同比增长16.6%，增速较全行业平均水平高出6.3个百分点。行业出口形势良好，出口交货值继续保持较快的增长步伐，比2013年同期增长16.9%。行业出厂价格指数总体延续上行态势，2014年12月回升至98.7，比2013年同期高1.4点。

2014年，通信设备制造业固定资产投资增速呈先降后升的趋势。2014年全年，通信设备制造业500万元以上固定资产投资项目完成额达到1 085.0亿元，同比增长21.0%，增速比2013年同期低16.1个百分点，比2014年前3季度高8.9个百分点，比同期全国固定资产投资（不含农户）增速高5.3个百分点。由于2013年通信业市场投资放缓对通信设备制造业影响相对滞后，同时，通信设备制造业多年来投资高速增长导致市场部分饱和，同此2014年上半年通信设备制造业投资增速呈现下滑趋势。2014年下半年，在LTE混合组网试验政策的影响下，通信运营商发力4G基础设施建设，通信设备制造业投资增速出现回升。随着FDD牌照的发放，智慧城市政策的逐步落实，将会激发新一轮的市场需求，未来通信设备行业投资仍将保持快速发展的趋势。

2014年，通信设备制造业出口交货值累计达到9 669.5亿元，比2013年同期增长16.9%，增速比2014年前3季度和上年同期分别提升1.1和0.7个百分点，比同期通信设备、计算机及其他电子设备制造业高10.9个百分点。受世界经济温和复苏影响，我国通信设备制造业出口交货值增速从6月开始呈现回升趋势；同时，通信设备制造业出口交货值增速远高于行业平均水平，仍是带动全行业增长的主要动力。

三、我国通信设备制造业未来发展趋势分析

总体来看，2014年通信设备制造业盈利能力指标运行平稳，但收入与利润增速均放缓。2014年，通信设备制造业主营业务收入累计达19 745.0亿元，同比增长17.3%，增速比2014年前3季度和2013年同期分别下降0.7和2.9个百分点；同期利润总额达到1 055.8亿元，同比增长22.6%，增速比2014年前3季度和上年同期分别下降19.8和9.1个百分点。

截至2014年12月底，通信设备制造业企业数达到14 048家。从企业的所有制性质来看，通信设备制造企业分国有企业、股份制企业、私营企业、外商和港澳台投资企业、集体企业、股份合作企业和其他，集体企业和股份合作企业的资产和主营业务收入占比低，详见表3。

表3　通信设备制造业企业及类型分布情况

	资产（万元）	主营业务收入（万元）	主营业务收（万元）	企业单位数占比（万）	资产占比（万）
国有企业	71 968 474	44 124 278	1.7	4.8	2.2
股份制企业	220 511 539	134 860 267	5.5	14.6	6.8
私营企业	124 353 092	218 321 951	37.8	8.2	11.1
外商和港澳台投资企业	634 341 581	1 058 171 760	31.3	41.9	53.6
其他	463 382 063	517 514 257	23.0	30.6	26.2
集体企业	26 069	14 574	0.0	0.0	0.0
股份合作企业	442 664	1 494 665	0.6	0.0	0.1
合计	1 515 025 482	1 974 501 752	100.0	100.0	100.0

由于信息安全提升为国家安全战略，信息设备去IOE和国产化进程加快，导致外商和港澳台投资企业收入增速持续放缓。而外商和港澳台投资企业在通信设备制造企业中占较大比重，因此拖累了行业整体的收入增速。

2014年，通信设备制造业亏损企业为2 585个，比2013年同期亏损企业数量增加15个，同比增长15.7%，占行业企业总数的比重为18.4%，比2013年同期扩大0.6个百分点。从所有制来看，外商和港澳台投资企业亏损面较高，为28.1%，明显高于行业总体水平；其余各类型企业亏损面较小，都低于15.0%。2014年，通信设备制造业亏损企业亏损总额为42.9亿元，同比下降36.0%，而2013年同期同比增长1.0%；亏损企业平均亏损额为1 662.2万元，同比下降24.3%。从所有制来看，私营企业平均亏损额较2013年同期明显上升，同比增长25.9%；其余企业平均亏损额较2013年同期均有不同程度的下降。

展望2015年，世界经济增长仍面临较多的不确定性，但全球经济持续复苏已成趋势，这将为我国通信设备制造业提供良好的出口环境。国内经济增长持续受到各种压力，但总体运行平稳，我国4G通信进入全面发展期、移动互联网产业持续快速增长，都将为我国通信设备市场发展提供良好的环境。

2014年是中国4G发展的元年，2015年将是中国4G发展的全面启动年。数据显示，截至2014年年底，三大运营商在4G网络建设的投资达到2 500亿元（中国移动2 000亿元，中国电信400亿元，中国联通100亿元）；4G网络基站规模接近100万个（中国移动达到70万个）；4G用户规模达到9 728.4万户（其中中国移动达到9 006.4万户）。可以看出，短短一年的时间，我国4G在资金投入、建网速度、基站规模、用户发展等方面均达到史无前例的水平，带动了国内通信系统设备及终端制造等主要产业环节全面发展。预计2015年，随着移动互联网快速发展和FDD牌照的发放（已于2015年2月27日向中国电信和中国联通发放）将加剧4G市场的竞争，三大运营商都会全面启动4G投资建设，能大幅提升通信设备产业市场的需求。

（中国信息通信研究院　徐恩庆）

通信设备市场发展情况及趋势分析

一、全球通信设备市场发展情况

（一）全球通信设备市场陷入低速增长

2007年以来，全球通信设备市场呈现低速增长的态势，产业规模由1 347亿美元，增长至2014年的1 450亿美元，年复合增长率仅约为1.1%。产业整体市场在2008年、2009年和2012年均出现不同程度下滑。虽然得益于4G网络和光纤宽带网络的建设，2014年全球通信设备市场实现了近5%的增长率，但通信设备市场在近几年未显现出明显的起色，产业增长陷入低潮。

从宏观经济层面来看，全球经济低迷给包括通信在内的众多行业带来冲击，通信市场疲软，众多通信运营商的营收受到经济下滑的影响，网络建设投入逐渐缩水。从行业本身来说，随着通信网络的宽带化与泛在化发展，互联网业务和产品给通信设备产业带来了巨大的冲击。例如在通信网络设备方面，专用通信处理与转发设备正面临着被PC服务器等通用IT设备代替的趋势，阿尔卡特朗讯的Light Radio网络架构解决方案中就采用了HP服务器来实现无线网络控制器。

（二）运营商网络设备市场略有复苏，得益于4G网络的建设

2014年，全球的通信运营商通信系统设备市场产业规模为842亿美元，同比2013年增长5.9%，市场规模和增长率均达到近年的最高点，但从长期来看，相比于2007年的876亿美元仍然存在明显下滑。2014年，全球4G网络设备市场规模约为120亿美元，贡献了大约80%的通信设备市场增长。通信系统设备市场与通信运营商网络建设及升级密切相关，4G网络建设时期，通信设备市场呈现出了与3G网络建设时期相似的波动性增长特征。

（三）企业网设备市场缓慢增长，重点在无线局域网与网络安全领域

2014年，全球的企业网设备市场约为608亿美元，比2013年增长3.7%，从2007年起呈现波动中缓慢增长的态势。这是由于企业网通信设备主要用于企业信息化通信网络，而企业信息化的支出重点集中在IT领域，并且企业网的扩容需求并非很高，因此仅呈现缓慢的小幅度增长。就企业网而言，当前的投资重点主要在无线局域网和网络安全领域，是企业网设备市场最重要的领域。

二、全球通信设备市场地域分布情况

（一）消费市场主要集中在国土面积较大、人口众多的国家

就通信设备的消费市场而言，主要集中在一些国土面积较大、人口较多的国家，如美国、中国、加拿大、俄罗斯和印度等。排名前十的国家对于通信设备的消费约占整个市场的70%。不难想象，地域广阔，人口众多，需要通信网络覆盖更大的范围、承载更多的业务，这些国家自然成为通信设备最为主要的消费市场。

（二）通信运营商网络设备主要来自于西欧、中国和美国

就通信运营商通信网络设备市场而言，主要提供商集中在西欧、中国和美国，三个地方提供的产品可占全球需求的近80%，此外，日本和韩国也具有一定的产品提供能力，但相比于三个主要的产品生产地区，日本、韩国的占比则显得微不足道。

在通信运营商通信网络设备市场，我国已经形成了完整的通信网络设备体系，主要产品进入全球前列。尽管本土市场只占全球市场的15%左右，但我国企业的通信运营商通信网络设备在全球的市场

份额已经达到近30%，仅次于西欧的40%，超过美国，传输系统设备和固定宽带接入系统设备更是超过西欧，在全球占比居首。

（三）企业网设备市场由美国主导

相比于通信运营商通信网络设备的“三足鼎立”现象，在企业网设备市场，美国则占据了更大的优势，思科、惠普和亚美亚3家美国企业就可以占据过半市场，美国企业占整体市场的六成。企业网设备市场的龙头老大思科，在以太网和企业路由器领域，市场份额分别达到60%和71.5%。美国在该领域的主导地位尽显无疑。与在通信运营商通信网络设备市场不同，我国在企业网设备市场的差距十分明显，全球市场份额尚不足5%。

三、全球通信设备市场企业经营情况

（一）通信设备企业的寒冬仍在继续，我国企业表现不俗

虽然伴随着4G网络的建设与光纤宽带拉动的通信设备市场需求的小幅回升，通信设备企业的经营状况略有改善，但改善并不显著。2014年，在已公开发布信息的华为、爱立信、阿尔卡特朗讯和中兴通讯4家企业中，华为实现了15%的同比增长，中兴通讯实现了近8%的增长，但爱立信收入基本与2013年持平，阿尔卡特朗讯的销售收入则略有下滑。

相比于整体的不乐观情形，中国企业的表现不俗。2013年，华为的整体营收已经超过通信设备巨头爱立信，2014年的差距进一步拉大，并且拥有15%的大幅度增长。中兴通讯在经历了亏损、持平之后，在2014年也实现了其年初制定的营收、净利润“双增”的目标。

（二）众多不利因素集中形成影响，通信设备商多条路径应对挑战

受宏观经济环境、通信运营商业绩以及市场激烈竞争等众多不利因素的影响，全球的通信设备市场增长日趋减缓，通信设备企业未来堪忧。面对严峻形势，通信设备企业尝试不同的变革方式应对挑战。

• 以华为为代表：扩大客户群，多元化经营道路在终端和企业业务全面发力。多元化经营打通从后端网络层到前端消费层的整条产业链，其客户不再局限于通信运营商，还包括各企业客户和个人消费客户，市场范围迅速扩大。2011年华为调整业务布局，除了原有的通信运营商网络业务外，还新增了企业业务、终端业务和其他业务，形成了四大业务运营中心，并分别设置各自的经营管理团队，各自按照其对应客户需求的规律来确定相应的目标、考核与管理运作机制，在统一的公司平台上进行差异化的运作和经营管理。

• 以爱立信为代表：紧跟通信运营商步伐，专业化细分道路充分挖掘服务新商机。专业化细分使得传统通信设备制造商转向“设备+管理服务+商业咨询”的综合解决方案平台提供商，将更多的精力和资源投入业务运营和客户服务中去。爱立信在不擅长领域收购一些其他企业，以能够向客户提供一揽子的全业务宽带解决方案，加快全业务战略布局，强化面向未来的融合能力。

• 以NSN（原诺基亚西门子）为代表：立足自身优势，“瘦身”道路大幅削减产品线，专注优势领域。“瘦身”道路是指通过剥离一些非核心业务，从而集中力量专注于某一优势领域，以争夺在优势领域里的领先地位。近年来，NSN不断执行其“瘦身”计划，出售有线网络设备部门、退出WiMax无线设备市场、出售业务支撑系统（BSS）业务等，将业务中心集中在移动宽带方面。

四、通信设备市场发展趋势

（一）通信设备产业短期陷入增长困境，未来市场仍以低速增长为主

通信网络设备产业处于增长困局，近年来其规模在波动中略有增长，预计未来相当一段时间内，这种状况难以得到改善，产业依然只会出现小幅增长，预计近几年的年均增长率将在2%以内。除了宏观经济环境和运营商营收影响外，来自互联网产业的冲击也是未来通信设备市场发展趋势重要的影响因素。互联网企业掌控解决方案的集成、设计等高端环节，通信设备产业沦为产品制造和供应地位，逐渐成为价值链的低端，成本不断被压缩，利润不断被摊薄，通信设备产业走向同质微利时代，产业短期内将陷入增长困境，市场以低速增长为主。

（二）通信设备产业格局仍未稳定，新一轮调整可能出现

2004年以后，通信设备产业增长明显放缓，企业间并购重组频繁发生，形成第一轮产业格局调整，市场中的众多厂商在第一轮调整后数量大大减少。2009年次贷危机带来通信设备投资大幅下滑，若干企业破产或被收购而退出市场，厂商数量进一步减少。伴随着2011年以来的全球经济低迷，通信设备产业再一次面临产业规模增长停滞，成本优势在产业竞争中的作用日益突出。成本竞争促使企业改变多元化的经营模式，重新划定利益边界，剥离非核心业务，向专业化方向发展，以实现在特定领域的规模优势。

尽管全球通信设备产业正陷入低潮，我国的通信设备企业仍然通过自身的不断发展，逐步确立全球竞争优势，成为全球通信设备产业发展的关键力量。在未来，产业持续发展空间不断收紧、产业竞争日益激烈、产业格局不断调整等问题将对我国的通信设备企业发展提出挑战。我国的通信设备企业需要进一步立足成本优势和集成制造能力，积极弥补短板，拓展通信运营商网络设备以外的新市场，探索新的增长空间，推动我国通信设备产业实现大跨步发展。

（中国信息通信研究院　陶泽荣）

通信运维服务业发展概况与未来展望

一、我国通信网络基础设施情况

2014年，我国通信业保持健康发展，全年完成电信业务收入1.15万亿元，按可比口径测算同比增长3.6%。通信网络基础设施建设与运维服务业的发展关系密切。2014年全年网络基础设施呈现如下特点。

（一）移动通信设施建设步伐加快，移动基站规模创新高

2014年，随着4G业务的发展，基础电信企业加快了移动网络建设，新增移动通信基站98.8万个，是上年同期净增数的2.9倍，总数达339.7万个。其中3G基站新增19.1万个，总数达到128.4万个，移动网络服务质量和覆盖范围继续提升。WLAN网络热点覆盖继续推进，新增WLAN公共运营接入点（AP）30.9万个，总数达到604.5万个，WLAN用户达到1 641.6万户。

（二）宽带基础设施日益完善，“光进铜退”趋势明显

2014年，互联网宽带接入端口数量突破4亿个，比2013年净增4 160.1万个，同比增长11.5%。互联网宽带接入端口“光进铜退”趋势更加明显，*x*DSL端口比2013年减少968.7万个，总数达到1.38亿个，占互联网接入端口的比重由2013年的41%下降至34.3%。光纤接入（FTTH/O）端口比2013年净增4 763.9万个，达到1.63亿个，占互联网接入端口的比重由2013年的32%提升至40.6%。

（三）传输网设施不断完善，本地网光缆规模与增长居首

2014年，全国新建光缆线路300.7万公里，光缆线路总长度达到2 046万公里，同比增长17.2%，比2013年同期回落0.7个百分点，整体保持较快的增长态势。全国新建光缆中，接入网光缆、本地网中继光缆和长途光缆线路所占比重分别为46.8%、48.7%和4.5%。接入网光缆和本地网中继光缆长度同比增长16.6%和19.4%，分别新建136.1万公里和160.7万公里；长途光缆保持小幅扩容，同比增长3.4%，新建长途光缆长度达3.8万公里。

通信业的平稳增长为通信运维服务业的发展奠定了良好的基础，我国通信网络基础设施规模、容量和复杂度早已跃居全球第一，这为运维服务业带来巨大挑战。而4G大规模商用、虚拟运营商入局、铁塔公司组建、“营改增”实施、运营商混合所有制“破冰”、网络安全国家战略的提出等年度行业发展热点则为通信运维服务业的发展指明方向并带来重大机遇。

二、我国通信运维服务业总体情况

通信运维服务是一个内涵相对宽泛的概念，本报告的通信运维服务行业特指服务于基础电信运营企业的网络维护服务和网络优化服务的相关行业企业，运维服务主要存在自维和代维两种业态。

（一）基础运营企业的运维成本开支

三大电信基础运营企业2014年上半年运营支出共计5 495.8亿元[1]，同比增长8%左右。其中中国移动2 623.3亿元，同比增长13%，中国电信1 482.1亿元，同比增长4%；中国联通1 390.4亿元，同比增长2.8%。运营支出与收入增长基本同步。

相比运营支出情况，中国移动、中国电信和中国联通三家基础运营企业2014年上半年运维成本开

[1] 根据三家基础运营企业半年报数据整理，下同。

支则同比显著提高。三家企业网络运维成本开支上半年共计超过 1 480 亿元，同比增加 23% 左右。其中，中国移动运维成本开支约 870 亿元，同比增加 18% 左右；中国电信运维成本开支约 380 亿元，同比增加 27% 左右；中国联通运维成本开支约 230 亿元，同比增加 15% 左右。这与三家企业 4G 网络的建设规模密切相关。

（二）通信运维服务市场的服务主体

目前运维服务市场的实业公司、第三方专业服务公司、网络优化公司等通信运维服务企业约有 3 000 多家，其中网络优化服务企业有 400 家左右。截至 2014 年 12 月底，获得网络运维资质的企业（代维服务企业）超过 210 家[1]，具备甲级证书共发放 95 张，其中具有网络运维双甲级资质（基站和线路）的企业有 28 家，甲级资质企业数量同比提升 10%。截至 2014 年 12 月底，我国通信运维服务从业人员约 55 万人，其中基础运营企业约 10 万人，代维企业从业人员有 45 万人以上。

（三）通信运维服务市场的发展规模

2014 ～ 2015 年 4G 网络的大规模建设将拉动我国电信业资本开支的高速增长，基础运营企业运维外包比例将进一步加大，因此国内通信运维服务市场本年度将继续保持较高的增长速度。

按照人均每年 20 万元[2]的收入能力测算，2014 年运维服务市场规模达到约 1 000 亿元左右。预计到 2017 年我国通信运维服务市场规模将超过 2 000 亿元人民币，如图 1 所示。

图 1　全国通信网络运维服务市场规模

三、我国通信运维服务行业展望

2014 年是我国深化改革的一年，信息通信行业更是热点涌现。网安领导小组成立，4G 规模商用，虚拟运营商试水，铁塔公司组建，运营商混合所有制“破冰”，每件事都对整个行业产生深远而长久的影响，对通信运维行业也不例外。总体来说，运维服务业在未来几年将面临如下的机遇和挑战。

（一）网络运维是建设网络强国的重要基础性工作

2014 年年初，中央网络安全和信息化领导小组的成立，体现了中国最高层全面深化改革、加强顶层设计的意志，显示出在保障网络安全、维护国家利益、推动信息化发展的决心。网络安全是事关国家安全的重大战略问题，习近平总书记不仅作出了两个没有的重要论断——“没有网络安全就没有国家安全，没有信息化就没有现代化”，而且深刻阐述了网络安全信息化发展的辩证关系，指出网络安全和信息化是一体两翼，驱动之双轮，必须统一谋划，统一部署，统一推进，统一实施。通信网络是国家疆土的一部分，是国家关键性基础设施。网络运维工作从小处说是保障业务持续稳定，保障国民通信服务的需求。从大处说，也是保障国家网络安全的基础性工作。网络安全是国家信息化推进中出现的新问题，只能在发展的过程中用发展的方式加以解决。要努力实现技术创新和体制机制创新，不断形成维护网络安全的新思路、新方法、新举措。国家特别重视创新建设，面对新任务，不断开拓创新的运维企业将会获得巨大回报。

（二）4G 运维时代全面到来

4G 网络给业务发展带来了新的机遇，同时也给通信网络的运营维护和优化提出新的要求：一是工程速度要求快，任务重；二是组网难度大；三是网络结构的集中化导致风险的增加，带来了技术上的更新，并增大了网络优化的难度；四是网络架构复

[1] 数据源自中国通信企业协会运营专业委员会。
[2] 数据源自2014年行业调研数据。

杂度的提高，多种网络制式的并存不仅将提升运营维护的难度，同时还会增加网络干扰。

对于通信运维企业而言，因4G网络的兴起带来的挑战更显著。一方面，网络维护上出现了更多的技术要求，比如四网协同、网络的IP支持、PTN支持、IMS支持等；另一方面，网络复杂度的提升给通信运维企业的人才培养提出了新的要求。当前，在网络复杂度不断提升的形势下，通信运维企业只有紧握技术发展的脉搏，着力培养一专多能的技术人员，才能适应技术演进和业务发展的需要。只有那些技术水平高、专业能力强的运维服务企业才能在4G时代争得先机。

（三）网络运维市场格局发生重大变化

2014年7月18日，由中国移动、中国电信、中国联通三大通信运营企业出资组建的中国铁塔股份有限公司（以下简称“中国铁塔”）正式揭牌成立。此后数月，中国铁塔快速高效地完成了31个省（区、市）分公司及其地市级分公司的工商注册和人员组建工作。作为专注于铁塔、基站机房、室内分布系统等相关基础设施建设和维护及运营的专业化公司，中国铁塔的组建完成将开启我国铁塔及相关附属设施共建共享的全新模式，也将对我国电信行业探索混合所有制经济产生非常重要而深远的影响。

铁塔公司的业务领域恰恰是通信运维服务企业的重点业务范围。尽管铁塔公司还处于新建初期，在运维等方面的需求并不紧迫，但铁塔公司无疑将给传统网络建设运维带来巨大改变。这将影响未来几年整个市场格局，甚至带来市场的大洗牌。传统的运维服务企业必须快速反应，探索建立与新的市场主体和市场格局相适应的生产组织方式和业务服务体系，不是被市场洗掉，而是抓住机会做大做强。

此外，已经逐渐开展业务的虚拟运营商，特别是已经开放的宽带接入市场，作为一个战略新兴市场，这一领域值得行业重点关注。

（中国信息通信研究院　徐志发）

中国光纤光缆企业国际化的分析

国际化已经越来越受到中国光纤光缆企业的追捧，众多的厂商纷纷实施国际化战略，但国际化的目标、路径等诸多问题仍值得我们探讨。

一、国际化目标的深度思考

近年来，国内光纤光缆行业提及国际化，几乎都会同时涉及产能过剩这个问题。抢夺海外市场，消化国内产能俨然成为中国光纤光缆企业国际化的最主要的目标。经过持续扩产，中国通信光纤光缆产能已经超过 2.7 亿芯公里，大幅超过国内市场需求 1.4 亿芯公里，产能过剩已经成为不争的事实，如图 1 所示。为了充分利用产能，缓解过剩压力，开拓海外市场就成为厂商最直接的选择。

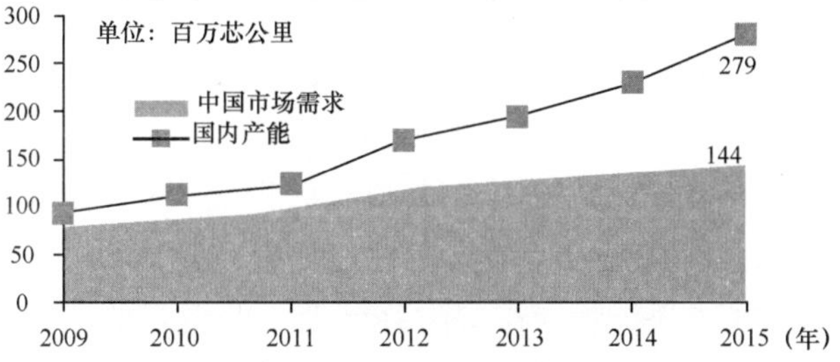

数据来源：CRU

图 1　中国光缆供需分析

然而，中国光纤光缆产业要想实现真正腾飞，企业在国际化方面应该瞄准更高远的目标。中国已经成为全球光纤光缆的产销中心，但在技术研发、企业管理等方面仍缺乏竞争力，对产业链的主导力较弱。我们必须抓住国际化的机遇，在直面国际市场竞争中，不断地吸收竞争对手先进的管理理念、研发体制、市场竞争策略等，融合吸收，提升企业内在竞争力；在此基础上，更广泛地参与全球竞争与协作，增强产业链的主导力，在产业价值链中分享更大的利润；不断提升全球主导力，实现民族光纤光缆的中国梦应该成为企业国际化追求的高远目标。

二、国际化的基础和条件

纵观全球经济动态和光纤光缆产业格局，中国光纤光缆企业正处于国际化的黄金时期，企业自身也已具备走出国门的实力。

首先，全球经济正处于缓慢复苏的上升期，信息消费对经济的拉动效应已经成为全球共识，更快更普及的光网络成为关键支撑。对发达国家如此，对发展中国家更是如此。可以预计，未来 5 年必将成为非洲、东南亚等区域光网络建设的高峰期，光纤光缆市场需求将持续大幅增长，为中国企业国际化提供良好的市场空间。

其次，中国政府鼓励企业走出去，不断加强与多国的外交关系，从国家经济战略层面为中国企业国际化提供最好的条件，也有力地推动着中国光纤光缆企业的国际化。一方面，中国向众多友好国家提供大量支援与合作项目，其中非常大的一部分是基础通信设施建设项目，承建商多为华为、中兴、中通服等国内企业，光纤光缆企业正好与上述企业保持着良好的关系，可以有力地拉动出口；另一方面，中国运营商也正在积极走出国门，作为其主要的光纤光缆提供商，国内企业也可强化与国内运营商海外项目和子公司的合作，争取更大的市场机会。

最后，中国光纤光缆企业自身已经具备相当的实力。中国已经成为全球最大规模的光纤光缆产销中心，近 3 年产销总量全球占比接近或超过 50%，已经形成了完整的产业链布局，掌握了光纤预制棒、光纤、光缆制造的核心技术，生产制造规模优势明显。

三、国际化路径的多元选择

纵观全球经济变革历程，企业的国际化方式是十分丰富的，国际化路径的选择呈现多元化。

在经济学中，国际化是企业有意识地追逐国际市场的行为体现。它既包括产品国际流动，也包括生产要素的国际流动。对此，中国光纤光缆企业纷纷瞄准市场需求仍有较大空间、厂家布局不足的发展中国家区域，谋求在本地建立生产基地，建立办事处实施本地化销售，扩大海外销售规模，并取得了一些成绩。

然而，国际化是一个市场地域的概念，更是一个经营管理的理念。中国光纤光缆企业国际化除在生产基地和客户上跨越地域走向全球外，更应在全球竞争中突破内在机制，实现运营管理的国际化。一方面，国际市场的竞争法则与中国市场相差甚大，企业必须充分了解和认知，调整竞争策略，才能真正适应全球市场竞争；另一方面，市场竞争差异的深层次原因是文化的差异，文化差异也将带来产品需求的差异、客户采购的差异、员工管理的差异等。对此，中国光纤光缆企业必须建立适应多元文化市场和管理的运作机制，实施经营管理的国际化，建立能包容多元文化的跨国模式，优化内部协作机制，满足各区域市场多样化、个性化的需求和竞争。

此外，光纤光缆产业的全球整合已初现端倪，并购与重组将无法回避，因此，在市场和管理国际化的同时，中国光纤光缆企业必须高度重视资本的国际化，借助全球资本运作为企业的国际化赢得更多的先机。

四、国际化未来的思考

中国光纤光缆企业国际化大旗已经摇了好几年，但光纤光缆出口量增长不如预期，企业的经营管理也未见实质转变，其中原因令人深思，更值得后期借鉴。

国际化应该是一个长远的战略布局，而不是一种短视的市场行为。它解决的不应该仅仅是国内相对过剩的产能，更应该是中国企业长久地持续健康发展，是光纤光缆中国制造升级为中国创造的行业升级问题。中国企业往往十分注重海外建厂和国际抢单，而忽略国际人才、生产制造、知识产权的内部布局。国际化需要企业资源与海外市场匹配共进，需要站在更高的视角长久地布局和培育。

国际化应该是光纤光缆产业链的国际化，而不应单纯是光纤光缆制造厂商的国际化。因此，我们的国际化要置于全产业链中，更加充分地利用上游原材料厂商、设备厂商、中国运营商客户等产业链优势资源，建立适应自身国际化需求的全球产业链体系，加速国际化进程的同时扩大在全球产业链中的权重，争取更多的利益分成和产业链主导权，提升民族产业的全球影响力。

国际化是实现光纤光缆产业中国梦的必由之路。国际主流市场和主流运营商是中国企业必须面对的攻坚难题。只有进入国际主流市场和主流运营商，中国光纤光缆企业才能最终融入全球市场，而这需要所有的中国企业去思考和探索。

20多年风雨兼程，中国光纤光缆企业已经占据全球半壁江山。未来，我们如何创造中国光纤光缆制造升级版，在国际舞台上争取更多的戏份，实现光纤光缆人的“中国梦”，需要我们思索与奋进。

（中国通信企业协会通信光纤光缆专业委员会）

企业发展篇

电信运营企业发展概况及特点分析

2014年是电信业变化的一年，这一年有很多值得铭记的事件，包括4G的初次运营、移动转售首次进入市场竞争，以及“营改增”和运营商营销成本压降的实施，还有国家级互联网骨干直联点的增加等。这一年的种种变化也带来了电信业收入增速的转折。总体来说，这一年基础电信业呈现七大特点。

一、基础电信市场进入中低速增长新常态

2014年，基础电信业务收入完成11 541亿元，按可比口径测算[1]同比增长3.6%，已经低于2009年经济危机时期3.9%的增速，也在近5年又一次低于GDP的增速水平，如图1所示。

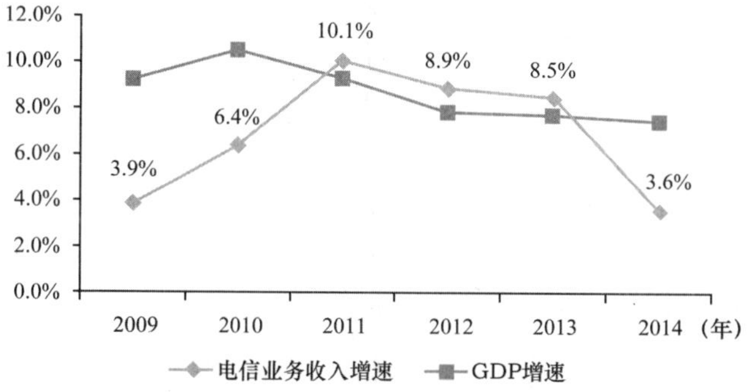

数据来源：工业和信息化部网站，国家统计局网站

图1　2009～2014年电信业务收入增速和GDP增速比较

可以看到，一方面智能机持有量已经处于高位，新增用户对运营商收入的拉动已经比较有限；另一方面，基础电信企业语音等传统业务收入出现负增长，而数据流量以及ICT等新兴业务收入规模和增长仍比较有限（如转型力度最大的中国电信，2014年上半年的固网增值和集成业务占收入比仅为12%，比2013年提升1个百分点），因此基础电信市场的收入增速近几年将与GDP一样进入中低速增长的新常态。

[1] 去除“营改增”影响。

二、中国移动运营4G带来市场格局变化

2014年上半年，由于中国移动为唯一获得4G牌照的运营商，随着市场上4G明星机的争相上线和4G用户的快速发展，中国移动扭转了3G时代的竞争颓势，成为市场上收入增速最快的运营商，2014年上半年运营收入增速7.1%，收入市场份额从2013年上半年的50.1%快速增长到2014年的50.7%，重回2012年的市场地位。

中国电信的运营收入保持稳健的增长态势，公司收入增长5.3%，2014年上半年收入市场份额基本稳定；而中国联通除了受到中国移动4G的冲击外，自身进行业务结构调整，2014年上半年移动2G收入下降16%，比固定本地电话10%的降幅还高，因此2014年上半年的收入增速从2013年上半年的18.6%下降到2014年上半年的3.6%，收入市场份额下降0.5个百分点，到23.4%，如图2所示。

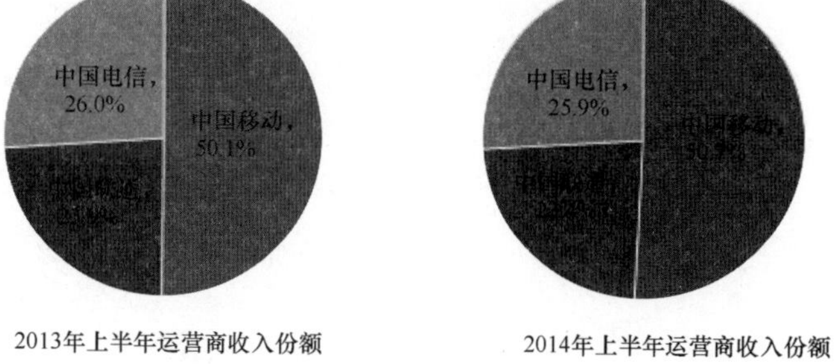

数据来源：运营商半年报及半年推介材料

图2　2013年和2014年上半年各运营商收入市场份额

2014年，三家运营商继续加速进行用户结构的调整，全国2G移动电话用户减少1.24亿户，是2013年净减数的2.4倍，3G和4G的用户总体增长1.8亿户左右，除了从2G迁移过来的用户外，还吸引了不少新增用户。

受到中国移动4G的影响，中国联通的用户增长从2014年上半年的12.5%下降到2014年全年的6%，但整体移动用户份额仍提升0.4个百分点；而中国移动在4G用户增长9 000万的带动下，2014年整体移动用户增速达到5%，移动用户市场份额提升0.3个百分点；中国移动的4G运营对中国电信用户的冲击最大，中国电信的移动用户市场份额下降0.6个百分点。三家运营商移动用户市场份额占比如图3所示。

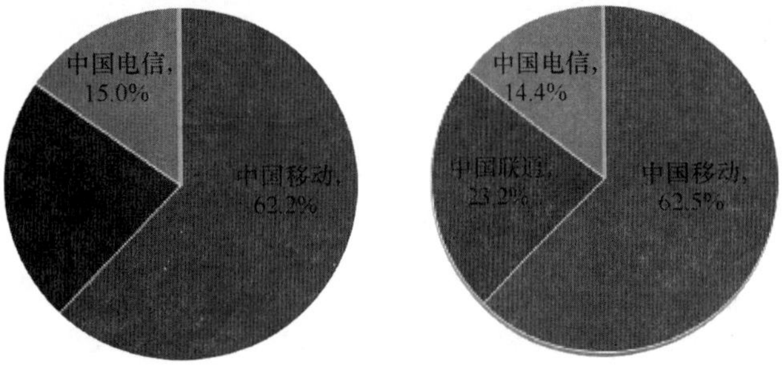

2013年三大运营商移动用户份额　　2014年三大运营商移动用户份额

数据来源：各运营商网站

图3　2013和2014年三大运营商移动用户市场份额

从净利润的情况看，2014年上半年，市场利润结构进一步优化。中国移动由于投入资源进行4G营销，利润份额继续下降4个百分点，而中国电信和中国联通均保持了2个百分点的利润增长，具体情况如图4所示。

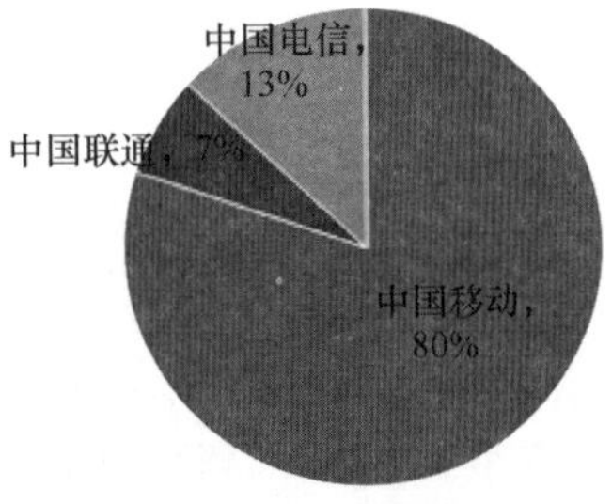

2013年上半年三大运营商净利润份额

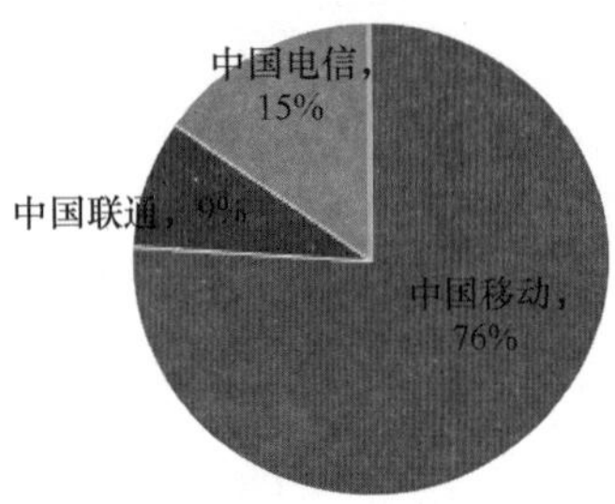

2014年上半年三大运营商净利润份额

数据来源：运营商半年报和半年推介材料

图4　2013和2014年上半年各运营商利润（净利润）市场份额

三、移动转售商影响基础电信市场资费模式

2014年是移动转售商的发展元年，截至2014年年底，工业和信息化部共向42家民营企业（含浙江、广东省内各批复1家）发放了移动通信转售业务试点批文，其中16家正式放号，经过不足半年的发展，截至年底，移动转售用户超过210万。2014年移动转售企业对用户市场份额的影响并不明显，对市场影响最大的体现在电信产品设计和资费模式上。包括京东通信、阿里通信、蜗牛移动等在内的19家移动转售商都结合自身业务优势推出了特色资费套餐，比如阿里通信的通话、短信和流量可以自动互转；蜗牛移动的流量两年不清零、话音免费；京东通信的消费送话音和流量等。

2014年5月，工业和信息化部、国家发改委联合发布了《关于电信业务资费实行市场调节价的通告》，开启了电信资费完全市场化的新时代。在这种背景下，移动转售商的新资费模式也加速了基础电信企业的资费创新，三大运营商的资费套餐纷纷从语音为主的套餐向流量为主的套餐转型，同时推出流量共享套餐、流量红包、流量递延、流量800等多样化的资费形式。广东移动还推出流量充值卡、流量转赠服务等新型产品和服务。

四、4G和高速3G网络的发展，带动短视频和在线游戏等业务的成长，进一步刺激流量的快速提升

在2013年8～9月，新浪和微信推出8～10s的短视频之后，短视频在2014年4G和高速3G网络的推动下快速发展，微视、秒拍、美拍等应用不断跻身短视频市场。根据TalkingData的数据，2014年年底，中国手游设备超过10亿台，比2013年的3亿台增长236%。

短视频和在线游戏等业务进一步刺激用户流量的快速提升。2014年手机上网流量达到17.91亿吉，同比增长95.1%；移动互联网的接入流量消费达20.62亿吉，比2013年提高19个百分点；月户均移

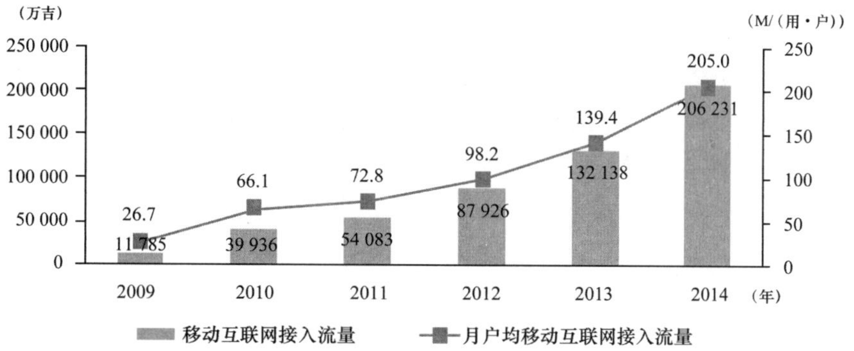

图 5　2014 年全国移动互联网接入流量变化

动互联网接入流量达到 205M，比 2013 年提升 47%，如图 5 所示。

五、“营改增”和营销成本压降带来基础电信企业营销方式的转变

从 2014 年下半年开始实施的“营改增”，以及 2014 年开始连续三年的营销成本压降，促进了基础电信企业营销方式的转变。基础电信企业以传统话音为主的产品在向流量为主的产品转变；校园大成本营销逐步转变为突出品牌宣传和用户自有选择的营销；传统的话费换手机逐步转变为买手机送话费等。

基础电信企业的终端补贴成本和营销成本大幅下降。2014 年，中国移动销售费用及终端补贴全年预计减少超过 200 亿元，中国联通上半年终端补贴成本为 33.3 亿元，同比下降 21%。

六、基础电信业与互联网业加速渗透融合

运营商一方面进入互联网应用领域，比如，中国联通 2014 年 3 月正式发布应对微信的企业“蓝信”业务，中国移动 2 月发布了融合通信路标，打造运营商的社交服务；另一方面运营商也在加强与互联网公司的深度合作，包括定向流量、投资合作等，中国电信董事长王晓初在首届世界互联网大会上更是提出：将中国电信下一步面向互联网转型方向聚焦到 B2I 和 IIT，明确提出在转型中将加强与互联网公司合作，按照不同业务的属性提供不同网络质量，将互联网业务做得更好。

随着基础电信业与互联网业的加速融合，电信运营商的传统前向收费思维模式也在逐步向互联网的免费模式和后向收费模式转型，比如，2014 年广东移动推出的流量红包、流量 800；中国联通过年向 3G 用户免费赠送 500M 流量、对存量客户赠送网龄升级流量等。思维的转型，不仅带来更好的客户感知，同时也让运营商的转型道路走得更为实际。

七、新增直联点促进宽带提速，宽带接入薄弱环节不断完善

随着宽带中国战略的不断推进，中国电信和中国联通的宽带建设不断提速，但是跨网访问速度一直由于直联点数量的局限难以提升。2014 年 11 月，沈阳国家级互联网骨干直联点正式开通后，标志着工业和信息化部 2013 年批准增设的成都、武汉、西安、沈阳、南京、重庆、郑州 7 个新增直联点全部开通，跨网访问再也不用绕道“北上广”，用户网速将大幅提升。可见，随着国家宽带建设的持续推进，宽带接入的薄弱环节，比如跨网访问资源、普遍接入等问题都将不断完善。2015 年，预计随着驻地网开放等宽带市场的进一步开放，会进一步提升宽带市场竞争的多样化。

（中国信息通信研究院　卢玥　陈磊）

中国电信发展分析

一、互联网化转型

中国电信是第一家提出互联网化转型战略的运营商，有了战略的指引，中国电信从营销思维、运营机制、产品和服务以及平台等方面全方位互联网化，转型非常彻底。

（一）明确互联网化转型战略，全面打造一个新型中国电信

2014年上半年，中国电信明确了互联网化的转型战略，并提出互联网化转型路线图：在基础业务领域，用互联网思维、方法进行改造升级，快速形成互联网化运营商的差异化优势；在新兴业务领域，借助自身作为电信运营商的优势，按照互联网规律，推进市场化进程，通过集约快速提升新兴业务的市场地位。同时，中国电信以基础业务及服务的互联网化运营、基础网元、公众互联网应用、政企信息化应用、云和大数据以及企业IT运营等多个方面的互联网化改造升级为重点，全面打造一个新型的中国电信。

中国电信是第一家把互联网化上升到战略层面的运营商，明确提出了遵循互联网思维和规律，并将基础业务和服务的互联网升级作为重点。这些对于传统通信运营商来说是难能可贵的，也比原来仅仅与互联网企业合作推业务、合资成立公司等，更为推进了一步。

（二）通过混合所有制，经营权外放发展移动互联网业务

2014年5月，中国电信正式宣布启动混合所有制改革。6月，中国电信游戏业务公司炫彩互动网络科技有限公司（以下简称“炫彩互动”）引入顺网科技和中国文化产业投资基金作为战略投资者。截至2014年年底，中国电信的视讯、易信、阅读、游戏等4家公司已实现混合所有制，股权融资7亿元。

电信运营商的传统运营模式不擅于以运作速度和草根精神见长的移动互联网业务，混合所有制是“借力”举措，引入具有新型机制的民资公司，借船出海。因此，中国电信提出，在采用混合所有制的新兴业务公司中，将不会根据股权来分配经营权，而是将经营权交给更具专业能力和业务运营能力的合作方。这样可以更好地发挥混合所有制业务公司的灵活性，有望使业务在短期内做大做强。

（三）向互联网思维转变，发展iFree卡

2014年，中国电信各省公司纷纷在网上营业厅推出iFree卡，这款移动卡0月租，本地本网免费通话，有些省签到可免5元功能费，每月赠送30M流量，流量一年不清零，同时9.9元可增500M流量。

这种电信产品的设计思路源于两个方面：一方面是学习了虚拟运营商0月租、无合约免费使用、流量不清零等提升客户满意度的设计元素；另一方面是通过网上营业厅抢购的方式发放，让客户感觉产品的稀缺性，提升购买意愿。

（四）产品和服务互联网化

1. 基础业务互联网化

基础业务向互联网化迈进，推出个人定制、一卡双号、安全手机等移动产品，实现套餐可自定、流量可转赠、语音和流量可互转。新兴业务加速产品迭代和市场拓展，推出流量800、流量宝等后向产品。

2. 不断深入互联网金融领域，推出添益宝和天翼贷等跨界产品

中国电信天翼电子商务公司在2011年上线翼支付平台，用户开通翼支付账户并储值后，可进行远程支付和现场支付。作为中国电信转型创新的重点业务之一，翼支付经过3年的发展，已初步形成具有广泛用户基础并为行业及社会各界所瞩目的移动支付和现代金融企业群雏形。2014年翼支付发展迅速，上半年翼支付交易额1 300亿元，同比增长1.7倍。2014年9月，翼支付用户数突破1亿户，较2013年的5 800万户增长了72%，累计商户数也近十万家。

其中一个具有运营商优势的是天翼贷业务，它可为通信产业链上下游中小企业提供基于大数据的融资解决方案，帮助客户解决在业务发展过程中面临的资金短缺问题。目前，翼支付已面向全国电信终端销售商推广天翼贷业务。2014年，天翼贷累积交易额突破7亿元。

2014年，翼支付平台上线账户余额理财服务——添益宝。通过将支付账户和理财账户进行整合的方式，让客户消费和理财两不误，享受到互联网金融的便利和收益。在业务初期，添益宝主要通过民生银行直销银行如意宝产生收益。

3. 服务渠道互联网化

强化新型渠道服务能力，线上集约运营力度加大。天翼客服用户超过2 000万户，服务量3.6亿；新媒体客服用户超过1.2亿户，月均服务量8 000万；IM客服累计服务客户近9 000万户。

（五）打造互联网化平台，落实电信新三者定位

2014年1月，中国电信发布综合平台，综合平台汇聚了中国电信智能管道能力，为互联网应用提供业务发展所需的各种基础设施服务。用户可享受一号通行、特权共享、便捷支付等移动互联网服务，而互联网公司则可享受综合平台上开放的智能提速、代扣支付、网络通信、定位能力、身份认证、流量合作等能力，同时获得有价值的用户群体以及应用分发和转化能力。

综合平台落实了中国电信提出的“智能管道的主导者、综合平台的提供者、内容和应用的参与者”新三者定位。其能为互联网企业和最终用户搭建共赢的平台，同时如同互联网公司的平台一样，达到聚焦客户群控制网络入口的目的。

二、新兴领域差异化产品逐步显现

中国电信提出2014年聚焦5类重点产品的目标。第1个是NFC产品，目标是新增600万手机钱包，民生应用达3 000万；第2个重点产品为易信，从2013年8月至今已经拥有4 000万用户，2014年目标为新增1亿用户；第3个产品为翼校通，融入NFC，新增用户目标为800万；第4个重点产品为智慧家庭，目标为新增用户200万；第5个重点产品为智慧企业+智慧商户，目标为新增500万用户。

除此之外，中国电信的差异化业务就是IT服务和安全类产品。下面重点介绍2014年新出现的智慧家庭和安全类业务，以及为公司带来规模收入的IT服务。

（一）基于宽带优势聚焦智慧家庭产品

2014年7月，中国电信推出智能家庭新产品“悦me”，其中第一大产品是智慧家庭融合产品“悦me智能机顶盒”，以智能终端和智能应用为核心，以光宽带为接入方式，构建家庭信息化一揽子解决方案，为家庭用户提供影音娱乐、民生应用和智能网关应用三大类服务；第二大产品是年底与合作伙伴创维等合作推出的“悦me智能电视”。

中国电信的“悦me”特色：一方面充分利用了中国电信有线宽带业务的优势，电信有线宽带用户总量达到1.04亿户，在宽带用户市场份额稳定占据50%以上的份额，如图1所示，其中光纤到户(FTTH)用户数达到3 300万户，用户占比约32%，较2013年底提高5个百分点；另一方面，“悦me”与其他机顶盒服务的主要差异在于民生应用服务，这类服务可以充分利用电信114等应用产业链的优势，为客户提供医疗、订餐、家政、车辆违章等信息服务。

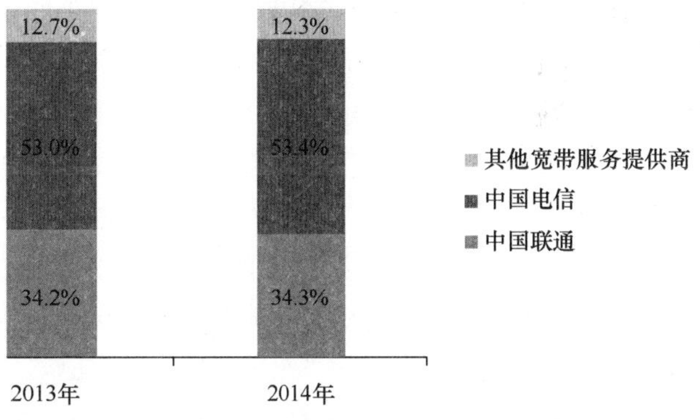

数据来源：各运营商网站，工业和信息化部网站（工业和信息化部宽带用户数—中国联通宽带用户数—中国电信宽带用户数＝其他宽带服务提供商用户数）

图1 2013和2014年宽带服务提供商用户市场份额

（二）提供安全系列产品和服务

由于电信CDMA网络天然的军用安全性特质，再加上近两年互联网安全问题频出，中国电信成为目前对用户信息安全最为重视的运营商。

1. 与合作伙伴一起提供安全手机

2014年11月，中国电信联合酷派发布了首款安全旗舰手机——铂顿。手机具有安卓和安全系统双系统硬件隔离、芯片硬加密、一键硬关闭等高级安全配置。主要的通信联系人、短信、彩信等全部放在安全系统里。

此款安全手机的安全性体现在手机安全、网络安全、技术安全3个方面，把终端本身安全、通信网络安全、远程服务安全3个环节整合成一套完整的安全手机产品及服务。安全手机的特色在于中国电信独有的加密通信能力和专线传输，可以提供高等级的基础网络安全保障，保证语音、短信等基础通信安全。

2. 引导用户使用安全软件

引导用户选择安全可靠的应用软件。在实体营业厅辅导站引导用户通过正规途径安装安全软件，提醒下载不明来源软件可能会存在的风险，对政府相关部门明确指出的不良软件名单进行公示提醒。

（三）IT类服务为电信带来规模收入增长

中国电信是IT服务做得最早、最好的运营商，从2014年上半年看，固网收入增长部分已全部由固网增值和集成信息收入带来，宽带和出租等其他收入只够弥补固网语音下降部分。而在固网增值和集成信息收入中，IT业务和应用收入的增长占到收入增长的55%，因此我们可以说，IT类服务为中国电信带来了收入的关键增长，如图2所示。

（四）短板补齐，收入结构趋于合理

1. 在补齐短板的道路上不断前行

中国电信2014年持续大力进行移动网络的建设，同时不断加强终端的产业链合作，打造移动的健康生态系统。

在2014年2月，中国电信获得FDD和TDD混合试验网牌照之后，加速进行4G基站的建设，到年底4G基站约14万个，分布系统8万套，比中国联通年度新建基站数多出一倍，也在逐步缩小与其他两家移动运营商的差距。

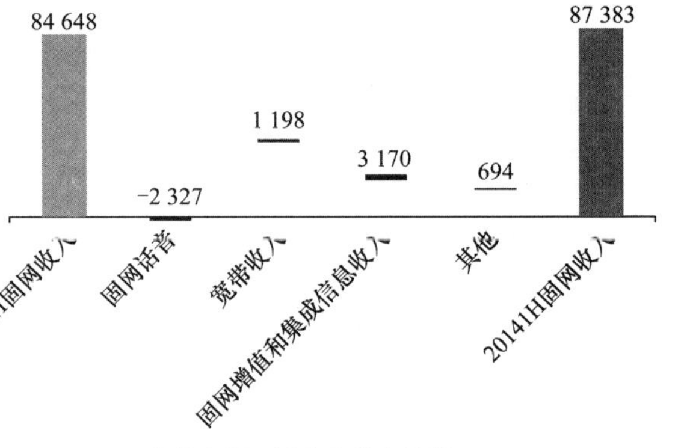

数据来源：运营商推介材料

图2　2014年上半年固网收入同比增长情况（百万人民币）

2014年，中国电信终端销售达到8 500万部，虽然仅比2013年略高，但是在市场向4G转型的过程中，能够获得这样的成绩已然不易，特别是中国电信还有电信制式特有的麦芒、铂顿等旗舰机型，随着2015年中国电信获得FDD牌照，以及向渠道商提供更多补贴和服务，相信中国电信在4G移动业务的发展上能更快前行。

2. 收入结构趋于合理

中国电信自2008年收购CDMA网络，获得移动业务之后，2009年移动业务收入占比仅有17%，而截至2014年上半年，公司移动收入占比已经接近50%，其中移动业务收入占比也有35%，如图3所示。这说明经过几年的发展，中国电信的移动短板已经逐渐补齐，再加上固网数据类业务的快速发展，收入结构趋于合理。

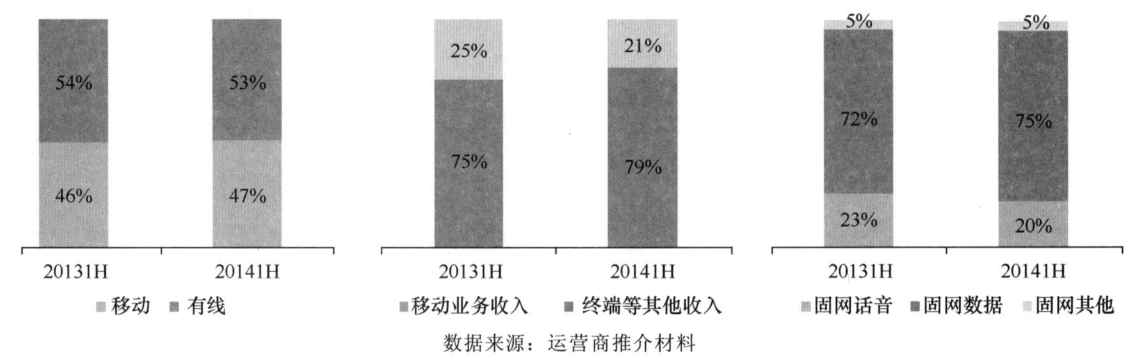

数据来源：运营商推介材料

图3　2014年上半年中国电信收入结构

（中国信息通信研究院　卢玥　陈磊）

中国移动发展分析

中国移动2014年的关键词是4G发展、跨界转型和集中化。

一、4G跨越式发展

2014年是我国发展4G用户的初年，中国移动在这一年逆转3G时代的颓势，实现了4G用户的超常规发展，而且在2015年，中国移动还提出将建成并开通100万个4G基站，并将4G用户规模增至2.5亿户，可以想见，2014年的4G大发展还将延续到2015年。

（一）4G基站超速建设

2014年，中国移动建成了世界上最大规模的4G网络。截至10月底，已经投入运营的4G基站总数达到57万个，部署并开通了65万个基站（占全球4G基站总数的近40%），覆盖10亿人口。

这与3G时期的TD-SCDMA三年23万个基站（截至2012年4月）的建设速度相比，可谓超快速。

（二）4G用户实现跨越发展

中国移动的4G客户数快速增长。截至2014年12月，中国移动4G客户数超过9 000万户，占中国移动总用户数的11%，如图1所示，与3G时期4年TD-SCDMA用户才超过9 000万用户的发展速度相比，也是非常令人吃惊的高速。此外，10%的渗透率也是用户进入大众普及期的门槛，进入10%后，用户还会更快速地扩散，预计2015年，中国移动的4G用户发展速度还会加快。

（三）带动流量快速增长

从分制式的用户DOU（单用户每月流量）看，4G用户DOU基本是3G用户的5倍，2G用户的10倍，如图2所示，因此，随着中国移动2G和3G用户向4G的迁移，以及其他4G新增用户的快速发展，中国移动的流量快速增长。2014年上半年移动数据流量同比增速91%，高于2013年全年82%的增速近10个百分点，如图3所示。

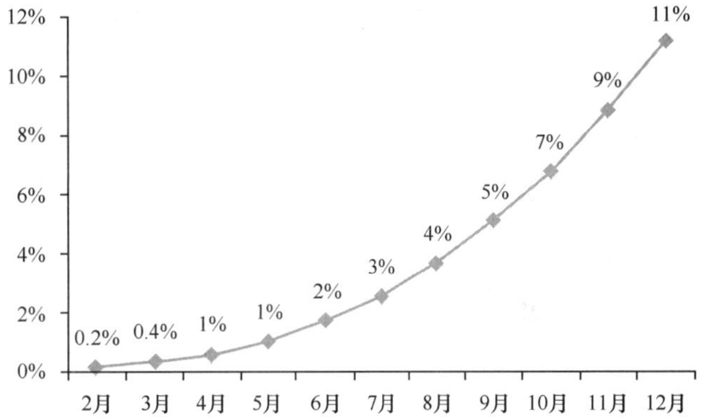

数据来源：中国移动网站

图1　2014年中国移动4G用户占总用户比例变化

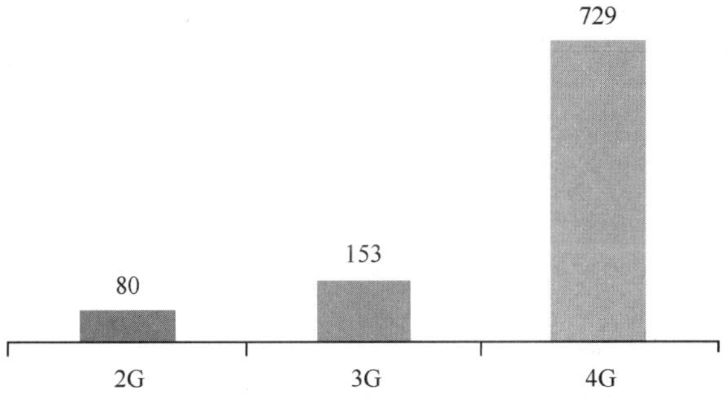

数据来源：中国移动2014年上半年推介材料

图2　2014年上半年中国移动用户分制式DOU

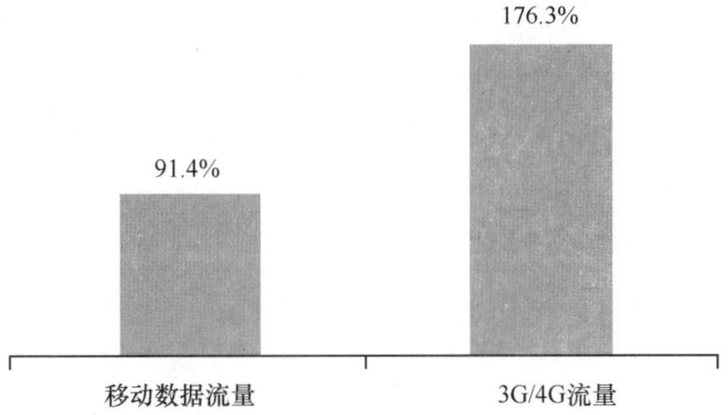

数据来源：中国移动2014年上半年推介材料

图3　2014年上半年中国移动移动数据流量和3G/4G流量增速

二、跨界转型

（一）成立内容运营公司——“咪咕”

2014年8月，中国移动决定整合旗下音乐、视频、阅读、游戏、动漫五大内容基地业务，成立新媒体公司。2015年1月，新媒体公司——中国移动咪咕文化科技有限公司正式宣布挂牌成立，作为负责中国移动数字内容领域的产品运营和服务一体的专业子公司，公司的目标是汇聚各种新媒体内容，为中国移动用户提供内容服务。新媒体集团公司与各省公司采用市场化结算机制，新增信息费采用“省公司 : 新媒体集团公司 =15 : 85”模式结算。

媒体产业是与传统电信产业不同的一个领域，很多国外运营商也意识到必须跨界进行内容的掌控，才能避免成为“哑管道”运营商。比如，法电在2010年就提出应该掌握内容源，为消费者提供内容；日本NTT Docomo2015年三大中期愿景之一就是通过行业与业务的融合创造新的价值，而融合领域收入中近30%将会来自媒体 / 内容领域。

当前随着用户流量使用的增多，用户对内容型业务的需求越来越旺盛，从图4也可以看出，中国移动的内容型收入增长很快，未来随着新媒体公司运作模式的逐步调整和成熟，内容型收入会持续快速增长。

（二）发布融合通信路标，争夺互联网入口

2014年初，中国移动提出了以“新通话”、“新消息”和“新联系”为核心的融合通信发展战略，并于2014年2月在巴塞罗那发布了《下一代融合通信白皮书（2014）》。“新通话”以VoLTE为核心，增强用户通话质量和体验；“新消息”以RCS为基础，融合多种媒体和消息格式，无缝与传统短 / 彩信互通；“新联系”基于网络通信录扩展联系人类型，为用户提供个性化的信息设置、第三方信息服务及接入物联网设备的入口。

2014年12月，中国移动发布了“三新 · 和”手机，手机搭载“新通话”、“新消息”、“新通信录”三大核心功能。基于融合通信手机的逐步成熟和规模商用，中国移动希望未来能实现：融合通信“三新”成为全球基础通信方案、“三新”业务跨运营商的互联互通等目标。

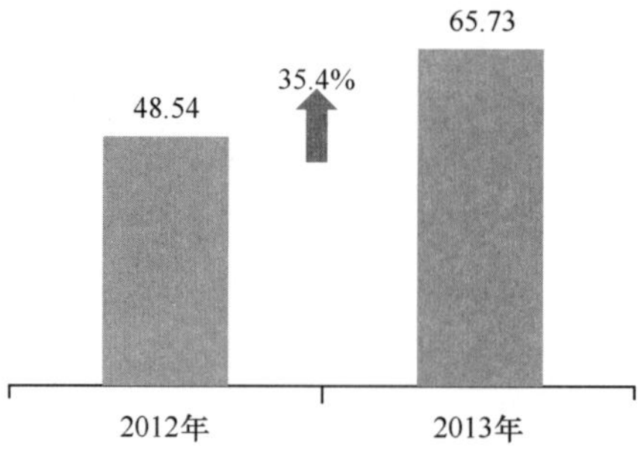

数据来源：中国移动2013年度推介材料，其中内容型收入包括音乐（不含彩铃）、阅读、视频、游戏和动漫

图4 2012～2013年中国移动内容型业务收入（亿元）

从中国移动的运营数据看，中国移动传统业务受到的冲击比其他两家运营商更大。从通话时长看，上半年中国移动通话分钟数已经负增长，而全国正增长2%；从短信业务量看，上半年中国移动短信业务量同比负增长20%，比全国短信业务量下降得更快，如图5所示。在这种情况下，中国移动只能选择主动与互联网业务进行整合转型，从而有效争夺移动互联网入口。

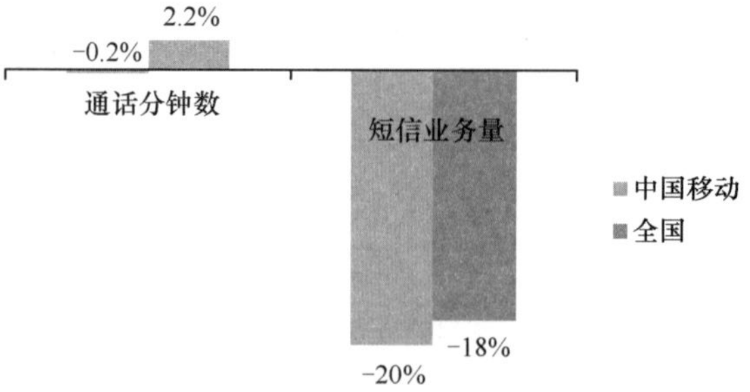

数据来源：中国移动年报、工业和信息化部

图5 2014年上半年中国移动和全国通话时长和短信业务量增速对比

中国移动以上的两大跨界运营，也是为未来第三条曲线——数字化服务做的探索。中国移动在2014年12月提出了“三条曲线”的发展模式：“第一条曲线”是语音，已经出现了下滑；中国移动正在积极从事“第二条曲线”流量经营，目前正处于语音经营向流量经营转变的过程中，利器即为4G；“第三条曲线”即数字化服务，数字化服务要求运营商打造好共赢的生态环境。

三、集中化

首先，4G运营做到了集中化，4G统一产品、

统一资费、统一门户、统一服务、统一营销、统一传播；其次，集团层面成立专业公司也是向集团集中化架构转变的一步；同时，集中化基础设施在逐步发挥作用，包括数据中心、呼叫中心、研发中心、南方基地、五大物流中心等；最后，对于属地特征明显的渠道、政企、校园等进行集中化管理。这些集中化运作有效提升了运营的效率和效益。

（一）4G 运营的集中化

中国联通在 3G 时期提出 3G 业务“统一品牌、统一业务、统一包装、统一资费、统一终端政策、统一服务标准”的六统一策略。中国移动的 4G 运营正好也是六统一，不同的就是将联通的统一品牌和统一包装放大到移动的统一传播，同时，强调统一的 10086 门户。

在六统一中，对中国移动而言最大转变的就是 4G 的全国统一资费和产品。当前，中国移动的 4G 统一产品和资费包括：“和”4G 套餐、4G 加油包、4G 自选套餐和 4G 数据终端资费套餐。

（二）渠道的集中化

随着电信业进入流量经营时代，渠道的核心任务就开始从卖卡号逐步转变为卖终端和业务，因此移动的自营厅向连锁卖场型渠道的转型就提上日程。中国移动开始逐步实施渠道管理的统一化和标准化，截至 2014 年上半年，营业厅的集中管理已经扩展到 244 个地市。

四、从流量服务和消费安全两方面深化提升服务质量

（一）提升 4G 和流量服务能力

1. 优化 4G 换卡服务

为最大程度方便客户使用4G，中国移动推出“两不一快”服务，即“不换号、不登记、快速换卡”。客户除了可在营业厅免费换卡外，还可通过网上营业厅或拨打 10086 热线申请换卡，客户获取 USIM 卡后，可快速、便捷换卡。

2. 持续优化 4G 资费

一方面，持续推动全网统一的 4G 资费体系落地实施，原全球通上网套餐、商旅套餐客户可以直接享受“4G 升舱计划”，套餐月费不变，流量增加 2 倍以上；另一方面，积极拓展国际及港澳台漫游流量 3/6/9 元资费的覆盖范围，2014 年 10 月 1 日服务范围新增 63 个国家和地区，新资费平均降幅 82%，覆盖 99% 的漫游出行客户。

3. 建立流量服务保障体系

推出 2G/3G/4G 统一的流量提醒服务，建设流量实时提醒系统，降低省内流量提醒延迟；除短信提醒方式外，为客户提供 10086 飞信公众号和微信服务号、手机营业厅等更加便捷的互联网流量提醒和查询服务。

4. 借助互联网提升服务能力

中国移动通过组建在线服务公司，使互联网服务集中化、专业化。2014 年，中国移动推出“中国移动 10086”微信服务号、“中国移动 10086”微博、“手机营业厅”、“10086 客服邮箱”等新型互联网服务渠道。截至 2014 年 12 月底，“中国移动 10086”微信服务号客户量近 95 万、“中国移动 10086”微博粉丝量近 1 700 万、手机营业厅覆盖客户超 5 000 万，月均受理客户咨询投诉近 10 万件；依托 139 邮箱，还推出 10086 电子邮箱服务，月均服务客户 3.1 亿人次。

（二）保证客户消费安全

1. 落实自有应用商店安全责任

组织各公司及游戏、视频、动漫、阅读、音乐、MM 等产品基地建立自有应用商店的开发者真实身份信息验证、应用上线安全检测、安全审核、社会监督、恶意程序下架等制度，对于涉及恶意扣费、捆绑下载、违规收集使用客户信息等行为的产品关停和处罚。目前自查和梳理了近 7.1 万款应用和程序，下架及退回涉及恶意行为的应用 90 余个。

2. 完善客户端服务保护举措

持续优化和完善“0000 统一查询和退订”、“业务扣费主动提醒”、“二次确认”等增值业务透明消费举措，“0000 统一查询和退订”服务月均使用量 4 500 万次，扣费提醒短信月均发送量 5.5 亿条。

（中国信息通信研究院　卢玥　陈磊）

中国联通发展分析

从中国联通2014全年的运营看，中国联通2014年的关键词是客户深度运营、平台化转型和重点行业信息化突破。客户深度运营主要体现在注重客户体验提升、客户维系和价值提升三方面，中国联通这一年全面实施“移动宽带领先与一体化创新”战略，继续精品网络的建设，打造完美的用户体验，在中国移动4G的强势竞争下仍保持了移动用户市场份额的持续增长；中国联通提出从管道化向平台化转型的思路，除了继续加强Wo+开放平台和APP产业聚合外，这一年开通了沃易购B2B电商平台和流量银行平台；在集团信息化方面，中国联通的重点行业用户上半年增长超过1 000万户，实现突破。

一、客户深度运营

（一）精品网络建设

2014年，虽然中国联通的4G策略有一次调整，从年初的3G/4G一体化发展策略，调整为11月的双4G发展策略，但是总体来说联通仍秉承移动精品网的发展思路。从3G网络看，一方面，中国联通整体规划2014年内完成全国360多个城市3G网络的42Mbit/s升级，另一方面，中国联通在年底还完成了世界首次HSPA+63Mbit/s网络现网测试，在4G网络没有规模建成的情况下，3G网络仍然是语音和数据的全业务高速承载网络；从4G网络建设看，截至2014年年底，中国联通已经获得在56个城市开始FDD/TDD混合组网试验的许可，移动宽带网络乡镇覆盖率达到100%。2014年上半年，新增4G和3G基站8.4万个，总数达到49.1万个。同时进行LTE+42Mbit/s产品的终端定制。

此外，从有线宽带网络建设看，宽带用户普及进一步加快，2014年，固定宽带用户4Mbit/s及以上宽带用户占比达到88%，8Mbit/s及以上宽带用户占比达到35%，FTTH用户超过2 000万户。

（二）移动宽带用户升级

2014年，受到中国移动4G的激烈竞争，一方面中国联通在存量保有上大下功夫，对3G用户推出“客户网龄升级计划”，对选用3G套餐的用户赠送流量，对选用4G套餐的用户赠送短信，使得联通的用户数在中国移动4G的竞争中全年仍保持6%的增长，用户市场份额有0.4个百分点的提升。另一方面，通过4G套餐、流量门户和流量银行等方式进行用户价值提升，让更多用户迁移到3G，3G用户占比在2014年底已经达到50%，此外，2014年上半年，移动宽带用户流量DOU提升了29%，达到217MB/月，如图1所示。

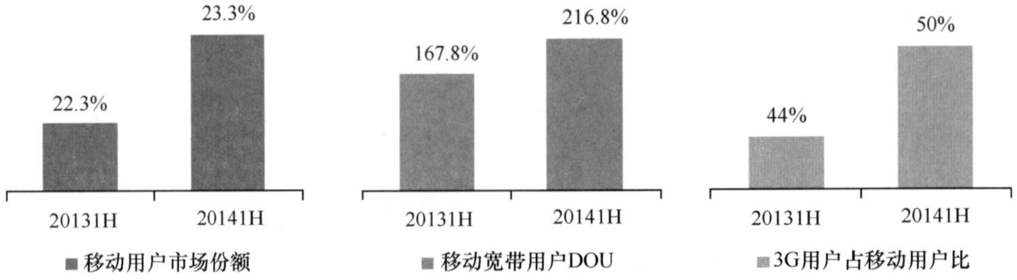

数据来源：运营商年报

图1　2014年上半年移动用户份额、DOU和收入占比与2013年对比

（三）提供跨界增值服务

继 2013 年与腾讯合作推出微信沃卡之后，2014 年 6 月，广东联通再度选择与 BAT 中另一家互联网巨头百度推出“沃百富”理财产品；10 月，上海联通正式加入“沃百富”。这款属于货币基金类的互联网金融理财产品，因为跨界而具备很多其他理财产品不具备的优势，比如产品可与联通的话费及合约机服务紧密结合，用户参与预存话费、购买定制机等活动交纳的资金，都可用于投资该产品，带来理财收益。

这款产品属于利用双方优势的互补性产品，在产品发展中，中国联通可以充分发挥营业厅等线下实体渠道、定向流量、移动存量客户群的优势，而百度则可以提供更为专业的在线服务，同时提供百度钱包的支持。这款产品对于中国联通来说，属于用户在手机预购业务、预存话费等常规通信套餐服务外，额外增加的真金白银“增值服务”，对于发展高 ARPU 值用户、稳定现有用户体系、减缓中国移动 4G 冲击都有现实意义。

（四）建设服务责任追究的大服务体系

1. 重点业务服务提升

中国联通宽带服务品质进一步提升。持续落实固定宽带业务“限时装机、限时移机、限时修障”的“三限时”公开服务承诺，通过细化用户服务标准、加强维护队伍建设、完善宽带测速服务等举措，宽带客户感知持续改善，宽带承诺服务达标率达到 99.8%，比 2013 年提高 4.8 个百分点，宽带测速用户合格率达到 98.6%。针对客户反映移动宽带上网流量单价高、不敢用、资费套餐复杂等热点问题，中国联通创新实施流量“双封顶、放心用、半年包”等服务，还推出新的移动宽带一体化套餐产品。

优化营业厅服务机制。提供自助排队查询服务。聚焦营业排队时长问题，在全国 4 800 多家名单制自有营业厅开通免费 Wi-Fi，方便客户手机上网，并上线电子渠道营业排队查询功能，方便客户远程实时查询排队情况。

2. 提升电子化服务能力

拓展新型互联网渠道。新增手机版迷你营业厅，提供一体化的迷你厅代理商服务专区，月使用用户数突破 3 000 万户。“@ 中国联通客服”官方微博累计响应客户咨询、投诉等诉求 5.4 万件，发布实时预警信息 4 525 条；开通微信订阅号“中国联通客服”，发展好友数超 30 万人，推送内容平均阅读率达 12.2%。

实施互联网开放知识库。与“百度知道”平台合作，解答客户咨询，初步形成客户自助、互助及企业人员帮助的新型知识服务模式，截至 12 月底，互联网用户累计访问人次达 1.2 亿次，累计开放问题超 20 万个。

二、从管道化向平台化转型

中国联通提出了运营商从管道化向平台化转型的新思路，因此 2014 年，除了继续加强 Wo+ 平台的开放和 APP 产业的聚合外，中国联通还推出了沃流量门户、流量银行平台、沃易购终端 B2B 电商等平台，希望更加开放地聚合互联网企业、中小渠道商等产业链关键主体。

（一）Wo+ 能力开放平台持续发展

中国联通 Wo+ 能力共享平台通过能力开放的方式，聚集庞大且离散的合作伙伴，使其参与产品创新、业务开发和营销创新，提供丰富的产品和应用满足用户需求，从而建立多方共赢的局面。2014 年，Wo+ 平台与互联网企业携手开展多方面的合作，包括 Wo+ 流量私人订制、Wo+ 渠道开放共赢、Wo+ 计费共同创富等。截至 2014 年上半年，Wo+ 开放平台已经接入 100 余家合作伙伴的超过 300 款应用。

（二）沃流量门户和流量银行成为典型的企业—用户平台型产品

1. 沃流量门户

中国联通“沃流量”门户于2014年3月正式启用，致力于为互联网企业提供流量业务合作服务。互联网企业可通过门户购买流量，流量业务包括：定向前向流量、定向后向流量、非定向前向流量、非定向后向流量。合作伙伴可根据自身业务灵活选择合作模式，提升品牌潜在价值；也可以作为销售渠道进行线上转售，创造新的企业价值链。

“沃流量”门户是一个典型的平台型产品，它以流量业务为依托，将互联网企业和最终用户一起吸引到这个战略平台上。最终用户不用花钱购买流量，只需要参加门户上的“送流量”活动就可获得免费流量，因此它不仅为企业打造了一个融合平台，也为企业吸引了一批高质量、有黏性的用户群体。用户获益越大，企业收益也越大。

2. 流量银行

2014 年 11 月，中国联通正式推出“流量银行”产品，它是一个针对 3G、4G 用户的流量管理与交易平台，用户能够通过其享受流量查询、存取和购买等服务，富余流量还可以转赠他人；此外，用户还可以参加流量平台上企业的推广活动，随时随地免费赚取流量；未来，用户甚至还可以将第三方积分与流量相互兑换，用流量来行购物结算，真正实现流量的货币化功能。

对于入驻流量银行平台的企业来说，可以通过设计各种创新营销推广活动，吸引用户积极参与互动和分享，提升企业推广效率。此外，中国联通还为合作企业提供基础技术和大数据服务，通过用户的地理位置、终端类型、消费水平、浏览习惯等数据，分析预测消费者的社会属性、兴趣偏好、消费能力等，帮助企业快速找到大规模、高质量、有价值的目标用户群体，有效评估营销推广成果。因此，流量银行也是一个同时吸引企业和用户的平台。

（三）“沃易购”终端 B2B 电商平台是典型的渠道商平台产品

2014 年 10 月，“沃易购”电子商务平台全国正式上线。“沃易购”电子商务平台利用互联网手段实现终端产品的“集中化、扁平化、透明化、端到端”的运营。“沃易购”是只面向渠道商的平台，在渠道商中，一类是联通战略伙伴或签约商；另一类是全国各地有经营资质的门店或实体通过申请，加入“沃易购”的平台。销售商通过平台，可以对智能手机、电话卡等产品进行一站式、透明的采购。2014 年 10 月 14 日，全国 30 个省分公司全面接入，截至 10 月 20 日，沃易购平台注册中小企业达到 16.6 万家，交易号卡和终端双双超过 300 万，累计交易金额超过 30 亿元。

“沃易购”平台整合了全国范围内的终端厂商、渠道商和代理商。这种利用互联网手段聚合资源、重塑渠道的做法，对于整个产业是值得借鉴的。

三、重点行业信息化实现突破

经过三年的实践，中国联通打造了城市管理、移动执法、汽车信息化等超过 50 项的行业信息化应用标杆产品，聚焦电子政务、教育信息化、远程保健与电子病历、汽车信息化、司法矫正、智慧城管、工地及国土资源监控、社区金融及展业应用、可穿戴装备及智能表具、移动传媒十大热点领域，推出班班通、企业蓝信、互动宝宝、融信通、移动传媒、企业移动数据 800 等创新应用产品。

2014 年，中国联通大力推广蓝信应用，一年左右时间已经覆盖 100 万左右用户；同时，中国联通在北京、河北、山西、内蒙古、吉林、黑龙江、山东、河南、江苏、浙江、福建、广东、重庆、四川、云南、甘肃等省（区、市）的 100 多个城市全面铺开智慧城管项目建设，推动了 ICT 业务及智能终端快速增长；此外，截至 2014 年 3 月，汽车信息化已发展 380 万户，无线监测与监控灰到 560 万户、移动办公及移动执法达到 1 400 万户。

到 2014 年上半年，重点行业应用客户相比 2013 年年底新增 1 000 万户，已达到 4 938 万户，同时多样化领域获得突破。

（中国信息通信研究院　卢玥　陈磊）

腾讯公司发展情况分析

2014 年，腾讯公司通过在移动社交平台、游戏平台、媒体平台、电子商务、在线支付及地图信息服务等领域的全面深化发展，进一步加快了公司在互联网各领域的发展速度。

截至 2014 年第三季度，腾讯公司总收入为 579.46 亿元人民币（约合 94.2 亿美元），比 2013 年同期增长 37%。其中，第一季度总收入为 184.0 亿元人民币（约合 29.91 亿美元），第二季度总收入为 197.46 亿元人民币（约合 32.09 亿美元），第三季度总收入为 198 亿元人民币（约合 32.2 亿美元）。

主要业务平台发展，QQ 及 QQ 空间的手机用户群继续增长，用户的参与度持续提升，QQ 月活跃账户数达到 8.2 亿，QQ 智能终端月活跃账户达到 5.42 亿。微信和 WeChat 的合并月活跃账户数达到 4.68 亿，比 2013 年同期增长 39%。

一、腾讯开放应用平台促进信息消费

作为我国最大的信息服务提供商，腾讯拥有强大的用户资源和互联网产品平台，不断通过与各行各业的深入合作来挖掘互联网经济的动力和机遇，也将宝贵的用户资源、技术资源、市场营销经验与渠道开放给市场，通过开展开放平台战略，实现创建共同繁荣的行业生态系统。自从 2011 年启动“互联网开放平台”战略以来，从上市、获投融资、并购等来计算，腾讯开放平台上的创业公司总估值已超过 2 000 亿元人民币。

腾讯开放平台应用总数已达 240 万款，应用类型包括娱乐、生活、教育等方方面面。创业者总数达 500 万，覆盖全国一、二、三线城市，小型创业者总数同比增长 400%，由开放平台带动的就业超过 200 万元。

实现独立上市和正在上市流程的公司超过 10 家，被收购上市的公司超过 10 家；合作伙伴总估值超过 2 000 亿元人民币。3 年前腾讯市值是 2 000 亿元，现在相当于开放平台再造一个腾讯。腾讯开放平台已成功塑造了一个新的产业生态，未来将有越来越多的创业者在腾讯开放平台上实现自己的梦想，越来越多的企业在腾讯的平台上找到自己的新机遇。腾讯为互联网人插上翅膀，一同拥抱“互联网 +”的时代。

二、打造连接一切的平台——微信

（一）微信成为促进信息消费的重要引擎

微信已经成为拉动信息消费的重要力量。根据工业和信息化部电信研究院测算，近一年，微信直接带动的信息消费规模已经达到 952 亿元，相当于 2013 年中国信息消费总规模的 4.24%。其中，拉动数据流量消费是微信带动信息消费的主要来源，占微信信息消费的比重达 85.7%；其次是微信游戏和公众平台，带动信息消费占比约为 8.5%。

微信逐渐显现出其对生活消费的拉动作用。尽管微信的商业化探索刚刚起步，但微信直接带动的居民生活消费支出规模就已经达到 110 亿元人民币。值得关注的是，由微信公众开放平台模式直接带动的居民消费支出已经达到 44 亿元人民币，成为带动消费新的支撑点。

微信已经成为中小企业信息化的重要渠道。微信公众平台账号的公司或机构的使用比例已经达到 70%；其中，已经有 53% 的用户基于微信平台进行了信息化投入。微信也成为了重要的创业孵化平台，目前由微信带动的个体创业活动已经超过 60 万。

微信对社会就业的拉动作用显著。当前，由微信带动的就业数量达 1 007 万人。其中，直接就业人员数量达 192 万人，间接就业人员数量达 815 万人。

微信创造了人人参与的微公益时代，目前已经有超过1 000万微信用户通过微信公益平台进行过捐款行为。腾讯公益平台汇聚的善款金额已经超过2亿元人民币。

（二）微信公众平台成为提升政府信息化能力的重要平台

2013年10月15日，国务院办公厅发布《关于进一步加强政府信息公开回应社会关切、提升政府公信力的意见》，将“政务微博、微信”作为与“政府新闻发言人制度”、“政府网站”并列的第三种政务公开途径，政务微信的开通和使用情况已被纳入中国政府网站绩效评估指标体系。

截至2014年6月，全国各级政府政务微信类账号已达3 600个，而微信公众平台内政务类公共账号已突破5万个。目前包括国务院、外交部、中央电视台等众多国家机关和单位，以及各级地方政府均已开通了政务微信。政务微信正在通过其信息发布、政策咨询、行政办公、紧急救助等功能，成为政府发布权威信息的重要媒介，同时也成为广大人民群众进行信息互动、了解时事、事务办理的大型综合互联网应用平台。2013年4月20日，四川芦山发生里氏7级地震，雅安市委宣传部紧急开通政务微信账号——“四川雅安”，并于当天13时37分发布了首条震情微信。截至“四川雅安”开通的第二天下午已有近15万人关注该账号，发送消息量达20万条，该政务微信账号被业内专家称赞为“芦山地震中，微信救援平台成为救灾模式的2.0版本”。

（三）微信成为实现企业服务信息化的重要平台

在提升企业信息化服务水平方面，微信已成为很多商家和机构与用户零距离沟通的移动互联网营销新渠道，承担了客户关系管理和市场营销等职能，帮助企业获得了良好的收益。通过微信可以更加高效、便捷、快速地进行客户服务、市场营销等活动，例如，招商银行上线的微信银行业务，服务项目已拓展至94项，占总服务项目的85%。微信公众平台已成为广大中小微企业创业的新机遇，微信已经开放包括微信支付在内的十大接口能力，使得有创意、有想法的创业者可以进一步降低创业成本，例如，逻辑思维的公众号，已经逐步完善成为了知名的自媒体营销平台。

（四）微信成为连接一切的平台

微信已经从简单的移动互联网沟通交流工具发展成为连接一切的平台，微信支付是完成O2O的重要环节，实现线上应用与线下实体的连接，符合当前O2O的发展趋势。比如，微信红包就是一个利用传统民俗，将移动支付与社交网络很好地结合起来的移动互联网产品。根据财付通的统计数据，2014年春节期间，从除夕到大年初八，有超过800万用户参与了抢红包的活动，超过4 000万个红包被领取，平均每人抢了4～5个红包。红包活动最高峰出现在除夕夜，平均1分钟有2.5万个红包被领取，用户被这样创新的、便捷的互联网应用所吸引。

目前，微信支付与多个优质的战略合作商户实现了接入，如王府井百货、海底捞、滴滴打车、大众点评、携程网、京东商城等，用户可实现一站式登录及完成便捷的支付服务。例如，滴滴打车目前覆盖了“北、上、广、深”等300个大中型城市，注册用户数超过1亿户，覆盖出租车司机70万，平均日订单超过520万单，峰值订单单日最高达1 500万，订单成功率90%，市场占有率超过60%；通过对信息的整合和对资源的优化分配，为居民出行提供了便利，减少了出租车的空驶率，对节能减排也有着重要意义，大大提升了社会的运转效率。同时，微信支付现已全面向开发者开放，未来会有更多的融合创新型服务通过微信支付实现变现。

（腾讯控股有限公司）

大唐电信发展情况分析

大唐电信科技产业集团（电信科学技术研究院，简称“大唐电信集团”）是一家专门从事电子信息系统装备开发、生产和销售的大型高科技中央企业，目前已形成无线移动通信、集成电路设计与制造、战略性新兴产业及产业金融等产业板块。作为我国无线移动通信自主创新的主力军和践行创新型国家战略的典范，大唐电信集团坚持创新驱动，先后主导提出TD-SCDMA（3G）和TD-LTE-Advanced（4G）国际标准，推动TD成功实现产业化与规模商用，参与主导我国的5G核心技术标准研发工作，全力推动我国移动通信产业结构升级与国际竞争力的提升，探索并成功实践“正向系统创新”的高科技中央企业转型发展模式，为我国社会经济持续健康转型发展做出重要贡献。

一、坚持创新驱动，引领信息通信产业快速发展

（一）持续引领国际标准竞争，TD产业发展取得阶段性成果

大唐电信集团坚持创新驱动，主导3GTD-SCDMA和4G TD-LTE-A国际标准竞争，打破国外技术垄断，取得我国电信史“零”的突破。大唐电信集团作为TD-SCDMA市场主流的设备供应商之一，是掌握TD-LTE技术、专利、标准和核心设备最完整的厂家。另外，大唐电信集团依托自身技术优势，成功攻克高端仪器仪表技术难关，填补我国高端通信仪表空白，首次实现高端仪表对外出口，其中TD-SCDMA一致性测试仪表市场占有率达到100%。

大唐电信集团积极推动TD产业化和规模商用。2013年1月，“TD-SCDMA关键工程技术研究及产业化应用”荣获国家科学技术进步一等奖。近几年来，TD产业蓬勃发展，成绩斐然，截至2014年10月，TD-SCDMA用户总数突破2.43亿户，成为全球发展最快的3G网络。TD-LTE 4G用户超过6 035万户。

自2006年以来，大唐电信集团走出了一条科研院所转型发展成为现代化高科技中央企业的新路子，推动实现我国从第一代、第二代移动通信完全依赖进口，到第三代移动通信奋力追赶，再到第四代移动通信实现与国际并驾齐驱的重大跨越，成功确立了我国在全球移动通信3G和4G国际标准竞争中的地位，成功实现自主创新的3G TD-SCDMA标准的产业化和市场化，有力推动实现4G TD-LTE的产业化，真正使得无线移动通信成为我国少数几个具有国际竞争力和行业话语权的工业领域之一。

（二）集成电路设计与制造协同发展，产业链整体竞争力显著提升

1. 集成电路设计方面

大唐电信集团布局高端集成电路设计环节，实现我国移动通信芯片从“无芯”到“有芯”关键突破，成为国际领先的TD-SCDMA终端解决方案提供商和终端基带芯片供应商。TD终端芯片累计出货量处于市场前列，市场份额超过30%，为我国基于TD-SCDMA的3G成功商用贡献了重要力量。目前，面向4G商用，大唐电信集团将努力实现从“有芯”到“强芯”的转型升级，全力开发基于28nm的TD-LTE终端芯片及解决方案。此外，大唐电信集团以安全芯片为核心，是国内生产规模最大、产业链最完整、设备最先进的智能卡芯片提供商，年发行能力超过2亿张，二代身份证、社保卡芯片的市场占有率均超过25%。大唐电信集团是国内首家在金融IC卡领域完成国际EMVco芯片安全体系认证的企业，正积极推进金融IC卡和移动支付芯片的研发和产业化进程。

2. 集成电路制造方面

2008年，大唐电信集团战略入资中国大陆目前规模最大、工艺最为先进的集成电路制造企业——

中芯国际，成为其第一大股东，打通了集成电路和无线移动通信产业链，实现对集成电路关键环节“自主可控、为我所用”。通过改善公司治理、促进产业互动等举措，推动中芯国际健康发展，成为我国本土唯一一家具有 40nm 高端工艺制程和 12 英寸晶圆大规模成熟生产能力的集成电路制造企业，并为本土设计企业提供未来一系列产品演进的持续配套工艺和产能支撑能力。目前，中芯国际已具备 28nm 高端工艺制程能力。中芯国际的发展有力地带动了我国集成电路装备制造业和设计业的快速发展，公司在中国大陆 IC 设计客户收入占比显著提升。

二、成功实践“正向系统创新”模式，走出高科技央企科学发展新路子

从 2007 年起，大唐电信集团提出依托 TD-SCDMA 核心技术优势，积极探索 TD-SCDMA 产业化的有效途径，在科学把握高科技成果转化一般规律的基础上，通过实现与之相匹配的战略管理、资源配置、运营管理、产业协调、市场营销、队伍建设及文化变革等一系列的改革创新工作，大力实践“正向系统创新”模式。

“正向系统创新”模式，主要是指正向确定技术持续演进发展路线，依靠自主技术积累构建核心技术链，从核心技术、标准等技术链高端环节出发，构建完整产业链，最终形成产业主导权和竞争力的一种创新模式，具有“技术的原创性及高端性”、“创新的协同性”、“产业链完备性”等突出特点。相较于以技术引进为特征的“逆向系统创新”模式，“正向系统创新”发展有利于规避由于我国人力、土地成本上升带来的资本外流风险，也有利于克服企业因缺乏核心技术，造成产品升级难以为继的发展困境。正向系统创新的成功需要具备一些基本条件，正向系统创新要素罗盘如图 1 所示。

大唐电信集团通过“正向系统创新”实践，成功推动 TD-SCDMA 产业化和大规模商用，使我国无线移动通信成为少数几个具有国际竞争力和行业话语权的高科技领域之一，开创了我国战略性高科技企业引领全球发展的新模式，对于我国其他重大战略领域创新具有重要借鉴意义。

图 1 正向系统创新要素罗盘

三、践行“五化”发展道路，推动专利价值管理，保障技术标准产业化

大唐电信集团践行“技术专利化、专利标准化、标准产业化、产业市场化、市场国际化”的发展路线，实施知识产权战略，围绕标准、技术和产品进行了周密的知识产权布局。“十一五”以来，大唐电信集团科研投入占销售收入比重持续多年超过 10%。截止目前，已在全球累计申请专利超过 1.8 万件，专利覆盖中、美、日及欧洲国家等 13 个国家。2013 年，PCT 专利申请公开量位居世界百强，是全球 3G 和 4G 标准重要专利权人。2012 年，大唐电信集团选送的专利项目获得中国专利最高奖项——“第十四届中国专利金奖”。

大唐电信集团将积极发挥技术创新与产业综合布局优势，努力在我国信息通信领域内打造一家具有自主知识产权和国际竞争力的大型高科技中央企业，为电信强国梦贡献力量。

（大唐电信科技产业集团）

联想集团发展情况分析

联想集团创立于1984年，经过30年的发展，截止到2014年年底，联想集团已经是营业额超过400亿美元的个人科技产品公司，全球员工约54 000名，客户遍及全球160多个国家和地区。

一、PC领域

联想以19.4%的市场份额毫无争议地占据全球第一的位置。在移动互联网蓬勃发展，物联网方兴未艾的今天，联想紧跟时代潮流，锐意转型，提出了”智胜PC+”的公司战略。

二、智能手机领域

联想成功并购摩托罗拉移动业务，并以全年近9 000万部的出货量（8.3%市场份额）稳居全球第三。联想保持着积极的进攻态势，在全球范围内高速增长，不断开拓新的市场，发布重量级新品。VIBE X2、VIBE Z2 Pro、YOGA Tablet 2 Pro，如同一颗颗耀眼的明星，受到全球消费者的热捧。联想的移动业务也在各个领域取得了显著进展，为携手摩托罗拉移动创造新的历史奠定了坚实基础。

联想手机海外业务已经覆盖超过80%的新兴市场，且继续保持着高歌猛进的增长。截止到2014年年底，联想已成功进入超过45个国家和地区，同时在多个市场份额超过10%，其中EMEA年比年增长达220%，AP增长了46%。联想智能手机凭借其创新设计和卓越性价比，正在受到越来越多发展中国家客户的青睐。同时，联想利用Motorola在众多成熟市场的品牌知名度和影响力，赢得跳跃式增长。

在中国市场，手机业务面临着前所未有的挑战，线下市场总体增长放缓甚至出现负增长，运营商补贴大幅减少，使得运营商捆绑市场份额占比于4年来首次跌破40%；另一方面，新兴的互联网模式持续走强，9月的市场份额占比达到20%，对线下市场继续形成冲击。对此，中国业务部积极应对，加强开放市场业务，重点营销明星产品，VIBE X2以其炫色的外观设计和120g超轻机身铝镁合金框架，在IFA获得了最佳旗舰智能手机奖。另一款产品VIBE Z2 Pro (K920)则是采用6寸屏幕及超窄边设计，1 600万像素光学防抖镜头的高端配置在市场上广受关注。最新发布的联想“笋尖”S90利用社交媒体制造话题，与竞品直面PK，获得了相当大的关注，这些明星产品必将助力中国业务在开放市场完成复兴大业。2015年，中国业务将加速变革，全面触网，围绕“用户为王”的宗旨持续经营好最终客户，以线上与线下相结合的方式打造爆款，完成涅槃和复兴。

三、平板电脑领域

截至2014年9月30日，全球平板电脑销量突破300万台，同比增长30.6%。根据IDC初步报告，Lenovo平板电脑以5.7%的市场份额居全球第四。二季度，YOGA Tablet 2 Pro在全球成功上市，全新4模式设计，18小时超长电池时间，性能与体验全面提升。其中13寸屏的平板电脑还是一款超强移动影院，全球首款内置智能微型投影，令全球用户为之倾倒。同时，我们在海外线上市场积极拓展，在印度和最大的在线零售商Flipkart进行合作，完成了A4300的成功销售，单品周销量达到12 000台。

四、智能电视领域

联想智能电视业务着力技术创新，打造精品，业绩可圈可点，智能电视销量打超预算110%，销售额打超125%。智能体验部分全面完成，智能使用率

86%，VOD时长180分钟，是业界平均水平的3倍。随着明星产品S9震撼上市，掀起万人体验的市场热潮，有力推动了联想智能电视的品牌知名度！2015年我们要继续稳扎稳打，拓展多元化销售渠道，使联想智能电视业务再创新高。

五、MOTO王者归来

45年前，摩托罗拉移动依靠创意和创新让人类从月球与地球进行沟通，今天，联想成功并购摩托罗拉移动后，将与摩托罗拉移动共同携手，继续凭借创新书写一段波澜壮阔的全新传奇，共同奏响移动互联产业的交响乐，让伟大重来！就在2015年1月26日，MOTO王者归来，重返中国市场并成功发布4款重量级新品。

六、成立互联网子品牌”神奇工场”

2014年10月，联想集团宣布成立一家全新的子公司，基于互联网模式推出智能手机等终端产品。这是联想把握移动互联网发展机遇，打造全新的互联网业务模式的重要一步。新公司于2015年4月1日正式运营，将用互联网思维打造产品计划，将端到端地整合硬件、软件应用和互联网服务。联想集团中国区总裁陈旭东将转任新公司CEO，联想集团移动业务集团总裁刘军和联想集团云服务集团总裁贺志强将出任联席董事长。

联想集团是全球第三大智能手机厂商，并夺得了中国智能手机市场王座，但其产品主要在线下开放市场和运营商市场进行销售。因此，联想有意借助新公司更多地从互联网模式获得用户。同时联想还推出了互联网创业平台NBD，发布了多款智能家居单品，做好了进军物联网的准备，其投资业务乐基金也重点瞄准互联网领域，而互联网子公司的成立，标志着联想向互联网转型又迈出了坚实的一步。

（联想集团有限公司）

专家视点与专题研究篇

从战略层面认识 SDN

中国电信集团公司　韦乐平

一、现有电信网的基本问题和症结

首先是网络复杂且昂贵。电信网通常是由大量单一功能的、专用网络节点和碎片化、昂贵的、专用的硬件构成，还在不断繁衍。网络被建好后，难以变动，无法快速配置资源和带宽。

其次，电信网的网元是软硬件一体化的封闭架构。历史上为了满足不同业务、接入方式、质量、安全等需求，引入了大量不同控制协议，且绑定于特定转发协议，构成控制转发一体化的封闭架构。这种封闭的架构导致设备日益臃肿、扩展性受限、功耗很大、性能提升空间小、技术进步慢、创新难，价格昂贵，而且受制于厂商。

第三，网络和业务形成了大量独立的烟囱群。随着技术与业务的不断发展，新业务、新功能、新性能的提供往往需要开发新协议和新设备，造成设备种类和数量大量繁衍，外加运营商部门分割，形成大批独立封闭的网络和业务烟囱群，成本高、资源不能共享、利用率低、网络和业务难以协同和融合。

第四，电信网的运营成本和建设成本居高不下。随着网络和业务的不断发展，运营商（特别是中国的运营商）不得不面对大量不同的厂商，不同设备的采购、设计、集成、互操作测试、部署配置、维护运行、升级改造，导致居高不下的运营成本和建设成本，特别是面对云计算和移动互联网动态变化对资源和容量的要求，以手工配置为主的静态网络根本无法快速支撑这些新技术和新业务的发展。

不难看出，上述这些问题多半都与传统电信网的网络架构有关。现有封闭无序的体系架构和垂直封闭的网元架构注定了网络行为的不确定，也就难以支持 QoS、扩展性、安全性、可管、可控、可信任等要求。云计算所需的灵活动态网络资源配置、高效资源利用率、公平的资源分配均受制于这种刚性架构。可见，网络架构的突破才是根本性突破，而这正是 SDN（软件定义网络）的珍贵之处。因此，对于 SDN 的认识绝不能仅仅停留在 OpenFlow 协议或网络功能虚拟化的技术层面上，而要有系统的未来网络架构演进的整体思维和战略认识。

二、SDN 的主要驱动力

首先是为了降低网络成本。随着量收剪刀差的持续扩大，技术进步的步伐已难以跟上流量的攀升和成本的上升，降低网络成本已经成为应对网络量收剪刀差的基本出路，而现有僵硬的网络架构阻碍了这一目标的实现。

其次是为了业务灵活和创新能力。期望通过开放的、灵活的网络架构带来业务创新和业务提供的灵活性和速度以及资源分配灵活性的根本改观，从而适应新的竞争形势、新的应用、新的使用方式和新的商业模式。

第三是因为已经有廉价的商用 IT 平台可用。随着 IT 业这些年在适度性能要求和宽松可靠性要求的前提下，持续不断地降低成本，使得目前大容量服务器、存储器和交换机等已经基本具备支撑大量电信和互联网应用的能力。

第四是近年来随着计算机技术的不断进展，网络虚拟化技术基本可用，从而允许抽象和屏蔽底层的硬件，使得网络更有弹性和扩展性，易于实现自动化。

三、SDN 对运营商的五个核心价值

SDN 对于运营商而言既是一次重大挑战，又是一次难得的网络变革的机遇，归纳来看，至少有五个核心价值。

第一是SDN能显著降低网络的成本。主要体现在降低运营和建设成本，这是因为大幅度减少了设备的采购、集成、互操作和运维升级成本。还有硬件IT化、标准化和规模化后，可以显著降低设备成本。其次体现在提高了网络资源利用率，因为SDN具有全网视野，有望最佳地利用全网资源。

第二是有望增加业务收入。主要体现在可以加快新业务部署，无需涉及费时耗力的硬件配置变化，靠软件编程即可快速完成网络业务的自动化部署，快速推出新业务。其次体现在业务创新上，有了开放的标准接口、软硬件解耦和软件可编程后，为业务创新提供了广阔的想象空间，有可能实现运营商多年来不断讨论却从未实现过的夙愿。

第三是网络简单。主要体现在硬件简化，硬件种类可望大幅度减少。其次体现在软件决定网络功能上，SDN利用软件编程就能很快决定网络的功能及其部署。最后是性能多样化，按照普适的8:2原则，在实际应用中80%的应用无需所谓的电信级高质量，20%的高质量业务到底需要什么样的高质量也是值得商榷的。

第四是网络灵活。互联网时代对于网络的基本要求就是足够灵活。SDN可以具有三重灵活性，即网络扩展的灵活性、网络和业务演进的灵活性以及业务创新的灵活性。其次是低风险部署，在快速多变的互联网时代，网络部署的风险也大大增加，而SDN允许在软件测试环境下以较低的风险来试验和部署网络新业务。

第五是网络开放。SDN开放架构就是以激发创新为主要目标的，开放的生态系统容易激发更多的网络和业务创新。其次，SDN也有助于建立更加丰富和扁平的生态链。最后是规避风险，一个开放的网络可以使运营商规避锁定于单一供应商风险。

四、SDN的挑战

SDN尽管提供了十分美好的前景，但是真正实施和实现预定的目标将面临很多现实的挑战。

首先是集中控制和管理的扩展性、弹性和安全性挑战。大型IDC和大型电信网的集中管理、配置、故障定位、弹性和安全性是一个很大的挑战。其次是网络架构/接口/协议的标准化和互操作挑战。目前SDN的控制器架构已经有多种，接口也不能完全统一，这将在实施中给SDN带来的好处打折扣。第三是对网络建设和运维体系、流程和人才的挑战，这么多不同来源的新老软件、硬件、网管，怎样采购、集成、故障定位？怎样使得运营商的市场、规划建设、运维和IT部门能够协同一致，而非各行其事？这些已经涉及企业体制、流程与文化的挑战，比纯技术挑战还难对付。第四是通用硬件的性能和可靠性挑战。目前尚无完全符合OpenFlow标准的芯片，使通用硬件性能不能满足高性能网元的要求，目前的通用硬件可靠性也还不能达到电信级的高要求。第五是软件的复杂性和有效性挑战。

五、SDN的战略层面认识

综上所述，SDN绝不是简单的狭义的OpenFlow协议，而是对整个电信网的战略性变革，需要从更高层面和更广阔的背景上去理解和认识。

首先，SDN是实现“去电信化”改造的重要突破方向，也是应对量收差持续扩大的有效手段。

其次，SDN是电信网的全局性、颠覆性变革，不仅涉及新的架构、新的应用、新的方法和新的生态系统，而且涉及网络的几乎每一部分。

第三，SDN是电信网实施体系架构变革的抓手。多年来，电信业一直沿用着软硬件一体化的架构。显然，这种进展缓慢的、昂贵的、封闭网络架构与不断创新、日益庞大的互联网应用层的矛盾已经难以调和，必须对架构进行变革。

第四，SDN是ICT产业链重塑的重要机遇和挑战。SDN涉及的领域已远超传统电信业的范围，至少含运营商、电信设备制造商、互联网公司、IT厂商、软件开发商、芯片和器件厂商六大类。

第五，SDN在电信网的应用不可能一蹴而就，将与传统网络长期共存协同，逐步演进。因而新老系统的软件、硬件和网管的集成和平滑过渡将是一项长期的艰巨任务。

云计算促进政府信息化发展

中国信息通信研究院副院长　刘多

近年来，云计算的发展受到国家的高度重视。2014年11月15日，国务院总理李克强主持召开国务院常务会议，确定促进云计算创新发展措施。会议提出，加快发展云计算，打造信息产业新业态，对于推动传统产业升级和新兴产业成长，具有重要意义。要积极支持云计算与物联网、移动互联网等融合发展，催生基于云计算的在线研发设计、教育医疗、智能制造等新业态。在疾病防治、灾害预防、社会保障、电子政务等领域开展大数据应用示范。加强信息安全评估和防护。支持云计算关键技术研发和重大项目建设。让数据“云”助力创业兴业，便利千家万户。

在会议精神的指领下，“云计算”的发展将进入快车道，并在政务、教育、医疗等多个领域全面发展，促进现有的产业格局发生改变，促进政府的信息化发展。

云计算近几年保持着强劲的发展势头。根据Gartner的统计，2014年全球云计算服务市场规模将达到1 528亿美元，增长率达到17.9%，其中IaaS/PaaS/SaaS服务的市场规模达到425亿美元。

全球云计算快速平稳发展，亚马逊是目前全球最大的IaaS提供商，也是最大的云服务提供商，据估计AWS 2014年业务收入将达到50亿美元左右，约占全球IaaS市场的1/3。仅到2013年年中，AWS上的托管网站数量就达到了1 160万，年增长达到了71%，这一数量是我国网站总数的近4倍。我国云计算处于高增长的产业初期阶段，阿里云作为最大的云服务提供商，2013年阿里云上运行的Web服务器数量达到1.8万个，比2012年增长500%；2012年淘宝双11活动只有20%的业务在云上完成，2013年则达到75%。2014年5月，国家发展改革委、财政部、工业和信息化部、科技部四部委联合组织实施2014年云计算工程，重点支持公共云计算服务平台建设、基于云计算平台的大数据服务、云计算和大数据解决方案3个方向，为推进云计算的应用提供了有力的环境。

云计算的快速发展在政府部门引起了广泛重视，政府部门深刻地感受到云计算所带来的低投入和高产出，为此各国政府部门对云计算的采购产生了强烈的需求。美国于2011年2月发布了《联邦云计算战略》，提出美国政府总计约800亿美元的IT开支中有1/4左右可用于采购云服务，以解决复杂的信息系统效率不高、灵活性不足、成本高等问题。2013年美国联邦云计算采购额达到9.68亿美元，2014年预计将达到15.9亿美元，未来几年年平均增长率将超过50%。目前云服务使美国联邦政府每年节约55亿美元，未来政府每年IT开支可以节约120亿美元。美国等还注重通过政府采购大力扶持其云计算服务企业。2013年3月，美国中央情报局与亚马逊签署了为期十年，价值6亿美元的云计算合同，将由亚马逊帮助其建设并运营CIA专用云，以支持CIA大数据分析等应用需求。近期亚马逊还获得了美国国防部的临时授权，许可处理3～5级“受控非机密”数据，成为第一家获得该级别授权的云服务提供商。英国、俄罗斯、德国、澳大利亚、韩国、日本等其他国家也都出台了类似的战略或规划。

在我国，云计算在政府及公共事务中的应用逐步得到政府部门的关注和重视。厦门市人民政府采购中国电信的医疗云服务，一次性投资节省了87%。浙江省水利厅“台风路径实时发布系统”根据台风的季节性特点，在台风季期间访问系统人数将高达非台风季的百倍，面对不可预见的短时间峰值场景，很容易因后台服务器资源不足导致系统宕机，如一次性投入过多硬件资源，台风过后这些服务器又会被闲置浪费。从2012年开始，浙江省水利厅将该系统架构在阿里巴巴的公共云上，既节省了资源，又满足了高峰时弹性的需求。

政府信息系统中掌握着大量事关国计民生的关键数据，云计算在政府部门中的应用必须将规范和安全问题摆在首要位置。

美国政府为保证云计算服务的安全性，启动了联邦风险和认证管理项目（FedRAMP）。云服务供应商必须获得FedRAMP认证，才能被视为达到政府安全要求。英国政府开通了“云市场”网站，启动G-cloud认证工作，供政府部门选择、采购云计算服务。2014年10月，ISO/IEC和ITU共同发布了《信息技术 云计算概述和词汇》（ISO/IEC 17788，Y.3500）和《信息技术 云计算参考架构》（ISO/IEC 17789，Y.3502），为保证云服务的规范性起到了有效的促进作用。

在国内云服务市场，云服务的评估体系以及相关标准的制定也正逐步完善。2014年7月，首届“可信云服务”大会召开，国内有19家云服务商的35项云服务通过了数据中心联盟的“可信云服务认证”。可信云服务认证促进了云服务的规范发展，规范了云服务面向普通市场的数据安全、服务质量和权益保障，为政府采购云服务的服务规范起到了借鉴作用。2014年10月，我国发布了两项国家标准《信息安全技术 云计算服务安全指南》（GB/T 31167—2014）和《信息安全技术 云计算服务安全能力要求》（GB/T 31168—2014），这两项标准的提出将对云服务商在安全技术和供应链可控性等方面的规范起到积极的促进作用。

而随着政策和制度的逐步完善，政府也将成为国内云计算的又一重要市场。云计算正逐步走进政府，政府部门内的IT系统向云计算迁移，改造日趋复杂的政府信息化系统，可以节省庞大的IT经费支出。此外，政府采购中所形成的安全标准、服务规范、管理制度等都将成为其他行业采用云服务时的重要参考，这也将为云计算向国内其他行业、领域的延伸提供积极的指导和示范作用。

5G 务实发展的思考

工业和信息化部通信科技委专职常委、原副主任　陈如明

一、5G 发展的背景

在 LTE 获得长足进展基础上，IMT 的 5G 标准化与研发工作在 4G 开展不久基础上又已在密锣紧敲声中推进。尽管其与前几代移动通信有所不同，至今尚未找到明确的更新换代革命性技术，只是与 4G 相比，首先确定了其明确的峰值传输速率、典型用户数据速率、单位面积移动数据流量增长及频谱效率提升倍数等目标，并也一再强调应更好满足用户感受与体验等基本思想。

与此相应，美国 FCC 表示希望建立一个横跨全国的超级 Wi-Fi 网络。这一网络的强大之处在于其可以触及境内几乎每一位消费者，而且他们可以完全免费地使用这一网络拨打电话或上网冲浪，且无需每月向运营商缴纳任何费用。超级 Wi-Fi 将电视未使用的“空白频段”，一般为 30 ～ 450MHz，建构成无线网络，与普通 Wi-Fi 相比优势明显，理论上，超级 Wi-Fi 传播距离可达到 160km。该项目以 IEEE 802.22 或 IEEE 802.11af 无线网络标准为基础，以 Hotspot 2.0（又名 Wi-Fi Certified Passpoint）为主要技术支撑，获得包括 Microsoft、Google 和其他科技巨头支持。

ITU 对下一代移动通信系统命名为 IMT-2020，简称 5G。2012 年 5 月，ITU 陆续开展了 IMT-2020 愿景建议书的起草工作，以及面向 2015 ～ 2020 年技术趋势研究报告的起草，并计划在 2015 年年底正式开始 5G 候选技术标准的征集与评估工作，到 2018 年年底完成标准化工作，2019 年开始进行试商用。预计 2020 年开始可进入 5G 正式商用，$5G^+$延伸至 2030 年左右。

二、5G 发展技术路线及其关键技术走向

（一）5G 推进的技术推进路线

应秉承全球网络技术走向与基本理念共识，结合 2G/3G/4G/5G 重叠演进基本路径，采取“开放、创新、融合，务实、合作、共赢”这一基本方针。

技术推进路线方面，既要现实可行，也不失前瞻创意，充分利用既有 I C T 前端技术思想与实施基础，并积极关注与参与传输技术与网络架构方面的革命性推进与探索，为 5G → $5G^+$→ 6G 发展打下良好引领基础，为此应遵循“异构协同，分布虚拟，并行高效，绿色生态，智能智慧”这一基本原则。

目前，3G/$3G^+$商用已在有效推进，4G 已进入规模商用阶段。从移动通信发展现状以及技术、标准与产业的演进趋势来看，业界比较认同未来 5G 移动通信的演进存在三条重要路线，即以 3GPP 的 LTE/LTE-Advanced 为代表的 3.9G/4G/4G+ 的蜂窝演进路线；IEEE802.11x 的所谓下一代 WLAN 演进路线；极需探索研究并有效可装备实施的所谓革命性技术路线，并积极关注其对现有拟推进中的 5G 系统架构的影响及工作协同与融合。

（二）较可取的关键技术走向

（1）多元、多维、多层次异构网络 / 系统深度协同与融合。5G 将不是一种单一标准接入技术的网络 / 系统接入体制，要实现各种场景下 5G 频谱、能耗、成本等基本效率支持下的多项性能目标要求，首先必然面临 2G、3G、4G，以 WLAN/WPAN/WBAN 为基础的 IEEE 802.11x 网络与系统，以及上述各类网络 / 系统中的不同基站类别，常规宏基站、SMall cell、Nano cell，甚至与物联网有关的“M2M”乃至“D2D”等各类异构网络与系统组合在一起有效协同融合工作。设计复杂的多元、多维、多层次异构网

络 / 系统深度协同融合架构显得尤为重要。

（2）大规模多天线 MIMO (Massive MIMO）技术。多天线及 MIMO 技术一向是 3GPP 推进系统频谱效率及容量提升的重要手段，当前，3GPP R12 正在对 3D MIMO 开展技术研究和标准化工作。由两维至三维、由无源至有源的大规模天线阵列将是未来多天线技术的发展方向，利用大规模天线阵列及 MIMO 技术可以获得巨大的阵列增益和干扰抑制增益，并通过波束赋形可有效改善覆盖，降低干扰，提升系统的频谱效率与容量，是促进实施 5G 1000 倍容量能力提升的较现实有效的一种手段。

（3）超密集组网。应该说缩短小区间距及适宜的频谱资源支持的超密集组网，将可能是满足未来 5G 系统容量需求大幅度提升的最主要手段，但随着组网密集增加及小区间距的减小，小区间干扰将越来越严重，用户在移动过程中的切换也将更加频繁，从而控制面与用户面分离及小区间干扰规划管理与干扰抑制技术等，都是超密集网络部署需要解决好的关键技术问题。

（4）高频段频谱扩展及智能频谱管理。向高频段乃至无线光频段扩展是解决无线传输容量大幅度提升及似光纤化的必然选择，在系统架构、小区结构演进及器件与芯片技术有效支撑下这将逐步成为现实可能。相应地，所谓全频段接入以及智能无线频谱管理需求也显得更为迫切。此时所谓认知无线电的引入不适宜走学院式理想化老路，而应以务实再创新、有计划分步骤引入实用落地的智能频谱管理。

（5）新型高状态调制及编码、编码调制和网络编码技术。编码及调制等信号设计、信号处理手段始终是无线传输提升容量主要途径，但基于芯片等器件能力与软件创新水平限制，目前高速大容量可操作水平即使基站下行仍限于 64QAM 星座能力。但随着芯片制程工艺由 24/28nm 向 14/16nm、5/6nm 演进及片上设计水平改进与高速软件能力的提升，新型高状态调制及编码、编码调制和网络编码技术将依然会焕发出为 5G 容量提升作贡献的青春活力。

（6）物联网感知 / 认知增强及 D2D 终端直联技术。智能化与智慧化时代的移动互联网及物联网感知 / 认知增强无疑将成为 5G 发展的主要驱动力，与个人直接连接与接触的智能终端与 WPAN/WBAN 为基础的可穿戴与嵌入体内的智能设备将成为重要发展趋势，与此相应 D2D 终端直联技术无论对节省资源调度、提高资源利用率及方便用户等方面均将发挥愈来愈重要的作用，包括应急应用场合在内。

（7）同时同频全双工 FDD/TDD 彻底融合。同时同频全双工技术是未来可能改变移动通信传统 FDD 及 TDD 靠频谱规划分配指配分别工作的模式而向 FDD/TDD 彻底融合的革命性方向演进。相对传统 TDD/FDD 双工模式，全双工系统可用频谱资源约可提升 1 倍，而且全双工技术突破了 FDD 和 TDD 的频谱资源应分别规划分配指配的使用限制，可以更加灵活地使用频谱资源，亦有利于以感知认知为基础的智能化频谱管理发展。

（8）非正交传输（NOMA）技术。非正交传输不同于传统的正交传输，在发送端采用非正交发送，从而主动导入非正交干扰信息，可提升配置容量，而在接收端通过干扰消除技术实现正确解调。与正交传输相比，接收机复杂度有所提升，但可获得更高的频谱效率。现今随着芯片处理能力的增强，非正交传输技术实际应用已成为可能。

（9）基于轨道角动量（OAM）的“旋转式”（扭曲型”）无线传输技术。最新研究提出了一种全新的概念：将用于搭载传输数据的电磁波扭曲成“涡流电波”（Vortex beams），这些被扭曲的信号通过利用轨道角动量（OAM）来搭载更多数据，可以将多个慢速数据传输束扭曲之后合为一体，这很可能革命性地解决目前已经迫在眉睫的宽带超高容量传输的资源危机。美国和以色列等的研究人员已经使用 OAM 方法，将 8 条 300Gbit/s 数据流可见光扭曲到一起，在 1 米长的距离上传输，数据传输速率达到 2.5 Terabit/s（约合 327.68Gbit/s）。

（10）基于不平稳谱随机过程信号设计技术的超窄脉冲式 TPM（时相调制）及超窄带（UNB）技术。这一方式对碎片窄频带的高效率中、宽带应用确有其诱人的应用前景，诸如 超长波、长波、短波等带宽受限或严重受限信道的高速数据传送；现有宽带无线接入信道推向新一代的速率增强超高速化；新一代移动通信及视频 / 多媒体广播 / 多播高速下行、甚至双向速率增强；保密、伪装、示假、乱真、隐蔽等新的抗干扰与安全应用途径等。

三、5G发展的战略思考

（一）以“创新驱动”为导向，充分利用国家强有力的指导与统筹协调能力，从标准化开始至攻关、研发和产业发展，打一个5G推进大兵团作战大胜仗

对于5G推进其迫在眉睫的标准化，无论是ITU 5G线条或者是IEEE 802.1x下一代WLAN线条，特别是ITU线条，其时限尤为明确，且全球影响更大，加上5G革命性技术引领协同推进难度更大，特别要强调以“创新驱动”为导向，充分利用我国党和政府强有力的指导与统筹协调能力，从标准化开始至攻关、研发和产业发展，打一个5G推进大兵团作战的大胜仗。

（二）瞄准ITU 5G标准化的明确实施日期目标，以中国“IMT-2020推进组”为核心，拟订积极严密的实施计划，有机分工协同，夺取5G标准化胜利第一仗

2012年5月，ITU决定开展IMT-2020愿景建议书的起草工作，计划2015年7月完成，我国已提交了相关的研究成果；ITU面向2015～2020年技术趋势研究报告，于2014年10月定稿。ITU计划在2015年年底正式开始5G候选技术标准的征集与评估工作，到2018年年底完成标准化工作，2019年开始进行试商用。因此在国际标准方面，有实力与市场/产业后盾的成功演示尤为重要，尤其是如何协同好863 5G及重大专项5G和以华为、中兴、大唐等龙头制造企业的设备创新研发实力快速推进5G，包括实施好有分量的国际研讨会与关键性演示已成当务之急。

（三）充分利用中国2G/3G/4G市场优势，结合国情在推进4G/4G⁺FDD/TDD协同融合有效发展基础上，加强国际合作共赢，引领与积极推进5G务实发展

关键是VoLTE现实装备与宽带视频平衡发展策略及细分市场用户的切合实际的商业模式要真正契合个人用户需求，愿意抛开3G而转向4G。另一个重要问题是如何真正做到立足本国实力、促进全球4G/4G⁺FDD/TDD协同融合，确保TD-LTE不被边缘化，其市场份额能占整个LTE全球市场份额的1/3或更多，而不是目前的1/8左右状态，这也可为过渡至5G全双工演进打好基础，而让人们铭记TD元素的真正比较优势所在，在碎片频带充分利用等方面可发挥其实际重要作用。

在这些层面上，FDD-LTE正式商用牌照的发放不宜太晚，甚至允许中国移动2G优质频谱按频率规划与分配的IMT自然演进原则，同时赋予TDD/FDD-LTE/LTE-A在国内有活力的推进也应适时而不宜太晚，要让运营商通盘规划掌控2G/3G/4G/5G重叠发展的时期尽快到来，首先做好、做大中国自身的TD/FDD-LTE/LTE-A协同融合，才能真正有说服力与有效推进全球4G/4G⁺FDD/TDD协同融合的有效发展。同时加强国际合作共赢，引领与积极推进5G的务实发展。

（四）加强国家自然科学基金、“973”、“863”及产业发展为主体目标的中长期重大专项四位一体，有机协同支持衔接的创新攻关一体化实力，打一个OAM之类革命性技术引领创新战略大胜仗

如上所述对不同部门管辖与牵头进行的创新攻关项目一定要加强汇聚创新力量，协同衔接过渡的统筹管理，特别是对革命性战略技术目标，加强国家自然科学基金、“973”、“863”及产业发展为主体目标的中长期重大专项四位一体、有机协同支持衔接的创新攻关一体化实力，应凝聚有志向、有能力的科学家、教授、专家、工程师参与研究，包括有实战能力的数学家与物理学家的支持，以促进其规模产业应用。

（五）针对节能低碳/绿色创新、FN/SDN/NFV网络发展、深度智能化及智慧化应用、智慧城市与新型城镇化等发展大环境，发挥5G积极作用

5G推进组第一份白皮书——《5G愿景与需求白皮书》指出，面向2020年及未来，5G将为用户提供光纤般的接入速率，“零”时延的使用体验，千亿设备的连接能力，超高流量密度、超高连接数密度和超高移动性等多场景的一致服务，业务及用户感知的智能优化，同时将为网络带来超百倍的能效提升和比特成本降低。针对节能低碳/绿色创新、FN/SDN/NFV网络发展、深度智能化及智慧化应用、智慧城市与新型城镇化等发展大环境，5G将发挥积极作用，有效推进实施“信息随心至，万物触手及”这一宏伟愿景目标的逐步实现。

网络功能虚拟化（NFV）标准及技术探讨

中国电信股份有限公司北京研究院　赵慧玲　解云鹏　胡晓娟　楚俊生

NFV 概念最早由欧洲电信标准协会（ETSI）组织于 2012 年 10 月提出，是指通过 IT 虚拟化技术，利用标准化的通用 IT 设备来实现各种网络设备功能。

NFV 的本质是实现硬件资源与软件功能的解耦，其最终目标是通过标准的 x86 服务器、存储和交换设备，来取代通信网中私有专用的网元。一方面，基于 x86 标准的 IT 设备成本低廉，能够为运营商节省巨大的投资成本；另一方面，开放的 API 能够帮助运营商获得更多、更灵活的网络能力。通过软硬件解耦及功能抽象，使网络设备功能不再依赖于专用硬件，资源可以充分灵活共享，实现新业务的快速开发和部署，并基于实际业务需求进行自动部署、弹性伸缩、故障隔离和自愈等。

一、网络功能虚拟化标准进展

（一）ETSI 网络功能虚拟化进展

2012 年 10 月，由 AT&T、BT、Deutsche Telekom、Orange、Telefonica 等 7 家运营商在 ETSI 发起成立了 NFV ISG（Network Functions Virtualisation Industry Specification Group，ETST 网络功能虚拟化行业规范工作组），该工作组致力于制定支持 NFV 的硬件和软件基础设施的要求和架构规范，以及虚拟网络功能的指南，并与其他标准组织开展的工作相配合，根据情况对现有的虚拟化技术和标准进行整合。

NFV ISG 旨在通过研究发展标准 IT 虚拟化技术，使得不同类型的网络设备能够融入到符合行业标准的大量服务器、交换机和存储设备中去，具备特定功能的软件可以根据需要在网络中的不同位置的硬件上安装和卸载，不需要更换新的硬件设备。该技术可以为网络运营商及其客户带来如下好处：

（1）减少设备的成本和能耗，降低运营商的 CAPEX 和 OPEX；

（2）缩短新网络业务部署和提供时间；

（3）提高新业务的投资利润率；

（4）向虚拟应用市场和纯软件新成员开放；

（5）为低风险开展创新业务的试验和部署创造机会。

2012 年 9 月，会议决定选择 ETSI 的 ISG 作为 NFV 的工作母体。NFV ISG 不是标准组织，但高于标准组织，主要负责制定电信设备 NFV 化的规范，业界其他标准组织负责实现，包括协议制定与增强。

2012 年 10 月，德国 Darmstadt 举办的 OpenFlow/SDN 世界大会发布了 NFV 第一版白皮书；描述了 NFV 的架构及其组成部分，分析了 NFV 的主要技术挑战。支持其的运营商有 13 家：AT&T、BT、CenturyLink、CMCC、Colt、DT、KDDI、NTT、Orange、TI、Telefonica、Telstra、Verizon 等。

2013 年 10 月，ISG 发布了第二版 NFV 白皮书（对应 Frankfurt OpenFlow/SDN 世界大会），报告了各工作组的研究进展。目前，已有 25 家运营商加入了 NFV 阵营：AT&T、BT、CableLabs、CenturyLink、CMCC、CUCC、Colt、DT、DoCoMo、KDDI、KT、NTT、Protugue Telcom、SKT、Softbank、Sprint、Swisscom 等。

2014 年 7 月，在 NFV#7 次全会上，已经有 37 家运营商加入了 NFV 阵营。2014 年 11 月，ISG 发布了第三版 NFV 白皮书，全面报告了各工作组的研究成果，在 NFV#8 次全会上，总结 NFV 第一阶段的成绩（发布了 8 份 GS 文稿，11 份文稿进入终稿并进行最后发布前的审核）；启动 NFV 第二阶段工作，接受 30 个立项，成立演进和生态系统（EVE）、接口和架构（IFA）、测试、实施和开源（TST）、可靠性、可用性和保障性（REL）以及安全（SEC）等工作组。

2013 年 NFV ISG 主要聚焦于 High level 文档

的设计，已经发布NFV的用例（Use Case）、需求（Requirements）、架构（Architecture）、术语（Terminology）、概念验证性（PoC，Proof of Concept）等技术文档以及NFV白皮书1.0和2.0和3.0。目前NFV ISG的工作重心已经从最初的需求识别阶段进入到需求制定阶段，并且注重工作成果的可实现性以及实现的时效性。2014年上半年，NFV ISG的重点工作是PoC，希望通过提案、评估等环节向产业界征集能够满足NFV需求的产品或者原型，推动NFV产业的发展。截至2014年年底，已有30个概念验证的提议被接受。

（二）CCSA在网络及网络功能虚拟化方面的工作

中国通信标准化协会（CCSA）作为中国通信行业标准工作的主阵地，非常重视在网络及网络功能虚拟化方面的标准化工作。软件化和虚拟化目前已经成为未来网络演进发展的重要趋势和主要特征，两者相辅相成，相关的代表性技术和协议将会构成未来网络的基础。但目前未来网络的总体架构和相关技术的发展，整体上还处于研究的阶段，软件定义网络和网络功能虚拟化等技术也仍处在探索和发展阶段，有待深入研究并推动相关技术标准的成熟。

目前，CCSA也与时俱进地紧握时代的脉搏，在国内主导着SDN/NFV的标准化工作，已经在多个TC开展了SDN/NFV的研究工作，主要涉及TC1、TC3、TC5、TC6等。

其中，CCSA在TC3下特设了SVN（Software Virtualization Network）研究组，目前重点聚焦对基于SDN的智能管道技术和基于虚拟化的核心网技术的研究，一方面从网络架构上保持对全局的把握，另一方面从具体实现上找寻云化网络的落地点。SVN相关标准在CCSA体系中的情况如图1所示。

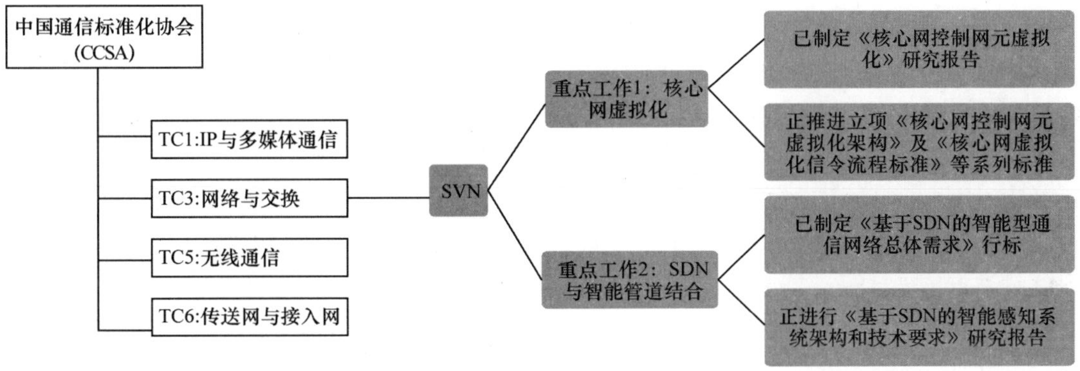

图1　CCSA TC3 SVN相关工作

二、网络功能虚拟化架构

NFV ISG在GS NFV 002（Architectural Framework）中定义了NFV基础架构，可分为3个主要部分。

（1）NFVI（NFV Infrastructure）：NFV基础设施包括物理资源、虚拟化层及其上的虚拟资源，其中物理资源包含计算、存储、网络3部分硬件资源，是承担着计算、存储和内外部互连互通任务的设备。

（2）虚拟网元与网管：包括VNF与EMS。

VNF（Virtualize Network Function）：软件化后的网元，部署在虚拟机上，其功能与接口和非虚拟化时保持一致。

EMS（Element Management System）：主要完成传统的网元管理功能及虚拟化环境下的新增功能。

（3）MANO（NFV Management and Orchestration）：包括Orchestrator、VNFM与VIM。

Orchestrator：负责网络业务、VNF与资源的总体管理，是整个NFV架构的控制核心。

VNFM（VNF Manager）：主要负责VNF的资源

及生命周期等相关管理，如网元的实例化、扩容与缩容等功能。

VIM（Virtualize Infrastructure Management）：即虚拟化基础设置管理系统，主要功能是实现对整个基础设施层资源（包含硬件资源和虚拟资源）的管理和监控。

此外还有OSS/BSS网元，该网元除支持传统网络管理功能外，还支持在虚拟化环境下与Orchestrator交互，完成维护与管理功能。

硬件层的最底层为资源层，如计算硬件资源、存储硬件资源等。其上为虚拟化层，虚拟化层主要采用一些主流的虚拟化软件实现，如VMware、KVM、xen等。目前设备提供商一般采用优化上述虚拟化软件的方式构建虚拟化层。硬件层最上层为虚拟化后的计算单元、存储单元等。

虚拟化的网络功能层由各种VNF（Virtualized Network Function，虚拟网络功能）组成。每个VNF依据其运行的软件不同可实现不同的核心网网络逻辑功能。每个VNF由多个VM组成，VM为虚拟化层已经虚拟化的虚拟计算资源、虚拟存储单元等。EMS为网元网管，OSS/BSS为目前运营商的支撑系统。EMS一般由VNF厂商提供，除传统的网管功能外，还有局部虚拟化环境下的新增功能，如VNF资源的申请及运行数据的采集等。

虚拟化管理及协同层中包括Orchestrator、VNFM（VNF Manager，虚拟化网元网管）及VIM（Virtualized Infrastructure Manager，虚拟基础设施管理）3个功能单元。其中Orchestrator实现业务的编排，确定网络所需要部署的VNF数量、VNF类型及VNF拓扑等。同时Orchestrator生成VNFM的实例，并与VNFM交互，实现VNF的实例化及VNF的生命周期管理。VNFM主要负责VNF的容量规划及确定对VM的需求、VNF的生命周期的管理及与VIM交互申请VM资源等。VIM的主要功能是实现对整个基础设施层资源（包含硬件资源和虚拟资源）的管理和监控，如VM的监管及VM运行状态信息的上报等。

三、网络功能虚拟化的典型应用

在市场竞争、业务运营以及建维成本等多方面的驱动下，运营商在网络功能虚拟化方面也在积极研究和探索，并在一些已有明确业务需求的场景（如数据中心网络、移动核心网络、家庭网络等）中尝试引入。

（一）数据中心网络虚拟化

数据中心网络虚拟化可通过Overlay方式全面屏蔽底层物理网络设施，以软件方式实现底层物理网络的共享和租户隔离，实现针对每个租户的单独网络定义（组网、流量控制、安全管理等），云数据中心资源管理平台通过API接入SDN控制器，通过可编程方式实现多租户网络的灵活部署（包括跨数据中心部署）。

数据中心网络虚拟化方案无需依赖底层网络，可以灵活实现不同租户的安全、流量、性能等策略，实现多租户模式，基于可编程能力实现网络自动配置。但是引入Overlay后可能使得网络架构复杂化，并且物理网络无法感知逻辑网络，而通过软件控制逻辑网络也会对网络性能产生一定影响。

（二）EPC网元虚拟化

对于NFV设备来说，目前运营商的使用场景相对明确（如核心网IMS、虚拟EPC等），使得厂商的开发力度相对更快。以核心网虚拟化为例，多数厂商都提出了其设备研发的路线，基本上以2015年提供商用设备为主，部分厂商甚至已经发布了商用的版本，并在某些运营商中得到了应用和部署。

核心网EPC网元虚拟化采用“APPlications + Controller + Switch”3层架构，将网元的流量流向、需要进行哪些流量处理功能等控制功能提取出来，由“APPlications+Controller”两层来实现，“Switch”层实现基于流的转发功能（甚至可能集成DPI等流量分析及处理功能），并逐步实现控制面网元的集中化，通过SAE网关的信令面与MME、PCRF等设备的融合形成移动核心网虚拟控制云。

EPC单网元虚拟化通过网络功能虚拟化实现网络硬件架构的统一，解决容量增加带来的成本问题，通过业务控制和转发的分离以及硬件和软件的分离解决业务灵活部署和增强的问题，从而降低运营商的CAPEX和OPEX。

（三）家庭网络虚拟化

家庭网络虚拟化是将家庭网络中的家庭网关

（HG）、机顶盒（STB）设备中控制面功能及业务处理功能（如防火墙、地址管理、设备管理、故障诊断等）分离出来，虚拟化后迁移到控制器侧或云端，HG 及 STB 设备上仅保留物理接入接口（广域网口、局域网口、USB 接口等）以及数据面二层转发。

家庭网络虚拟化，一方面可以简化用户侧设备，运营商不需要对 STB 和 HG 进行持续的维护和升级，通过采用远程方式即可为用户提供网络故障诊断服务，便于故障诊断和修复，提升业务可管理性并降低能耗；另一方面，可以提高业务部署的灵活性，运营商可更快速简单地部署新硬件 / 软件，从而可以为未来新业务的快速部署开放提供能力，缩短了新业务市场响应时间。

四、基于 NFV 的关键问题分析

基于 NFV 的核心网需要解决一些关键问题，才能实际进行部署，例如，虚拟化核心网网络的标准化问题、可靠性问题、安全性问题、性能问题、网络资源调度及协调编排以及运行维护方式的转变等。

（一）标准化问题

传统电信运营商提供的业务是构建在完善的标准基础上。采用 NFV 技术后，由于硬件虚拟化技术的应用，其网络架构发生了实质性的变化，新的架构产生了新的逻辑功能单元，如 Orchestrator、VNFM、VIM 等，这些功能单元之间与 VNF 及 VM 之间均产生了新的接口。

在虚拟化的网络环境下，哪些接口需要进行标准化，哪些接口可以采用私有接口不进行开放，这些问题均需要明确并进行相关的标准化工作。在虚拟化的环境下，原有网络的逻辑网元间的接口及协议未发生变化，但原有的接口及网元的交换流程有可能发生变化，如在 EMS 与 OSS 中间，可能将新增虚拟化相关的网管信息及设备运行维护信息。

ETSI 的 NFV 组织提出的框架、接口等需要与其他标准化组织接轨，以核心网为例，3GPP 已经开始考虑 NFV 组织的架构，并率先在 SA5 对虚拟化的核心网在网管、计费系统等方面开展标准化工作。

（二）可靠性及安全性问题

传统电信运营商因监管等因素，对电信网络及业务需要提供 99.999 99% 的可靠性（每年少于 5min 的宕机时间）。而虚拟化后的核心网是否能提供类似目前传统电信设备的可靠性是核心网虚拟化需要研究的关键问题之一。

虚拟化的核心网硬件设备基于通用服务器。通用服务器与传统的电信硬件相比在可靠性方面有所下降。但随着通用服务器的发展，其可靠性也在日益提升。另外，在虚拟化的架构下，除了虚拟网元间依旧保持原冗余备份外，虚拟化的网络资源可以实现分布式计算及分布式存储。当底层资源故障时，可自动将计算任务转移到其他 VM，或者从其他单元自动调用备份数据，从而提升系统的可靠性。同时，虚拟化的控制层可更大范围地调用硬件资源，在异地容灾等领域提升系统的可靠性。

但 IT 云的可靠性算法不能达到电信云的可靠性指标，需要通过新的虚拟化环境下的可靠性算法及现网测试才能落实虚拟化网络的可靠性问题。

至于安全性，目前采用的解决方案通过多级认证，可保障资源使用的合法性，防止盗用及恶意接入。同时，采用虚拟资源隔离的方式避免虚拟应用间的互相影响，也可隔离不同用户，为政企客户等分配相对独立的资源及管理，提升安全性。但安全性的解决方案还在启动阶段，有待验证。

（三）性能问题

虚拟化核心网的性能问题，主要集中在内存的读写方面，资源的计算能力并不会成为瓶颈。

虚拟化增加了虚拟层因而会对性能有一些影响，特别是对延迟敏感并有性能要求的用户面。性能下降主要由内存 I/O 引起。虚拟模块主要为 IT 环境搭建，因此对于电信应用更多的网络和数据业务流意味着更多的缓存（Buffer）需求。

目前业界采用 DPDK、SR-IOV 等提升虚拟化核心网用户面的性能指标，也有设备提供商采用特定设计内存和 IO 读写算法来提升性能。

基于服务器的虚拟化核心网是否能满足大量数据业务、语音业务的用户面媒体转发的性能需求，也有待验证。

（四）网络资源调度及协调编排问题

虚拟化的网络在网络规划、网络部署方面与目前传统电信网络有较大的差异。目前核心网的规划直接依据业务量线下测算网络容量，确定网络拓扑及网元数量。虚拟化核心网则自动依据业务量通过 Orchestrator 进行 VNF 规划，并落实到 VM 的规划中。

虚拟化架构中业务编排模式需要进行研究，理顺架构的管理及协调层中各个逻辑功能的功能及其协调工作机制。同时，虚拟化核心网中底层硬件资源、虚拟化网元功能、协调管理部分打破了同厂商提供的模式，在网络集成等方面也需要进行研究，形成新的虚拟化核心网业务部署及资源调度、编排机制。由 MANO 实现业务编排、虚拟资源需求计算及申请，完成网络能力部署，这使得现有业务部署的流程需要被打破和革新，对现行的设备采购模式和运维模式都会产生较大的冲击。

（五）运行维护方式的转变

对于网络虚拟化的研究，运维方式的转变也是其中的关键问题之一。虚拟化网络颠覆了目前核心网设备一种功能一种设备形态的模式。运营维护的模式不再纵向划分，如不再是 IMS 网络维护或者 EPC 网络维护，而是硬件设备维护、软件设备维护及虚拟化网络资源编排维护等。

另外，运行维护的范围也有所变化。目前的运行维护往往以省为单位进行，但虚拟化的核心网可在更大范围内实现统一控制，以便于资源更灵活的调度。

上述的运行维护方式的转变也是影响核心网虚拟化进程的关键因素之一。

以 SDN/NFV 为代表和核心的云化网络代表着信息发展的未来重要趋势，特别是网络软件化和虚拟化已经开始影响整个网络世界的格局，不论是在标准化、设备和产业化方面，还是在试验开发和应用部署方面，都取得了重要的进展，成为业界公认的发展趋势。

同时需要指出，网络功能虚拟化的标准化工作目前还在不断发展中，相关技术标准尚不完善，有待进一步深入研究，特别是如何管理和调度虚拟化的网络资源是运营商面临的重要挑战，虚拟化资源的业务编排和网络管理的协同、IT 的协同都需要运营商做好充分的技术准备。只有产业链各方共同努力，不断研究和试验，通过实践来完善和推进，借助市场来检验，SDN/NFV 技术才能在传统电信网络演进中起到关键的作用。

中国的电信运营商转型路径思考

埃森哲大中华区通信、媒体与高科技事业部总裁　黄国斌
埃森哲大中华区通信、媒体与高科技事业部总监　刘鹏

在全球范围内，电信运营商尤其是移动运营商，都面临着支出增长远高于营收增长的困境。一方面，数据流量的高速增长带动了资本支出的增长，而越来越复杂的服务与应用，以及用户对服务期望值的日渐提高，进一步促使运营支出不断高涨；另一方面，各种OTT应用与服务对电信运营商传统业务的侵蚀以及竞争导致的价格滑坡，使得营收增长速度开始下降。这一现象在我国同样存在，并且由于经济发展水平较低等原因，我国电信运营商面临的压力甚至大于国际同行。

同时，以腾讯为代表的OTT服务商所推出的即时通讯服务发展迅速，消费者对传统电话和短信的使用持续下降，导致运营商收入不断被侵蚀。

互联网巨头以电信运营商1/10的ARPU值和营业额，创造了与电信运营商规模相当的利润。它们一方面蚕食了电信运营商利润丰厚的语音与短信服务，导致电信运营商相关服务的营收增长停滞甚至下降；另一方面，更深远的威胁在于通过在各自平台上为用户建立身份认证并提供全面服务，使用户对其平台产生依赖，进而削弱电信运营商与用户通过号码建立的关联，造成相对电信运营商的消费者脱媒。

而作为市场的新进入者，中国新兴的虚拟运营商也将为电信运营商同时带来机遇和挑战：尽管电信运营商通过对虚拟运营商资格的审查和相关转售合约的限制，力图规避在零售业务方面的竞争和对自身价格体系的冲击，但是虚拟运营商还是会或多或少地侵蚀其移动通信零售业务。

此外，兴起于发达市场的超级平台也开始在我国生根发芽，它们的进一步发展也会给电信运营商带来竞争的压力。超级平台多起源于移动互联网生态系统中的主要参与者，例如服务和内容的提供商或者终端厂商。为了提高自身的用户粘性，他们提供一站式服务，不断进入相邻的领域，并通过垂直整合的策略，使得消费者不同层面的服务和内容需求在其平台上都能得以尽可能多的满足，从而成为所谓的超级平台。

同语音和短信为主的2G时代相比，如今电信运营商所处的整个移动互联网生态系统的多样性与复杂性不断上升。这一方面的确使得电信运营商对整个生态系统的支配能力大幅削弱，但另一方面却也为电信运营商提供了更多的战略选择。

在对管道业务的依赖程度上，两个极端状况分别是聚焦于管道的公用事业模式和虚拟管道运营商模式。而在这两个极端之间，电信运营商还可以考虑的选择包括基于公用事业管道模式的投资型企业和复合型数字服务提供商。

复合型数字服务提供商的特征包括：整合的用户体验——将传统的以服务类型（语音/短信/流量，或者固网/宽带/移动）定义的服务进行重新整合，使其按照用户价值重新定义并推向市场；与之相对应的计费创新与融合——将从电信运营商的产品线和组织机构出发的计费，转化为从用户角度出发的整合计费；创新的服务电信创新的服务与现有服务的整合与协同，为用户创造更好的使用体验；建立包括OTT服务商和开发者等在内的行业生态系统电信以网络服务和相关的计费与用户服务为平台，向用户提供包括自身和第三方应用和服务在内的一体

化服务。

复合型数字服务提供商路径，能够全面体现电信运营商的经营目标与责任，同时充分利用电信运营商的资源和能力，是未来我国电信运营商转型的最优转型路径。一方面，作为电信运营商核心资产的网络基础设施得以保值增值，并成为服务创新和生态系统掌控的基础平台；另一方面，电信运营商的服务创新，以及其对于生态系统中各方创新的支持与协同，在提升用户体验和增加数字消费者黏性的同时，也为电信运营商和合作伙伴开拓了广阔的增长空间。

电信运营商要转型成为复合型数字服务提供商，关键的要素包括：打造智能和融合的下一代通信网络；基于社交媒体和用户群细分的数字化消费者的无缝体验；拓展与深耕企业 ICT 服务市场；树立坚定的行业生态系统观念，致力于成为数字化服务的平台提供者。

电信运营商要实现向复合型数字服务提供商的转型，需要相应的能力建设以保证市场拓展的成功和建立可持续的竞争优势。电信运营商的能力建设可以考虑侧重以下 3 个领域。

一、高效灵活的前端销售、交付和服务能力

电信运营商应当不断提升自身对于融合数字服务的销售、交付和用户服务能力，实现持续稳定的高效销售循环，通过差异化的用户价值创造实现营收的稳定增长和盈利能力的改善。为了有效服务当前新一代数字化消费者和企业用户，电信运营商高效灵活的前端流程主要包括以下三个方面：

（一）精准和易于衡量投入产出的营销系统

对用户需求的动态、实时把握，迅速推出有针对性、个性化的产品和服务；对营销活动状态及效果的及时分析，不断调整优化营销策略，以取得期望的营销效果；借助社交媒体等新的传播渠道，营销信息及时、准确且生动地传达至目标受众。

（二）融合的数字化内容与服务交付平台

通过整合的语音、数据和包括音乐、视频等在内的各种流媒体服务，为全天候在线的数字化消费者提供高质量和便捷的服务，例如基于云平台的、涵盖不同终端设备的、便捷和高互动性的内容与服务交付。

（三）新一代计费与服务支持系统

为了适应数字化消费时代随时随地通过不同网络和不同终端设备的融合的数字内容的营销与交付，电信运营商应当加强计费与用户服务能力。

二、通过协作和资源共享实现卓越运营的后台能力

（一）建立扁平化的、有利于跨部门跨产品线协作的组织机构

通过打破条块分割的体系鼓励资源共享，例如用户资源和数据信息等。同时，为了适应数字化服务时代的节奏，电信运营商应当推进组织架构的扁平化，以便加快决策流程和对用户需求变化的反应速度。

（二）流程

作为同一生态系统中存在竞合关系的 OTT 服务商，具有快速决策、快速试错的文化和组织特征。在互联网和移动互联网主导的数字化时代，电信运营商集中和缓慢的决策流程难以适应，使其在与 OTT 服务商的产品和服务创新的竞争中屡屡受挫。因此，作为电信运营商转型的领域之一，简化流程、加速决策是电信运营商打造复合型数字化服务竞争优势的必要手段。

（三）系统平台和企业级应用

数字化服务涉及多种媒体内容、多种商业模式以及企业 ICT 服务所带来的新需求对 IT 基础设施提出的新要求。在电信运营商资本支出大量集中于网络升级和建设的前提下，基于资源共享的、高性价比的 IT 基础设施的必要性大大增强，而电信运营商 IT 基础设施向云平台的迁移将是十分必要的步骤。在企业管理平台方面，电信运营商服务的多元化、商业模式的多元化，以及实时计费和实时数据分析要求的不断提高，都对企业 ERP 等管理系统提出了新的要求。建设具备强大数据分析能力的、真正一

体化的企业管理系统成为电信运营商转型成功的重要保障。

三、专业的ICT能力与资源——助力服务创新的实现

随着企业ICT服务的拓展以及相关解决方案的开发，实施与电信运营管理同样需要不断强化的ICT能力。国外电信运营商的经验表明，在打造ICT能力的过程中，联盟/合作伙伴和并购发挥了巨大作用：同企业ICT服务生态系统中硬件、系统软件、中间件和应用软件提供商的联盟与合作是IT服务商通常的做法；而并购是海外电信运营商迅速建立相关能力的有效工具。

"互联网+"时代的两化融合工作的若干思考

中国信息通信研究院　赵勇

2015年3月5日，李克强总理首次在政府报告中正式提出"互联网+"的概念，由此可以看出我国政府对互联网发展的高度重视，以及互联网与传统产业进行融合的必要性、重要性和紧迫性。在互联网时代，两化融合涉及的内容更多，遇到的问题更复杂，面临的挑战更严峻，这就对两化融合相关方提出了更高要求。

众所周知，在经过30多年超高速、超常规发展后，我国正处于经济结构调整、产业升级转型的重大历史关键时刻，以基础设施投资、出口贸易、劳动力密集型为主要特征的经济发展模式已经难以为继。在很大程度上，今后10年产业转型的成败将直接决定能否成功跨越"中等收入陷阱"，能否实现中华民族的伟大复兴与"中国梦"。

两化融合是一个具有中国特色的概念，契合了我国工业产业发展形态与特征，是加快提升工业发展水平的必然手段。根据工业和信息化部发布的《信息化和工业化融合要求（试行版）》中的定义，企业两化融合是指"在信息技术不断发展的环境下，企业围绕其战略目标，将信息化作为企业的内生发展要素，夯实工业化基础，推进数据、技术、业务流程、组织结构的互动创新和持续优化，充分挖掘资源配置潜力，不断打造信息化环境下的新型能力，形成可持续竞争优势，实现创新发展、智能发展和绿色发展的过程"。"两化融合"内涵极为丰富，涵盖了工业互联网、智能制造等众多概念涉及的内容。

随着以移动互联网、物联网、云计算、大数据为代表的新兴信息技术的迅猛发展，互联网正在加速主动向传统产业渗透，传统产业也正面临深刻变化。在这种形势下，我们应以新的视角、新的思维来推进两化融合工作，群策群力，使我国工业企业能够充分借助互联网优势，提高企业生产能力与产品竞争力。

一、"互联网+"时代两化融合面临的内外部环境

在产业形态、经营模式、管理风格、人员结构、人员素质等各个方面，传统工业与互联网行业都有很大区别，因此在"互联网+"时代推进两化融合，首先应明确内外部环境的变化以及运营重点。

（一）从以产品为中心运营模式向以客户为中心运营模式转变

"以客户为中心"的运营模式并没有降低产品质量要求，恰恰相反，而是对产品质量提出更高要求。工业企业需要充分利用信息化手段等各种方式，提高市场响应速度与客户服务满意度水平，只有这样，才能在日趋激烈的市场，站稳脚跟，获得发展。

（二）从大规模批量化生产模式向以多样个性化生产模式转变

在大规模生产制造时代，受到生产技术条件制约，往往是即使了解客户需求，也难以在普通客户可以接受的价格前提下，研发、生产出个性化产品。随着智能化生产设备与IT技术的普及，使得多样化、个性化生产制造模式有了实现的可能。

（三）信息技术从分散应用向全面渗透转变

在以往的企业信息化实施过程中，往往是在生产运营某些环节或者部分设备中应用信息技术，缺乏系统化的整体实施理念；而在"互联网+"时代，信息技术与工业技术全面融合，移动互联网、物联网、云计算、大数据都将从各个层面推进两化融合工作。

（四）互联网企业开始主动进军传统产业领域

如果我们回顾一下我国和全球范围内企业信息化发展历史，可以发现信息化"主角"基本都是传统工业企业，工控系统厂商、自动化设备厂商以及CAD/CAM/CAPP等软件厂商，都是作为服务方而出

现的。但是最近几年，以苹果、谷歌为代表的科技公司开始主动进军汽车、无人机等工业领域，这给传统工业企业带来了极大压力。互联网企业借助其在运营理念、人才、技术、资金等方面的绝对优势，有可能对整个工业运营模式产生重大改变。

二、“互联网 +”时代两化融合相关方状况分析

我国工业企业种类繁多，情况各异，对两化融合需求也千差万别，在实施两化融合过程中，必须明确相关各方定位，协调各方之间关系。

（一）工业企业实施两化融合的态度

笔者在从事的两化融合相关工作中，切身体会到不同类型企业在推进两化融合过程中，企业对待两化融合的态度以及两化融合实施水平存在明显不同。

有些企业自身管理非常严格规范，在本行业中处于领先地位，同时也对两化融合工作给予高度重视，在企业生产运营工作中，自觉应用信息技术，例如，笔者接触到的一家企业拥有 100 多名信息化人员，其中，从事软件开发工作的就有 50 多人，两化融合水平相当高，并且取得良好效果。因此从国家角度来讲，应重点把这类企业作为样板企业，在全国范围内进行宣传、推广，推动其他企业开展两化融合。

与上述企业相反，笔者也接触到一些企业，对两化融合仍有排斥心理，认识不到两化融合的价值，而且企业自身管理混乱，两化融合相关规章制度不完善，缺乏对企业信息化系统、自动化设备以及合作伙伴的有效管理。针对这类企业，不仅要提升其两化融合实施水平，更重要的是提升整个企业的意识，明确两化融合的定位。

（二）政府部门实施两化融合的策略

两化融合是目前各级工信部门的工作重点，是优先考虑的战略工作。工业和信息化部把两化融合作为“立部之本”，就充分说明了这一点，近年已陆续推出多项两化融合相关政策与工作活动，例如，信息化和工业化两化融合管理体系贯标、智能制造示范项目试点等。

“互联网 +”时代的两化融合已不是信息技术的单项应用（例如，“九五”期间的“甩图板”工程；“十一五”期间的“甩图纸”和“甩账表”工程），而是对整个企业运营生产的全面渗透，因此政府部门在推进两化融合工作时，建议考虑以下两点。

（1）注重实效，充分结合企业实际需求。两化融合工作主体是企业，其他各方都应树立为企业提供服务的理念，两化融合成功与否归根结底还是要看能否为其带来实际成效，政府应根据行业特点、企业规模、企业内在需求，制定相匹配的政策、标准、措施，从市场角度出发，尊重企业意愿，为企业提供良好环境，而不是依靠行政手段，让企业接受政府的政策标准。

（2）注重方式，稳步推进两化融合工作。两化融合是一项长期工作，是一项系统工程，一定不要急于求成，不要做成政府部门的“政绩工程”、“形象工程”，必须要尊重市场经济规律与两化融合自身内在特点，稳步推进两化融合工作。

（三）IT 系统厂商

在这场“互联网 +”的大潮中，各类 IT 系统厂商也面临重大机遇与挑战。厂商在为企业提供更加专业化服务与产品的基础上，注重企业信息化系统与生产系统的有效整合。另外，由于各类免费软件增多以及传统企业自有开发力量的增强，软件厂商还面临低价的挑战，这些都需要 IT 厂商认真对待。

（四）咨询服务与认证机构

咨询服务机构、认证机构在两化融合实施工作中，处于“承上启下”的位置，在整个两化融合产业链中居于中间环节。一方面，咨询服务机构、认证机构需要深入理解各级政府的相关法律法规、政策文件，掌握国内外两化融合总体发展状况，明确两化融合走向；另一方面，在为企业提供咨询服务、开展认证时，必须要结合企业特点与两化融合本质要求，开展相关工作。

两化融合与以往的质量管理体系、安全管理体系、环境体系等咨询、认证工作都有很大区别，两化融合相关贯标咨询、认证工作还存在一些问题，容易流于形式，不能抓住两化融合的本质要求，这需要咨询服务机构与认证机构加强这方面的实践与训练，真正认识到两化融合的核心内容与本质要求，

进而为企业提供高质量的服务，确保让两化融合工作实施效果突出的企业脱颖而出。

三、“互联网＋”时代两化融合实施策略

在“互联网＋”时代，我国推进两化融合应考虑以下几点因素。

（一）突出重点，分门别类推广两化融合工作

“互联网＋”时代的两化融合是信息技术以及互联网思维对传统企业经营、管理、生产模式的全面渗透，不同行业、不同企业的渗透过程具有明显差异，因此必须分门别类进行推进。

从互联网对企业运营影响程度来看，直接面向普通客户的消费品行业受互联网影响较大，围绕市场营销、宣传推广、客户服务等业务活动，大力引入互联网手段，改造整个企业的生产运营模式，拉近企业与客户之间的距离，为客户提供个性化服务与产品。

互联网对装备制造等行业的影响相对没有那么显著，除了各类计算机辅助软件、智能化生产设备、无人化仓储系统之外，今后互联网的影响主要还是体现在生产设备互联、工业大数据等方面，通过对生产过程及生产设备的监控，改进整个生产模式，提高生产效率。

（二）循序渐进，结合企业现状与需求推进两化融合

目前，有关互联网“颠覆”传统产业的言论甚嚣尘上，似乎传统企业生产模式已无法适应时代需求。笔者认为，互联网对传统产业的影响是巨大而深远的，但是互联网与传统产业的融合是一个循序渐进的长期过程，尤其是对于中国的传统企业来说，在融合互联网的过程中，同时注意以下几点：

（1）传统产业的本质属性不会短期被颠覆，例如汽车本质属性仍然是一种交通产品，其基本构造不会短期彻底被改变；

（2）我国企业必须高度重视企业管理模式与人员结构的改善，由于历史原因，我国工业企业在管理水平、两化融合人才等方面，还需要进一步“补课”；

（3）企业必须重视工业生产设备与工业产品质量，近期我国游客在日本疯狂采购马桶盖事件就充分说明我国产品在质量方面仍有巨大提升空间，如果不解决产品质量问题，而只是一味提升两化融合水平，只能是一种本末倒置的做法。

（三）多方合作，共同推进“互联网＋”时代的两化深度融合

两化融合实施企业、政府部门、互联网企业、软硬件厂商、咨询服务机构、认证机构必须建立紧密的合作关系，为整个产业发展提供一个良好的内外部环境，共同推动整个两化融合工作健康稳定发展。

（四）重视标准，通过标准规范促进工业企业的智能化水平

两化融合工作的逐步推进，对各类标准规范（不仅包括生产设备、产品的标准规范，还包括互联互通的标准、生产过程的标准规范）提出了更高要求，是实现智能制造的关键，因此美国的工业互联网联盟以及德国的工业4.0都把标准规范的制定作为一项重要工作。我国政府与产业界在推动两化融合过程中，同样需要优先考虑两化融合中的各种体系标准，积极参与到相关标准制定与推广工作中。

“营改增”给通信行业带来的压力与契机

人民邮电报社　杨玲玲

2014年对电信运营商影响最大的政策，莫过于“营改增”税收改革，这不仅直接影响电信运营商的收入与利润，而且让运营企业在赚钱方式上需要调整，在花钱上也有了约束。“营改增”成为国内电信运营商当前最直接的压力，同时也为企业带来发展模式快速转型与运营层面深度变革的难得契机。

一、双重压力：效益减收 成本压降

从2014年6月1日起，电信行业正式进入“营改增”新税制时代。

作为国家重大的税制改革，“营改增”的逐步实施有助于进一步完善税制，有利于科学计税、征税，释放改革红利，将对相关行业的减税产生明显作用。然而这项从长远与大局来看的“减税”政策给电信企业带来的却是短期内“减收”的阵痛。三大电信企业在2014年4月30日同步发布公告：“营改增”将在短期内对公司经营收入和利润造成较大负面影响。“减税”怎么成了“减收”？

首先增值税是价外税，营业税是价内税。价外税即价格和税是分开的，具体的体现就是，增值税发票上分别标明了价格和税额，而营业税发票上只标明了价格。具体来说，例如某用户每月支付的手机话费为100元，“营改增”之前，运营商的收入就是100元；“营改增”之后，虽然运营商同样收到了100元，但这100元是含税的价格，按增值税计算公式（税额=100÷〈1+税率〉×税率，按6%的税率计算）算出税额约为5.7元，因此其真正的收入变为了94.3元。这就是“营改增”造成运营商收入直接下降的原因。如果运营商不涨价，收入就一定会下降。但目前用户的呼声、监管部门的指导思路、运营商的市场竞争等现状决定了电信资费只可能越来越低。

其次，“营改增”之前，电信业适用的税率为3%；“营改增”之后，电信业税率分为两部分：基础电信服务税率11%，增值电信服务税率6%，即无论哪种税率都比营业税3%的税率高。“营改增”的最大好处是企业可以抵扣一部分前一环节已缴纳的税款（进项税）。然而，电信运营商短期内能够获得的抵扣项非常有限。与其相关的增值税链条还没有完全“打通”，上游企业所属的许多行业还没有进行“营改增”，运营商的大部分运营成本难以取得上游的增值税抵扣。

综合各方因素，短期内电信运营商受到的“冲击”较大。为了消化“营改增”政策的影响，同时规范市场行为，促进行业健康发展，三家运营企业在相关部门指导下，于2014年年中出台了“销售费用压降”的举措，即在2013年的基础上，分三年压降可控销售费用50%以上，三年共计压降销售费用约1400亿元，2014年的压降规模为430亿元，2015年将压降540亿元，2016年将压降430亿元。

二、影响深刻：立竿见影 辐射深广

过去无论是说OTT以及互联网企业给通信行业带来的冲击有多大，还是未来运营商可能被管道化的命运有多惨淡，都不如“营改增”和“销售费用压降”这两项政策立竿见影，来势汹汹，影响深刻。

在这两项政策下，电信企业过去惯常使用的营销模式、市场行为，例如预存话费赠送终端、赠送实物促销统统行不通了。例如原先在通信业常态化开展的“预存话费送手机”业务，按照“营改增”政策规定，运营商在营销活动中作为赠品的实物将会按照17%的税率来核算增值税，赠送的电信服务则按11%或6%来核算。因此在“营改增”后，预存话费送的手机作为销售处理要按照市场价缴增值税。此外，销售费用压降让过去习惯通过简单粗放的高投入营销方式抢夺客户的运营商不知道该用什么策略了。这一切都让运营商的营销总监们一下子陷入到迷茫中。

“营改增”对运营商影响最大的一个领域是终端，终端补贴的大幅削减也是“销售费用压降”首当其冲的举措。过去，三家运营商普遍采取充话费送手机的合约套餐方式。高额终端补贴虽然在3G、4G普及推广中功不可没，然而在利益驱动下也形成了渠道代理商“养卡”、“合约机拆机”的利益链条，让国有资产大量流失。“营改增”后，三家运营商必须逐渐向买手机送话费以及裸机销售转变。终端销售方式的变化以及补贴的压降将给终端行业带来新一轮的洗牌，对于那些过去并没有形成产品优势而是依赖运营商补贴过日子的厂商是致命的打击。

“营改增”刺激运营商探索多渠道的终端销售路径。在终端销售方式的改变下，渠道结构与佣金机制也需要随之调整。负责裸机销售的代销商从事的业务又不属于“营改增”范围内的现代服务业，无法取得增值税专用发票进行增值税抵扣，且基本上属于小规模纳税人，即便“营改增”大范围实施，也只能取得3%的进项增值税抵扣。因此运营商必须优化渠道结构，减少无效渠道，并调整佣金政策，减少一次性佣金，建立“长效的、与贡献挂钩”的佣金激励机制。此外，自有电子渠道以及与知名电商合作将成为未来企业发展的方向之一。运营商应加大电子渠道销售，使线上销售、线下服务、配送有机结合，降低渠道运营成本，延伸产品服务。

三、改革契机：发展转型 管理重塑

从长远来看，“营改增”将成为电信行业深度改革的难得契机，对运营商也是一个降低成本回归服务的好机会。

在新政策下，基础电信企业的业务转型与产品结构优化时不我待。电信行业的增值税征收实行两档税率并行模式：提供基础电信服务，税率为11%；提供增值电信服务，税率为6%。这个政策的意图很明显，即鼓励电信业向信息服务业转型，“互联网流量经营”和“服务内容经营”是今后经营的重点。然而在流量的快速增长中，我们也注意到，2014年上半年电信运营商增值电信业务收入增速只有4.2%，低于电信业务收入增速1.4个百分点，比上年同期下降1.5个百分点。近年来，受OTT应用的冲击，电信运营商的增值业务每况愈下，与互联网企业相比，运营商面向个人的应用与业务有些鸡肋。因此电信运营商“服务内容经营”需要进行战略性调整，需要瞄准自己具有优势的产业互联网、行业信息化、云计算、大数据等新兴业务领域发展。此外，增值税政策还规定：向境外单位提供电信业服务，免征增值税，这是为了鼓励电信企业积极拓展国际市场，因此电信运营商的国际化战略需要提上日程。

“营改增”将倒逼运营商提升营销资源的使用效益，改变传统的粗放式营销手段。这就需要理性聚焦客户需求，关注客户的真正需求所在，真正提高通信产品与客户需求的契合度，并提升给客户带来的价值。在传统的营销方式无法使用时，运营企业必须寻求新的营销方式，包括新型营销产品的开发、互联网营销渠道的创新利用，以及运用互联网思维的互动分享、“病毒式”营销传播，从而提升整合营销的能力。同时，基于大数据的精准化营销与客户维系将是未来重点方向。此外，需要大力发展电子商务，以更低的成本为客户以及产业链合作伙伴提供更加高效、便捷的营销与服务。

电信运营企业的经营管理在新形势下必须进行深刻变革，从粗放式管理向精细化管理转变，向管理要效益。此外，运营商的管理模式需要从产业链角度出发，构建新的商业生态圈，通过“大数据+大采购”，实现采购管理的精细化，节约成本；通过“大数据+大营销”，实现营销模式的集约创新，合理避税以降低营销成本；通过“大数据+大平台”构建更开放有效的平台，推动数据业务的发展，增加增值业务收入占比；通过“大数据+大市场”实现与合作伙伴的创新合作，提升客户价值，扩大收入来源。

此外，电信运营商还需要改变传统企业组织架构，创新机制体制，加快建立适应移动互联网发展的体制和机制，这样才能适应新时代客户需求，给客户提供良好感知的产品和服务。

大型国有通信企业混合所有制改革的探索与实践

中国电信股份有限公司浙江分公司　钟输颖　胡勇　蒋燕勇

中国电信股份有限公司响应国家以混合所有制促进国企改革的号召，深化落实“一去二化新三者”战略，积极引导优质民间资本参与国有企业改革，成立融合了互联网和大型网络运营商基因的“翼信”公司。该公司在确保国有资产保值增值的前提下，践行国资、民资相互融合的理念，开创了国有企业“控股不控权”的治理结构，将互联网基因真正植入到运营商体制内。同时，充分发挥合资双方产品、资源、能力优势，以互联网方式开发、运营，以运营商渠道推广、宣传，协同效应显著。通过一年时间的运作，易信产品成为即时通信市场的有力竞争者，提升了中国电信的市场竞争力和影响力，社会效益显著，为国有企业混合所有制改革作了有益的探索。

一、改革的背景

步入移动互联网时代，微信等“免费”的OTT业务对传统电信行业带来巨大冲击。通信运营企业的整体收入及移动用户增幅降低，利润率呈递减趋势，而且缺乏代表性产品和核心竞争力，在激烈的竞争中处于劣势。

受限于传统国企的体制，通信运营企业仅仅依靠自身难以在即时通信领域取得竞争优势，要破解发展困境必须要转型。中国电信提出了“一去二化新三者”的深化转型思路，成立了八大基地为整个移动互联网生态产业价值链搭建综合平台。但是实践证明，仅仅依靠运营商自身的能力发展移动互联网业务，市场竞争力有所不足。与国有企业相比，民间资本具有机制灵活、创新意识强等优势，这些特质正是作为国有大型传统运营商所缺乏的。通过混合所有制改造，发挥二者的各自优势，扬长避短，提高业务聚合度，加强客户价值渗透，发挥各自的优势，实现资源互补。

近两年来，国家和行业纷纷出台政策鼓励国有企业发展混合所有制经济，以刺激传统国有企业释放活力。党的十八届三中全会通过了《中共中央关于全面深化改革若干重大问题的决定》，工业和信息化部出台《关于鼓励和引导民间资本进一步进入电信业的实施意见》，鼓励企业不断探索混合所有制改革之路，以新兴业务领域为突破口，建立市场化机制，突破现有单一股权机制，为电信运营商互联网业务的重振和崛起，开创了良好的政策环境和条件。翼信公司的成立，标志着电信运营商和互联网公司在移动即时通讯领域实现真正“破冰”，进入产品联合开发运营和资本合作的新阶段。

二、主要做法

（一）设立混合所有制企业，开创控股不控权的治理结构，为国有企业改革趟出一条新路

明确混合所有制改革指导思想、目标和任务：通过混合所有制的公司化运营，建立自主经营、自负盈亏的市场化运营模式，充分发挥双方优势实现合作双方的互利共赢，同时实现国有资产的保值增值。

基于合资公司的定位，建立科学合理的评价标准，全方位调查比选，确定最佳的战略合作伙伴，开创了骨干电信运营商和领先互联网企业联姻合作的先河。中国电信协同通信基地经过四年运作在产品研发、业务运营和人才培养已经有了一定的积累，但是移动互联网的发展十分迅猛，其运营能力和人才储备仍无法满足业务发展的需求。因此，在选择合作伙伴时确定了三个标准：有强烈的合作意向，与中国电信有共同利益和愿景；具备技术研发和产品运营等方面优势，能降低产品成本、丰富产品内涵、提升客户体验；具有丰富的客户资源和推广资源，

有助于产品的规模推广和异网拓展。经过筛选与协商，确定网易公司作为中国电信的战略合作伙伴。

开展规范严谨的资产评估，避免国有资产流失。跨部门协同参与，通过多轮商务谈判共同确定合资方案；将资产和部分合同权益作价入股，合理设定股权占比。考虑到之后可能引入其他战略投资者，中国电信事先确定在本次合资中股权占比不少于 65%。经过数轮谈判，双方就股权比例达成一致。中国电信以 1 600 万现金和协同通信基地资产出资，占有 73% 的股份，网易以 2 亿元现金出资，占有 27% 的股份。中国电信拟用于出资的资产价值由国资委、合作各方共同确认其价值；协同通信基地所拥有的知识产权及其他无形资产均作为资产投入。网易以现金的形式入股，满足翼信公司的流动资金需求。

创新“控股不控权”的合作模式。充分发挥网易作为领先的移动互联网企业在机制、创新性等方面的优势，在中国电信拥有绝对控股权的基础上，将日常经营权交由网易方委派的人员负责，以最大的决心和诚意支持翼信公司做大做强。

按照公司章程，翼信公司采用董事会领导下的总经理负责制，公司一切重大决策必须提交董事会讨论决定。董事会由 3 名成员组成，其中中国电信 2 名，网易 1 名，董事长由中国电信提名的董事担任；总经理负责公司管理团队的管理和日常经营管理，由网易方委派，对董事会负责；财务总经理由中国电信委派，确保中国电信母公司的财务会计政策可以得到及时有效的贯彻执行。公司章程规定的需公司董事会和股东会决策事项之外的其他事务，均由总经理带领高管团队决策。其他重要高级管理人员，如产品总经理、市场总经理、人事总经理、财务副总经理均由网易委派。这种合作方式既可以充分利用中国电信的平台和渠道优势，又可让网易充分采用互联网产品的经营方式，共同开发具有竞争力的移动互联网产品，形成 1+1>2 的效应。

（二）优势资源整合，发挥内外协同作用，实现混合所有制企业的迅速发展

合资双方全力整合资本、人力、产品开发、市场推广等方面的优势资源，扶持合资公司快速发展，真正实现运营商、互联网公司和用户三方共赢。

近年来，网易在新闻资讯、效率工具、互动娱乐、教育等领域全面布局移动互联网，既有网易新闻、有道词典这样移动端用户过亿的领先产品，也有网易邮箱、网易云阅读、网易云音乐、网易公开课等极具特色的优质产品。中国电信基于 3G 网络也推出爱音乐、爱游戏、天翼视讯和天翼阅读多项创新特色应用。通过推出易信产品，可以陆续整合中国电信 189 邮箱、爱音乐、爱游戏和网易邮箱、网易新闻、云音乐等内容及服务。

中国电信将手机预装作为重要发展渠道，同时将短信 push 作为精准接触用户的手段，通过深度挖掘引导目标用户点击短信。营业厅作为电信最主要的线下实体渠道也积极参与易信的推广，通过开通营业厅易信公共账号、线下营业员推荐和线上热点活动，快速发展用户。网易也将充分利用自己多产品的资源优势，全面铺开易信产品的推广。通过网易邮箱引导用户使用易信随时接收邮件，网易游戏中用户社交关系转移到易信上，把易信的广告同步放在网易的门户资源最醒目的位置等手段大力推广易信产品。

（三）变革内部体制机制，妥善解决管理和人员融合，实现混合所有制企业的平稳过渡

为了打破内部壁垒，实现同工同酬，更好地激发员工活力，翼信公司对人员进行了薪酬结构调整，将翼聊基地原派遣制及代管外包员工全部转为合同制员工，并且所有员工包括翼聊基地员工、网易员工，在薪酬调整时采用统一政策，包括薪酬结构、薪酬宽带和薪酬调整幅度等。

在调整过程中，翼信公司没有主动辞退员工，截至 2014 年 9 月，调整后原翼聊基地人员的月平均薪酬与调整前相比平均上涨了 15% 左右。经过一段时间的磨合运行，翼信公司的文化氛围、员工积极性有了很大的改观。

三、取得的成效

翼信公司的新型体制机制运作良好，活力开始显现。翼信公司根据移动互联网敏捷式开发要求，打破了传统电信服务的前后端界限，并逐步融入网易的体系架构，对组织架构进行了大规模改革，推进组织结构扁平化。经过近一年的融合，权限清晰，职责分明，决策流程精简高效，执行力高，响应速度快。团队的凝聚力逐步加强，员工工作主动性得到明显提高，精神面貌也得到较大改善，让每个员工的能量得到最大发挥。

即时通信业务得到快速发展，协同效应显著，对中国电信集团其他业务的发展起到了良好的推动促进作用。易信用户数量迅速增长，同类产品中起步最快，易信用户数于 2014 年 6 月 30 日已经突破 1 亿。月活跃用户数高于 30%，日活跃用户超过 1 000 万，用户访问时长居于行业前三。

易信全方位融入生活，改善用户体验，让用户更大程度上享受到了移动生活的便利与美好，得到了真正的实惠，易信成为国内最重要的综合生活服务平台之一。翼信公司作为国有资本和民间资本融合的成功案例，率先实践混合所有制改革，带领企业迈上新台阶，屡获重要奖项，获得行业和其他企业认可，许多企业主动与翼信公司联姻寻求合作共赢机会。中国电信将以此为开端继续探索混合所有制改造之路，提升企业竞争力。

为国有大型企业股份制改造、现代企业治理和机制体制创新提供良好借鉴。中国电信这一探索为我国大型国有企业的混合所有制改革起到了示范作用，对大型国有企业股份制改造中，有关企业无形资产评估，改制组织领导，企业兼并后人员身份转换和薪酬结构调整，如何发挥合资双方的优势、有效利用国有资本带动各类资本，以及现阶段国有资产管理、国有资产保值增值等方面，起到了良好的示范效应。

（摘自全国企业管理现代化创新一等成果《国有通信企业即时通信业务的混合所有制改造》）

通信企业经营模式创新转型的探索与实践

中国联合网络通信有限公司北京市分公司　赵旭

近年来，国务院在国家信息化发展战略中，明确提出发展信息服务业、推动经济结构战略性调整的构想；北京在智慧城市建设中，也明确做出扶持企业信息化创新和管理转型的部署；随着互联网应用的深入普及以及移动互联网业务的跨越式发展，社会信息化、网络化需求飞速增长，新型融合产品与服务不断涌现，对传统通信企业造成巨大冲击，促其主动求变、觅取先机。

面对机遇与挑战，北京联通积极探索互联网时代通信运营商经营模式创新转型，以实现多元化客户需求为出发点，通过完善管理与支撑体系，全面提升新业务开拓与管理能力，形成全业务信息化解决方案，助力政府普惠民生，提升行业信息化水平，实现社会与企业的和谐共赢。

一、建立业务创新拓展体系

北京联通以“信息生活的创新服务领导者”为发展愿景，以通信资源为依托，以“智慧北京”为规划蓝本，推进实施“移动宽带领先与一体化创新战略”。通过积极整合产业链各类资源，结合地域资源优势、网络承载优势及优质客户资源，北京联通在营销/服务领域横向延展，以多层次多元化的客户需求为导向，设计全业务一站式解决方案，构建多方共赢的商业模式，开拓新产品、新应用、新业务、新领域；在内部管理和支撑领域纵向压缩，聚合平台资源，集中产品创新体系，推进IT和网络支撑的一体化，完善和优化激励保障机制，构建高效、协同、一体化运营管理体系，有效支撑全公司新业务的拓展，探索具有运营商特色的新型信息服务之路，北京联通新型业务拓展体系架构如图1所示。

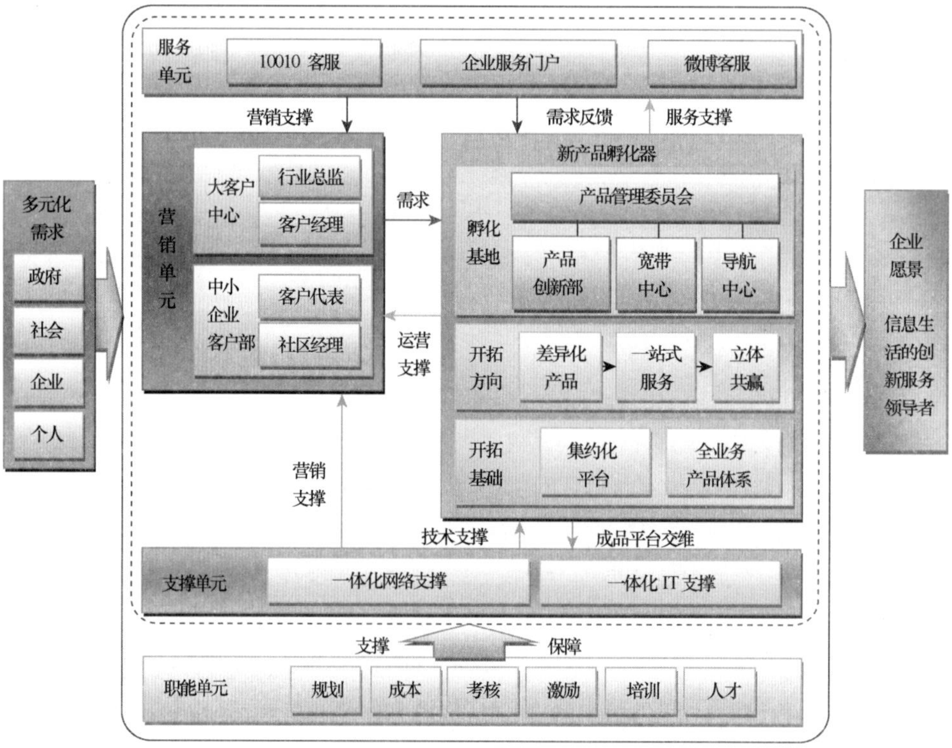

图1　北京联通新型业务拓展体系架构

二、创新一体化运营管理架构，由“简单整合”向“一体化”转变

（一）搭建集约化信息服务平台

由分散的独立业务平台向集约化服务交付平台演进，建立统一的业务门户、鉴权中心、SP管理、内容管理和容灾备份，支撑3G/4G、宽带、语音和融合业务快速开展。

（二）形成集中化产品创新体系

以“四个一”为目标，建立“开发—运营—推广”体系，形成亮点业务，储备潜力产品，打造研发团队；通过产品管理委员会、新产品开发流程、新产品孵化器等机制，加快新产品研发、试商用和推广进程。

（三）组建一体化网络/IT支撑体系

按照通信网络的垂直化管理与专业化运营要求，将网络建设维护职能与营销职能分离，增强面向全业务的高效网络规划、调度、运维、管控能力。

三、创新综合支撑保障体系，实现物资支撑与人员激励的双促进

（一）打造多维度技术支撑能力

以3G/4G结合虚拟专网，形成移动政务、移动办公、移动支付、集群定位等能力，以物联网结合移动互联网，形成智能交通、智能物流、远程监控等能力，以线上线下技术融合，形成移动支付、智能营销等能力，为新业务开拓及一体化运营提供支撑。

（二）推进综合保障激励机制

以新业务为导向，优化调整营销架构，完善责权匹配的组织架构和考核体系，前后端联动，提升专业化运营与管理能力；实行员工岗位工资薪档动态调整，形成激励锐意创新的氛围，调动全员积极性。

四、创新开拓信息化新型服务业务，为社会经济各个领域提供全方位信息服务能力支撑

（一）社会民生信息化

以114为核心，创新打造北京市统一预约挂号平台，使全市医院号源在一个平台上共享，通过统一规范接口方式，与医院迅速对接，除支撑传统电话呼叫、网站及客户端接入外，还支持视频、短信、E-mail、传真、WAP等多种接入方式，支持多种终端预约挂号，实现语音与互联网服务乃至移动互联网的深度融合，有效缓解“就医难、挂号难”的情况，开拓普惠民生的新应用，达到医院易接入、患者易使用、平台易管理的预期目标。

截至2014年12月31日，统一预约挂号平台累计注册用户数达900余万，预约挂号呼叫量累计达4 500万次，最大日呼叫量6.9万次；累计投放号源达1亿，成功预约挂号超过1 800万个，部分医院紧俏科室号源预约率达到100%。预约挂号平台的广泛应用，减少了医院开通预约服务的资源投入，降低了患者挂号成本。通过预约挂号，患者及家属接触到114综合信息咨询服务平台，以及多种关联的生活资讯、预定等服务，预约挂号既方便用户，又提高了首都医疗系统的信息化水平，缓解了医患关系，同时为通信企业带来良好的社会效益和经济效益。

（二）农村信息化

以联通新农村网站为核心，建设综合信息服务平台，具备实时宣传、科普咨询服务、电子商务营销三大核心功能，推进农村信息化进程；实现农村特色产业信息的聚合与宣传，引导城市居民对农村特色产品的消费需求，为农民增收；制定相应的农村信息化营销政策促进基础电信业务在农村地区的发展，提升固话、移动、宽带的渗透率；构建“政府+企业+农户+城市居民=信息生活服务”的农村综合信息服务新模式，开拓可持续发展的农村综合信息服务新应用。

（三）政务信息化

以3G/4G和虚拟专网为核心，打造移动政务平台，为各级党政军部门提供信息化应用服务，提升政府执政与服务效率，提升城市信息化建设与应用水平。

多年来，北京联通与市政府及下属各级单位保持广泛而紧密的合作，自2010年北京联通率先完成与北京市经信委全市移动电子政务平台的对接，成为首家具备为全市移动电子政务提供服务能力的通信运营商后，北京联通至今陆续完成市应急办、市经信委、市高法移动OA电子政务平台、西城区、朝阳区、顺义区、平谷区政府移动办公、全市法院

系统移动法务平台、巡逻执法车视频回传、内保局ATM设备及监控视频回传、市交管局非现场执法摄像头无线数据传输、京通快速及北京市公交优先道路监控、市文化执法总队移动执法、烟花爆竹销售现场监控无线数据传输等项目的上线。北京联通助力政务信息化，全面提升政府部门执法效率，降低执法成本，有效弥补人力与物力的不足，扫除诸多盲点。

（四）商务信息化

以移动互联网、物联网为核心，打造WO商务行业信息化平台，为客户提供以产品、服务、渠道为一体的一站式全业务解决方案，开拓移动互联网新型应用。

WO商务平台结合优质的通信网络、安全的数据通道和新型物联网技术，面向集团大客户、中小企业用户，为政策监管部门、制造业、贸易、金融、医药、交通运输、房地产等行业提供信息化运营、管理及移动信息化办公、监管等服务，打造出金融行业信息化管理体系、八方达智能交通车辆信息管控体系、中铁快运物流调度管理体系等明星项目。该平台基于物联技术，实现终端互连和统一管理；通过移动办公，将语音、短彩信、上网等需求融合，推出“统一通信”、“即时通”、“企业通信录”等服务，达成集群定位；通过大数据分析及线上线下一体营销，以“行业应用超市”等展现界面，帮助企业实现用户的精确分析和智能推送。

WO商务累计实施2000多个项目，直接收入超过8亿元，带动增值业务收入20多亿元，年平均增长率高达250%，成为北京联通增值业务增收的重要驱动力。

五、创新转型取得明显成效

通过近三年的实践，北京联通成功构建面向新型服务业务的一体化运营架构，在社会经济各个领域形成深入应用。

（一）社会信息化领域

预约挂号服务得到国家卫计委、市政府、市卫计委、市医改办等政府机构一致好评，114预约挂号成为北京市卫计委预约挂号服务唯一合作方，中央和地方媒体多次给予报道。联通新农村项目荣获北京市信息基础设施提升计划“信息化村”授牌奖励。

（二）政务信息化领域

以移动政务助力政府部门丰富电子政务公共服务手段，满足了政府公务人员提高办事效率，节省行政成本，高效安全地实现移动办公、移动执法、移动监测等多种需求。

（三）商务信息化领域

北京联通融合信息服务，加快改善传统行业领域的通信服务能力水平和信息化应用水平，以WO商务为特色的行业应用，子用户达58万户，WO商务项目荣获2010年中国通信与信息化应用优秀成果金奖，2010年度中国通信学会科学技术奖二等奖，有效推进了信息化和工业化“两化”融合。

服务社会经济信息化也促进了通信企业可持续快速发展。北京联通借力移动宽带领先和融合新业务的发展，2009～2014年收入累计增幅超过30%，利润贡献稳居联通集团首位；增值业务收入占比由15%上升到35%，移动互联网应用呈现井喷式增长，移动宽带用户户均月流量超过190MB，行业短信彩信等集团信息化产品需求旺盛，114信息导航等服务需求不断增加。

（摘自全国企业管理现代化创新一等成果《通信企业提升信息服务能力的新业务开拓与管理》）

高通公司被反垄断调查案分析

中国移动通信集团公司　贾晓辉

2013年11月，中国发改委对美国高通公司启动反垄断调查。2015年2月，在经历14个月调查、28次谈判之后，中国发改委对外宣布反垄断调查结果，其罚金接近10亿美元，成为中国反垄断史上的重大里程碑。此案不只涉及反垄断和专利问题，更涉及创新与发展问题，它对中国通信产业的竞争格局、创新战略的影响将是十分深远的。

一、事件焦点：反垄断和专利权的平衡

发改委早期公布的高通公司涉嫌反垄断调查的原因较多，主要锁定在7个主要问题上，下面逐条进行解释。

（一）整机作为计算许可费的基础

高通收取专利费有固定部分和可变部分，其中可变部分是以整机（例如手机）的价格为基础进行计算的（例如5%）。而举报方认为高通专利主要应用于手机通信基带芯片，而手机的应用处理器、显示屏、内存、电池、摄像头等部件与高通关系不大，高通专利费将这些部件的价值也计算在内，因此是不合理的。

（二）将标准必要专利与非标准必要专利捆绑许可

标准必要专利是实施某一标准所必须使用到的专利。由于通信设备必须依照通信标准制造，因此厂商就必须取得对标准必要专利的授权许可。高通对厂商采取一揽子专利授权许可模式（根据不同厂商也有一定调整），其标准必要专利与非标准必要专利被一并许可给厂商，但是，非标准必要专利有可能是厂商并不需要的，为不需要的专利支付专利费是不合理的。

（三）要求被许可人进行免费反许可

高通在将专利许可授权给厂商时，同时也要求厂商持有的专利要免费回授许可给高通，并且规定不得利用这些专利起诉高通的其他客户。对于拥有专利较多的厂商，他们的专利价值就被损害了，也打击了他们自主创新的动力，造成他们进一步依赖高通，陷入亦步亦趋的跟随陷阱。同时，高通借助专利免费反许可建立了一个对内部有利的生态圈，减少了高通客户之间相互专利许可的麻烦。

（四）对过期专利收费

高通对被许可厂商不提供清晰的专利清单，部分过期的专利存在于专利组合中，导致厂商为失效专利付费。

（五）将专利许可与销售芯片进行捆绑

高通在芯片技术上远超所有竞争对手，厂商很难不使用高通芯片，而使用高通芯片的前提是必须与高通签署专利许可协议，而专利许可协议覆盖的产品却不只是包括高通芯片，因为高通认为所有厂商的手机芯片组都会使用其专利。

（六）拒绝对芯片生产企业进行专利许可

联发科是全球排名第二的手机芯片企业，3G时代，高通始终坚持不与联发科签署专利许可协议，而是通过与手机终端厂商签署专利许可协议以实现自身利益的最大化。

（七）专利许可和芯片销售中附加不合理条款

高通附加的不合理条款有：要求潜在被许可人接受过期专利收费、专利免费反向许可、搭售非无线标准必要专利许可以及不得挑战专利许可协议等。

二、结局分析：相互妥协，共生共赢

2015年2月，我国发改委发布高通案调查结果，认定高通在CDMA、WCDMA、LTE无线通信标准

必要专利许可市场和基带芯片市场具有市场支配地位，实施了滥用市场支配地位的行为：收取不公平的高价专利许可费；没有正当理由搭售非无线通信标准必要专利许可；在基带芯片销售中附加不合理条件。同时，发改委审查通过了高通提出的整改方案，而高通表示不再寻求进一步上诉。

（一）高通整改方案核心要点

1. 60.88亿元

国家发展和改革委员会以高通2013年在中国市场销售额的8%进行处罚，计60.88亿元人民币，这是中国反垄断执法以来最高金额，高额罚金成为此案最大亮点，但对于高通来说，上交此罚款反而带来营收预期下限上调，高通股价也随调查结束而上涨，这反映罚金对其影响相当有限。

2. 65%

根据整改方案，高通对中国境内销售的手机，以整机批发净售价的65%为基础计算专利费；以4G专利费率为3.5%和3G/4G专利费率为5%分别计算，整改后4G为2.275%，3G/4G为3.25%。由于高通在3G时代向中国厂商承诺的国内专利费率为2.65%，因此此案是否给中国厂商带来实质利好，业内存在不同的解读。

3. 清单

高通在进行专利许可时，将会为国内企业提供专利清单。这项有利于保护国内企业的“知情权”，明明白白交专利费。

4. 搭售

高通在许可其无线标准专利时，不得捆绑其他非无线标准专利。这项措施与提供清单结合在一起，国内企业就可以只购买自己需要的专利许可，因此有进一步降低专利费的可能。

5. 免费反许可

高通不得要求国内企业将自己专利免费反许可给高通。这项有利于国内企业体现出自身创造专利的价值。

6. 捆绑

高通在销售基带芯片时不得要求国内企业签订不合理条件的专利许可协议。这意味着国内企业在购买高通基带芯片时，面对不合理的专利许可协议可以拒绝，但高通不得拒绝提供基带芯片。但是，高通仍然可以“合理的”专利许可协议作为提供基带芯片的条件，因此高通芯片和专利的捆绑关系并未被解除，其核心商业模式得以保全。

（二）结果分析

1. 综合以上情况，高通最终保住商业模式，而发改委树立起权威

一方面，高通虽然上交罚金下调专利费，但其核心商业模式在中国被保全下来。而且高通只是表达对最后的和解结果感到满意，这也意味着高通并未认错，只是认输。另一方面，发改委迫使高通降低35%的专利费，并尊重反许可专利的价值，为国内企业争取到了一定的利益，但发改委并未能毕其功于一役，例如要求以芯片为基础进行计费、解除其芯片和专利的捆绑、在更大范围内进行严惩等。考虑欧美日韩对高通的反垄断调查历时多年而无结果，中国反垄断当局成立最晚、经验最少，高通的整改方案已能使中国反垄断执法迅速在全球树立起权威。

2. 高通的专利危机其实根源于自身实力的下滑

从3G到4G，高通专利在标准中的贡献显著下降，从功能机到智能机，高通芯片对手机性能的贡献显著下降，但高通的专利政策多年保持不变，在全球产业界已引起公愤。此外，英特尔、苹果和微软在IEEE提出按“最小可销售单元”（如芯片模组）为基础计算专利费，而美国司法部罕见表态支持，这对高通是有更大威胁性的釜底抽薪。在后院起火的背景下，高通迫切需要在中国市场上确认其商业模式是安全的，甚至有望借力中国发改委的判决“止损”。

3. 高通反垄断案实现和解根源于中美相互需要

从产业层面看，没有中国市场和中国下游产业链的配套，高通将不再是全球ICT产业领导者，这是美国的大损失。反之，如没有高通芯片和知识产权支持，中国手机产业也将可能面临断崖式的坠落，带来的经济、就业问题将大大加重中国进行经济转型升级的难度。从国家战略层面看，高通反垄断案的进展受到中美两国最高首脑的关注，曾经成为引爆两国贸易战的按钮，中美双方都不会是赢家，从长期战略利益考虑，此案最终在妥协中寻求共生共赢。

三、未来展望：道路曲折，前景光明

（一）高通保留大量筹码，短期效果未必乐观

1. 拆开销售价更高

高通手握大量智能手机应用专利（如GPS），因其不属于无线通信标准（3G/4G）专利，解除“搭售”后则需要另外计费。由于应用专利同样重要，且收取专利费不再受反垄断判决书的限制，有可能导致原来的搭售模式对一些国内企业反而更经济。

2. 国内国外难协调

高通整改方案只针对中国，对国外市场未作明确。如果高通对国外市场收取高费率（历史上曾有过），那些面向全球的国内厂商有可能选择全球一揽子模式更方便。

3. 失去庇护要自保

整改方案取消免费反许可，高通仍有可能采取“付费”的反许可，但会有一些厂商价格谈不拢，他们可选择直接向国内厂商收取专利费，这些厂商与高通的专利费相累加，有可能会高于原来付给高通一家的专利费。同时，整个产业界要为此进行复杂艰苦的专利谈判，包括国内企业之间开展谈判。

4. 选择更多更纠结

可以看出，高通在整改方案中保留了大量潜在许可筹码，虽然高通整改方案带来另一些专利许可的选项，但谈判起来相当复杂，国内企业多不擅长专利谈判，实际执行效果有待进一步观察。

（二）国内厂商长期发展趋势向好，甚至将深刻改变全球产业格局

1. 有望刺激国内企业创新积极性

此次反垄断调查虽然未改变高通的核心商业模式，但已让专利起步早的国内厂商（华为、中兴等）可以详细分析其专利清单后按需购买，提高自身专利在反许可中的价值，有机会通过创新实现逐步渗透和赶超。而对于专利起步晚的厂商（小米等），高通在专利上的庇护作用变弱，也会刺激他们在创新或并购上采取更大投入，这与华为、联想等企业国际化的早期经历相似。高通整改方案也有可能加速国内终端产业洗牌分化，一些忽视技术创新和专利积累的国内企业将面临着更严酷的生存压力。

综上所述，虽然此案只针对中国终端厂商专利问题，但会加速中国终端产业格局的集中，有可能影响中国终端企业的创新路径选择。

2. 利好中国4G

一是有望更快推广4G。高通降低专利费后，会将中低端芯片公司挤进更低端市场，再加上专利成本的降低，中低端的4G手机市场规模将会变大。二是有利于TD-LTE“走出去”。由于此案没有涉及TD专利的处置问题，国内企业有望借助TD专利与国外企业实现专利交换，为TD-LTE全球推广奠定专利基础。三是高通的专利受限后导致其芯片的竞争力下降，TD芯片企业有望在4G市场上获得更大的发展空间。

附录一　政策法规

工业和信息化部、上海市人民政府《关于中国（上海）自由贸易试验区进一步对外开放增值电信业务的意见》

2014 年 1 月 6 日，工业和信息化部联合上海市人民政府，发布了《关于中国（上海）自由贸易试验区进一步对外开放增值电信业务的意见》，全文如下。

为贯彻落实党中央、国务院关于建立中国（上海）自由贸易试验区（以下简称试验区）的重大决策，实施更加积极主动的开放战略，支持试验区实现以开放促发展、促改革、促创新，形成可复制、可推广的经验，根据《国务院关于同意中国（上海）自由贸易试验区总体方案的批复》，现就试验区内进一步对外开放增值电信业务，提出如下意见：

一、指导思想

积极推动试验区内增值电信业务进一步试点对外开放。加强管理，引导外商投资企业规范经营电信业务。完善服务，维护公平竞争的市场环境，促进电信市场持续健康发展。

二、开放领域

（一）已经对 WTO 承诺开放，但外资股比不超过 50% 的信息服务业务、存储转发类业务等两项业务外资股比可试点突破 50%。其中信息服务业务仅含应用商店。

（二）新增试点开放四项业务：呼叫中心业务、国内多方通信服务业务、因特网接入服务业务（为上网用户提供因特网接入服务）、国内因特网虚拟专用网业务。其中，呼叫中心业务、国内多方通信服务业务、因特网接入服务业务（为上网用户提供因特网接入服务）外资股比可突破 50%；国内因特网虚拟专用网业务外资股比不超过 50%。

（三）在线数据处理与交易处理业务（经营类电子商务）外资股比不超过 55%。

（四）申请经营上述电信业务的企业注册地和服务设施须设在试验区内。因特网接入服务业务（为上网用户提供因特网接入服务）的服务范围限定在试验区内，其他业务的服务范围可以面向全国。

三、保障措施

（一）制定细则

根据国务院总体部署，在试验区内暂停实施《外商投资电信企业管理规定》（国务院 534 号令）相关规定内容。同时加快制定试点管理办法，调整相关管理制度，简化审批手续，缩短审批时限。

（二）营造环境

引导外资企业依法规范经营增值电信业务，鼓励外资企业研发中心进驻试验区。切实保护电信用户合法权益，培育和维护公平竞争的市场环境，促进电信市场持续健康发展。

（三）完善服务

加大政策宣传力度，搭建服务交流平台，加强与外资企业的沟通。为外资企业提供政策咨询和服务，积极为外资企业解决实际困难和问题。

（四）加强监管

完善相关信息收集和统计分析，明确对网络基础设施、数据资源、用户信息保护等方面的要求。加强对国际通信业务和网络运行安全的监管，维护网络和信息安全。

为推进试验区进一步开放增值电信业务的工作，由工业和信息化部联合上海市人民政府建立部市协调工作机制，推动相关工作的落实。上海市通信管理局应当加强对外资企业的引导和监督，对各项业务试点开放的落实和管理情况，要定期报工业和信息化部和上海市人民政府。

国家发展和改革委等十二部门《关于加快实施信息惠民工程有关工作通知》（摘要）

2014年1月9日，国家发展和改革委牵头会同中央编办、工业和信息化部、财政部、教育部、公安部、民政部、人力资源社会保障部、国家卫生计生委、审计署、食品药品监管总局、国家标准委等十二部门，发布了《关于加快实施信息惠民工程有关工作的通知》，摘要如下。

一、充分认识实施信息惠民工程的重要意义（略）

二、推进信息惠民工程实施的总体要求

（一）总体思路

……

信息惠民工程实施的重点是解决社保、医疗、教育、养老、就业、公共安全、食品药品安全、社区服务、家庭服务等九大领域突出问题，各行业主管部门要发挥业务指导作用，要围绕解决各领域民生服务存在的突出矛盾和制约因素，注重体制机制和政策制度创新，要以推动跨层级、跨部门信息共享和业务协同为抓手，促进公共服务的多方协同合作、资源共享、制度对接。

……

（二）基本原则

围绕民生，突出重点。围绕当前群众广泛关注和亟待解决的医疗、教育、社保、就业、养老服务等民生问题，选择信息化手段成效高、社会效益好、示范意义大、带动效应强的内容作为工作重点，着力解决薄弱环节、关键问题，增强信息服务的有效供给能力，提升信息便民惠民利民水平。

统筹发展，分步实施。（略）

政府引导，市场主导。（略）

试点先行，因地制宜。（略）

条块结合，协同共享。（略）

（三）总体目标

通过实施信息惠民工程，实现信息化与民生领域应用的深度融合，进一步发挥信息化对保障和改善民生的支撑性和带动性作用，信息惠民应用取得显著成效。教育、医疗、社保等基本公共服务有效供给逐步增多优化，均等化程度明显增强。养老、就业等公共服务模式不断创新多元，一体化服务能力逐步加强。社会信用、城市和社区管理、食品药品安全监管等社会管理的模式不断创新优化，多部门联合、传统方法与现代手段结合的综合化管理体系初步建立。公共安全、城市管理等科技支撑手段不断升级完善，智能化水平稳步提高。城乡、区域信息基础条件差距逐步缩小，普惠化水平全面提升。教育、医疗、养老、社保等领域新型信息服务更加活跃，信息消费需求进一步释放。

三、实施信息惠民工程的重点任务

（一）开展信息惠民国家示范省市创建工作

由国家发展改革委牵头会同中央编办、工业和信息化部、财政部、教育部、公安部、民政部、人力资源社会保障部、国家卫生计生委、审计署、食品药品监管总局、国家标准委等部门共同组织，结合政务信息共享国家示范省市建设（不再另行组织），开展信息惠民国家示范省市建设。一方面促进信息化优化公共资源配置，创新社会管理和公共服务模式，拓宽公共服务和公众参与渠道，提升公共服务水平和均等普惠程度，提高社会管理效能，促进政务公开和依法行政。另一方面推进民生领域信息化深度应用，培育传统服务业的信息消费新热点，提升消费保障和服务水平，以信息服务促进信息

消费。

（二）社会保障信息惠民行动计划

由人力资源社会保障部牵头会同财政部、国家卫生计生委等部门组织实施。以建立更加便民快捷的一体化社会保障公共服务体系为目标，加快推进社会保障一卡通，到2015年社会保障卡持卡人数达到8亿，推动社会保障卡在人力资源社会保障以及居民健康、惠民待遇发放等公共服务领域的集成应用。建设跨地区医保费用中央和省级结算信息平台，制定跨地区医保联网结算标准规范，在全国范围实现公民的合规异地就医费用医保持卡即时结算。先期在15个省份100个地市开展跨省医保即时结算试点，服务城乡居民超3亿人，跨地区医保即时结算模式和协作机制逐步建立，跨地区一体化服务初见成效。

（三）健康医疗信息惠民行动计划

由国家卫生计生委牵头会同人力资源社会保障部等部门组织实施。围绕解决看病就医难题，以便利医疗服务、惠及城乡居民、壮大健康产业为目标，以医疗服务信息标准化、检查检验结果全国互认为基础，推广远程医疗，建立和完善重大公共卫生、传染病等健康信息监测预警体系，促进优质资源共享和卫生服务普惠，建立完善电子病历、电子健康档案，逐步实现全国范围跨机构、跨区域、跨卫生业务的健康信息、就诊信息共享和一卡通用，积极推进应用居民健康卡与社会保障卡、金融IC卡、市民服务卡等公共服务卡的应用集成。先期在15个省份、45所大型医院开展示范，逐步建立居民健康医疗信息跨机构、跨区域共享机制，实现就医一卡通。

（四）优质教育信息惠民行动计划

由教育部牵头会同人力资源社会保障部等部门组织实施。以促进教育公平，提高教育质量，加快缩小区域、城乡、校际之间的教育差距为目标，推进优质教育资源共享，深化信息技术在教育教学中的应用。建设完善教育信息基础设施，缩小中西部地区学校数字鸿沟。建立扩大优质教育资源覆盖面的有效机制，继续推进国家精品开放课程共享，加快建立教育资源公共服务体系。初期在职业教育领域委托有条件的职业院校及相关机构，建设1个职业教育数字资源管理中心、20个开发应用基地和100个应用推广试点学校，向职业教育全体学生和社会成员提供开放服务。

（五）养老服务信息惠民行动计划

由民政部牵头会同国家卫生计生委、人力资源社会保障部、工业和信息化部等部门组织实施。以满足养老服务需求、释放养老消费潜力、促进养老服务业发展为目标，建立养老服务机构、医疗护理机构等网络互联、信息共享的服务机制，重点推进养老服务机构信息化建设，推广远程健康监测，拓展养老机构专业化服务的惠及面，推进养老、保健、医疗服务一体化发展。先期在200个养老服务机构开展试点，大幅提升养老信息服务水平。

（六）就业服务信息惠民行动计划

由人力资源社会保障部牵头会同有关部门组织实施。以建立更加方便快捷、覆盖全国的公共就业信息服务平台为目标，建设高校毕业生、农村转移劳动者、就业困难人员数据库，制定就业信息服务标准，鼓励职业中介机构和相关人力资源服务企业广泛参加，推动就业信息全国联网，面向各类劳动者和用人单位开展政策咨询、信息发布、职业指导、就业失业登记和享受政府网上经办服务，创造平等就业机会，促进社会就业更加充分。

（七）食品药品安全信息惠民行动计划

由食品药品监管总局牵头会同有关部门组织实施。以形成社会综合治理格局，切实提高食品药品安全保障水平为目标，利用物联网技术、溯源技术、防伪技术、条码技术、云计算等技术，加快食品药品安全信息系统建设，强化食品药品电子追溯，方便信息公开查询。规范互联网食品药品交易行为，试点药品网上阳光直购。

（八）公共安全信息惠民行动计划（摘要）

由公安部牵头会同有关部门组织实施。先期在4省（区）20余城市实现重要公共视频资源共享应用，公共安全跨部门、跨地区视频图像信息采集共享体系逐步健全，立体化综合防控效能显著增强，民众在公共区域安全感、满意度得到提升。

（九）社区服务信息惠民行动计划（摘要）

由民政部牵头会同工业和信息化部、公安部等部门组织实施。先期在450个社区开展试点，社区养老服务能力显著增强，公共服务、志愿服务和商业服务衔接配套的社区服务体系初步建立。

（十）家庭服务信息惠民行动计划（摘要）

由工业和信息化部牵头会同人力资源社会保障部、公安部等部门组织实施。先期在10个城市开展智慧家庭信息服务试点，选择100万家庭，提供超过100项家庭信息服务。

（十一）信息惠民综合试点行动计划（略）

四、推进信息惠民工程的主要措施（略）

附件：1. 信息惠民国家示范城市创建工作要求（略）

2. 信息惠民国家示范城市创建方案编制要点（略）

（全文约6 100字）

工业和信息化部《关于加快我国手机行业品牌建设的指导意见》（摘要）

2014年2月26日，为推动我国由手机制造大国向手机品牌强国转变，工业和信息化部发布了关于加快我国手机行业品牌建设的指导意见，摘要如下。

一、充分认识手机行业品牌建设的重要意义（略）

二、指导思想、总体目标和基本原则

（一）指导思想

以科学发展观为指导，以企业为主体，以持续提升自主品牌建设能力、完善产业生态环境为主线，以健全公共服务体系、引导行业要素资源向优势品牌集聚为重点，推动形成适应行业发展规律的品牌建设体系，促进我国由手机制造大国向品牌强国转变。

（二）总体目标

建设企业主体、政策引导、多方参与、协调联动的手机品牌建设体系，形成有利于优势品牌成长、特色品牌发展的政策环境。手机产品的质量效益和市场表现进一步提升，在高端市场实现突破。手机企业品牌意识、产品定义和设计能力、技术和商业模式创新能力、产业链整合能力、市场营销能力显著增强，逐步形成品牌影响力和盈利能力达到全球领先水平的手机企业。

（三）基本原则

坚持企业主体与政策引导相结合。以企业为主体加强品牌建设，政府着力优化政策环境，加强公共服务，充分发挥行业协会、产业联盟、检测机构等行业组织的作用，合力推进手机品牌建设工作。

坚持资源整合与重点推进相结合。充分发挥市场在资源配置中的决定性作用，鼓励社会资源向品牌基础好、市场份额高、“走出去”能力强的企业集聚，鼓励差异化的品牌定位。

坚持创新驱动与质量效益相结合。引导产业链上下游加强协同创新，促进产业链创新能力和质量效益的整体提升，提高消费者满意度。

坚持社会监督与行业自律相结合。加强市场监管，维护品牌所有者合法权益。支持行业协会、产业联盟、检测机构等行业组织在标准建设、检测认证、人才培养、行业自律等方面发挥积极作用，引导企业强化社会责任。

三、主要任务

（一）以企业为主体加强品牌建设，以创新促进品牌成长。鼓励企业在品牌建设中发挥主体作用，学习借鉴国际先进的品牌建设方法和品牌管理机制，研究制定科学的品牌发展规划，实施明确的品牌发展战略，建立健全品牌经营管理体系。加大先进产品设计资源投入，提高手机产品定义和工业设计能力。鼓励企业把握产业发展趋势，突破核心关键技术，开拓创新品牌推广渠道，增强品牌竞争实力。实施差异化品牌战略，提高在细分市场的竞争力。

（二）更好地发挥政府的支持引导作用，完善手机品牌建设政策环境。各级行业主管部门要推动制定相应的政策和激励措施，加强对品牌手机企业的政策扶持力度，鼓励行业和社会资源向品牌企业聚集，支持优势品牌、特色品牌发展，使培育和推广品牌成为行业企业的共同意识和自觉行动。工业和信息化部支持地方开展手机品牌建设的试点示范。

（三）加强行业公共服务和支撑，形成品牌建设合力。鼓励行业协会、产业联盟、检测机构等行业组织结合手机企业需求，组织开展人才培训、品牌评估方法研究与推广、品牌宣传和交流活动，借鉴和总结国际知名手机品牌及其他行业优秀品牌的建设和发展经验开展咨询服务，搭建手机工业设计资源库、品牌专家库、海外市场拓展平台等公共服务设施，加强质量标准体系建设，完善质量和可靠性检测条件，提升手机产品质量水平。

（四）加强产业链合作，夯实手机品牌建设的产业基础。推动手机制造企业、芯片企业、软件企业、互联网企业、运营商、科研院所等产业链上下游相关环节加强合作，促进产业链融合创新、互动发展，提升产业链整体实力。

（五）充分利用运营商和行业用户等市场资源，加快手机品牌发展。支持运营商强化与自主品牌手机企业的合作，加强对优势品牌和高端机型的宣传推广，在4G发展中做好与产业的衔接互动，支持手机企业做好产品规划布局；支持手机企业与公安、市政、教育、医疗等部门开展合作，大力拓展面向不同行业、不同地区的细分市场，开展差异化品牌建设；鼓励消费者参与手机品牌建设和评价工作。

（六）规范市场秩序，加强行业自律。各级行业主管部门应加强协调力度，加强知识产权保护，鼓励消费者对仿造、假冒手机产品进行举报，加大对仿造、假冒等侵权行为的打击，维护品牌企业的合法权益，维护市场和出口秩序。积极发挥行业组织的作用，鼓励企业发布社会责任报告，推进企业社会责任建设，加强行业自律，提升自主品牌形象。

（七）完善质量和服务体系建设，提升消费者满意度。手机企业应落实质量主体责任，推广先进质量管理方法，完善售后服务体系建设，加快售后服务向售前服务、应用服务延伸，提高服务水平，及时响应和解决消费者诉求，提升消费者的满意度。

（八）大力拓展海外市场，提升自主品牌国际影响力。支持品牌手机企业实施国际化战略，通过“走出去”开拓国际市场，建立全球品牌营销体系，开展全球品牌宣传推广。积极探索利用多边和双边平台支持企业推广自主标准、技术和品牌，扩大品牌影响力。鼓励具备实力的企业抓住产业结构调整的机遇，加强国际技术和产业合作，开展国际并购，提升品牌实力。

四、保障措施（略）

（全文约2 900字）

工业和信息化部、国家发展和改革委《关于电信业务资费实行市场调节价的通告》

2014年5月9日，工业和信息化部、国家发展和改革委员会联合发布了《关于电信业务资费实行市场调节价的通告》，全文如下。

为贯彻落实党的十八届三中全会关于全面深化改革、完善主要由市场决定价格的机制精神，按照国务院《关于取消和下放一批行政审批项目的决定》要求，决定放开各类电信业务资费。现将有关事项通告如下：

一、所有电信业务资费均实行市场调节价。电信企业可以根据市场情况和用户需求制定电信业务资费方案，自主确定具体资费结构、资费标准及计费方式。

二、电信企业自主制定电信业务资费方案时，应当遵循合法、公平、诚信原则，考虑用户的不同需求，提供业务打包等多种资费方案供用户选择。资费方案结构应科学合理、简单清晰，方案中需列明资费标准、计费方式、对应服务等内容。对涉及用户基本通信需求的固定语音、移动语音、短信息、宽带等业务，电信企业进行打包销售时，必须另外提供包内单项业务单独的资费方案。鼓励电信企业为城乡低收入群体提供更加优惠的资费方案。在同一本地网营业区（或业务区）内，电信企业应保证具有同等交易条件的同类用户对资费方案具有同等的选择权利。涉及在全国或跨省（自治区、直辖市）执行的资费方案，应在执行前告知工业和信息化部、国家发展改革委，其他资费方案应在执行前告知省（自治区、直辖市）通信管理局、同级价格主管部门。

三、电信企业应进一步提高资费透明度，建立资费方案公示制度，通过营业厅、代理代办点、网站等方式公布所有面向公众市场的在售资费方案。在业务宣传推广时应全面、准确，对资费方案限制性条件及其他需引起用户注意的事项，应履行提醒义务，不得片面夸大资费优惠幅度或作容易引起用户误解的虚假宣传。

四、电信企业与用户签订的协议中应包含资费标准、计费方式、对应服务和适用期限等内容。应充分尊重用户自主选择权，为用户选择适宜资费方案提供便利和必要帮助，不得以任何形式强制或限制用户选择其指定的资费方案，未经用户同意，不得擅自更改与用户约定的资费方案。在计费过程中，应按照相关标准准确计费，至少提供一种便捷的自助查询方式，供用户查询自身通信费用信息，确保用户明明白白消费。

五、电信企业要严格执行有关政策，履行社会责任，建立健全电信资费内部管理制度，自觉规范经营行为，努力降低经营成本，为用户提供更优质、更低廉、更透明的电信服务。各省（自治区、直辖市）通信管理局和同级价格主管部门按各自法定职责加强对本地电信企业的指导、监督，加强事中事后监管，切实保护用户合法权益，遇到新情况、新问题应及时报工业和信息化部、国家发展改革委。

本通告自2014年5月10日起执行。《国家计委、邮电部关于进一步规范电信资费文件的通知》（计价费 [1997]2485号）、《国家计委、信息产业部关于印发省（区、市）通信管理局会同同级价格主管部门管理的电信业务收费项目的通知》（计价格 [2002]1320号）、《国家计委、信息产业部关于印发〈电信资费审批备案程序规定（试行）〉的通知》（计价格 [2002]1489号）等文件同时废止。

国家发展和改革委等八部门印发《关于促进智慧城市健康发展的指导意见》(摘要)

2014年8月27日，国家发展和改革委、工业和信息化部、科学技术部、公安部、财政部、国土资源部、住房和城乡建设部、交通运输部等八部委印发《关于促进智慧城市健康发展的指导意见》，摘要如下。

一、指导思想、基本原则和主要目标

（一）指导思想

按照走集约、智能、绿色、低碳的新型城镇化道路的总体要求，发挥市场在资源配置中的决定性作用，加强和完善政府引导，统筹物质、信息和智力资源，推动新一代信息技术创新应用，加强城市管理和服务体系智能化建设，积极发展民生服务智慧应用，强化网络安全保障，有效提高城市综合承载能力和居民幸福指数，促进城镇化发展质量和水平全面提升。

（二）基本原则

以人为本，务实推进。智慧城市建设要突出为民、便民、惠民，推动创新城市管理和公共服务方式，向城市居民提供广覆盖、多层次、差异化、高质量的公共服务，避免重建设、轻实效，使公众分享智慧城市建设成果。

因地制宜，科学有序。（略）

市场为主，协同创新。（略）

可管可控，确保安全。（略）

（三）主要目标

到2020年，建成一批特色鲜明的智慧城市，聚集和辐射带动作用大幅增强，综合竞争优势明显提高，在保障和改善民生服务、创新社会管理、维护网络安全等方面取得显著成效。公共服务便捷化。在教育文化、医疗卫生、计划生育、劳动就业、社会保障、住房保障、环境保护、交通出行、防灾减灾、检验检测等公共服务领域，基本建成覆盖城乡居民、农民工及其随迁家属的信息服务体系，公众获取基本公共服务更加方便、及时、高效。

城市管理精细化。（略）

生活环境宜居化。（略）

基础设施智能化。（略）

网络安全长效化。（略）

二、科学制定智慧城市建设顶层设计

（一）加强顶层设计

城市人民政府要从城市发展的战略全局出发研究制定智慧城市建设方案。方案要突出为人服务，深化重点领域智慧化应用，提供更加便捷、高效、低成本的社会服务；要明确推进信息资源共享和社会化开发利用、强化信息安全、保障信息准确可靠以及同步加强信用环境建设、完善法规标准等的具体措施；要加强与国民经济和社会发展总体规划、主体功能区规划、相关行业发展规划、区域规划、城乡规划以及有关专项规划的衔接，做好统筹城乡发展布局。

（二）推动构建普惠化公共服务体系

加快实施信息惠民工程。推进智慧医院、远程医疗建设，普及应用电子病历和健康档案，促进优质医疗资源纵向流动。建设具有随时看护、远程关爱等功能的养老信息化服务体系。建立公共就业信息服务平台，加快推进就业信息全国联网。加快社会保障经办信息化体系建设，推进医保费用跨市即时结算。推进社会保障卡、金融IC卡、市民服务卡、居民健康卡、交通卡等公共服务卡的应用集成和跨市一卡通用。围绕促进教育公平、提高教育质量和满足市民终身学习需求，建设完善教育信息化基础设施，构建利用信息化手段扩大优质教育资源覆盖面的有效机制，推进优质教育资源共享与服务。加强数字图书馆、数字档案馆、数字博物馆等公益设施建设。鼓励发展基于移动互联网的旅游服务系统和旅游管理信息平台。

（三）支撑建立精细化社会管理体系

建立全面设防、一体运作、精确定位、有效管控的社会治安防控体系。整合各类视频图像信息资源，推进公共安全视频联网应用。完善社会化、网络化、网格化的城乡公共安全保障体系，构建反应及时、恢复迅速、支援有力的应急保障体系。在食品药品、消费品安全、检验检疫等领域，建设完善具有溯源追查、社会监督等功能的市场监管信息服务体系，推进药品阳光采购。整合信贷、纳税、履约、产品质量、参保缴费和违法违纪等信用信息记录，加快征信信息系统建设。完善群众诉求表达和受理信访的网络平台，推进政府办事网上公开。

（四）促进宜居化生活环境建设

建立环境信息智能分析系统、预警应急系统和环境质量管理公共服务系统，对重点地区、重点企业和污染源实施智能化远程监测。依托城市统一公共服务信息平台建设社区公共服务信息系统，拓展社会管理和服务功能，发展面向家政、养老、社区照料和病患陪护的信息服务体系，为社区居民提供便捷的综合信息服务。推广智慧家庭，鼓励将医疗、教育、安防、政务等社会公共服务设施和服务资源接入家庭，提升家庭信息化服务水平。

（五）建立现代化产业发展体系

运用现代信息化手段，加快建立城市物流配送体系和城市消费需求与农产品供给紧密衔接的新型农业生产经营体系。加速工业化与信息化深度融合，推进大型工业企业深化信息技术的综合集成应用，建设完善中小企业公共信息服务平台，积极培育发展工业互联网等新兴业态。加快发展信息服务业，鼓励信息系统服务外包。建设完善电子商务基础设施，积极培育电子商务服务业，促进电子商务向旅游、餐饮、文化娱乐、家庭服务、养老服务、社区服务以及工业设计、文化创意等领域发展。

（六）加快建设智能化基础设施

加快构建城乡一体的宽带网络，推进下一代互联网和广播电视网建设，全面推广三网融合。推动城市公用设施、建筑等智能化改造，完善建筑数据库、房屋管理等信息系统和服务平台。加快智能电网建设。健全防灾减灾预报预警信息平台，建设全过程智能水务管理系统和饮用水安全电子监控系统。建设交通诱导、出行信息服务、公共交通、综合客运枢纽、综合运行协调指挥等智能系统，推进北斗导航卫星地基增强系统建设，发展差异化交通信息增值服务。建设智能物流信息平台和仓储式物流平台枢纽，加强港口、航运、陆运等物流信息的开发共享和社会化应用。

三、切实加大信息资源开发共享力度

（一）加快推进信息资源共享与更新（略）

（二）深化重点领域信息资源开发利用（略）

四、积极运用新技术新业态

（一）加快重点领域物联网应用

支持物联网在高耗能行业的应用，促进生产制造、经营管理和能源利用智能化。鼓励物联网在农产品生产流通等领域应用。加快物联网在城市管理、交通运输、节能减排、食品药品安全、社会保障、医疗卫生、民生服务、公共安全、产品质量等领域的推广应用，提高城市管理精细化水平，逐步形成全面感知、广泛互联的城市智能管理和服务体系。

（二）促进云计算和大数据健康发展

鼓励电子政务系统向云计算模式迁移。在教育、医疗卫生、劳动就业、社会保障等重点民生领域，推广低成本、高质量、广覆盖的云服务，支持各类企业充分利用公共云计算服务资源。加强基于云计算的大数据开发与利用，在电子商务、工业设计、科学研究、交通运输等领域，创新大数据商业模式，服务城市经济社会发展。

（三）推动信息技术集成应用

面向公众实际需要，重点在交通运输联程联运、城市共同配送、灾害防范与应急处置、家居智能管理、居家看护与健康管理、集中养老与远程医疗、智能建筑与智慧社区、室内外统一位置服务、旅游娱乐消费等领域，加强移动互联网、遥感遥测、北斗导航、地理信息等技术的集成应用，创新服务模式，为城市居民提供方便、实用的新型服务。

五、着力加强网络信息安全管理和能力建设

（一）严格全流程网络安全管理（略）

（二）加强要害信息设施和信息资源安全防护（略）

（三）强化安全责任和安全意识（略）

六、完善组织管理和制度建设（略）

工业和信息化部《关于加强电信和互联网行业网络安全工作的指导意见》（摘要）

2014 年 8 月 28 日，工业和信息化部发布《关于加强电信和互联网行业网络安全工作的指导意见》，摘要如下。

一、总体要求

认真贯彻落实党的十八大、十八届三中全会以及中央网络安全和信息化领导小组第一次会议关于维护网络安全的有关精神，坚持以安全保发展、以发展促安全，坚持安全与发展工作统一谋划、统一部署、统一推进、统一实施，坚持法律法规、行政监管、行业自律、技术保障、公众监督、社会教育相结合，坚持立足行业、服务全局，以提升网络安全保障能力为主线，以完善网络安全保障体系为目标，着力提高网络基础设施和业务系统安全防护水平，增强网络安全技术能力，强化网络数据和用户信息保护，推进安全可控关键软硬件应用，为维护国家安全、促进经济发展、保护人民群众利益和建设网络强国发挥积极作用。

二、工作重点

（一）深化网络基础设施和业务系统安全防护。认真落实《通信网络安全防护管理办法》（工业和信息化部令第 11 号）和通信网络安全防护系列标准，做好定级备案，严格落实防护措施，定期开展符合性评测和风险评估，及时消除安全隐患。加强网络和信息资产管理，全面梳理关键设备列表，明确每个网络、系统和关键设备的网络安全责任部门和责任人。合理划分网络和系统的安全域，理清网络边界，加强边界防护。加强网站安全防护和企业办公、维护终端的安全管理。完善域名系统安全防护措施，优化系统架构，增强带宽保障。加强公共递归域名解析系统的域名数据应急备份。加强网络和系统上线前的风险评估。加强软硬件版本管理和补丁管理，强化漏洞信息的跟踪、验证和风险研判及通报，及时采取有效补救措施。

（二）提升突发网络安全事件应急响应能力。认真落实工业和信息化部《公共互联网网络安全应急预案》，制定和完善本单位网络安全应急预案。健全大规模拒绝服务攻击、重要域名系统故障、大规模用户信息泄露等突发网络安全事件的应急协同配合机制。加强应急预案演练，定期评估和修订应急预案，确保应急预案的科学性、实用性、可操作性。提高突发网络安全事件监测预警能力，加强预警信息发布和预警处置，对可能造成全局性影响的要及时报通信主管部门。严格落实突发网络安全事件报告制度。建设网络安全应急指挥调度系统，提高应急响应效率。根据有关部门的需求，做好重大活动和特殊时期对其他行业重要信息系统、政府网站和重点新闻网站等的网络安全支援保障。

（三）维护公共互联网网络安全环境。认真落实工业和信息化部《木马和僵尸网络监测与处置机制》、《移动互联网恶意程序监测与处置机制》，建立健全钓鱼网站监测与处置机制。在与用户签订的业务服务合同中明确用户维护网络安全环境的责任和义务。加强木马病毒样本库、移动恶意程序样本库、漏洞库、恶意网址库等建设，促进行业内网络安全威胁信息共享。加强对黑客地下产业利益链条的深入分析和源头治理，积极配合相关执法部门打击网络违法犯罪。基础电信企业在业务推广和用户办理业务时，要加强对用户网络安全知识和技能的宣传辅导，积极拓展面向用户的网络安全增值服务。

（四）推进安全可控关键软硬件应用。推动建立国家网络安全审查制度，落实电信和互联网行业网络安全审查工作要求。根据《通信工程建设项目招标投标管理办法》（工业和信息化部令第27号）的有关要求，在关键软硬件采购招标时统筹考虑网络安全需要，在招标文件中明确对关键软硬件的网络安全要求。加强关键软硬件采购前的网络安全检测评估，通过合同明确供应商的网络安全责任和义务，要求供应商签署网络安全承诺书。加大重要业务应用系统的自主研发力度，开展业务应用程序源代码安全检测。

（五）强化网络数据和用户个人信息保护。认真落实《电信和互联网用户个人信息保护规定》（工业和信息化部令第24号），严格规范用户个人信息的收集、存储、使用和销毁等行为，落实各个环节的安全责任，完善相关管理制度和技术手段。落实数据安全和用户个人信息安全防护标准要求，完善网络数据和用户信息的防窃密、防篡改和数据备份等安全防护措施。强化对内部人员、合作伙伴的授权管理和审计，加大违规行为惩罚力度。发生大规模用户个人信息泄露事件后要立即向通信主管部门报告，并及时采取有效补救措施。

（六）加强移动应用商店和应用程序安全管理。加强移动应用商店、移动应用程序的安全管理，督促应用商店建立健全移动应用程序开发者真实身份信息验证、应用程序安全检测、恶意程序下架、恶意程序黑名单、用户监督举报等制度。建立健全移动应用程序第三方安全检测机制。推动建立移动应用程序开发者第三方数字证书签名和应用商店、智能终端的签名验证和用户提示机制。完善移动恶意程序举报受理和黑名单共享机制。加强社会宣传，引导用户从正规应用商店下载安装移动应用程序、安装终端安全防护软件。

（七）加强新技术新业务网络安全管理。加强对云计算、大数据、物联网、移动互联网、下一代互联网等新技术新业务网络安全问题的跟踪研究，对涉及提供公共电信和互联网服务的基础设施和业务系统要纳入通信网络安全防护管理体系，加快推进相关网络安全防护标准研制，完善和落实相应的网络安全防护措施。积极开展新技术新业务网络安全防护技术的试点示范。加强新业务网络安全风险评估和网络安全防护检查。

（八）强化网络安全技术能力和手段建设。深入开展网络安全监测预警、漏洞挖掘、恶意代码分析、检测评估和溯源取证技术研究，加强高级可持续攻击应对技术研究。建立和完善入侵检测与防御、防病毒、防拒绝服务攻击、异常流量监测、网页防篡改、域名安全、漏洞扫描、集中账号管理、数据加密、安全审计等网络安全防护技术手段。健全基于网络侧的木马病毒、移动恶意程序等监测与处置手段。积极研究利用云计算、大数据等新技术提高网络安全监测预警能力。促进企业技术手段与通信主管部门技术手段对接，制定接口标准规范，实现监测数据共享。加强与网络安全服务企业的合作，防范服务过程中的风险，在依托安全服务单位开展网络安全集成建设和风险评估等工作时，应当选用通过有关行业组织网络安全服务能力评定的单位。

三、保障措施（略）

工商总局、工业和信息化部《关于加强境内网络交易网站监管工作协作，积极促进电子商务发展的意见》

2014年9月29日，工商总局和工业和信息化部联合发布了《关于加强境内网络交易网站监管工作协作，积极促进电子商务发展的意见》，全文如下。

为进一步形成监管合力，加强境内网络交易网站管理，有力打击境内网络交易网站违法经营行为，着力营造公平竞争的网络交易市场环境，切实维护消费者、经营者的合法权益，积极促进电子商务健康有序发展，依据《电信条例》、《互联网信息服务管理办法》、《网络交易管理办法》有关规定，工商总局、工业和信息化部就加强境内网络交易网站监管工作协作，积极促进电子商务发展提出以下意见。

一、加强工作协作的意义

近年来，随着电子商务的快速创新发展，网络交易呈现爆发态势，对推动经济社会发展作用显著。同时，一些实体经济中的不良现象也延伸至网络空间，网上伪造或冒用合法市场主体名义设立网站、侵犯知识产权和销售假冒伪劣商品、恶意欺诈、不正当竞争、虚假宣传等问题时有发生，既破坏网络交易市场秩序，严重侵害消费者和经营者的合法权益，又在一定程度上影响了人们对电子商务发展的信心。

工商行政管理部门承担网络交易市场监管职责，电信主管部门承担互联网行业管理职责，通过充分发挥各自的职能优势，加强网络交易网站监管工作协作，强化对网络经营主体和载体的管理，有利于及时发现和快速解决网络交易市场中的不良现象，有效遏制网络交易市场违法违规行为，营造透明有序、公平正义的市场环境，推动网络交易市场诚信机制的形成，促进我国电子商务实现又好又快发展。

二、加强工作协作的原则与目标

工商行政管理部门应充分利用自身在市场管理、机构设置方面的优势，积极配合电信主管部门强化对互联网行业的监管，在涉网市场主体工商登记注册信息、网站主办者主体信息真实性核验等方面配合电信主管部门开展工作。电信主管部门应发挥在互联网行业管理方面的职能和技术优势，在网站备案信息核查、网络接入服务信息核查等方面积极配合工商行政管理部门开展工作。

要建立健全简便高效的网络交易管理工作协作机制，及时准确定位载有违法信息的网站及服务器相关信息，实现对网络交易违法行为及时、有效、务实、强力打击的工作目标。

三、加强工作协作主要措施

（一）建立部门协调配合工作机制

工商总局与工业和信息化部建立部际工作协作机制，设立常规工作沟通渠道和流程。支持各地工商行政管理部门与电信主管部门积极探索工作协作方法和机制，紧密结合注册资本登记制度改革相关要求，进一步转变职能，选择部分省市研究开展工作协作试点工作。各级工商行政管理部门、电信主管部门要进一步加强网络交易管理工作协调配合，省、自治区、直辖市等省级建制单位中要确定互相协调配合的机构，共同签署协作备忘录，定期召开协调工作会议，研究部署联合管理工作，建立常规的交流沟通和查处违法行为的工作机制。

（二）加强信息共享与工作协作

各级工商行政管理部门、电信主管部门应通过有效方式实现市场主体的工商登记注册信息和网站备案信息等数据共享，对相互提出的涉网经营主体信息、网站主办者主体信息的查询、比对、核实等予以配合，从多方面保障网络经营主体、物理经营地址、网络接入信息真实有效。

各级工商行政管理部门、电信主管部门要充分发挥职能作用，加强对网络交易及电信业务经营行为的日常监督管理，对检查发现的违法线索或收到的投诉举报，属本部门管辖的依据有关法律法规予以处理；超越本部门职责管辖范围、属对方部门管辖范围的，应依法及时办理抄告、移交手续，并做好协查协办工作。

（三）处理各类违法网络交易网站的工作协作方式

各级工商行政管理部门在查处网络交易违法行为工作中，应按照《互联网信息服务管理办法》、《非经营性互联网信息服务备案管理办法》、《关于建立境内违法互联网站黑名单管理制度的通知》的要求，对境内违法网络交易网站（以下简称违法网站）提请电信主管部门处理时，按照不同情况依法采取以下方式。

1．对未履行备案手续的违法网站的处理。网站接入地在本省（含自治区、直辖市，下同）的，由当地省级工商行政管理部门将违法网站名单送交省级电信主管部门进行核实并依法处理；网站接入地在省外的，由当地省级工商行政管理部门将违法网站名单报送工商总局，由工商总局转送工业和信息化部依法处理。

2．对已履行备案手续的违法网站的处理。对已在本省履行备案手续的违法网站，由当地省级工商行政管理部门向当地省级电信主管部门通报查处情况；对已在省外履行备案手续的违法网站，由当地省级工商行政管理部门转请网站备案地省级工商行政管理部门向备案地省级电信主管部门通报查处情况。省级电信主管部门根据工商行政管理部门的通报情况对违法网站依法进行处理。

3．其他有关事项。各级工商行政管理部门查处违法网站经营者过程中，遇到危及国家安全、社会公共安全和人民财产安全等重大且紧急的特殊案件时，为及时制止违法网站的违法行为，可以先行函请电信主管部门依法对违法网站采取停止互联网接入服务的紧急处置措施。案件查处结束后，对违法行为情节严重需要关闭网站的，应将《行政处罚决定书》、《行政建议函》等函件一并提交电信主管部门，由电信主管部门根据相关法律法规对违法网站采取进一步处置措施，主要包括：注销违法网站主办者的经营许可或备案，并通知相关接入服务商停止接入服务，相关域名服务提供商停止域名解析服务，纳入网站黑名单管理。函请文书格式参照《关于建立境内违法互联网站黑名单管理制度的通知》（工信部联电管〔2009〕371号）执行。对于违法主体及涉及网站的查处信息，应在网上网下查处完成后，录入在工商行政管理部门、电信主管部门的数据库，并互相备份。

四、加强工作协作要求

（一）坚持依法行政

各级工商行政管理部门、电信主管部门在网络交易违法行为查处工作的各个环节中，要各司其职，坚持依法行政，严格依照法定程序开展工作，做到不错位、不缺位、不越位。

（二）加强调查研究

各级工商行政管理部门、电信主管部门要注意在实际工作中总结经验，充分研究目前网络交易违法行为查处工作在法律适用、职责分工、监管技术、监管机制等方面存在的主要问题，共同推动网络交易监管法律体系与监管技术的建设进程，实现监管信息互通、监管资源共享和监管行动协同。

（三）增强监管合力

各级工商行政管理部门、电信主管部门要进一步加强配合，适应信息技术、信息网络快速发展的趋势，不断提高网络管理、信息处理等技术能力，增强有效监管电子商务活动的能力。

工业和信息化部办公厅、国家发展和改革委员会办公厅《关于全面推进IPv6在LTE网络中部署应用的实施意见》

2014年10月15日，工业和信息化部办公厅和国家发展和改革委员会办公厅发布《关于全面推进IPv6在LTE网络中部署应用的实施意见》，全文如下。

为深入贯彻落实《"宽带中国"战略及实施方案》（国发〔2013〕31号）及《关于下一代互联网"十二五"发展建设的意见》（发改办高技〔2012〕705号），把握LTE网络建设契机，全面推进IPv6在LTE网络中的部署和应用，加快基于IPv6的下一代互联网建设，工业和信息化部、发展改革委提出如下实施意见。

一、总体思路

坚持市场主导与政府推动相结合的原则，以推进IPv6在LTE网络中的部署和应用为出发点，以强化LTE移动终端支持IPv6、带动移动互联网应用和信源支持IPv6为主攻方向，启动"中国LTEv6工程"，推动产业链打通LTE网络中IPv6端到端应用的各环节，在发展模式、推进机制、技术方案、产业支持和政策配套等方面形成可推广、可复制的经验，进一步提升宽带网络基础设施的水平。

二、引导目标

（一）新建LTE网络全面支持并开启IPv6，LTE语音解决方案全面使用IPv6，推动CDN（内容分发网络）支持移动IPv6业务，提升IPv6业务访问的服务质量。

（二）提升国产LTE基带芯片、自主操作系统和移动终端支持IPv6的能力，推动在国内有一定影响力的国产手机品牌全面支持IPv6。

（三）推动国内用户使用量大、覆盖面广的典型移动互联网应用支持IPv6，到2016年末，下载量超过50万的IPv6移动互联网应用达到50款以上，基于IPv6的业务创新能力显著提升，IPv6信源不断丰富。

（四）到2016年末，通过LTE网络建设带动发展3 000万以上IPv6用户，率先实现IPv6在移动互联网中的规模应用，并促进固定互联网对IPv6的支持。

三、重点任务

（一）加强网络和应用基础设施建设，提升IPv6业务承载能力。重点推进LTE核心网、接入网及移动终端支持IPv6，形成端到端IPv6承载支持能力；进一步提升CDN、DNS（域名系统）等应用服务基础设施对IPv6的支持程度，推动CDN在LTE网络中的部署应用，增强CDN对IPv6内容的快速分发能力，提升基于LTE网络的移动互联网业务服务质量。支持在下一代互联网示范城市试点示范。

（二）推进应用创新发展，丰富IPv6应用信源。加快推动基于IPv6的移动互联网商用进程，促进新型业务研发、现网试验和在线应用。加大力度推动视频、社交、电子商务等用户使用量大、覆盖范围广的移动互联网应用开展IPv6升级改造；支持中小微型互联网服务提供商开展基于IPv6的业务创新，激发和培育IPv6业务创新氛围，不断丰富IPv6信源；支持主流的移动应用商店开展IPv6升级改造，为IPv6移动互联网应用提供公共服务平台。

（三）完善产业配套支撑，提升IPv6发展能力。积极推动LTE芯片、终端、网络和应用等产业链各环节协同发展，完善LTE网络环境下的IPv6支持度评测标准体系，研究制定LTE设备IPv6测试规范，建设LTE网络IPv6支持度信息采集和数据分析评测平台，为"中国LTEv6工程"后续实施提供技术支撑。

（四）加强产业协同配合，确保 IPv6 用户体验。推动网络、终端、DNS、数据中心、内容源等各业务环节实现联动，共同采取措施保证 IPv6 用户优先访问 IPv6 资源，提升 IPv6 业务质量。

四、保障措施

（一）工业和信息化部、发展改革委将牵头成立包括各相关企业人员参加的“中国 LTEv6 工程”工作协调小组（以下简称“工作协调小组”），加强统筹和配合，协调推进 IPv6 在 LTE 网络中的部署和应用。

（二）依托工作协调小组和 CNGI（中国下一代互联网示范工程）专家组共同组建技术工作组，为 IPv6 在 LTE 网络应用的关键技术研究、试验、验证、标准测试等提供技术指导，推进 IPv6 在 LTE 网络中部署和应用过程中的科研成果转化。

（三）工业和信息化部、发展改革委将多渠道组织资金支持 IPv6 在 LTE 网络中的部署和应用。工业和信息化部将在移动智能终端进网管理中支持 IPv6 移动终端，并明示产品信息。各地通信管理局、发展改革委要做好当地 IPv6 在 LTE 网络中部署应用的协调推进工作。

（四）基础电信企业、设备制造企业、互联网企业等各相关企业要从下一代互联网部署和应用的大局出发，加大基于 IPv6 的产品开发和推广力度，切实保障 LTE 网络建设、LTE 移动终端推广使用和 IPv6 应用部署同步进行，切实履行网络与信息安全责任，有效服务地区经济发展和社会民生。

（五）基础电信企业要及时向工作协调小组通报 IPv6 用户上线的区域、规模和地址分配情况，其他相关企业要定期向工作协调小组上报 IPv6 在 LTE 网络中的部署和应用情况；工作协调小组要及时完善信息报送机制，互通信息，推动产业链同步发展。

工业和信息化部《关于加强城市地下通信管线建设管理工作的通知》(摘要)

2014年11月6日,为深入贯彻《国务院关于加强城市基础设施建设的意见》和《国务院办公厅关于加强城市地下管线建设管理的指导意见》,工业和信息化部印发了《关于加强城市地下通信管线建设管理工作的通知》,摘要如下。

一、充分认识加强城市通信管线建设管理的重要性

城市通信管线作为通信基础设施的重要组成部分,是实现"宽带中国"战略、构建下一代国家信息基础设施的关键要素,是经济社会发展的战略性公共基础设施。加快城市通信管线建设对推动宽带网络升级改造,提高信息网络安全保障能力,推进工业化和信息化深度融合,促进信息消费,提升城市信息化水平具有重要的战略意义。

近年来,我国城市通信管线建设取得了长足进步,基础电信企业的投资力度不断加大,工程建设质量稳步提高,通信网络安全保障能力进一步提升。但是,城市通信管线建设仍然难以满足通信网络发展的需要,建设难、选址难、总量不足等问题没有得到有效解决。全行业必须充分认识加强城市通信管线建设的必要性和紧迫性,发挥政府引领、企业主体的作用,提高科技创新能力,以落实《国务院关于加强城市基础设施建设的意见》为契机,密切协调配合,着力解决城市通信管线建设中的难题,消除安全隐患,有效提升通信基础设施建设质量和管理水平。

二、总体要求及重点任务

(一)总体要求

2015年底前,完成城市通信管线信息普查,建立城市通信管线管理信息系统,编制完成城市通信管线专项规划。力争用5年时间,完成城市通信管线安全隐患排查和改造,建立城市通信管线保护机制。用10年左右时间,建成较为完善的城市通信管线体系,使城市通信管线管理水平能够适应通信发展需要,安全和应急保障能力大幅提升。

(二)重点任务

各省、自治区、直辖市通信管理局(以下简称各通信管理局)作为行业主管部门,要组织做好本行政区内的城市通信管线建设管理工作,各基础电信企业要积极主动完成各项任务。

1. *编制专项规划*

按照《城市通信工程规划规范》(GB/T50853—2013)编制城市通信管线专项规划,并配合地方政府做好城市地下管线综合规划编制以及地下空间资源调查和评估工作。城市通信管线专项规划作为城市总体规划的重要组成部分,应贯彻集约建设、共建共享原则,综合考虑各基础电信企业的需求,按照联合建设、共享资源的方式,统筹规划、合理确定通信管线的布局、空间位置、规模、用地范围等,并做好与土地利用总体规划、地下空间、道路交通、人防及地铁等建设的衔接和协调。

2. *规范建设行为*

一是落实同步建设原则。根据城市道路年度建设计划和地下管线综合规划,合理制定城市通信管线年度建设计划,并与城市道路年度建设计划同步实施,力争一次辐射到位;二是严格履行基本建设程序。城市通信管线建设项目应落实施工图设计文件审查、工程质量安全监督与监理、竣工测量以及档案移交等制度;要落实施工安全管理制度,明确相关责任人,确保施工作业安全。

3. *加强改造维护*

一是积极推进城市通信架空线入地改造,加大

通信网络光纤入户改造力度，进一步提升宽带家庭普及率和光纤接入能力；二是开展通信管道安全隐患排查和改造升级，建立城市通信管线巡护和隐患排查制度，强化日常运行及维护监测监控，定期对城市通信管线进行检测、维修，加强通信管道入孔井盖管理，采用防坠落、防位移、防盗窃等技术手段，彻底消除安全隐患。

4. 积极推进管廊建设

积极参与地方政府组织的城市地下综合管廊（以下简称综合管廊）试点工程，配合做好综合管廊投融资、建设、运营维护等相关政策、标准的研究，探索资源开放共享、合理定价机制，推动综合管廊建设与通信管网的衔接，更好地适应通信建设发展需要，进一步提高通信基础设施建设的集约化水平。

5. 开展资源普查

按照地方政府城市地下管线普查工作的统一部署，做好城市通信管线的普查工作。普查工作包括基础信息普查和隐患排查。基础信息普查应按照相关技术规程进行探测、补测，重点掌握城市通信管线的规模大小、位置关系、功能属性、产权归属、运行年限等基本情况；隐患排查主要是全面了解城市通信管线的运行状况，摸清存在的结构性隐患和危险源。

6. 建立信息系统

在普查工作的基础上，基础电信企业要建立城市通信管线信息系统，同时做好与城市地下管线综合管理信息系统（以下简称综合管理系统）的对接。城市通信管线信息系统要按照统一的数据标准，实现与综合管理系统信息的即时交换、共建共享、动态更新，满足日常运营维护等工作需要。同时，要充分利用城市通信管线信息系统，做好通信工程规划、施工建设、运营维护、应急防灾、公共服务等工作，提升通信基础设施的信息化管理水平。

三、保障措施（略）

（全文约 2 500 字）

工业和信息化部《关于向民间资本开放宽带接入市场的通告》

2014年12月25日，工业和信息化部发布《工业和信息化部关于向民间资本开放宽带接入市场的通告》，全文如下。

为贯彻落实党的“十八大”和“十八届三中”、“四中全会”精神，按照国务院《关于印发“宽带中国”战略及实施方案的通知》、《关于促进信息消费扩大内需的若干意见》和《关于鼓励和引导民间投资健康发展的若干意见》的有关要求，充分发挥民间资本灵活、创新的优势，工业和信息化部决定鼓励民间资本以多种模式进入宽带接入市场，促进宽带网络基础设施发展和业务服务水平提升。有关事项通告如下。

一、鼓励民营企业参与宽带接入网络设施建设和运营。支持民营企业开展宽带接入网业务试点（《试点方案》见附件），试点企业可以建设宽带接入网业务所需的基础网络设施，以自有品牌为用户提供宽带上网服务。

二、鼓励民营企业参与宽带接入网络的投资并与基础电信企业开展合作。支持民营企业以资本合作、业务代理、网络代维等多种形式和基础电信企业开展合作、分享收益，并以基础电信企业品牌为用户提供宽带上网服务。

三、鼓励民营企业提供宽带转售服务。支持拥有因特网接入服务（ISP）业务经营许可证的民营企业，从基础电信企业租用接入网络资源，以自有品牌为用户提供宽带上网服务。

四、基础电信企业要按照公平合理、平等协商的原则，积极与民营企业进行合作，在合作过程中要严格遵守国家法律法规、相关行业制度及以下规定。

（一）基础电信企业不得与民营企业签订含有排他性条款的协议。

（二）基础电信企业在向民营企业提供相关宽带网络资源时，其服务质量应不低于自身业务服务质量，相应价格应与民营企业平等协商确定。

（三）针对本意见第二条，基础电信企业应积极探索与民营企业互利共赢的合作发展模式，集团公司要加强对其所属公司的管理，切实保障用户合法权益，逐步建立统一规范的制度体系。及时总结经验和问题，定期向电信管理机构报送与民营企业合作的有关情况。

（四）针对本意见第三条，基础电信企业应积极向民营企业开放宽带接入网存量资源，向社会公开合作接洽部门和合作事项。集团公司要积极探索推进宽带转售工作，逐步建立相应的业务合作流程和管理办法，有序组织实施。对于发现再次转租转售宽带资源的情况，应立即责成合作企业停止转租转售行为，并妥善处理已发展用户的善后工作。

五、民营企业在参与宽带接入网络建设运营及宽带转售的过程中，应严格遵守国家相关法律法规、电信行业管理要求及以下规定。

（一）在建设宽带接入网络设施时，应当严格遵守光纤到户国家标准和有关通信工程建设的规定。同时应遵守基础设施共建共享、通信设施保护等政策规定，禁止和房地产商、物业管理公司或业主委员会等第三方签署含有排他性条款的协议，保障用户的自由选择权。

（二）上联互联网骨干网必须经由基础电信企业的城域网接入，不同地市的业务节点不得直连，其接入网络建设范围和连接（汇聚）节点位置要向电信管理机构报告。

（三）以自有品牌开展用户宽带上网服务的，应设有专门的客服部门和客服人员，按照服务规范及相关要求建立健全服务质量管理体系。必须与用户签订服务协议。协议中要明确约定接入速率、资费以及企业提前终止经营时预付费返还、争议解决的处理方式等，切实保障用户的合法权益。

（四）开展宽带转售服务的民营企业，要与基础电信企业签订合作协议，明确双方在服务质量保障、用户权益和用户信息安全保护等方面的责任划分，租用的接入网络资源严禁再次转租转售。在开展业务前，向电信管理机构报告，并定期报送宽带转售服务发展情况。

六、电信管理机构要组织好本地开放宽带接入市场相关工作，探索完善事中事后的监管政策，加强对宽带接入市场不正当竞争行为的监管，保障用户的自由选择权和企业公平接入，推动资源共享，培育和维护公平、公正的市场环境。

附件：宽带接入网业务开放试点方案（略）

附录二　资料类

2014年度中国通信学会科学技术奖获奖名单

序号	项目名称	完成单位	主要完成人	获奖等级
1	高速高效长距离光纤传输系统技术创新与规模应用	北京邮电大学、中兴通讯股份有限公司、中国电信集团公司	纪越峰、陈宇飞、张成良、陈雪、王会涛、张民、夏焱、李俊杰、张杰、杨玉森、张琦、赵永利、王泰立、田慧平、葛超	一等奖
2	通信局（站）系统防雷接地理论创新及技术突破与国内外应用	中讯邮电咨询设计院有限公司、中国移动通信集团公司广东分公司、华为技术有限公司、清华大学、北京邮电大学、深圳锦天乐防雷技术有限公司、中兴通讯股份有限公司、中国电信股份有限公司河南分公司	刘吉克、林涌双、孔力、朱清峰、陈强、熊膺、何金良、张清泉、石丹、林成、林国勇、袁仟共、牛年增、祁征、王志岗	一等奖
3	超强抗弯光纤关键技术、制造工艺及成套装备	烽火通信科技股份有限公司、武汉邮电科学研究院、中国电信股份有限公司广西分公司	李诗愈、王彦亮、罗文勇、史惠萍、戚卫、余志强、董涛、伍淑坚、刘志坚、蓝海、胡鹏、王冬香、严勇虎、刘骋	一等奖
4	安全域名解析系统（DNS）	北京奇虎科技有限公司	周鸿祎、齐向东、谭晓生、濮灿、江爱军、胡振勇、张振宇、曲冰、石晓虹、李健、杨洪鹏、刘浩、李建华、魏自立、肖鹏	一等奖
5	移动通信服务精细化运营中大数据关键技术及应用	北京邮电大学、北京新媒传信科技有限公司、重庆新媒农信科技有限公司、杭州东信北邮信息技术有限公司	廖建新、高磊、徐童、孟艳青、王敬宇、李春雷、王晶、王纯、李炜、张磊、王玉龙、朱晓民、张乐剑、沈奇威、戚琦	一等奖
6	基于分布式微结构光纤的多域复用传感组网通信关键技术及应用	华中科技大学、长飞光纤光缆有限公司、武汉光谷互连科技有限公司、武汉光谷奥源科技股份有限公司	刘德明、孙琪真、鲁平、李晓磊、刘海、夏历、张树强、刘爽、钱银博、胡必春、杜军	一等奖
7	新型IP移动回传网技术体系构建、设备研制及规模应用	中国联合网络通信有限公司、华为技术有限公司、中兴通讯股份有限公司、武汉邮电科学研究院	张忠平、王光全、黄河、孔力、曲延锋、陈永洲、刘晓甲、唐雄燕、黄永亮、周晓霞、王常玲、王海军、裴小燕、张贺、郑滟雷	一等奖
8	复杂网络环境下服务安全提供方法及关键技术	西安电子科技大学、中国科学院信息工程研究所	李凤华、马建峰、李晖、李兴华、朱辉、耿魁	一等奖
9	认知协同移动网络容量优化技术与应用	南京邮电大学、中兴通讯股份有限公司	朱洪波、朱伏生、杨龙祥、朱琦、窦建武、吕文俊、曹自平、吴坚、赵夙、郭永安、柯雅珠、刘旭、周冲、史莉荣、张晶	一等奖
10	下一代互联网过渡和运营技术创新与规模商用实践	中国电信集团公司、清华大学、华为技术有限公司	田竑、赵慧玲、毛东峰、解冲锋、包丛笑、王茜、邹洁、李忠超、阎璐、盖刚	二等奖

（续表）

序号	项目名称	完成单位	主要完成人	获奖等级
11	公有云平台关键技术研发及规模应用	中国移动通信集团公司	戴忠、丁宏庆、孙少陵、文静、王盟、段翔、何鸿凌、钱岭、李方毅、薛佟佟	二等奖
12	面向大数据的数据中心的集成创新和应用	中兴通讯股份有限公司、清华大学、北京邮电大学	陈沛、甘玉玺、雷婷、陈坚、罗天柱、李华、徐恪、张永军、顾仁涛、叶郁文	二等奖
13	“宽带中国”战略研究及实施方案	工业和信息化部电信研究院	余晓晖、张志华、陶青、马源、何伟、牟春波、张国颖、杨然、敖立、董建军	二等奖
14	“伪基站”监测与追踪定位技术系统	中国移动通信集团公司、中国移动通信集团设计院有限公司、中国移动通信集团四川有限公司、中国移动通信集团广东有限公司、中国移动通信集团安徽有限公司、中国移动通信集团北京有限公司	张滨、赵刚、李文嘉、余慧、张晨、谭卫、黄伟湘、王利民、韩露、何鹏	二等奖
15	互联网流量安全管控平台研发与规模应用	中国电信集团公司	吴湘东、蔡康、董晓庄、冀晖、金华敏、唐宏、沈军、罗志强、苏志胜、阎璐	二等奖
16	高吞吐、高可用音视频处理卡研制与工程化应用	国家计算机网络与信息安全管理中心、中国科学院计算技术研究所	黄澄清、包秀国、陈训逊、张勇东、袁庆升、张冬明、张鸿、杜翠兰、任彦、舒敏	二等奖
17	长距双活云资源池构建技术开发及应用推广	中国电信股份有限公司浙江分公司、中国电信股份有限公司北京研究院、华信咨询设计研究院有限公司	顾炯、吕鹏、雷葆华、蔡永顺、饶少阳、李光海、洪亮、丁国军、张金漫、蒋雪昭	二等奖
18	基于云化开放架构的智能视频服务系统关键技术研究及现网应用	中国电信集团公司	韩臻聪、冯明、王志宏、来勐、孙健、张坚平、孙静、周杰、崔瑞琳、张琳姝	二等奖
19	物联网多网融合、协同服务与安全保障体系的构建与应用	南京邮电大学、江苏正融科技有限公司、南京理工大学	徐佳、李千目、徐小龙、周作建、刘林峰、王建、侯君、戚湧、张功萱、张宏	二等奖
20	基于大数据分析的移动互联网用户感知评估系统	中国联合网络通信集团有限公司	汪世昌、陈超、陈森、秦吉波、张小勇、钱莉莉、董玉涛、吴化民、王磊、杨金素	二等奖
21	基于语义分析和行为特征的新型垃圾短信识别技术研究及方案验证	中国联合网络通信集团有限公司	孙志光、张云勇、王翔、张尼、李正	三等奖
22	移动网络端到端分析优化系统	武汉虹信通信技术有限责任公司、武汉邮电科学研究院	魏凌云、李磊、石云、蔡剑峰、杨定义	三等奖
23	教育科研基础设施IPv6技术升级和应用示范试商用测试	工业和信息化部电信研究院	张德华、聂秀英、赵锋、高巍、刘述	三等奖
24	FTTH测试及终端配置工具的技术创新及应用	中国电信股份有限公司江苏分公司	肖金学、陈国忠、姜弘民、雷洪玉、杨春泽	三等奖
25	促进信息消费扩大内需战略研究及试点方案	工业和信息化部电信研究院	鲁春丛、何伟、孙克、辛勇飞、肖荣美	三等奖

（续表）

序号	项目名称	完成单位	主要完成人	获奖等级
26	TD-SCDMA 矿用无线通信调度系统	大唐移动通信设备有限公司	彭渝、王树立、郭庆、王安义、李勇	三等奖
27	我国互联网互联互通架构演进总体方案及重大创新实践	工业和信息化部电信研究院	王爱华、王安平、汤子健、马源、王洪岭	三等奖
28	骨干互联网业务流量流向分析系统	中国铁通集团有限公司	马重阳、王占宇、刘健、韦磊、何建兵	三等奖
29	中国互联网数据中心发展规划与监管制度设计	工业和信息化部电信研究院	胡珊、何宝宏、魏亮、高巍、薛涛	三等奖
30	警务云智能分析大数据应用系统	南京邮电大学、南京市公安局、深圳市迪威视讯股份有限公司	杨震、李晓飞、韩光、蒋平、许勇	三等奖
31	中国联通移动网络评估诊断方法与体系研究及其在本地网的应用	中国联合网络通信集团有限公司	孔力、温宁瑞、李沈庄、徐勇、王睿	三等奖
32	手机游戏安全检测与自动分析系统	国家计算机网络与信息安全管理中心江苏分中心	俞宙、白学任、马旸、蔡冰、罗雅琼	三等奖
33	基于互联网用户行为的实时运营分析和精准推荐引擎	中国移动通信集团公司	黄晓庆、颜红燕、胡可云、梁晓波、赵耀红	三等奖
34	基于云计算架构的计费账务系统研究和应用	中国移动通信集团上海有限公司	万国光、易东溟、蔡加祺、沈尧、陶鸿飞	三等奖
35	流量经营支撑体系的创新研究与应用	中国移动通信集团上海有限公司	杨海康、袁芳、章高清、彭传金、石世磊	三等奖
36	政企行业泛在融合移动定位平台研发与应用	中国电信股份有限公司广东研究院、中国电信集团系统集成有限责任公司、东莞市东信网络技术有限公司	王朝晖、钟致民、张玉良、杨广龙、孔勇平	三等奖
37	面向流量经营敏捷推荐的关键技术研究及应用	中国移动通信集团四川有限公司、工业和信息化部电信研究院	杨慧、陈刚、苏伟杰、张航友、李海聪	三等奖
38	通信局站与数据中心节能减排技术研究及示范应用	西安邮电大学、中国电信股份有限公司广东研究院	孙文波、张高记、胡平、陆立、彭程	三等奖
39	中国联通沃云平台	中国联合网络通信集团有限公司	张云勇、陈赤航、房秉毅、李红五、王明会	三等奖
40	垃圾短彩信智能优化技术创新与应用研究	中国移动通信集团设计院有限公司	高鹏、杜雪涛、胡入祯、张晨、杜刚	三等奖
41	大容量智能卡与终端产品研究开发	中国联合网络通信集团有限公司	许海翔、张俊、严斌峰、郑雄、李笑郁	三等奖
42	基于互联网架构的新一代电信级 CRM 系统	中国移动通信集团山东有限公司	陈文跃、程进、朱祥磊、田力、李世冲	三等奖
43	基于“短信综合特征”识别技术的垃圾短信二次放通策略实践与应用	中国联合网络通信有限公司河北省分公司	郝琳、郭振江、王琳、涂年涛	三等奖
44	互联网流量优化体系研究与创新	中国铁通集团有限公司广东分公司	陈甦、黄卓华、邓菲、王智杰、郑建立	三等奖

（续表）

序号	项目名称	完成单位	主要完成人	获奖等级
45	移动搜索的产业化模式研究	西安邮电大学	王忠民、范琳、贺炎、杨爽、吴海蓉	三等奖
46	移动互联网端到端客户感知体系的研究与规模化应用	中国移动通信集团广东有限公司	温乃粘、叶忠、黄昭文、杨辉宇、王峻	三等奖
47	构建基于O2O模式的终端销售运营体系	中国移动通信集团浙江有限公司	庄国舟、陶晨、王顶、包建益、张莉	三等奖
48	针对10086热线预约回呼功能的优化保障系统	中国移动通信集团天津有限公司	张永东、王平基、衍珊、赵东明、孙憬超	三等奖
49	CDN技术与运营商网络管理深度耦合的实践与应用	中国铁通集团有限公司	高江、马重阳、白蒙、石镇宇、陈新	三等奖
50	电信运营商多网络的大数据综合汇聚处理平台架构和应用	中国电信股份有限公司上海分公司、中国电信股份有限公司上海研究院	秦达、姚晓辉、沙光华、马毓敏、郭云峰	三等奖

2014年度中国通信标准化协会科学技术奖获奖项目

获奖等级	项目名称	主要完成单位	主要完成人
一等奖	《基于终端翻译的IPv6过渡技术》等41项IETF国际、行业和企业标准	中国移动通信集团公司、工业和信息化部电信研究院、华为技术有限公司	段晓东、邓辉、陈刚、孙滔、杨天乐、刘大鹏、田辉，赵锋，蒋胜、吴钦，李欢、苑红、黄璐、刘超、任兰芳
一等奖	《TD-LTE数字蜂窝移动通信网 基站设备技术要求（第一阶段）》等37项行业标准	工业和信息化部电信研究院、中国联合网络通信集团有限公司、中国电信集团公司、大唐电信科技产业集团、华为技术有限公司、中兴通讯股份有限公司、南京爱立信熊猫通信有限公司、诺基亚通信（上海）有限公司、上海贝尔股份有限公司、中国普天信息产业股份有限公司、鼎桥通信技术有限公司、北京展讯高科通信技术有限公司、诺基亚通信有限公司、重庆重邮信科股份有限公司、新邮通信设备有限公司	徐霞艳、徐菲、范斌、熊尚坤、苏洁、彭莹、尹桂杰、马子江、张增浩、李星、贺敬、余勇、池连刚、宋丽娜、张光辉
二等奖	《CDMA和LTE混合组网技术》等29项3GPP国际标准	中国电信集团公司、工业和信息化部电信研究院、中兴通讯股份有限公司、华为技术有限公司	李文苡、谢沛荣、辛伟、陆婷、王萦明、李路鹏、赵孝武、赵晔、李侠宇、刘继兴
二等奖	《网间号码携带集中业务管理系统与业务受理系统》等7项行业标准	工业和信息化部电信研究院、中国电信集团公司、中国移动通信集团公司、中国联合网络通信有限公司	林美玉、李如亮、王晓琦、周仁杰、赵慧琴、王伟、高玲、蔡旭辉、张强、戴军尧
二等奖	《光纤试验方法规范 测量方法和试验程序》等24项国家标准	武汉邮电科学研究院	程淑玲、陈永诗、刘骋、陈黎明、胡鹏
二等奖	《移动智能终端安全能力技术要求》等2项行业标准	工业和信息化部电信研究院	潘娟、匡晓烜、落红卫、汪坤、于璐、袁广翔、何桂立、史德年、李巍
二等奖	《TD-SCDMA和TD-LTE用户设备一致性规范：测试代码集》等2项3GPP国际标准	TD产业联盟、电信科学技术研究院、工业和信息化部电信研究院、北京星河亮点技术股份有限责任公司、大唐联仪科技有限公司、青岛海信通信有限公司、深圳市海思半导体有限公司	金毅敦、陈晓忠、杨骅、陈珺、孔飞、赵璨、王晰、熊健翔、聂蔚青、张惠英
二等奖	《N×100Gbit/s光波分复用（WDM）系统技术要求》等2项行业标准	中国电信集团公司、工业和信息化部电信研究院、华为技术有限公司、上海贝尔股份有限公司、中国联合网络通信有限公司、武汉邮电科学研究院、中兴通讯股份有限公司	李俊杰、赵文玉、汤瑞、杨玉森、马亦然、张海懿、张德江、易小波、王海军、霍晓莉
二等奖	《通信局（站）防雷与接地工程设计规范》ITU国际、国家标准	中讯邮电咨询设计院有限公司、中国联合网络通信集团有限公司、中国移动通信集团公司、中国电信集团公司、华为技术有限公司、中兴通讯股份有限公司、中国移动通信集团设计院有限公司	刘吉克、迟永生、朱清峰、陈强、熊膺、戴传友、牛年增、王志岗、祁征、林涌双

（续表）

获奖等级	项目名称	主要完成单位	主要完成人
二等奖	《基于策略控制的用户用量监控增强》等 6 项 3GPP 国际标准	中国电信集团公司、中兴通讯股份有限公司、中国联合网络通信有限公司	梅承力、夏旭、周晓云、许阳、李金艳、王海宁、毛聪杰、聂衡、宗在峰、周伟
二等奖	《云计算框架及高层需求》ITU 国际标准	中国联合网络通信集团有限公司	张忠平、顾旻霞、程莹、张云勇、黄文利
二等奖	《多接入网络支持 eMMTel 业务能力》等 4 项 ITU 国际标准	中国联合网络通信集团有限公司、中讯邮电咨询设计院有限公司、中国移动通信集团公司、北京邮电大学	马彦、迟永生、郭爱鹏、周光涛、赵耀、黄文利、王亚晨、顾旻霞、唐雄燕、段晓东
二等奖	《TD-LTE 数字蜂窝移动通信网终端设备技术要求（第一阶段）》等 12 项行业标准	工业和信息化部电信研究院、TD 产业联盟、北京星河亮点技术股份有限公司、大唐电信科技产业集团、中国联合网络通信集团有限公司、中国电信集团公司、国家无线电监测中心、北京展讯高科通信技术有限公司	朵灏、果敢、刘臻、金毅敦、姜军、孔飞、来志京、李孟喜、崔清、周晶
二等奖	《更新的伪线控制字协商机制》等 10 项 IETF 国际、行业标准	中兴通讯股份有限公司、中国电信股份有限公司广东研究院	陈然、魏月华、刘志华、冯军、吴波、罗鉴、喻敬海
三等奖	《互联网数据中心和互联网接入服务信息安全管理系统技术要求》等 3 项行业标准	国家计算机网络应急技术处理协调中心、工业和信息化部电信研究院、天津市通信管理局、江苏省通信管理局、安徽省通信管理局、山东省通信管理局、河北省通信管理局	舒敏、张新、李冠华、强倩、王维晨、柳青、刘善武
三等奖	《超高吞吐的 6GHz 以下频段的 WLAN 的物理层（PHY）和媒介接入层（MAC）技术规范》IEEE 国际标准	中兴通讯股份有限公司、工业和信息化部电信研究院	孙波、罗振东、吕开颖、李楠、田开波、张力、杨萌
三等奖	《电子健康监护的业务需求和能力需求》等 2 项 ITU 国际、行业标准	中国联合网络通信集团有限公司、工业和信息化部电信研究院、南京邮电大学、大唐电信科技产业集团、北京邮电大学、深圳先进技术研究院	贾雪琴、黄文利、陈豪、周光涛、李海花、沈苏斌、徐晖
三等奖	《LTE 全球漫游终端系列规范》等 4 项行业、企业标准	中国联合网络通信集团有限公司	顾旻霞、严斌锋、周晶、库伟、张俊、徐克航、宁小洲
三等奖	《无源光网络业务开通及保障技术》等 3 项 TMF 国际标准	中国电信集团公司	汪海强、赵洪波、张淑建、张静、吴艳芹、尚逢亮
三等奖	《NGN 业务平台的 NMS-EMS 管理接口需求》行业标准	中国电信集团公司、大唐软件技术股份有限公司	王燕川、严磊、侯良、王智萍、宫云平、陈彬
三等奖	《中国移动不良信息监控系统总体技术要求》等 25 项 ITU 国际、企业标准	中国移动通信集团公司	杨光华、张峰、肖子玉、粟栗、温暖、王计艳、张二鹏
三等奖	《互联网数据中心技术及分级分类标准》等 4 项行业标准	工业和信息化部电信研究院、中国移动通信集团公司、中国电信集团公司、中国联合网络通信集团有限公司、深圳市腾讯计算机系统有限公司、百度在线网络技术（北京）有限公司、阿里巴巴（中国）有限公司、中兴通讯股份有限公司、华为技术有限公司、杭州华三通信技术有限公司	何宝宏、李洁、郭亮、高巍、唐华斌、蔡永顺、房秉毅
三等奖	《336V 直流电源系统》等 4 项企业标准	中国移动通信集团设计院有限公司、中国移动通信集团公司	彭广香、彭军、高健、李玉升、陈东旭、郭武、王桂花

2014年通信行业用户满意企业名单

中国通信企业协会发布

序号	单位名称
1	中国电信股份有限公司宁波分公司
2	中国电信股份有限公司广州分公司
3	中国电信股份有限公司苏州分公司
4	中国电信股份有限公司合肥分公司
5	中国电信股份有限公司赣州分公司
6	中国电信股份有限公司嘉兴分公司
7	中国电信股份有限公司承德分公司
8	中国电信股份有限公司吉安分公司
9	中国电信股份有限公司重庆北部新区分公司
10	中国电信股份有限公司大连分公司
11	中国电信股份有限公司南京分公司
12	中国电信股份有限公司延边分公司
13	中国电信股份有限公司湘西分公司
14	中国电信股份有限公司吴忠分公司
15	中国电信股份有限公司宜昌分公司
16	中国电信股份有限公司渭南分公司
17	中国移动通信集团安徽有限公司蚌埠分公司
18	中国移动通信集团山东有限公司济宁分公司
19	中国移动通信集团福建有限公司漳州分公司
20	中国移动通信集团江西有限公司抚州分公司
21	中国移动通信集团重庆有限公司云阳分公司
22	中国移动通信集团山西有限公司晋中分公司
23	中国移动通信集团辽宁有限公司营口分公司
24	中国移动通信集团浙江有限公司台州分公司
25	中国移动通信集团吉林有限公司延边分公司
26	中国移动通信集团内蒙古有限公司兴安分公司
27	中国移动通信集团湖南有限公司张家界分公司
28	中国移动通信集团陕西有限公司汉中分公司
29	中国移动通信集团海南有限公司海口分公司
30	中国铁通集团有限公司河南分公司

（续表）

序号	单位名称
31	中国铁通集团有限公司广西分公司
32	中国联合网络通信有限公司辽阳市分公司
33	中国联合网络通信有限公司厦门市分公司
34	中国联合网络通信有限公司商丘市分公司
35	中国联合网络通信有限公司重庆市渝北区分公司
36	中国联合网络通信有限公司大庆市分公司
37	中国联合网络通信有限公司大连市分公司
38	中国联合网络通信有限公司无锡市分公司
39	中国联合网络通信有限公司龙岩市分公司
40	中国联合网络通信有限公司十堰市分公司
41	中国联合网络通信有限公司海口市分公司
42	中国联合网络通信有限公司重庆市北碚区分公司
43	中国联合网络通信有限公司安顺市分公司
44	中国联合网络通信有限公司红河哈尼族彝族自治州分公司
45	中国联合网络通信有限公司中卫市分公司
46	中国联合网络通信有限公司巴音郭楞蒙古自治州分公司
47	甘肃省邮政公司嘉峪关市分公司
48	中国邮政储蓄银行股份有限公司琼海市支行
49	中国邮政储蓄银行股份有限公司南昌市分行
50	重庆市邮政公司潼南县邮政局
51	广东省邮政公司梅州市分公司
52	新疆维吾尔自治区邮政公司乌鲁木齐市分公司
53	山东省邮政公司泰安市分公司
54	贵州省邮政公司黔东南苗族侗族自治州分公司
55	河北省邮政公司石家庄市分公司
56	四川省邮政公司遂宁市分公司
57	陕西省邮政公司西安市分公司
58	中国邮政储蓄银行股份有限公司贵阳市分行
59	中国邮政储蓄银行股份有限公司巴中市分行
60	广东省邮政速递物流有限公司珠海市分公司
61	四川省邮政速递物流有限公司德阳市分公司
62	北京九五智驾信息技术股份有限公司

2014年通信行业企业管理现代化创新成果名单

中国通信企业协会发布

序号	等级	成果名称	单位名称
1	一等	中国电信集团创新部、中国电信股份有限公司浙江分公司	《混合所有制经济的多元化投资合作和运营管理机制创新》
2	一等	中国电信股份有限公司江苏分公司	《电信运营企业装维服务产品化，客户期望可管理之创新实践》
3	一等	中国电信股份有限公司湖北分公司	《构建号码级营销资源管控体系》
4	一等	中国电信股份有限公司广东分公司	《基于移动互联网圈群的跨界精准营销》
5	一等	中国移动通信集团公司法律事务部、中国移动通信集团北京有限公司、中国移动通信集团广东有限公司	《诉讼案件管理体系改革成果》
6	一等	中国移动通信集团四川有限公司	《构建标准化体系，促进网络建设效率提升》
7	一等	中国移动通信集团广东有限公司	《基于市场化契约机制的内部结算研究与实践》
8	一等	中国移动通信集团公司安徽有限公司	《基于互联网模式的数据业务营销转型实践》
9	一等	中国联通北京市分公司	《构建面向下一代互联网的“B+X”智能化管理体系》
10	一等	中国联通集团公司财务部	《建立现代运营商新型业务财务信息透视体系》
11	一等	中国联通集团公司人力资源部	《以提升组织效率为核心构建标准化、积木化的岗位统一管理体系》
12	一等	中国联合网络通信有限公司广西壮族自治区分公司	《基于大数据分析应用的流量经营支撑体系创新实践》
13	一等	河南省邮政公司	《基于客户大数据驱动的文化传媒服务平台构建》
14	一等	中国邮政储蓄银行北京分行	《商业银行集中授权系统的建设与运营》
15	一等	中国邮政储蓄银行浙江省分行	《基于社会保障卡构建商业银行普惠金融服务平台》
16	一等	河北省邮政公司	《基于“区域＋平台”比较优势的邮政企业发展转型实践》
17	二等	中国电信股份有限公司广东分公司	《基于企业价值提升的法律工作体系创新与实践》
18	二等	中国电信股份有限公司上海分公司	《全过程价值管理体系的构建与实践》
19	二等	中国电信集团公司市场部	《构建以蓝彻斯特市场法则为基础的经营预算管控体系》
20	二等	中国电信股份有限公司安徽分公司	《中国电信地市级分公司由管理型向销售服务型转变实践》
21	二等	中国电信股份有限公司陕西分公司市场部	《建立市场化驱动的营销资源抢盘机制》
22	二等	中国电信集团公司网络运行维护事业部 & 上海研究院	《打破传统模式，构建核心网络扁平化管理新体系》
23	二等	中国电信股份有限公司广东分公司	《超大型客户“一点响应，全网协同”的集约化服务管理》

（续表）

序号	等级	成果名称	单位名称
24	二等	中国电信股份有限公司江苏分公司	《经营风险管理模式创新》
25	二等	中国电信股份有限公司浙江分公司	《以移动化、集约化、协同化的销售流程再造为抓手，全面提升渠道营销效能》
26	二等	中国移动通信集团山东有限公司	《全触点的一体化营销管理体系建设实践》
27	二等	中国移动通信集团浙江有限公司	《基于风险轮廓模型构建的风险集中管控模式》
28	二等	中国移动通信集团江苏有限公司	《构建全网双跨业务服务体系，铸就大型组网项目领先能力》
29	二等	中国移动通信集团福建有限公司	《以内通促外融 从共赢到多赢 构建集团客户合作新模式》
30	二等	中国移动通信集团天津有限公司	《基于互联网用户行为分析的“超细分、精确营销”管理体系》
31	二等	中国移动通信有限公司信息港中心	《构建端到端的大项目管理模式，助力新型基础设施建设》
32	二等	中国移动通信集团江苏有限公司	《构建基于资源、成本和流量的经营网络管理体系》
33	二等	中国移动通信集团吉林有限公司	《能耗资源财务管理模式探索与应用》
34	二等	中国移动通信集团采购共享服务中心	《基于信息化系统构建规范、高效、低成本、高质量的采购标准化流程管理体系》
35	二等	中国联通山东省分公司	《基于集中化和专业化服务的统一数据管控新模式》
36	二等	中国联通信集团有限公司市场经营监控中心	《以比较管理为核心的通信企业本地网经营评价体系构建》
37	二等	中国联通山东省分公司	《通信企业以市场为导向的农村运营体制系统优化管理》
38	二等	中国联通四川省分公司	《基于大数据的大服务体系创新与应用》
39	二等	中国联通北京市分公司	《以全方位大数据挖掘为基础的客户开发管理》
40	二等	中国联通江苏省分公司	《一体化创新战略之网络集中监控管理的实现》
41	二等	中国联通重庆市分公司	《以安全立方体（风险、技术、管理三要素）为核心的下一代通信网络安全管理》
42	二等	中国联通北京市分公司	《基于网业分离构架的智能管道运营新模式的探索与实践》
43	二等	中国联合网络通信有限公司广东省分公司	《基于“智慧城市移动互联网公共服务平台”的信息消费生态圈运营管理体系》
44	二等	中天科技精密材料有限公司	《构建企业 5S 安全管理体系》
45	二等	广东省邮政公司	《邮政国内小包集中管控体系的构建与实践》
46	二等	湖南省邮政公司	《以“四个压缩”为目标的人力资源管理实践》
47	二等	江苏省邮政公司苏州分公司	《以“三效”为核心的网运生产作业组织》
48	二等	山东省邮政速递物流有限公司青岛市分公司	《精细化物流供应链的构建与管理》
49	二等	中国邮政集团公司信息技术局	《国内小包业务运行质量监控系统支撑国内小包业务可持续快速发展》
50	二等	中邮人寿保险股份有限公司江西分公司	《邮政保险三方联动发展机制的构建》
51	二等	黑龙江省邮政公司	《嵌入地域特色文化的邮政企业转型发展实践》

（续表）

序号	等级	成果名称	单位名称
52	二等	山东省邮政公司	《企业集中运营管控平台的建设与实践》
53	二等	四川省邮政公司	《邮政企业经营运行体系构建与实践》
54	三等	中国电信股份有限公司江西公司	《混合所有制驱动通信企业资源配置市场化运作》
55	三等	中国电信股份有限公司新疆分公司	《建立增量人工成本动态评价激励机制，激发一线员工内生动力》
56	三等	中国电信集团公司客服部 & 增值业务运营中心	《基于新型社交媒体服务营销管理体系的创新构建》
57	三等	中国电信股份有限公司湖南分公司	《基于“阿米巴模式”的营销服务体系创新与应用》
58	三等	中国电信股份有限公司江苏分公司	《电信运营企业与终端厂商资源整合对赌模式的探索与实践》
59	三等	中国电信股份有限公司广西分公司	《创新构建销售品评估工具，强化客户全生命周期管理》
60	三等	中国电信股份有限公司江西公司	《基于倒三角的国有大型通信企业运营支撑服务体系建设》
61	三等	中国电信集团公司网络运行维护事业部 & 江苏分公司	《构建新形势下电信企业立体化、全方位网络安全管理体系》
62	三等	中国电信集团公司网络运行维护事业部	《面向产品的监控运维管理新方法》
63	三等	中国电信股份有限公司湖南分公司	《基于大数据挖掘分析实现移动用户信用差异化管理》
64	三等	中国移动通信集团北京有限公司	《量化落地、管控创新——一种战略工作执行保障体系的构建》
65	三等	中国移动通信集团广西有限公司	《基于中国移动特色以 VGOP 为核心枢纽的运营管理创新》
66	三等	中国移动通信集团江西有限公司	《标准化培养　规模化复制　打造基层管理能力快速提升机制》
67	三等	中国移动通信集团湖北有限公司	《基于高效支撑体系构建的营业厅集中化运营管理创新与实践》
68	三等	中国移动通信集团上海有限公司	《基于大数据定制的全量客户经营体系》
69	三等	中国移动通信集团四川有限公司	《打造“高效率、服务型”的“集中化网络故障管理体系”》
70	三等	中国移动通信集团终端有限公司	《构建可视、可管、可控的物流集中化运营体系》
71	三等	中国移动通信集团北京有限公司	《健全有价卡管理机制，提升有价卡精细化管理水平》
72	三等	中国移动通信集团陕西有限公司	《构建基于 PCC 智能管控的流量运营体系》
73	三等	中国联通北京市分公司	《光网时代地市分公司“三位一体”体系建设》
74	三等	中国联合网络通信有限公司福建省分公司	《构建基于全成本分析的全投资评估决策体系》
75	三等	中国联通信息化和电子商务事业部	《中国联通传统渠道互联网化销售服务运营模式创新》
76	三等	中国联通江苏省分公司	《基于大数据挖掘的智能营销管理体系》
77	三等	中国联通贵州省分公司	《“广接入、薄覆盖”南方宽带建设管理模式的创新与实践》
78	三等	中国联通北京市分公司	《基于“7+5”多维微网格数据雷达运营管理》
79	三等	中国联通财务部	《推行会计档案电子化，助力财务管理转型》

（续表）

序号	等级	成果名称	单位名称
80	三等	中国联通广东省分公司	《构建“六新”网运成本管理新体系，促进网运效益新突破》
81	三等	中国联合网络通信有限公司广西壮族自治区分公司	《构建移动互联网B2B平台，推动通信运营商经营模式转型》
82	三等	中国联通重庆市分公司	《搭建“沃助手”平台　提升客户流量经营能力》
83	三等	中国联通上海市分公司	《以价值管理为引领，建立企业内部结算体系》
84	三等	长飞光纤光缆股份有限公司	《创新运用卓越绩效模式　构建企业健康可持续发展战略》
85	三等	陕西省邮政电子商务局	《11185客服中心管理标杆体系建设和应用》
86	三等	西藏自治区邮政公司那曲地区分公司	《西部邮政企业绩效精细化管理》
87	三等	广西壮族自治区邮政公司	《以邮件全流程信息化为基础的时限管控体系构建》
88	三等	辽宁省邮政公司	《营销项目信息化管理与精细化管控》
89	三等	福建省邮政公司厦门市分公司	《城市邮政网点转型的实践》
90	三等	湖北省邮政公司武汉市分公司	《基于“剩余收益”的财务管理体系》
91	三等	山西省邮政公司临汾市分公司	《以阳光积分考核为基础的员工资源精细化管理》
92	三等	山东省邮政公司威海市分公司	《基于仓储物流模式的邮政电商服务平台整合和创新》
93	三等	黑龙江省邮政公司	《以科技为先导的可视化、精细化邮政企业资源整合管控建设》
94	三等	中国邮政储蓄银行	《海量非结构化数据高效处理精细管理》

2014年通信行业优秀质量管理小组名单

中国通信企业协会发布

序号	企业名称	小组名称
1	中国电信集团公司网络运行维护事业部	CASE 管控 QC 小组
2	中国电信安徽分公司网络监控维护中心	平台集约化攻坚 QC 小组
3	中国电信安徽分公司客户支撑中心	爱翼 QC 小组
4	中国电信北京分公司网络运行维护部	“流量魔方”QC 小组
5	中国电信北京分公司网络运行维护部	“客户卫士”QC 小组
6	中国电信北京分公司网络运行维护部	“网优价值提升”QC 小组
7	中国电信厦门分公司	在翼起 QC 小组
8	中国电信福建直属运营分公司	提升工单效率 QC 小组
9	中国电信福建直属运营分公司	网络监控维护中心 QC 小组
10	中国电信福建分公司	全省集中核算任务池 QC 小组
11	中国电信珠海分公司	网管龙头 QC 小组
12	中国电信佛山分公司	接入维护中心 QC 小组
13	中国电信深圳分公司	“星痕”QC 小组
14	中国电信广州分公司	“翼飞冲天”QC 小组
15	中国电信中山分公司	网络资源中心 QC 小组
16	中国电信广西分公司网络监控操作中心	长途网络优化 QC 活动小组
17	中国电信广西分公司	彩信网络优化 QC 小组
18	中国电信广西分公司客户服务部	服务先锋 QC 小组
19	中国电信贵州分公司	无线网络优化中心 QC 小组
20	中国电信海南分公司	客户服务调度中心数据支撑 QC 小组
21	中国电信海南分公司	宽带支撑 QC 小组
22	中国电信海南分公司客户服务调度中心	用户数据 QC 小组
23	中国电信海南分公司	智能客服“提质增效”QC 小组
24	中国电信武汉分公司	金银湖 IDC 机楼电源 QC 小组
25	中国电信湖北分公司	业务平台 QC 小组
26	中国电信湖南分公司客户服务中心	提升装维工单管控效果 QC 小组
27	中国电信吉林分公司	快乐翼家 QC 小组
28	中国电信吉林分公司	“缩短宽带装机时长”QC 小组
29	中国电信江苏分公司	NOC 中心运行监控部 QC 小组
30	中国电信盐城分公司	盐城电信无线中心分析班 QC 小组

（续表）

序号	企业名称	小组名称
31	中国电信徐州分公司	“星际”QC小组
32	中国电信南京分公司	光传送QC小组
33	中国电信苏州分公司	开拓者QC小组
34	中国电信江西分公司	“破冰”QC小组
35	中国电信吉安分公司	“创越”QC小组
36	中国电信江西分公司网络运营支撑事业部	天翼展翅QC小组
37	中国电信江西分公司	移动增值业务QC小组
38	中国电信赣州分公司	资源管理QC小组
39	中国电信辽宁分公司	“建设成本控制”QC小组
40	中国电信宁夏分公司	蒲公英QC小组
41	中国电信宁夏分公司	宁夏电信交换之星Q C小组
42	中国电信宁夏分公司	智联10000QC小组
43	中国电信泰安分公司	泰安“网优添翼”QC小组
44	中国电信西安分公司	天翼2号QC小组
45	中国电信西安分公司	监控QC小组
46	中国电信上海分公司	IT账务联合QC小组
47	中国电信上海分公司	“优翼青春”QC活动小组
48	中国电信上海分公司北区电信局	E路探索QC小组
49	中国电信上海分公司号百分公司	名医导航QC小组
50	中国电信上海分公司	“天翼4G”QC小组
51	中国电信天津分公司	“无线”遐想QC小组
52	中国电信天津分公司	核心动力QC小组
53	中国电信天津分公司	蚂蚁搬家
54	中国电信天津分公司网优中心	网优style QC小组
55	中国电信新疆长途传输局	光速行动
56	中国电信乌鲁木齐分公司	“精益”qc小组
57	中国电信阿克苏分公司	天翼展翅
58	中国电信阿勒泰分公司	快乐共享QC小组
59	中国电信新疆无线通信局	网优先锋QC小组
60	中国电信昆明分公司	保障先锋QC小组
61	中国电信云南分公司	网运QC小组
62	中国电信杭州分公司	No.1 QC小组
63	中国电信嘉兴分公司	禾城先锋QC小组
64	中国电信台州分公司	交换空间QC小组
65	中国电信宁波分公司	“ZTY”QC小组
66	中国电信温州分公司	“翼行天下”QC小组

（续表）

序号	企业名称	小组名称
67	中国电信重庆分公司	极速 WiFi QC 小组
68	中国电信天翼电信终端有限公司	“天翼 4G”QC 专项小组
69	中国移动通信集团公司业务支撑系统部	追求卓越 QC 小组
70	中国移动通信集团公司网络部	国漫 QC 小组
71	中国移动安徽有限公司信息系统部	远航 QC 小组
72	中国移动安徽有限公司网络部	探索 QC 小组
73	中国移动安徽有限公司网络部	互联网优化 QC 小组
74	中国移动安徽有限公司客服中心	创意无限小组
75	中国移动北京有限公司	我爱我家 QC 小组
76	中国移动北京有限公司	服务产品 QC 小组
77	中国移动北京有限公司	TD-LTE 创新应用 QC 小组
78	中国移动北京有限公司	IMS 核心网质量保证小组
79	中国移动福建有限公司泉州分公司	SPEED QC 小组
80	中国移动福建有限公司福州分公司	网络卫士 QC 小组
81	中国移动福建有限公司福州分公司	珊瑚在网小组
82	中国移动福建有限公司客户服务中心	YOGA 营销
83	中国移动福建有限公司厦门分公司	磐石小组
84	中国移动甘肃有限公司数据业务部	“协同从我做起”QC 小组
85	中国移动甘肃有限公司兰州分公司	兰州分公司“前进”QC 小组
86	中国移动广东有限公司珠海分公司	超越 2 号 QC 小组
87	中国移动广东有限公司汕头分公司	网络优化 QC 小组
88	中国移动广东有限公司东莞分公司	TD 精品 QC 小组
89	中国移动广东有限公司深圳分公司	支撑无敌 QC 小组
90	中国移动广西有限公司集团客户分公司	方圆 QC 小组
91	中国移动广西有限公司南宁分公司	物联网钢铁侠 QC 小组
92	中国移动贵州有限公司贵阳分公司	启航 QC 小组
93	中国移动海南有限公司网优中心	领航者“QC”小组
94	中国移动海南有限公司网络维护中心	网络指南针 QC 小组
95	中国移动河北有限公司石家庄分公司	WLAN 网络提升 QC 小组
96	中国移动河北有限公司邯郸分公司	语音质量提升 QC 小组
97	中国移动河南有限公司客户服务中心	服务探索 QC 小组
98	中国移动河南有限公司网络管理中心	“天天向上，短信飞扬”QC 小组
99	中国移动河南有限公司信息与业务支撑中心	支撑最前线 QC 小组
100	中国移动河南有限公司洛阳分公司	洛阳网络客户响应 QC 小组
101	中国移动河南有限公司信息与业务支撑中心	鹰眼 QC 小组
102	中国移动黑龙江有限公司网络管理部	四网协同 QC 小组

（续表）

序号	企业名称	小组名称
103	中国移动黑龙江有限公司	无限精彩 QC 小组
104	中国移动黑龙江有限公司网络管理部	无线先锋 QC 小组
105	中国移动黑龙江有限公司哈尔滨分公司	无线调整 QC 小组
106	中国移动湖北有限公司网管中心	“315” QC 小组
107	中国移动湖南有限公司网管中心	交换室“无缝移动”QC 小组
108	中国移动吉林有限公司客户服务中心	锋尚 E 族 QC 小组
109	中国移动吉林有限公司网络管理中心	永不止步 QC 小组
110	中国移动吉林有限公司长春城区分公司	移战到底 QC 小组
111	中国移动江苏有限公司宿迁分公司	极速网络
112	中国移动江苏有限公司南京分公司	新思路 QC 小组
113	中国移动江苏有限公司南通分公司	飞鸽传输 QC 小组
114	中国移动江苏有限公司无锡分公司	星光 QC 小组
115	中国移动江西有限公司集客信息化支撑中心	质量优化 QC 小组
116	中国移动江西有限公司	“高效” QC 小组
117	中国移动江西有限公司	“提升飞信业务短信下发成功率” QC 小组
118	中国移动辽宁有限公司信息技术中心	擎宇 QC 小组
119	中国移动内蒙古有限公司呼伦贝尔分公司	基站配套质量攻关 QC 小组
120	中国移动宁夏有限公司市场经营部	市场经营部 QC 小组
121	中国移动山东有限公司业务支撑系统部	BOSS 系统精益运维 QC 小组
122	中国移动山东有限公司客户服务一中心	沟通无极限 QC 小组
123	中国移动山东有限公司业务支撑系统部	“客服系统运维支撑” QC 小组
124	中国移动山西有限公司客户响应中心	风信子 QC 小组
125	中国移动山西有限公司财务部	金算盘 QC 小组
126	中国移动山西有限公司平遥县分公司	蒲公英 QC 小组
127	中国移动陕西有限公司数据业务运营中心	质盛 QC 小组
128	中国移动陕西有限公司网络管理中心	宽带服务攻坚 QC 小组
129	中国移动上海有限公司	锐意进取 QC 小组
130	中国移动上海有限公司	欣星向荣 QC 小组
131	中国移动上海有限公司	畅通无限 QC 小组
132	中国移动上海有限公司	武胜卓越 QC 小组
133	中国移动四川有限公司业务支撑中心 & 绵阳分公司	众行 QC 小组
134	中国移动四川有限公司南充分公司	千里眼 QC 小组
135	中国移动四川有限公司攀枝花分公司	动力提升 QC 小组
136	中国移动四川有限公司广元分公司	飞鹰 QC 小组
137	中国移动四川有限公司成都分公司	网络部梦想起飞 QC 小组
138	中国移动天津有限公司网维中心	极客 QC 小组

（续表）

序号	企业名称	小组名称
139	中国移动天津有限公司网维中心	炫彩 QC 小组
140	中国移动天津有限公司网维中心	求实 QC 小组
141	中国移动新疆有限公司乌鲁木齐市分公司	联合攻略 QC 小组
142	中国移动云南有限公司网管中心	阳光 QC 小组
143	中国移动浙江有限公司台州分公司	综维活力 QC 小组
144	中国移动浙江有限公司信息技术部	“解卡” QC 小组
145	中国移动浙江有限公司嘉兴分公司	“一马当先” QC 小组
146	中国移动浙江有限公司余杭分公司	开拓者 QC 小组
147	中国移动重庆有限公司网络部	数据星探 QC 小组
148	中国移动重庆有限公司	网优尖兵 QC 小组
149	中国移动重庆有限公司客户服务中心	客户旗舰 QC 小组
150	中国移动重庆有限公司	感知先锋
151	中国移动西藏有限公司行业与产品管理部	集团专线 QC 小组
152	中国移动广东有限公司深圳分公司	卓越运营 QC 小组
153	中国移动终端有限公司	CSFB 时延优化 QC 小组
154	中国移动终端有限公司	开拓 QC 小组
155	中国移动终端有限公司	路路畅通 QC 小组
156	中国移动终端有限公司	无敌 QC 小组
157	中国移动设计院有限公司	欲得高效
158	中国移动设计院有限公司	" 天津之眼 "QC 小组
159	铁通郑州分公司	臻善品质 QC 小组
160	铁通十堰分公司	探路者 QC 小组
161	铁通商丘分公司	网优 QC 小组
162	铁通广西分公司	光端口利用率 QC 小组
163	铁通天津分公司	移动集客专线保障 QC 小组
164	中国联通集团信息化和电子商务部	电子商务服务热线 QC 小组
165	中国联通安徽省亳州市分公司	宽带守护有沃 QC 小组
166	中国联通北京市分公司	功夫熊猫 QC 小组
167	中国联通北京市分公司	端到端 QC 小组
168	中国联通北京市分公司	智能网 QC 小组
169	中国联通北京市分公司	明日之星 QC 小组
170	中国联通北京市分公司	资源系统建设 QC 小组
171	中国联通福建省分公司	“托马斯” QC 小组
172	中国联通福建省分公司	精品服务促商机 QC 小组
173	中国联通福建省分公司	“宽带飞跃” QC 小组
174	中国联通福建省分公司	“服务提升” QC 小组

（续表）

序号	企业名称	小组名称
175	中国联通福建省分公司	宽带服务专项提升 QC 小组
176	中国联通广州市分公司	沃领未来 QC 小组
177	中国联通佛山市分公司	查漏补缺 QC 小组
178	中国联通广州市分公司	流量经营能力提升小组
179	中国联通佛山市分公司	畅行无忧 QC 小组
180	中国联通玉林市分公司	WO 精彩 QC 小组
181	中国联通广西分公司	沃千里眼 QC 小组
182	中国联通玉林市分公司	WO 精彩 QC 小组
183	中国联通信广西分公司	客服中心质量管控 QC 小组
184	中国联通衡水市分公司	知行合一 QC 小组
185	中国联通邢台市分公司	114 电话导航 QC 小组
186	中国联通石家庄市分公司	石联雄鹰 QC 小组
187	中国联通石家庄市分公司	移动核心网优化 QC 小组
188	中国联通廊坊市分公司	电商新时代 QC 小组
189	中国联通郑州市分公司	澎湃动力 QC 小组
190	中国联通郑州地市分公司	开拓 QC 小组
191	中国联通郑州地市分公司	温馨天使 QC 小组
192	中国联通郑州地市分公司	校园开拓者 QC 小组
193	中国联通郑州地市分公司	大管家 QC 小组
194	中国联通黑龙江省分公司	奥卡姆剃刀
195	中国联通黑龙江省分公司	蓝色沙漠 QC 小组
196	中国联通黑龙江省分公司	睿智 QC 小组
197	中国联通哈尔滨市分公司	鉴网知来 QC 小组
198	中国联通武汉市分公司	宽带沃 QC 小组
199	中国联通武汉市分公司	宽带沃 QC 小组
200	中国联通湖北省分公司	沃行天下传输网 QC 小组
201	中国联通湖北省分公司客服呼叫中心	沃知道 QC 小组
202	中国联通湖北省分公司	网间结算 QC 小组
203	中国联通辽宁省分公司	运营质量管理中心 QC 小组
204	中国联通内蒙古分公司	语音维护室 QC 小组
205	中国联通内蒙古分公司	大客户网络保障 QC 小组
206	中国联通内蒙古分公司	“草原增智”QC 小组
207	中国联通赤峰分公司	“新锐”QC 小组
208	中国联通呼和浩特分公司	掌上通报 QC 小组
209	中国联通宁夏分公司	超越 QC 小组
210	中国联通济南市分公司	扬帆起航 QC 小组

（续表）

序号	企业名称	小组名称
211	中国联通威海市分公司	快乐修障 QC 小组
212	中国联通青岛市分公司	北极星 QC 小组
213	中国联通青岛市分公司	北斗星 QC 小组
214	中国联通烟台市分公司	蓝色畅想 QC 小组
215	中国联通山西省分公司	飞虎 QC 小组
216	中国联通太原市分公司	网优 QC 小组
217	中国联通山西省分公司	沃精英 QC 小组
218	中国联通山西省分公司	“无限”QC 小组
219	中国联通天津市分公司	健壮传输 QC 小组
220	中国联通天津分公司信息化事业部	沃冲 QC 小组
221	中国联通天津分公司	星星之光 QC 小组
222	中国联通天津分公司	永不止步 QC 小组
223	中国联通天津分公司集团客户事业部	“新角度”QC 小组
224	中国联通宁波市分公司	“数据在线”QC 小组
225	中国联通嘉兴市分公司	“黑蚂蚁”QC 小组
226	中国联通台州市分公司	勇“网”直前 QC 小组
227	中国联通湖州市分公司	千里眼 QC 小组
228	中国联通宁波市分公司	“活力利旧”QC 小组
229	中国联通重庆市网络公司	“沃维先锋”QC 小组
230	中国联通重庆市分公司	宽带智能提速 QC 小组
231	中国联通重庆市分公司	流量提升 QC 小组
232	中国联通重庆市分公司	“重复派单”攻坚 QC 小组
233	中国联通重庆市分公司	追求卓越 QC 小组
234	中国联通系统集成有限公司	网运先锋 QC 小组
235	中国联通系统集成有限公司	运营先锋 QC 小组
236	中国联通系统集成有限公司	服务小牛 QC 小组
237	江苏中天科技股份有限公司	精细制造 QC 小组

附录三　数据类

2014 年全国通信业主要指标完成情况

指标名称	单位	本年末累计达到	与2013年同期相比(%)	比2013年年末净增
电信营业收入	亿元	13 357.0	-1.0	
其中：电信主营业务收入	亿元	11 541.1	3.6	
其中：固定通信收入	亿元	2 941.7	4.3	
其中：移动通信收入	亿元	8 599.3	3.3	
电信固定资产投资完成额	亿元	3 992.6	6.3	
全国电话用户数量	亿户	15.36	2.6	
其中：固定电话用户数量	亿户	2.49		-1 755.5 万户
其中：移动电话用户数量	亿户	12.86		5 698.0 万户
其中：3G 用户数量	亿户	4.85		8 364.4 万户
全国互联网宽带接入用户	万户	20 048.3		1 157.5
全国移动互联网用户	万户	87 522.1		6 765.9
固定本地电话通话时长	亿分钟	2 621.14	-13.3	
其中：区间电话通话时长	亿分钟	262.04	-17.5	
其中：区内电话及拨号上网通话时长	亿分钟	2 359.10	-12.8	
固定长途电话通话时长	亿分钟	532.79	-9.8	
其中：国内长途通话时长	亿分钟	522.98	-9.4	
其中：国际电话通话时长	亿分钟	5.54	-32.4	
其中：港澳台电话通话时长	亿分钟	4.26	-18.5	
移动电话通话时长（含本地）	亿分钟	29 270.10	1.0	
其中：国内长途通话时长	亿分钟	6 829.74	1.5	
其中：国际电话通话时长	亿分钟	9.21	-1.8	
其中：港澳台电话通话时长	亿分钟	9.71	-5.2	
移动短信业务量	亿条	7 630.45	-14.4	
移动互联网接入流量	万 G	206 231.3	62.9	

数据来源：工业和信息化部网站。

2014年全国电话及互联网宽带用户分省情况

	固定电话用户		移动电话用户		互联网宽带接入用户
	2014年（万户）	比2013年(万户)	2014年（万户）	比2013年（万户）	2014年9月（万户）
全　国	24 943.0	−1 755.5	128 609.3	5 698	19 976.7
东　部	13 516.1	−984	63 718.1	2 015.7	10 622.6
北　京	831.3	−36.3	4 076.4	702.6	490.3
天　津	360.6	7.8	1 351.8	28.6	203.3
河　北	1 085.1	−67.3	6 229.1	222.9	1 122.8
辽　宁	1 151.2	−71.2	4 535.5	−48.1	766.3
上　海	840.2	−29	3 292.7	92	530.8
江　苏	2 133.6	−156.2	8 070.4	128.4	1 515.5
浙　江	1 641.9	−139.4	7 370.6	298.8	1 283.4
福　建	933.3	−50.2	4 276.7	-26.6	898.4
山　东	1 418.3	−289.3	8 664.1	330.7	1 524.0
广　东	2 950.6	−149.3	14 943.4	237.3	2 172.3
海　南	170.0	−3.6	907.4	49.1	115.6
中　部	6 081.3	−551.8	33 602.6	2151.8	5 129.4
山　西	554.2	−30.2	3 332.3	226.8	564.8
吉　林	574.8	−4.2	2 612.3	240.2	414.6
黑龙江	640.5	−107.3	3 457.8	437.4	486.4
安　徽	839.8	−136.9	4 215.9	257	559.7
江　西	577.3	−45.1	2 938.5	131.6	432.4
河　南	1 143.0	−81.4	7 712.9	512.7	1 067.0
湖　北	907.4	−76.6	4 606.8	190	864.6
湖　南	844.1	−70.3	4 726.1	156.1	739.8
西　部	5 345.7	−219.4	31 287.9	1 531.4	4 224.7
内蒙古	359.1	−18.1	2 634.6	−56	310.3
广　西	499.9	−46.4	3 553.8	268.2	589.3
重　庆	579.5	−0.8	2 589.9	209.1	470.7
四　川	1 294.2	−19.5	6 608.5	325.2	889.7
贵　州	339.1	−23.9	2 885.3	222.7	312.8
云　南	429.8	−55.6	3 748.5	352.7	426.7
西　藏	35.9	−4.5	291.8	26.2	21.6
陕　西	750.8	−18.5	3 607.2	94.7	546.0
甘　肃	341.3	−23	2 058.6	82.4	209.8
青　海	100.2	−1.6	544.0	1.6	59.9
宁　夏	102.7	−2	688.3	61.1	77.3
新　疆	513.3	−5.4	2 077.4	−56.5	310.4

数据来源：工业和信息化部网站。

2012～2014年全国农村固定电话用户情况

	全国农村固定电话（万户）		
	2014 年	2013 年	2012 年
全　国	7 315.1	8 241.7	8 921.9
东　部	4 068.8	4 636.4	4 912.5
北　京	161.6	172.4	177.7
天　津	4.3	4.2	4.5
河　北	265.2	312.3	356.9
辽　宁	413.9	422.3	423.8
上　海	10.1	10.7	11.0
江　苏	910.7	1 014.0	1 046.2
浙　江	513.4	729.5	755.0
福　建	416.5	373.8	384.5
山　东	538.9	712.2	786.8
广　东	784.0	834.2	914.9
海　南	50.1	50.9	51.0
中　部	1 886.4	2 117.1	2 363.1
山　西	130.0	150.9	203.2
吉　林	135.7	139.7	144.1
黑龙江	103.9	145.8	181.7
安　徽	307.6	372.9	450.5
江　西	223.3	226.6	238.8
河　南	429.8	470.6	498.8
湖　北	294.4	321.1	337.4
湖　南	261.7	289.6	308.7
西　部	1 359.9	1 488.2	1 646.3
内蒙古	57.7	59.5	57.6
广　西	162.9	191.6	222.8
重　庆	141.7	150.0	168.4
四　川	376.8	387.3	419.4
贵　州	77.7	93.4	115.5
云　南	117.5	138.5	159.6
西　藏	0.6	1.1	1.4
陕　西	194.2	214.3	230.8
甘　肃	80.9	94.6	105.3
青　海	13.7	15.2	16.9
宁　夏	14.6	17.7	21.6
新　疆	121.4	125.1	126.9

数据来源：工业和信息化部网站。

2012～2014年全国村通工程建设情况

	2014 年		2013 年		2012 年	
	行政村通宽带	自然村通电话	行政村通宽带	自然村通电话	行政村通电话	自然村通电话
新增数量（万个）	1.4	0.45	1.9	0.887	1.9	1.1
占行政村比重（%）	93.5		91		87.9	—
占 20 户以上比重（%）		95.8	—	95.6	—	95.2

数据来源：人民邮电报。

2014年全国宽带速率情况

表1　全国各省平均可用下载速率状况

省份（区、市）	忙闲时加权平均可用下载速率（单位：Mbit/s）	忙时平均可用下载速率（单位：Mbit/s）	闲时平均可用下载速率（单位：Mbit/s）
东部			
上海	5.30	5.28	5.68
北京	5.25	5.23	5.49
江苏	4.83	4.81	5.17
天津	4.58	4.56	4.86
浙江	4.53	4.51	4.79
福建	4.53	4.50	4.88
河北	4.22	4.20	4.53
山东	4.22	4.18	4.78
广东	4.14	4.12	4.34
辽宁	3.89	3.87	4.18
海南	3.58	3.53	3.84
中部			
安徽	4.19	4.15	4.57
湖南	4.03	4.00	4.27
吉林	4.01	3.99	4.19
江西	3.97	3.95	4.22
黑龙江	3.93	3.89	4.30
河南	3.75	3.72	4.12
湖北	3.68	3.66	3.98
山西	3.60	3.58	3.89
西部			
四川	4.85	4.81	5.24
宁夏	4.10	4.09	4.26
陕西	3.92	3.90	4.25
内蒙古	3.87	3.85	4.15
广西	3.87	3.85	4.04
重庆	3.87	3.85	4.04

（续表）

省份（区、市）	忙闲时加权平均可用下载速率（单位：Mbit/s）	忙时平均可用下载速率（单位：Mbit/s）	闲时平均可用下载速率（单位：Mbit/s）
云南	3.83	3.79	4.12
贵州	3.80	3.77	4.01
新疆	3.79	3.74	4.06
甘肃	3.68	3.65	4.00
青海	3.41	3.38	3.67
西藏	3.26	3.21	3.58

表 2　全国各省平均首屏呈现时间状况

省份（区、市）	忙闲时加权平均首屏呈现时间（单位：s）	忙时平均首屏呈现时间（单位：s）	闲时平均首屏呈现时间（单位：s）
东部			
北京	2.06		
海南	2.10		
浙江	2.17		
辽宁	2.21		
河北	2.31		
天津	2.32		
江苏	2.36		
上海	2.39	2.50	1.72
山东	2.43	2.50	2.06
广东	2.45	2.51	2.17
福建	2.89	2.98	2.53
中部			
吉林	2.13	2.20	1.95
安徽	2.17	2.24	1.95
湖南	2.18	2.26	1.93
山西	2.26	2.39	1.92
河南	2.35	2.44	2.10
湖北	2.42	2.50	2.12
江西	2.44	2.51	2.24
黑龙江	3.09	3.29	2.53
西部			
内蒙古	2.09	2.20	1.87
陕西	2.14	2.14	2.16
四川	2.21	2.25	2.07

（续表）

省份（区、市）	忙闲时加权平均首屏呈现时间（单位：s）	忙时平均首屏呈现时间（单位：s）	闲时平均首屏呈现时间（单位：s）
东部			
贵州	2.30	2.39	2.12
重庆	2.31	2.40	2.04
甘肃	2.39	2.53	2.08
广西	2.47	2.55	2.24
新疆	2.52	2.53	2.50
宁夏	2.66	2.74	2.47
西藏	2.89	3.34	2.48
云南	3.08	3.22	2.71
青海	3.49	3.51	3.45

表 3　全国各省平均视频下载速率状况

省份（区、市）	忙闲时加权平均视频下载速率（单位：Mbit/s）	忙时平均视频下载速率（单位：Mbit/s）	闲时平均视频下载速率（单位：Mbit/s）
东部			
上海	4.99	4.73	5.49
北京	4.37	4.27	4.57
天津	4.34	4.19	4.72
江苏	4.32	4.21	4.57
浙江	4.23	4.07	4.56
福建	4.16	4.03	4.44
山东	4.13	3.97	4.50
河北	4.04	3.90	4.34
广东	3.96	3.88	4.12
辽宁	3.93	3.79	4.25
海南	3.58	3.48	3.74
中部			
江西	4.08	3.95	4.41
湖南	4.04	3.89	4.37
黑龙江	4.02	3.92	4.29
吉林	3.99	3.87	4.24
河南	3.96	3.81	4.28
安徽	3.95	3.79	4.34
山西	3.85	3.70	4.17
湖北	3.75	3.64	4.04

（续表）

省份（区、市）	忙闲时加权平均视频下载速率（单位：Mbit/s）	忙时平均视频下载速率（单位：Mbit/s）	闲时平均视频下载速率（单位：Mbit/s）
西部			
四川	4.12	3.93	4.52
广西	4.00	3.89	4.21
云南	4.00	3.87	4.26
重庆	3.98	3.88	4.14
陕西	3.83	3.69	4.13
内蒙古	3.82	3.72	4.06
贵州	3.82	3.67	4.04
甘肃	3.77	3.67	3.99
青海	3.71	3.63	3.95
宁夏	3.70	3.59	4.03
新疆	3.54	3.45	3.72
西藏	3.12	3.05	3.34

2014 年国内主要骨干网络国际出口带宽和互联网基础资源情况

	国际出口带宽数（Mbit/s）	年增长率（%）
国际出口带宽合计（Mbit/s）	4 118 663	20.9
中国电信	2 569 519	17.3
中国联通	1 037 023	22.0
中国移动	390 263	35.7
中国教育和科研计算机网	66 560	19.9
中国科技网	55 296	144.7
中国国际经济贸易互联网	2	0
IPv4（个）	331 988 224	0.5
IPv6（块 /32）	18 797	12.8
域名（个）	20 600 526	11.7
其中 .CN 域名（个）	11 089 231	2.4
网站（个）	3 348 926	4.6
其中 .CN 下网站（个）	1 582 870	20.7

数据来源：CNNIC 第 35 次《中国互联网络发展状况统计报告》。

2014年全国电话及互联网宽带用户分省情况

2014年全国移动通信发展情况图表

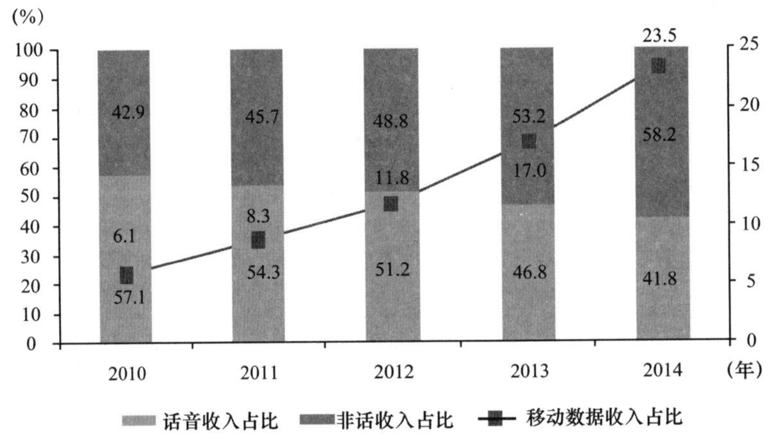

2010～2014年话音业务和非话音业务收入占比变化情况

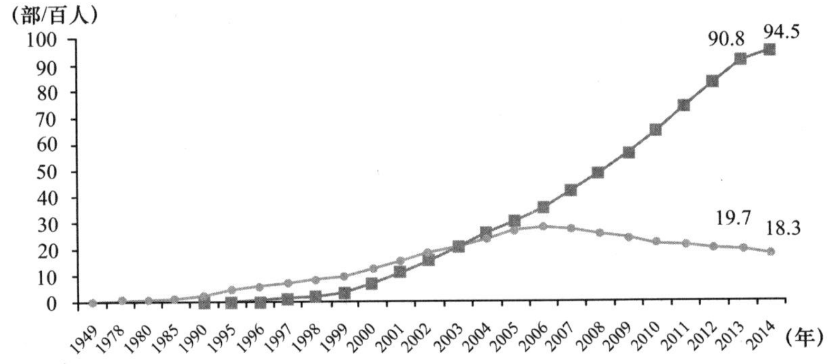

1949～2014年固定电话、移动电话用户发展情况

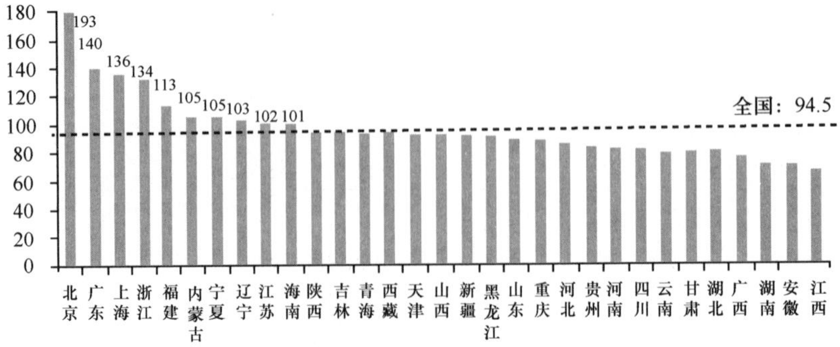

2014年移动电话普及率各省发展情况

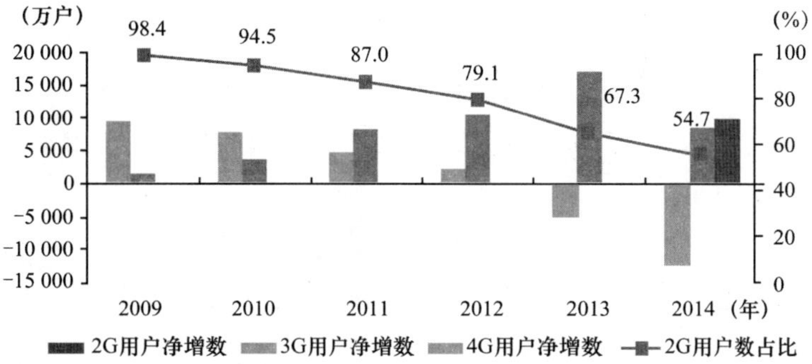

2009 ~ 2014 年各制式移动电话用户发展情况

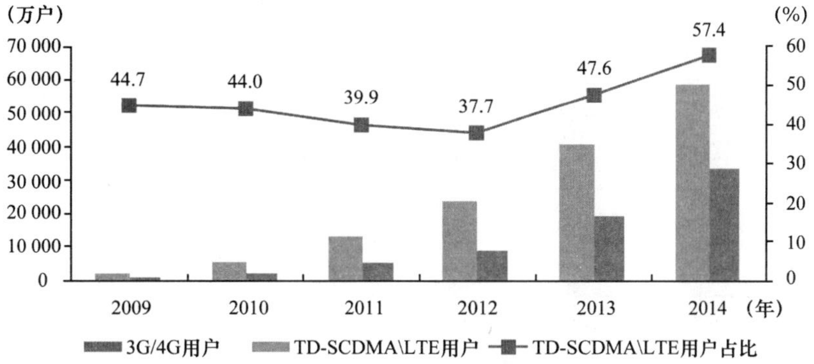

2009 ~ 2014 年 3G/4G 用户和 TD 用户发展情况

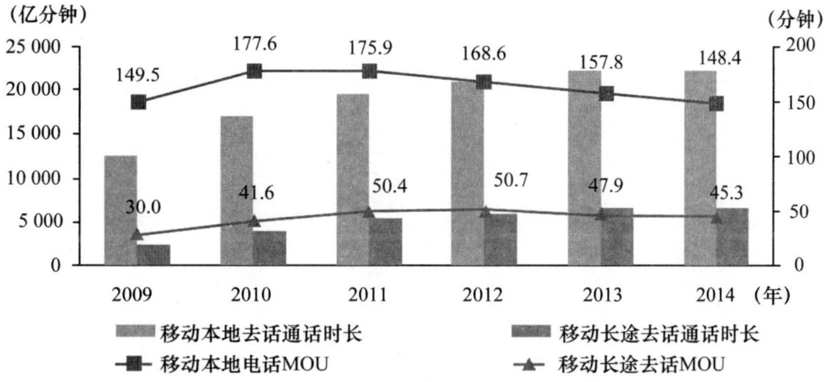

2009 ~ 2014 年移动通话量和 MOU 值各年比较

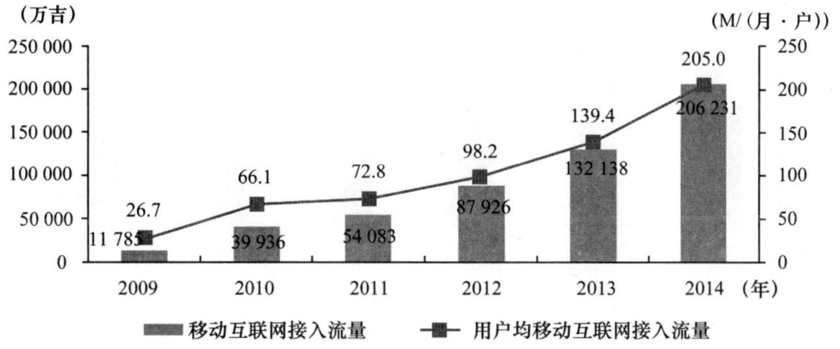

2009 ~ 2014 年移动互联网流量发展情况比较

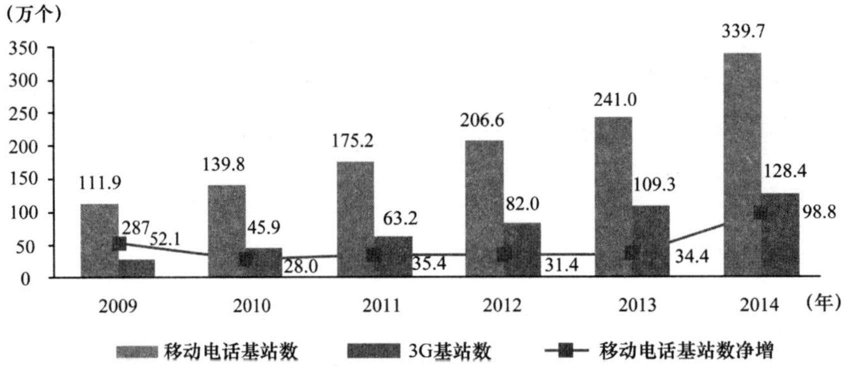

2009 ~ 2014 年移动电话基站发展情况

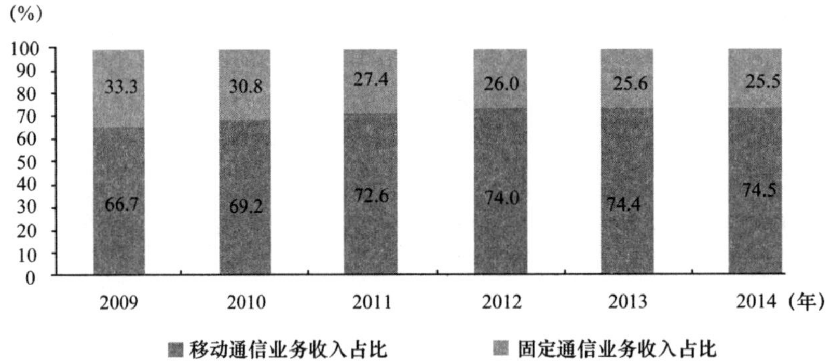

2009 ~ 2014 年电信收入结构（固定和移动）情况

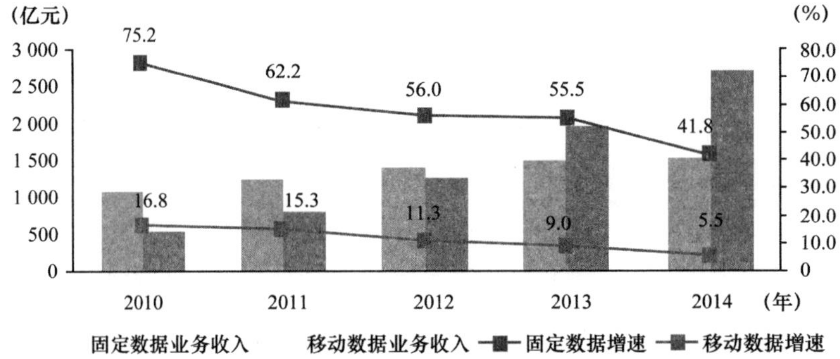

2010 ~ 2014 年固定与移动数据业务收入发展情况

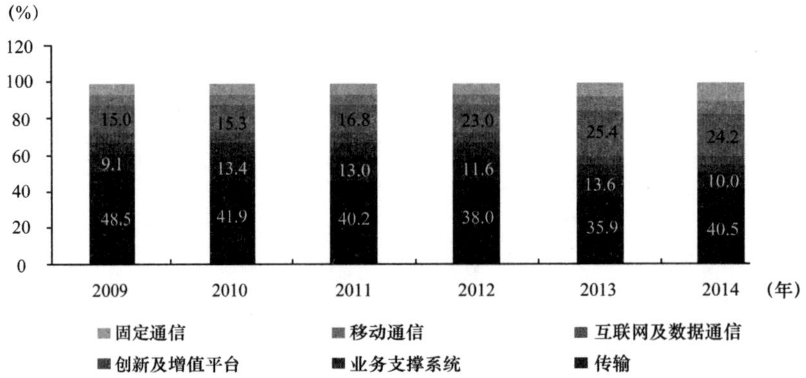

2009 ~ 2014 年固定资产投资主要业务投资变化情况

数据来源：2014 年通信运营业统计公报。

2014年全国3G、4G用户发展情况（含TD用户）

截至日期	移动宽带用户总数（亿户）	本年累计净增用户数（亿户）	TD用户数（亿户）	3G用户数（万户）	4G用户数（万户）
2014年12月	5.83	1.81	3.36	48 525.5	9 728.4
2014年11月	5.57	1.55	3.13	48 102.5	7 584.8
2014年10月	5.39	1.38	2.97	48 157.5	5 755.3
2014年9月	5.25	1.24	2.85	48 242.5	4 305.3
2014年8月	5.1	1.08	2.72	47 959.5	3 005.3
2014年7月	4.98	0.96	2.61	47 690.3	2 062.5
2014年6月	4.85	0.83	2.52	47 076.9	
2014年5月	4.72	0.70	2.43	46 406.5	
2014年4月	4.59	0.57	2.36	45 419.5	
2014年3月	4.48	0.46	2.27	44 501.8	
2014年2月	4.3	0.28	2.11	42 978.6	
2014年1月	4.19	0.18	2.05	41 923.8	

数据来源：工业和信息化部网站和中国移动集团公司。

电信企业2014年上半年财务报表情况

中国电信股份有限公司

	2014年上半年	2013年上半年	变化率
经营收入（人民币百万元）	165 973	157 559	5.3%
EBITDA（人民币百万元）	50 538	50 130	0.8%
EBITDA率（人民币百万元）	33.8%	36.0%	−2.2个百分点
净利润（人民币百万元）	11 436	10 225	11.8%
每股净利润（人民币元）	0.141	0.126	11.8%
资本开支（人民币百万元）	23 060	33 139	−30.4%
每股净资产（人民币元）	3.496	3.340	4.7%

中国移动有限公司

	2014年上半年	2013年上半年	变化率
营运收入（人民币百万元）	324 681	303 104	7.1%
其中：通信服务收入（人民币百万元）	297 910	284 671	4.7%
EBITDA（人民币百万元）	118 265	123 687	−4.4%
EBITDA率（人民币百万元）	36.4%	40.8%	−4.4个百分点
EBITDA占通信服务收入比	39.7%	43.4%	−3.7个百分点
净利润（人民币百万元）	57 742	63 128	−8.5%
净利润率	17.8%	20.8%	−3.0个百分点
每股基本盈利（人民币元）	2.28	3.14	−9.0%

中国联合网络通信（香港）股份有限公司

	2014年上半年	2013年上半年	变化率
营业收入（人民币百万元）	149 569	144 307	3.6%
服务收入（人民币百万元）	126 973	116 475	9.0%
EBITDA（人民币百万元）	47 689	42 177	13.1%
EBITDA占服务收入百分比	37.6%	36.2%	1.4个百分点
净利润（人民币百万元）	6 689	5 317	25.8%
每股基本盈利（人民币元）	0.281	0.225	24.9%

数据来源：中国电信、中国移动、中国联通2014年中期业绩报告。

2013～2014年全国各省（市、自治区）网民情况

省份（区、市）	网民数（万人）	普及率（%）	网民增速（%）	普及率排名
北京	1 593	75.3	2.4	1
上海	1 716	71.1	2.0	2
广东	7 286	68.5	4.2	3
福建	2 471	65.5	2.9	4
浙江	3 458	62.9	3.9	5
天津	904	61.4	4.4	6
辽宁	2 580	58.8	5.2	7
江苏	4 274	53.8	4.4	8
山西	1 838	50.6	4.7	9
新疆	1 139	50.3	4.2	10
青海	289	50.0	5.5	11
河北	3 603	49.1	6.3	12
山东	4 634	47.6	7.0	13
海南	421	47.0	2.3	14
陕西	1 745	46.4	3.3	15
内蒙古	1 142	45.7	4.5	16
重庆	1 357	45.7	4.9	17
湖北	2 625	45.3	5.4	18
吉林	1 243	45.2	6.9	19
宁夏	295	45.1	4.2	20
黑龙江	1 599	41.7	5.6	21
西藏	123	39.4	6.9	22
广西	1 848	39.2	4.2	23
湖南	2 579	38.6	7.0	24
四川	3 022	37.3	6.6	25
河南	3 474	36.9	5.8	26
安徽	2 225	36.9	3.5	27
甘肃	951	36.8	6.4	28
云南	1 643	35.1	7.5	29
贵州	1 222	34.9	6.7	30
江西	1 543	34.1	5.1	31
全国	64 875	47.9	5.0	—

数据来源：CNNIC 第 35 次《中国互联网络发展状况统计报告》。

2013～2014 年国内网民对各类网络应用的使用情况

	2014 年		2013 年		
应用	用户规模（万）	网民使用率（%）	用户规模（万）	网民使用率（%）	年增长率（%）
即时通信	58 776	90.6	53 215	86.2	10.4
搜索引擎	52 223	80.5	48 966	79.3	6.7
网络新闻	51 894	80.0	49 132	79.6	5.6
网络音乐	47 807	73.7	45 312	73.4	5.5
网络视频	43 298	66.7	42 820	69.3	1.1
网络游戏	36 585	56.4	33 803	54.7	8.2
网络购物	36 142	55.7	30 189	48.9	19.7
网上支付	30 431	46.9	26 020	42.1	17.0
网络文学	29 385	45.3	27 441	44.4	7.1
网上银行	28 214	43.5	25 006	40.5	12.8
电子邮件	25 178	38.8	25 921	42.0	-2.9
微博	24 884	38.4	28 078	45.5	-11.4
旅行预订	22 173	34.2	18 077	29.3	22.7
团购	17 267	26.6	14 067	22.8	22.7
论坛 /BBS	12 908	19.9	12 046	19.5	7.2
博客	10 896	16.8	8 770	14.2	24.2
互联网理财	7 849	12.1	—	—	—

数据来源：CNNIC 第 35 次《中国互联网络发展状况统计报告》。

2013～2014年国内网民手机互联网应用情况

应用	2014 年		2013 年		
	用户规模（万）	网民使用率（%）	用户规模（万）	网民使用率（%）	年增长率（%）
手机即时通信	50 762	91.2	43 079	86.1	17.8
手机搜索	42 914	77.1	36 503	73.0	17.6
手机网络新闻	41 539	74.6	36 651	73.3	13.3
手机网络音乐	36 642	65.8	29 104	58.2	25.9
手机网络视频	31 280	56.2	24 669	49.3	26.8
手机网络游戏	24 823	44.6	21 535	43.1	15.3
手机网络购物	23 609	42.4	14 440	28.9	63.5
手机网络文学	22 626	40.6	20 228	40.5	11.9
手机网上支付	21 739	39.0	12 548	25.1	73.2
手机网上银行	19 813	35.6	11 713	23.4	69.2
手机微博	17 083	30.7	19 645	39.3	-13.0
手机邮件	14 040	25.2	12 714	25.4	10.4
手机旅行预订	13 422	24.1	4 557	9.1	194.6
手机团购	11 872	21.3	8 146	16.3	45.7
手机论坛 /BBS	7 571	13.6	5 535	11.1	36.8

数据来源：CNNIC 第 35 次《中国互联网络发展状况统计报告》。

2014年全国信息化发展水平评估各省市信息化发展指数

序号	省份（区、市）	网络就绪度指数	信息通信技术应用指数	应用效益指数	信息化发展指数
1	上海	88.45	96.77	104.25	94.94
2	北京	86.65	88.85	106.68	91.54
3	浙江	77.21	83.6	102.35	84.8
4	江苏	76.43	78.53	102.55	82.49
5	广东	71.22	84.87	91.89	80.81
6	福建	72.87	84.37	82.56	79.4
7	天津	71.03	66.49	118.85	78.78
8	安徽	55.46	82.27	74.27	69.95
9	辽宁	65.07	64.4	83.04	68.4
10	四川	59.18	74.74	71.56	67.88
11	湖北	60.52	70.88	72.99	67.16
12	陕西	56.94	69.59	80.87	66.78
13	山东	59.19	63.55	86.07	66.31
14	山西	61.81	69.25	64.34	65.29
15	重庆	57.53	64.55	80.57	64.95
16	广西	59.29	75.18	54.64	64.72
17	新疆	58.93	73.46	53.39	63.63
18	湖南	54.77	70.16	66.83	63.34
19	江西	53.41	73.48	60.83	62.92
20	海南	59.43	68.43	51.2	61.38
21	河北	63.25	57	63.81	60.86
22	吉林	59.03	56.36	72.76	60.71
23	贵州	47.51	73.69	51.41	58.76
24	河南	53.04	60.46	65.42	58.48
25	宁夏	58.59	62.27	50.65	58.47
26	黑龙江	52.36	56.71	70.27	57.68
27	内蒙古	54.24	51.93	69.2	56.31
28	甘肃	47.58	67.53	48.52	55.75
29	云南	50.55	63.1	47.31	54.92
30	青海	56.02	50.16	48.28	52.13
31	西藏	41.47	48.08	40.53	43.93
	全国值	60.94	69.38	72.19	66.56

数据来源：中国电子信息产业发展研究院《2014 年中国信息化发展水平评估报告》。

2014年各省市网络就绪度指数

序号	省份(区、市)	智能终端普及指数	有线电视发展指数	光纤发展指数	宽带普及指数	宽带速率指数	网络就绪度指数
1	上海	102.13	68.73	108.34	75.13	79.56	88.45
2	北京	100.65	70.39	92.44	85.63	76.58	86.65
3	浙江	88.67	70.8	72.13	77.81	72.2	77.21
4	江苏	81.03	79.16	71.57	76.81	73.1	76.43
5	福建	84.03	56.44	66.64	76.28	74.04	72.87
6	广东	90.68	63.24	46.9	77.06	71.35	71.22
7	天津	81.88	59.85	70.79	67.28	69.84	71.03
8	辽宁	74.52	66.93	44.06	69.61	68.31	65.07
9	河北	66.16	45.83	57.82	70.76	70.6	63.25
10	山西	67.38	49.42	52.66	68.23	66.86	61.81
11	湖北	65.6	59.44	36.82	70.01	69.2	60.52
12	海南	63.26	51.61	41.02	72.79	65.57	59.43
13	广西	62.2	51.19	43.47	67.22	69.61	59.29
14	山东	71.59	48.48	31.71	67.92	70.48	59.19
15	四川	59.07	55.26	48.43	59.78	72.42	59.18
16	吉林	66.79	60.27	34.84	61.58	70.02	59.03
17	新疆	62.08	37.98	53.21	69.77	65.57	58.93
18	宁夏	64.54	51.55	40.45	66.35	66.8	58.59
19	重庆	66.03	54.24	26.6	69.93	67.89	57.53
20	陕西	68.54	53.85	19.2	71.67	67.77	56.94
21	青海	59.29	44.69	43.63	64.15	64.7	56.02
22	安徽	59.01	44.69	37.04	62.39	70.6	55.46
23	湖南	58.19	48.94	28.33	65.88	70.19	54.77
24	内蒙古	67.38	43.49	27	58.92	68.43	54.24
25	江西	58.02	52.95	22.23	63.49	69.08	53.41
26	河南	61.14	39.77	26	64.62	68.31	53.04
27	黑龙江	61.86	52.14	15.63	60.19	69.55	52.36
28	云南	54.49	45.03	22.34	60.52	68.01	50.55
29	甘肃	55.42	35.96	15.4	57.58	68.66	47.58
30	贵州	55.13	43.22	14.64	56.45	65.14	47.51
31	西藏	46.23	0	22.97	60.97	65.63	41.47
	全国值	68.48	51.79	43.04	67.64	69.55	60.94

数据来源：中国电子信息产业发展研究院《2014年中国信息化发展水平评估报告》。

2014年各省市信息通信技术应用指数

序号	省份（区、市）	企业应用指数	政务应用指数	居民应用指数	信息通信技术应用指数
1	上海	87.07	79.88	110.07	96.77
2	北京	88.41	82.97	92.01	88.85
3	广东	86.99	75.5	88.49	84.87
4	福建	70.56	81.96	92.47	84.37
5	浙江	90.01	57.49	93.45	83.6
6	安徽	82.35	69.79	88.48	82.27
7	江苏	92.58	61.82	79.86	78.53
8	广西	82.81	57.22	80.35	75.18
9	四川	61.09	78.03	79.91	74.74
10	贵州	67.37	55.91	85.75	73.69
11	江西	76.04	53.58	82.15	73.48
12	新疆	78.2	51.62	82.01	73.46
13	湖北	67.09	76.4	70.01	70.88
14	湖南	63.52	83.56	66.78	70.16
15	陕西	40.64	70.53	83.58	69.59
16	山西	75.39	52.98	74.32	69.25
17	海南	67.53	78.62	63.78	68.43
18	甘肃	66.43	54.22	74.73	67.53
19	天津	70.18	47.37	74.2	66.49
20	重庆	61.4	48.81	74	64.55
21	辽宁	34.83	61.68	80.54	64.4
22	山东	67.47	56.39	65.17	63.55
23	云南	40.44	57.8	77.09	63.1
24	宁夏	56.46	33.41	79.6	62.27
25	河南	84.63	35.41	60.89	60.46
26	河北	53.9	37.49	68.31	57
27	黑龙江	54.38	40.97	65.75	56.71
28	吉林	47.49	38.96	69.49	56.36
29	内蒙古	27.77	52.61	63.68	51.93
30	青海	43.6	51.62	52.7	50.16
31	西藏	30.93	28.25	66.56	48.08
	全国值	65.08	58.48	76.97	69.38

数据来源：中国电子信息产业发展研究院《2014 年中国信息化发展水平评估报告》。

2012～2013年世界主要国家和地区ICT发展指数（IDI）

经济体	2013 排行	2013 IDI	2012 排行	2012 IDI	经济体	2013 排行	2013 IDI	2012 排行	2012 IDI
丹麦	1	8.86	2	8.78	马耳他	30	7.25	30	7.08
韩国	2	8.85	1	8.81	斯洛文尼亚	31	7.13	31	6.96
瑞典	3	8.67	3	8.68	阿拉伯联合酋长国	32	7.03	46	6.27
冰岛	4	8.64	4	8.58	拉脱维亚	33	7.03	33	6.84
英国	5	8.50	7	8.28	卡塔尔	34	7.01	42	6.46
挪威	6	8.39	6	8.35	巴巴多斯	35	6.95	32	6.87
荷兰	7	8.38	5	8.36	意大利	36	6.94	36	6.66
芬兰	8	8.31	8	8.27	克罗地亚	37	6.90	34	6.70
香港（中国）	9	8.28	11	8.08	白俄罗斯	38	6.89	43	6.45
卢森堡	10	8.26	9	8.19	希腊	39	6.85	35	6.70
日本	11	8.22	10	8.15	立陶宛	40	6.74	40	6.50
澳大利亚	12	8.18	12	8.03	捷克共和国	41	6.72	38	6.57
瑞士	13	8.11	13	7.94	俄罗斯联邦	42	6.70	41	6.48
美国	14	8.02	14	7.90	葡萄牙	43	6.67	39	6.57
摩纳哥	15	7.93	17	7.72	波兰	44	6.60	37	6.63
新加坡	16	7.90	15	7.85	斯洛伐克	45	6.58	45	6.30
德国	17	7.90	18	7.72	匈牙利	46	6.52	44	6.35
法国	18	7.87	16	7.73	沙特阿拉伯	47	6.36	50	6.01
新西兰	19	7.82	19	7.62	乌拉圭	48	6.32	51	5.92
安道尔	20	7.73	24	7.41	保加利亚	49	6.31	47	6.12
爱沙尼亚	21	7.68	21	7.54	塞尔维亚	50	6.24	49	6.07
澳门（中国）	22	7.66	20	7.59	塞浦路斯	51	6.11	48	6.09
加拿大	23	7.62	25	7.37	阿曼	52	6.10	61	5.43
奥地利	24	7.62	23	7.46	哈萨克斯坦	53	6.08	53	5.80
比利时	25	7.57	26	7.33	圣基茨和尼维亚	54	6.01	52	5.89
爱尔兰	26	7.57	22	7.48	哥斯达黎加	55	5.92	55	5.64
巴林	27	7.40	28	7.22	智利	56	5.92	54	5.68
西班牙	28	7.38	29	7.14	安提瓜和巴布达	57	5.89	59	5.49
以色列	29	7.29	27	7.25	罗马尼亚	58	5.83	58	5.52

（续表）

经济体	2013 排行	2013 IDI	2012 排行	2012 IDI	经济体	2013 排行	2013 IDI	2012 排行	2012 IDI
阿根廷	59	5.80	56	5.58	佛得角	93	4.30	104	3.86
前南斯拉夫马其顿共和国	60	5.77	62	5.42	伊朗伊斯兰共和国	94	4.29	97	4.02
摩尔多瓦	61	5.72	60	5.44	墨西哥	95	4.29	94	4.07
黎巴嫩	62	5.71	64	5.32	摩洛哥	96	4.27	92	4.09
黑山共和国	63	5.67	57	5.52	牙买加	97	4.26	98	4.01
阿萨拜疆	64	5.65	6	5.22	苏里南	98	4.26	93	4.08
巴西	65	5.50	67	5.16	突尼斯	99	4.23	96	4.07
文莱达录萨兰国	66	5.43	63	5.36	巴勒斯坦权力机构	100	4.16	95	4.07
特立尼达和多巴哥	67	5.29	70	4.99	越南	101	4.09	99	3.94
土耳其	68	5.29	68	5.12	多米尼加共和国	102	4.06	105	3.78
波斯尼亚与黑塞哥维那	69	5.23	74	4.89	菲律宾	103	4.02	102	3.91
毛里求斯	70	5.22	72	4.96	博茨瓦纳	104	4.01	100	3.94
马来西亚	71	5.20	66	5.18	秘鲁 汤加	105	4.00	101	3.92
圣文森特和格林纳丁斯	72	5.17	69	5.04	印度尼西亚	106	3.83	106	3.70
乌克兰	73	5.15	71	4.97	玻利维亚	107	3.78	109	3.52
亚美尼亚	74	5.08	73	4.89	吉尔吉斯坦	108	3.78	107	3.69
赛舌尔	75	4.97	76	4.70	巴拉圭	109	3.71	108	3.56
格林纳达	76	4.96	75	4.83	萨尔瓦多共和国	110	3.61	110	3.47
哥伦比亚	77	4.95	80	4.61	圭亚那	111	3.48	111	3.44
格鲁吉亚	78	4.86	83	4.48	叙利亚	112	3.46	112	3.39
圣路西亚	79	4.81	79	4.66	加纳	113	3.46	115	3.29
委内瑞拉	80	4.81	78	4.68	阿尔及利亚	114	3.42	114	3.30
泰国	81	4.76	91	4.09	乌兹别克斯坦	115	3.40	116	3.27
巴拿马	82	4.75	77	4.69	斯里兰卡	116	3.36	113	3.31
多米尼加	83	4.72	81	4.58	纳米比亚	117	3.24	118	3.08
阿尔巴尼亚	84	4.72	85	4.42	危地马拉	118	3.20	117	3.11
马尔代夫	85	4.71	82	4.50	洪都拉斯	119	3.18	119	3.01
中国	86	4.64	86	4.39	尼加拉瓜	120	2.96	120	2.78
约旦	87	4.62	84	4.48	津巴布韦	121	2.89	123	2.68
厄瓜多尔	88	4.56	88	4.28	苏丹	122	2.88	121	2.69
埃及	89	4.45	87	4.28	不丹	123	2.85	126	2.58
南非	90	4.42	89	4.19	肯尼亚	124	2.79	124	2.62
斐济	91	4.40	103	3.90	古巴	125	2.77	122	2.69
蒙古	92	4.32	90	4.19	加蓬	126	2.66	125	2.61

（续表）

经济体	2013 排行	2013 IDI	2012 排行	2012 IDI	经济体	2013 排行	2013 IDI	2012 排行	2012 IDI
柬埔寨	127	2.61	127	2.54	毛里塔尼亚	147	1.91	145	1.90
斯威士兰	128	2.60	128	2.43	卢旺达	148	1.86	151	1.74
印度	129	2.53	129	2.42	贝宁	149	1.84	149	1.75
塞内加尔	130	2.46	133	2.20	缅甸	150	1.82	148	1.75
尼泊尔	131	2.37	134	2.20	科特迪瓦	151	1.80	150	1.74
索莱托	132	2.36	131	2.22	坦桑尼亚	152	1.76	152	1.72
尼日利亚	133	2.35	135	2.14	利比里亚	153	1.70	154	1.57
老挝人民民主共和国	134	2.35	130	2.25	几内亚比绍	154	1.67	153	1.60
冈比亚	135	2.31	136	2.12	阿富汗	155	1.67	155	1.57
所罗门群岛	136	2.29	132	2.22	布基纳法索	156	1.56	160	1.35
刚果（共和国）	137	2.24	137	2.09	刚果民主共和国	157	1.56	157	1.47
也门	138	2.18	138	2.07	马拉维	158	1.52	156	1.50
安哥拉	139	2.17	139	2.06	莫桑比克	159	1.52	159	1.40
喀麦隆	140	2.10	142	1.98	马达加斯加	160	1.42	158	1.43
吉布提	141	2.08	140	2.01	几内亚	161	1.42	161	1.31
巴基斯坦	142	2.05	141	2.01	埃塞俄比亚	162	1.31	162	1.24
马里	143	2.04	147	1.86	厄立特里亚	163	1.20	163	1.18
赞比亚	144	2.02	143	1.97	乍得	164	1.11	164	1.09
孟加拉	145	1.97	146	1.90	尼日尔	165	1.03	165	0.97
乌干达	146	1.94	144	1.90	中非共和国	166	0.96	166	0.93

数据来源：国际电联《2014 年衡量信息社会发展报告》。

广告索引

前插

中插